"生命·实践"教育学论著系列
"基本理论研究"丛书

丛书主编：叶 澜
丛书副主编：李政涛 卜玉华

回归突破

"生命·实践"教育学论纲

叶 澜 著

华东师范大学出版社
·上海·

图书在版编目(CIP)数据

回归突破:"生命·实践"教育学论纲/叶澜著. —上海:华东师范大学出版社,2014.12
("生命·实践"教育学论著系列."基本理论研究"丛书)
ISBN 978 - 7 - 5675 - 2885 - 7

Ⅰ.①回… Ⅱ.①叶… Ⅲ.①教育学—研究 Ⅳ.①G40

中国版本图书馆 CIP 数据核字(2014)第 307532 号

本书由上海文化发展基金会图书出版专项基金资助出版。

"生命·实践"教育学论著系列·"基本理论研究"丛书

回归突破
"生命·实践"教育学论纲

著　　者　叶　澜
策划编辑　彭呈军
审读编辑　沈　衡
责任校对　胡　静
装帧设计　高　山

出版发行　华东师范大学出版社
社　　址　上海市中山北路 3663 号　邮编 200062
网　　址　www.ecnupress.com.cn
电　　话　021 - 60821666　行政传真 021 - 62572105
客服电话　021 - 62865537　门市(邮购)电话 021 - 62869887
地　　址　上海市中山北路 3663 号华东师范大学校内先锋路口
网　　店　http://hdsdcbs.tmall.com

印刷者　常熟高专印刷有限公司
开　　本　787 毫米×1092 毫米　1/16
印　　张　21.75
字　　数　385 千字
版　　次　2015 年 2 月第 1 版
印　　次　2024 年 6 月第 10 次
书　　号　ISBN 978 - 7 - 5675 - 2885 - 7/G · 7807
定　　价　45.00 元

出版人　王　焰

(如发现本版图书有印订质量问题,请寄回本社客服中心调换或电话 021 - 62865537 联系)

"生命·实践"教育学论著系列
"基本理论研究"丛书

丛书主编　叶　澜

副 主 编　李政涛　卜玉华

编 委 会（按姓氏拼音字母排列）

卜玉华　李政涛　刘良华　庞庆举

彭正梅　孙元涛　伍红林　徐冬青

叶　澜　袁德润　张　永　周志平

本书为教育部人文社会科学重点研究基地——华东师范大学基础教育改革与发展研究所"十二五"重大项目："基础教育改革与'生命·实践'教育学派创建研究"(11JJD880034)的研究成果之一

本书由华东师范大学"新世纪学术著作出版基金"资助出版

总　序

　　在"生命·实践"教育学的创建走过十年历程之后,我们策划了三套系列论著,以总结十年来的收获,并明晰今后继续前行的方向。本系列是"生命·实践"教育学理论探索方面成果的集结,由华东师范大学出版社支持出版。在此,本人作为主编,谨对各位作者和出版社的通力合作深表感谢!

　　从12本构成本系列论著的书名中,不难读出"生命·实践"教育学理论探索的触角和追求:一是指向时代、社会的发展与教育学发展的关系以及怎样从教育学的角度看中国社会的发展问题,后者是一个新的视角,具有相当难度;二是教育学发展与中国文化传统的关系,我们将此视作本学派建设的命脉所系;三是本学派对教育学研究的性质定位、人性假设、审美追求、发展内动力与路径的探究;四是从新视角对西方哲学的历史和当代国外教育学研究进行考察,以拓展研究的空间视野;五是万思归之于"人",关于"教育学人"自身发展问题的思考。本人承担的"论纲"则是作为学派建设倡议人奉上的,有关"生命·实践"教育学核心内涵与学术品性整体纲要式的回答。

　　本系列论著的酝酿策划历时两年。每个题目都是作者自报或自认后,经过列叙题纲与反复讨论,再依据丛书题目风格一致性的美学思考整体调整而定。每本著作都是由个人独立承担完成的,尽管有些交换意见,但最终由作者自行抉择,文责自负。很难说,在上述几方面,我们的研究已做得足够深入充分,但大家都在原有的基础上作了巨大的努力:至少对于个人来说,这是一次思想的梳理与提升;在学派发展的路上共同铺出了一段路程,为今后的延伸提供了可能;对当代中国教育学建设而言,我们尽了作为教育学者的责任,也为超越和自我超越提供了可供批判的资源。

　　由于作者众多,各有繁忙的日常事务,加之基础、才思、写作风格、主题的诸多不同,给出版工作带来不少麻烦。感谢本系列论著责任编辑彭呈军的耐心等待和尽心付出！同样感谢副主编李政涛、卜玉华教授在本套论著形成过程中的尽责与付出！

谨以本系列论著的完成,祝愿当代中国教育学的建设有更新、更好的明天！

叶 澜

2014.5.21

目　录

上编　"生命·实践"学派的教育学观

下编　"生命·实践"学派的教育观

第一章　导论:"生命·实践"教育学派——在回归与突破中生成

自《教育研究》发表《为"生命·实践"教育学派的创建而努力》[①](以下简称"'生命·实践'学派")一文以来,又一个十年即将过去。之所以称之"又一个十年",是因2004年前,我们团队为此已共同走过了第一个十年(1994—2004年)。而我,作为学派建设的始倡者与组织者,从意向产生到形态初显的过程,则还可前推十年。值得庆幸的是,尽管由我开始,后有团队一起共同行走至今的三十年历程漫长而艰难,尽管我们的学派建设还将持续前行,但预定2014年"生命·实践"学派研究三套论著系列的出版,一批"生命·实践"教育学合作校和"新基础教育"研究基地校的存在,一支在数十年共同研究中不断成长的研究团队和共生体的建成,一条理论与实践相互滋养、交互生成的教育学研究道路的走出,这些都足以表明:这一学派经多年努力,已完成了创建阶段的使命,形成了自己独特的内涵、结构与外显存在形态,呈现出有学、有书、有行、有路、有人、有实体的全气候景象。

简要回顾这一明确提出并自觉创建的教育学派渐行、渐建的生成过程,所经历的得与失、突破与不足,是本学派形成自我意识和继续发展的内在需要,是我们向世间作承担学科建设责任的直白公告,也是寻求同道者深入理解、批评者真诚沟通的必要条件。

第一节　学派产生的社会土壤与时机

中华人民共和国成立以来,在教育学领域里,不乏就某些问题有不同见解与观点

---

① 本刊记者. 为"生命·实践"教育学派的创建而努力——叶澜教授访谈录[J]. 教育研究,2004(2).

的争鸣,却鲜见以"学派创建"作为学术领域建设目标的提倡者。然而,在中国自古以来的学术发展史上,学派的产生与纷争,同一学派源远流长的变化却并非罕见之事,尤其当社会处于转型期时,总是学派最为活跃的时期,春秋战国时期诸子迭出、百家争鸣的盛况,更是学人皆知且乐道之史实。

一、"学派"古意与近代"学科"简辨

左玉河在《从四部之学到七科之学》中指出,庄子、荀子都曾对当时的学术进行分派、分家,前者分"百家之学"为六派十一家,后者则分为六派十二家;汉武帝时,司马谈在"论六家要旨"中,始以儒、墨、道、阴阳、名、法诸家加以概括。[①] 在此基础上,左玉河进而提出,"中国学术分科主要是以研究者主体(人)和地域为维度,而不是以研究客体(对象)为主要标准"[②]。此话道出了中国学术思想的存在形态。在诸子百家学说分歧产生时期,学术与学派尚未分化,均以"人"分,后也以"诸子姓名为标号"[③],由此我们也可解释为何中国古代经典中有丰富的教育思想,却无作为学科的"教育学"。"中国确没有西方近代意义上之'学科'"[④],古代学术传统中有以"家学"为分的学派,而无"学科"。

中国近代意义上的学科分类,是清末民初西学东渐和旧学新识的复杂学术转型与教育转型的产物。作为学科的教育学正是在此过程中,经直接由国外引进而出现于上世纪中国学科之林。一个多世纪以来,就粗略而言,在学科系统理论研究的意义上,有过因"引进"理论的国别和代表人物,如界内皆知的赫尔巴特、杜威、凯洛夫等不同的推介流派之别,其大量以教育学著作或师范院校教科书的形式存在。就国内本土研究者在教育领域内关注重点和立论的基点之别,1949年以前就出现过大家和流派,如国内近代教育史著作中普遍提到的蔡元培之国民教育、陶行知之生活教育、黄炎培之职业教育、晏阳初之平民教育和梁漱溟之乡村教育等,他们都以教育救国的抱负,怀着对民众的深情,不仅作理论的论述,而且践行于民国教育的实践,其大量以论文、著作和办学实绩等形式存在;陈鹤琴的儿童教育研究成为近代中国学前教育学研究的发端;杨贤江则开了以马克思主义为立论依据阐述教育学理论的先河。他们是近代中国教育

---

① 左玉河. 从四部之学到七科之学[M]. 上海:上海书店出版社,2004:12—19.

② 左玉河. 从四部之学到七科之学[M]. 上海:上海书店出版社,2004:19.

③ 左玉河. 从四部之学到七科之学[M]. 上海:上海书店出版社,2004:19.

④ 左玉河. 从四部之学到七科之学[M]. 上海:上海书店出版社,2004:24.

学研究领域中的开拓者,不仅为中国教育学的当代发展贡献了丰富的本土思想资源和研究精神,还为教育学在学科意义上的学派创建提供了经验与启发。新中国成立后最初的三十年(从50年代初到70年代末),政治和意识形态成为压倒一切的因素,在各社会学科领域基本上呈"独尊"局面,教育学界则更盛。以政治标准划线,阐述领袖、革命导师的言论和观点,说明当时党的相关方针、政策的合理性,是学界的重要任务。学派几无生长空间,甚至连这样的念头都难以产生。

二、当代中国社会催生"学派"活跃

学术风气的重新活跃,始于1978年中国共产党第十一届三中全会的"决定"发表之后,禁锢思想的大门被打开,中国社会进入又一个大转型、大发展的时期。一个以改革开放、创造发展为时代主旋律的时期,学派之风从经济学、社会学、文史哲等领域首开,教育学也渐渐出现了新一轮的多元引进和以分解与交叉为特征的新兴学科群发的局面。后续发展主要沿着国内学人在分支学科领域内撰写独立著作、不同主体承担各种不同层次的专题研究而深入展开,呈现出多姿多彩,甚至令人眼花缭乱的"盛世"。然而,随着如此的繁荣,20世纪末却引出了"教育学是否可作为一门独立学科,教育学有没有自己的基本理论,教育学是应用学科还是基础学科"等一系列国内外历史上和至今都提出过的、关涉教育学自身存在与发展的老大难问题。它意味着新时期中国"教育学"自我反思需要的凸显。①

"生命·实践"学派就是在这样一个大时代和中国大转型社会的热土上生长出来的新苗。中国几千年漫长的历史反复证明,每次重大的社会转型都伴随着学术和学派的活跃、繁荣与发展。何况今日中国之大变动,纵贯中华民族的伟大复兴,横联世界科学、技术和关系格局的大变化。

我们庆幸,适逢其时;我们清醒,不失其机。

第二节　学派生成历程的回溯性分析

学派总是要有人提出和逐渐建构起来的。学派不可或缺的构成要素至少要有人(队伍)、核心观念与理论、区别于他者的独特,这些都由创建过程而生成。一个学派的

---

① 有关这一问题在第二章第一节展开论述。

生命力,究其根本,取决于提出的问题及回答是否具有统领性、时代性、独特性和超越性,是否在学术或学科的发展中具有承上启下的价值。它不取决于创建者的意愿和自我评定。最终由时间积淀和学科发展实践作出判断。

就本人而言,"生命·实践"学派创建的历程是我个人学术思想和理论逐渐构建,研究路径和风格逐渐形成的过程;也是从我个人的独立研究,逐渐发展为团队合作创建的共同奋斗过程。因此,我将以本人近三十年的学术思想和研究历程为主线索,来勾勒"生命·实践"学派的生成小史。这并不意味着其他参与者没有对此作过贡献,只是表明我应对学派呈现的基本状态承担责任,因为我是"始作俑者",是推进过程的主要决策者,也是三十年始终参与其中者。① "生命·实践"教育学派的创建过程,从时间维度看,大致可分为孕育、初创、发展、成形和通化五个阶段。其中关注的核心问题,由教育理论、教育实践、教育研究方法论和学派建设(内含教育学反思)四大方面构成,它们贯穿研究全程,但每一阶段的侧重面和突破、创新点有所不同,从而以变化又连续的姿态与时段结合,构成了"生命·实践"教育学派纵横交错的发展坐标。

一、孕育期(1983—1991年)

"生命·实践"教育学派的孕育期,是本人在新历史时期,通过大量重新阅读经典教育学著作、有关研究方法新理论和哲学、史学等相关著作,从改变自己的思维方式与参照系开始,对当时国内教育学已存在,且曾为自己接受、由一系列基本理论及其相关方法论构成的认识,作出系统的反思与批判,进而促使个人学术自我重建意识逐渐清醒、自觉,直至初步形成教育理论新认识体系的阶段。它可从我1983年独立承担华东师范大学教育学系本科生"教育概论"这门基础课程始计,以1991年本人第一本学术著作《教育概论》②的正式出版,即本人教育学原理性认识新系统初成为结束标志。可以说,如若没有该时期个人学术自我的系统式转换,就不可能出现后续的一系列研究,"生命·实践"学派也不会由我提出。故而这一新认识的初步系统式形成时期,可命名为"生命·实践"学派的孕育期。

---

① 在一定意义上,"生命·实践"教育学派的创建史与我的生命史息息相通。有关这方面的叙述,可参阅:叶澜.从"冬虫"到"夏草"——"生命·实践"教育学派生成过程的个人式回望[C]//叶澜.回望("生命·实践"教育学论丛第一辑).桂林:广西师范大学出版社,2007:212—246;汪仲启.叶澜:构建"生命·实践"教育学派[N].社会科学报,2013-04-25.

② 本人的《教育概论》,1991年由人民教育出版社初版,2006年该社出版修订版。

表 1.2.1 呈现了本人这一阶段研究成果的结构状态①。

表 1.2.1　孕育期(1983—1991 年)

时间\内容\类别	(一)教育理论	(二)教育实践	(三)方法论	(四)教育学反思
1983—1991 年	▲《论影响人发展的诸因素及其与发展主体的动态关系》,《中国社会科学》1986 年第 3 期。 ▲《试析当代中国教育价值取向之偏差》,《教育研究》1989 年第 8 期。 ▲《教育两大功能关系之探究》,《教育研究》1990 年第 1 期。 ▲《学区系统终态变化的整体反思——中朱学区近十年教育实践与经验研究的总报告》,《华东师范大学学报(教育科学版)》1990 年第 2 期。 ⊙《教育概论》,人民教育出版社 1991 年版。	1988—1989 年,与陈桂生教授合作主持,开展上海市普陀区中朱学区教育改革(1978—1988 年)调查研究(以下简称"中朱学区调研")。该研究于 1990 年初在普陀区召开成果发布会。此后由本人主编,将 7 篇调研报告和左列第 4 篇文章组合成一书,以《走出低谷——上海市普陀区中朱学区大面积提高教育质量系列研究报告集》为书名,以"中朱学区教育"联合调查组为作者署名,由教育科学出版社 1992 年正式出版。	▲《南斯拉夫教育科学研究中的方法论问题》,《外国教育资料》1986 年第 1 期。 ⊙瞿葆奎主编:《教育学文集》(第 15 卷)/叶澜、施良方选编:《教育研究方法》,人民教育出版社 1988 年版。 ⊙《教育研究及其方法》,中国科学技术出版社 1990 年版。	▲《关于加强教育科学"自我意识"的思考》,《华东师范大学学报(教育科学版)》1987 年第 3 期。

说明:▲表示论文,⊙表示著作,表 1.2.2/3/4/5 同符同义,不再说明。

　　从表 1.2.1 可以看出,本人学术思想的转型是从对教育基本理论的核心问题、教育科学现状的反思和教育研究方法论的探索三个方面几近同步式开始的。正因其同步,才会有系统转型。作出这样的选择,是因为本人经"文革"结束后初期政治和学术意义上的反思批判,再经 80 年代初两年的国外访学,已开始意识到:中国的教育学面

① 在此列出的表 1.2.1,与后文相继阶段论述时列出的表 1.2.2/3/4/5,按相同的项目框架列出,所列项目为"生命·实践"学派创建过程中关注的四大方面核心问题。每一表格列出后即作出文字阐述。5 份表格分布在本书有关不同时期的叙述中,将其连续,即是"生命·实践"学派创建历程五个阶段研究的结构、重心变化及标志性著作的表格式完整表达。

临时代性重建的挑战,它要打破原先封闭僵化的思维方式,以政治取舍为特征的两极对立式简单化结论;要向当代哲学、社会和人文科学以及教育学新理论、新流派开放,从中汲取新鲜养料。这一时代任务历史地落在我们这一代教育学研究者身上。若愿承担起这样的重任,首先要做的就是自我改变,没有学人的自我改变,难有学术的更新式发展。这种改变同时也是自己学术发展的需要。

1986年以前,我把大量时间花在与"教育概论"体系形成相关的大量书籍阅读和专题深入研究上。是年发表在《中国社会科学》上的论文《论影响人发展的诸因素及其与发展主体的动态关系》[①],是这一阶段本人教育理论与方法论转换开始后的产物,从文章标题中的"发展主体"和"动态关系"两个词组可察其一二。该题被我视作自我学术重建破茧式的开始,一则因其在教育基本理论中的重要与经典,二则因当时有关该问题的讨论呈现热点状态,激发和提供了我探讨的兴奋与资源。此后,该文内容还成为《教育概论》相关章节的重要构成。

就观点而言,该文的主要突破有如下几点:

第一,提出对影响人的发展因素的研究,不能停留在生物学水平上,即局限于从遗传与环境(教育被看作特殊的环境)的角度去认识,而应提升到"人学"水平上:人是具有主观能动性、且能形成自我意识、对自身发展具有策划能力的发展主体;人不仅是发展的主体,而且是影响自身发展的关键性因素,在一定程度上,人决定自我的命运;教育应该使人意识到这一点,教人争做自己命运的主人。

第二,人对自身发展的影响通过自己的实践实现。是人自己的实践,使影响人发展的遗传与环境所内含的可能性,转化为人的发展现实。是发展主体的实践,使影响发展的其他因素,从潜在可能经主体选择后成为现实发展的转化力量。人自身的实践在发展中所起的这种决定性作用,具有不可替代性。

第三,构建了新的分析影响人发展因素及其相互关系,在个体发展全程中动态变化的理论模型[②],改变了原先把人放在被诸多因素影响和被发展的理论框架。

从上述分析可以看到,当时尚未意识到,后在学派创建中逐渐显化,并最终被自觉

---

① 论文发表当年,被中央教科所主编的《教育文摘》第12、18两期两次摘登;后辑入瞿葆奎主编的《教育学文集·教育与人的发展》(第二卷)(人民教育出版社1993年版)和刘佛年主编的《回顾与探索》(华东师范大学出版社1991年版)。1989年该文获得中国教育学会成立十周年首次评出的优秀论文一等奖。以下列出的论著中,凡获省部级奖项者均列出,其意绝非炫耀,而是为业内外再评价提供一种客观证明。
② 在《教育概论》中增加了该理论模型的图示式表达。

确认为本学派基因式概念的"生命·实践"之初期孕育状态,它以"发展主体"与发展主体的"自主实践"关系方式被提出和突现。此外,表1.2.1(一)"教育理论"项中所列第二、三两篇文章,均涉及教育基本理论中两大规律(教育与社会发展的关系,教育与人的发展的关系)之关系问题的重新认识。前一篇文章主要提出,中华人民共和国成立以来,在现实教育决策中,对两大关系的处理,存在着偏重于教育与社会发展的关系,强调教育为社会服务,忽视教育在人的发展中的重要价值之偏差。揭示"这一价值取向偏差的实质是忽视教育的特殊性,忽视个体的价值,忽视人格的培养",进而主张"要让个体发展问题、人的价值问题在教育理论与实践中获得应有的地位"。后一篇文章则从理论的视角阐述"教育、社会、个人"所形成的两大关系之关系,得出了"只有立足于教育实现社会与个体之间相互转化机制的发挥,才能较合理地解决教育两大功能之间的矛盾统一问题"。文章在分析了两大功能事实上存在的三种关系形态后,提出了处理两大功能关系的四项原则。

上述两文可以看作本人为改变教育基本理论中关于教育两大规律并行的传统认识所作的努力,意在建立新的关系形态,提出统一、转化之条件与原则的尝试,也是对现实教育宏观决策中偏差的理论审视之始。它同时表达了我对教育学要加强教育对个体发展影响的研究,还需上升到教育价值、功能这一宏观层面的理论诉求。

1991年底出版的《教育概论》,是将教育作为一个复杂的开放系统,用系统、动态变化的方法论,对教育基本理论体系作重新阐述的尝试。① 全书在结构和观点上都大不同于当时国内流行的教育学著作,已呈现出本人的研究积累、思维方式和风格,颇显异类,但并非我为成异类而故作姿态。全书把研究对象规定为"教育整体",是对作为复杂社会现象的教育之整体性作概括式的,以教育、人、社会三者关系为核心问题,力图得出规律性认识的原理式探讨。全书遵循着综合——分析——综合的路线展开。

---

① 自20世纪80年代始,高等学校"教育学"课程的教学,与相关教材的使用出现了两种主要取向:一是以"教育学"为一门学科,使用命名为"教育学"的教材,最先使用的教材是1961至1963年由刘佛年主编,但因政治形势变化而未出版,直至1978年略作删改,再增加附录"电化教育"后,以"讨论稿"之名未公开出版,但却是应急而广泛使用的内部著作。第二本影响大的著作是由华中师范大学等五校合编的《教育学》,人民教育出版社1982年出版,作大学公共教育学教材用。第三本著作是南京师范大学教育学系编的《教育学》,由人民教育出版社1984年出版,供教育学本科用。以上两本教材当时都产生了很大影响。另一种取向是将原先的教育学分为教育概论(原理性)、教学论、德育论和教育管理学等四门学科。华东师范大学教育系较早采用这一方式设置教育系本科课程。本人1983年承担"教育概论"的教学,是作为教育原理来建设的新课程。《教育概论》出版后,1996年获全国高校优秀教材一等奖,1997年获国家首届优秀教学成果二等奖。

至今我仍可以肯定地说,从关于"教育"的概念界定开始,直至最后关于"教育的基本特征"之结语的形成,都是本人经过一番认真阅读、批判性思考和重新综合建构的产物,也是在五年的多轮教学过程中,与学生一起讨论、反复完善的产物。故而它足以成为我自我学术整体转型阶段性完成的标志。书中的问题与不足是出自本人当时认识水平的限制,而非不认真。对于本人而言,其最重要的价值是在孕育出新的理论核心胚芽与中心问题的同时,也为自己今后的学术自我突破和发展,搭建了一个新的具有系统形态的平台。

孕育期本人化大力气研究的第二个方面是教育学反思。尽管在表1.2.1"(四)教育学反思"项中只列了一篇文章,但它却是我此后学术研究一直持续进行的重要方面。在我看来,教育学理论的重建,不能离开对教育学本身发展问题的反思。而以往的教育研究在这方面恰恰十分缺乏。[1] 我把此称为缺乏清醒和清晰的学科"自我意识"。

在《关于加强教育科学"自我意识"的思考》一文中,本人明确提出:可把教育科学对自身的研究和认识称为教育科学的自我意识。有关教育学科历史发展的研究,要着重于"教育科学与教育实践的关系;教育科学内部学派的形成、争鸣与教育科学发展的关系;教育科学与其他科学发展的关系;教育科学与社会政治、经济等方面发展的关系;本国的教育科学与外国的教育科学发展的关系等等"[2]。要改变教育科学目前的落后状态,就要使教育学的基础理论研究"上天",应用研究则要"着地"[3]。

上述引文中提到的一系列着重研究的问题,成了我此后开展教育学科元研究的基本框架,并持续至今。从中可以看出的是,此时我已意识到学派的形成、争鸣对于教育学发展的意义。自然,还没有、也不可能产生自己要形成学派的念想,这可能是"孕育"的一种表达方式:关注!因关注而深入思考,才可能会有新的思想产生。上述引文也表明,当时我对教育学水平提升的指向和路径的设想,是强调科学化,即以自然科学发展水平为范本的科学化。它反映了自己认识水平的局限。但这种指向使

---

① 自1979年始,为提升教育学理论研究水平,华东师范大学教育系瞿葆奎教授提出了教育学逻辑起点及基本范畴问题,并在系内开展多次专题讨论,此后还成为当时助教进修班的学习内容。《教育研究》1986年第11期发表的瞿葆奎、喻立森的《教育学逻辑起点的历史考察》一文,是该领域公开发表的首篇有影响的文章,此后这项研究发展为元教育学研究和教育逻辑学的探讨(详见:瞿葆奎、喻立森.教育学逻辑起点的历史考察[J].教育研究,1986(11).)本人受此风气影响而开始了以教育学本身,尤其是以教育学发展问题为中心的教育学研究,后称其为教育学科"元研究",其主旨与重心和上述"元研究"有区别。
② 叶澜.关于加强教育科学"自我意识"的思考[J].华东师范大学学报(教育科学版),1987(3):28.
③ 叶澜.关于加强教育科学"自我意识"的思考[J].华东师范大学学报(教育科学版),1987(3):29.

我下决心要从自己做起:努力在此后的研究中,使有关教育基本理论的研究"上天",使关涉实践的应用研究"着地"。总之,该文在研究加强教育学自我意识的同时,也形成了本人今后教育学科元研究方面预设式的"自我意识":从研究问题的基本框架,到研究路线的"上天"、"着地"。没有当时的清晰意向,我的教育学研究不可能走到今天这一步。

表1.2.1中的(二)、(三)两项,在这一阶段做得相对较弱。中朱学区调查研究给我最大的启示是:实践智慧具有与理论智慧大不相同的品质及重要意义,我对有智慧的实践者产生了敬意。它还给我留下了如何带领学生,与实践一线的学区领导、校长联合开展调研,如何对他人已经创造出的改革经验作整体抽象的研究经验。让我认识到:教育实践通过扎实且有智慧的变革实践,完全可以从恶性循环逐渐转化为良性循环①。这是一次难忘的研究经历,尽管有关实践的研究还只停留在调查、总结提升实践者经验的水平上。

表1.2.1"(三)方法论"一项所列的成果表明,相关研究主要处在集聚资料和对教育研究与方法的再研究上。

孕育期所做、所成的一切,从学术上看尚显幼稚,但重要的是有了新的、有向的开始,学派的种子在我思想中,以整体的方式有了孕育。

二、初创期(1991—1999 年)②

与孕育期相比,初创期的主要变化有三:

一是学校改革与方法论研究成为该阶段研究的核心构成,发表的"理论研究"文章之主题,都出自或有赖于教育改革的实践研究。"教育学反思"方面则是孕育期相关论

---

① 这一体会的集中表达,在表1.2.1(一)中的第四篇文章(《学区系统终态变化的整体反思——中朱学区近十年教育实践与经验研究的总报告》)中。该研究1990年7月5日举行成果发布会。事先,华东师范大学教育系马骥雄、赵祥麟、金一鸣、张家祥、瞿惠文、李伯棠和上海师范大学教授李伯黍、柴崇英,上海社科院青少年研究中心段镇研究员都提交了课题成果的详细评议意见,对研究给予了积极的评价与支持。时任华东师范大学校长的袁运开出席会议,并致欢迎词;名誉校长刘佛年对研究成果给予高度评价,认为这项研究做得认真,"它的材料是真实的,事实是经过三番五次核对的,分析十分正确,真正把实践的东西提到理论上进行总结,这在国内是很少的",即使摆在国外的一些调研报告中,"我们这一报告也毫不逊色,甚至还带有我们自己的特点,略胜一筹"(摘自"成果发布会简报",未公开发表)。无疑,这样的评价给了我极大的鼓舞和鞭策。这是一段难忘的历史,今日重读仍令人动容。《上海教育报》1990年9月5日以"'走出低谷' 令人瞩目"为题,及时作了成果介绍。1992年《走出低谷》由教育科学出版社正式出版。
② 成果的表格式表达参见表1.2.2。

文的专题、展开式深入研究的结果,它以"教育学科元研究"丛书的方式存在。本人著作《教育研究方法论初探》是这套丛书的组成之一。

表 1.2.2 初创期(1991—1999 年)

时间 / 内容 / 类别	(一)教育理论	(二)教育实践	(三)方法论	(四)教育学反思
1991—1999 年	▲《基础教育与学生自我教育能力发展》(以下简称"自我教育"),《上海教育科研》1996 年第 7、8 期连载。 ⊙叶澜主编:《"新基础教育"探索性研究报告集》(以下简称"探索性报告集"),上海三联书店 1999 年版。其中,叶澜论文: ▲《"面向 21 世纪新基础教育"探索性研究学校改革试验总方案》(以下简称"总方案") ▲《"面向 21 世纪新基础教育"探索性研究理论纲要》(以下简称"理论纲要") ▲《"面向 21 世纪新基础教育"探索性研究结题总报告》(以下简称"总报告")(以上 3 篇首次发表,以下 5 篇为辑入已发表论文) ▲《时代精神与新教育理想构建》(以下简称"理想构建"),《教育研究》1994 年第 10 期。 ▲《世纪之交中国学校教育的文化使命》(以下简称"文化使命"),《教育参考》1996 年第 5 期。 ▲《让课堂焕发出生命活力》(以下简称"生命活力"),《教育研究》1997 年第 9 期。 ▲《新世纪教师专业素养初探》(以下简称"教师素养"),《教育研究与实验》1998 年第 1 期。 ▲《更新教育观念,创建 21 世纪新基础教育》(以下简称"更新观念"),《中国教育学刊》1998 年第 2 期。	基础教育与学生自我教育能力发展(洵阳路小学,1991—1994 年)。 "新基础教育"探索性研究(1994—1999 年)。	▲《关于我国教育实验科学性问题的思考》(以下简称"实验科学性"),《教育研究》1992 年第 12 期。 ⊙《教育研究方法论初探》(以下简称"方法论初探"),上海教育出版社 1999 年版。(该著作获全国高等学校第二届哲学社会科学优秀成果著作类一等奖)	⊙主编教育学科元研究丛书该丛书是本人主持全国哲社"八五"规划重点课题——"教育学科体系的建设与发展"(1995—1999 年)研究成果,由金林祥、王坤庆、夏正江、李政涛和本人分别撰写,共 5 本。

二是研究的开展,无论是理论还是实践方面,都不只是由我个人承担,我作为课题负责人在承担总体策划、推进、完成个人任务之外,还负责团队成员的分工、合作等研究组织建设。初建了理论研究人员与中小学教师直接合作,进入学校实践一线——班级、课堂,开展学校教育变革研究的团队构建,就此跨出了由一向多转换的第一步,"生命·实践"教育学的团队形态和基干成员也从这个阶段开始形成。①

三是从这个阶段开始,由我主持的实践研究,已经不只是对现有教育实践之外的分析,或对已有改革经验的总结与评述,而是在理论,尤其是教育理念和理论参照系适度先行转型的前提下,进入学校实践,和参与改革试验的学校教育工作者一起,从事学校变革的创造性研究,我们在改革现有学校教育的同时,作出了创建新型学校的探索。

就这样,我和团队成员一起,进入了另一种教育学研究的"书写"方式——在中国学校教育大地上的学术"书写"。

若以改革实践的目标性质来区分,初创期的研究还可分为两个阶段。

第一阶段的研究课题是"基础教育与学生自我教育能力发展"(1991—1994 年,以下简称"自我教育")②,由于研究背景及内容、方法等与后面开展的"新基础教育"密切相关,并提供了小规模的初始经验,我们可以将此研究称为"前'新基础教育'研究"。但 1991 年提出该课题时尚未预想做"新基础教育"研究。当时我的直接意向是把自己

---

① 本阶段参与"新基础教育"探索性研究的华东师范大学主要成员是卢寄萍、李晓文、吴玉如、吴亚萍和本人。左焕琪教授自 1996 年始,一直间断性参与研究。"新基础教育"研究开展至今的二十多年中,上述五位属该项研究的"元老级"人物,起了奠基性作用。此后,有不少成员先后进入,也有人员因各种原因离开。先后进入且进入后不再离开,持续至今并成为骨干的成员,除我之外,华东师范大学的成员有:吴亚萍、吴玉如、李家成、李政涛、卜玉华、张永、庞庆举。目前在其他高校参与研究的成员有徐冬青、伍红林、袁德润、孙元涛等共计 11 人。参与"生命·实践"教育学论丛和论著系列写作的作者范围更广。中小学前后参与合作的学校已数以百计。2012 年 5 月,与"新基础教育"有长达十年左右合作研究并取得明显学校转型成就的九所中小学,被命名为第一批"'生命·实践'教育学研究合作校"。它们是:上海市闵行区实验小学、七宝明强小学、华坪小学、汽轮小学、闵行区第四中学、七宝第二中学;上海市普陀区洵阳路小学;常州市第二实验小学、局前街小学。此外,还有十所"新基础教育"研究基地校。这些学校在此期间的历任校长和领导层、研究型骨干教师和真诚投入、参与研究的所有教师,都是这个团队的成员,他们为这项当代中国基础教育改革研究作出了不同的贡献。因人数之众多和岗位变换之频繁,在此无法一一列出(详细名单在三次结题报告中都有说明)。闵行区教育局和新基础教育研究所、常州市教育局和相关区的局领导,也是这项研究的重要组织者、参与者和合作者。——借此注,向所有"新基础教育"研究和"生命·实践"教育学研究的合作者、参与者和积极创造者,表达本人最衷心和永不忘怀的敬意与谢意!

② 该课题 1994 年 6 月结束实践研究,1996 年 2 月完成结题报告,提请华东师范大学张家祥、缪小春、施良方、吴玉如;上海市教科所傅禄建、顾志跃等同行专家写出评议意见(内部材料,未公开发表)。《上海教育科研》1996 年第 7、8 两期刊登了结题报告。1996 年 3 月 29 日举行课题结题研讨会。报告 1999 年获全国第二届教育科学研究优秀成果二等奖。

形成的,关于教育与人的发展关系的理论转化为教育实践行为。一来检验和丰富这一理论认识,二来对当时的教育改革作实践式探讨。其性质是在学校实践中对教育基本理论中的一种新观点,做检验式和转化为实践形态的研究。

"自我教育"课题在"生命·实践"教育学形成中的主要贡献,除了将有关教育与人的发展关系的理论,作实践转型探讨外,还在于我们第一次在学校教育的日常实践活动(非实验操作活动)中,深入探究了学生的自我意识之表现形态,学校教育促进学生自我意识形成及其自我教育能力提升之条件、可能与机制等一系列问题。这是一个教育学以往较少涉及的,有关学校教育如何影响学生内在自我形成的重要理论问题。它还让我对教育学研究有其独特性和价值的信念,得到了来自亲历研究实践和专家评审意见的加强。华东师范大学发展心理学教授缪小春在课题评价中指出,"课题组进行的理论探索是有深度的,提出了不少具有独创性的观点,例如……从活动的角度,而不是从内容的角度分析自我教育,把自我教育区分为表层的自我教育和深层的自我教育……"等①,他还特别关注到课题组基于学校日常教育——课堂教学和班队活动开展改革研究,培养学生自我教育意识与能力的重要价值。施良方教授则强调,"该课题对'自我教育'作了很有新意的界说,自我教育不再只是国外心理学上所谓的自我意识或自主性,也不再只是国内有人所理解的一种德育方法。通过对自我教育结构、层次与类别的分析,揭示了学生从接受外界教育逐步过渡到完全意义上的自我教育的一般发展过程,从而大大丰富了'自我教育'的内涵"②。因此可以说,这一课题不仅是我进入学校实践研究教育理论问题的开始,也是我通过进入学校,研究、形成教育学独特研究价值认识的开始,自此以后,在这条道路上再也没有终止过行走。它成了我教育研究方式走出书斋的转型之始。也开始动摇了我教育理论与实践两分式的认识,重新认识两者的关系,自此成为我关注的重要问题之一。

该课题研究与孕育期相比,在推进"生命·实践"学派核心概念的形成上,实现了由"发展主体"的概念向与主体相关的核心构成"自我意识"及其"自我教育能力"的认识深化;"主体实践"的概念也推进到"学生在学校日常实践中的主动参与"这一命题,深入到教育具体场境中,学生主体的参与状态对其发展的实际影响。在此基础上,我

① 摘自 1996 年 2 月 27 日缪小春提供的《基础教育与学生自我教育能力发展》课题成果评审意见(内部资料)。

② 摘自 1996 年 2 月 28 日施良方提供的《基础教育与学生自我教育能力发展》课题成果评审意见(内部资料)。

们得出了:作为人生接受系统教育的初始阶段——小学,应该给学生的人生留下什么、在众多教育目标中什么是最根本的结论。那就是"人的自我教育的意识与能力"。因为它对"人的一生具有发展性和再生性价值"。我们从人的发展是在生命长河中完成的事实出发,确立了人的内在力量之生成的核心目标,及其与学校教育活动的内在联系。对从小学开始的学校教育需要一以贯之的目标,从人生意义上作出了再确定。从此以后,学生自我意识和自我教育能力的培养,成为我研究教育基本理论的核心构成。

初创期的第二阶段是以"新基础教育"命名的探索性研究阶段(1994—1999 年)(以下简称"探索性研究")。它是我们迈出与中国社会新时期改革开放同步发展的、理论与实践研究不相分离的、学校整体转型性改革研究之长途跋涉的第一大步。基于中国社会和学校的现实,直面教育改革中不断发生的真实问题和各种经验、偏差,研究社会转型时期学校改革的根本任务和实现路径,形成有关中国当代学校改革的理论,并以此丰富和发展教育学的基础理论,是这一研究的直接目标。"探索性研究"因其后持续、但处于不同发展水平的研究,都以"新基础教育"统称,所以,与"自我教育"课题相比,"新基础教育"在业内外有更多人了解。又因其与众多学校和不少地区有过或阶段性,或长期持续的合作,在学校一线参与其中的、对其关注和了解的人数比学术界要多得多。再加上网络愈益强大的力量,使更多的人有可能从未接触过这一研究,却知道"新基础教育"。当然,知晓的状态因网络传播,也因不同个体自身而很不相同,有的甚至还认为与新课程、新教育等研究是一回事。在此,我无须再说明"新基础教育"是一项怎样的研究,这在众多不同时期公开发表的文章、著作和研究报告集中都有清晰的阐述,需要说明的是"新基础教育"探索性研究,对于"生命·实践"教育学派的生成起了什么作用。

表 1.2.2"(一)教育理论"项中所列第 2("总方案")到第 9("更新观念")组成的 8 篇文章,是这一阶段理论研究的核心成果。其中第 2("总方案")、3("理论纲要")、4("总报告")为一组,它是研究的初始策划、理论纲要与结题报告,前两篇与后一篇相隔五年。第 5("理想构建")到第 9("更新观念")为另一组,时间集中在 1994 年下半年到1998 年初的三年左右,与探索性阶段的实践研究同步向前。这是相关理论随研究实践的需要和推进逐渐生成的过程。上述两组文章都与"新基础教育"研究相关,但所起的作用和意义不同。

研究前先作出实践试验"总方案"和形成"理论纲要",在我个人研究史上是第一次。它表明我对这项在大时代中直接介入到学校改革中的研究之艰难、重要和意义,包括对自己学术人生的意义与挑战之认识和预感。同时,作此策划还因参与研究有一个包括一些研究生在内的成员,需要在团队内部形成相对一致的目标、认识与协调,不如此,会对参与改革的学校带来不利影响,团队的每个成员必须有责任担当和研究的伦理意识。故这两篇文章首先是关于团队成员的自我规约和研究追求的表达,而后才是合作研究者需认真阅读和努力践行的要求。自此以后的各阶段"新基础教育"研究,形成了由基于总结反思及新情况和新条件的分析作出五年或三年的策划等一系列步骤构成的,基于自身改革研究实践经验逐渐积累起的、独特的"新基础教育"研究方式。

自然,初创期只是有了开始,还没有形成自己关于新基础教育"研究方式"的概念,我们沿用了"理论研究与行动研究结合、滚动式推进"的提法,还期待通过研究"把理论假设转化为新的基础教育实践模式"①,包括"教学模式"②、"班级建设模式"和"学校管理模式"③,直至"新型学校基本教育模式"④。我还专门谈及了教育观念、目标、模式三"更新"的必要及其关系。⑤ 对模式探讨的热衷,再一次表现出本人当时的思维方式尚未从科学主义的框架中完全走出的局限。

"理论纲要"在一定程度上是表 1.2.2 第二组五篇文章的概要式提炼,它稍后于"总方案"、在 1996 年底形成。其中,强调了这一研究的时代性与当时中国社会转型发展对新人、新的教育的必然需要的关系;构建了包括教育价值观、对象观(学生观)和活动观三个层次和十大观念组成的"新基础教育"新观念系统;从认知能力、道德面貌和精神力量三个方面对"新基础教育"追求的培养目标——时代新人的整体特征作了描述;还对我国学校教育的两大基础活动——课堂教学与班级建设的变革原则,以及学校管理改革提出要求,强调学校在培养新型学生的同时,造就新型教师。"理论纲要"最后把"新基础教育"改革试验的模式概括为"三 Z"(整体、综合、终身三个词的第一个拼音字母):从人的生命和学校基础教育的"整体"出发,运用"综合"渗透、主动参与的方法,以满足时代需求和促进学生的"终身"学习与终身发展为宗旨。为了实现这样一个宏大而综合的改革,"理论纲要"在开始就提出了"全体试验人员在试验中,既是创造者,又是学习者;既是教育者,又是研究者;既要改变旧的教育模式,又改变自己"的要

---

① 叶澜."新基础教育"探索性研究报告集[R].上海:上海三联书店,1999:2.
② 叶澜."新基础教育"探索性研究报告集[R].上海:上海三联书店,1999:2.
③ 叶澜."新基础教育"探索性研究报告集[R].上海:上海三联书店,1999:3.
④ 叶澜."新基础教育"探索性研究报告集[R].上海:上海三联书店,1999:5.
⑤ 叶澜."新基础教育"探索性研究报告集[R].上海:上海三联书店,1999:7.

求。① 这是对研究人员在改革研究中要有自我更新自觉的要求。

综合上述有关"总方案"和"理论纲要",参阅探索性结题报告和表1.2.2(一)中第5("理想构建")到第9("更新观念")篇论文的相关展开,我们已经可以概括出"生命·实践"学派,在尚未有其名、却已有其"实"和"神"的初创期,通过五年探索性研究所形成的独特形态,并因其处于初创而成为"生命·实践"教育学派的内在气质,或曰"娘胎里的记号"。②

第一,探索性阶段的"新基础教育",是当代中国社会和教育变革的时代需求孕育出的,针对中国学校教育的现实问题,在对未来社会、教育发展趋势透析的基础上,由中国教育学研究者独立承担的,一项教育改革与教育理论相结合的综合整体研究。它的"娘胎"是中国,而非外国。这是对教育学发展依附国外理论惯习和受其笼罩的一次突破。"新基础教育"在初创阶段就打上了本土印记。自此开始持续至今的研究,始终带着"中国"这一娘胎里的记号。

第二,探索性研究着力于构建新的富有时代气息的教育观念系统与范畴系列,凸显了教育观念的"生命"观和"活动"观,并作了基于教育学立场的内涵分析。初建了尊重生命的价值与特性,着力于研究学校日常实践活动的成就人之力量,动态生成的转化力,及其创生价值、内在逻辑等,"生命·实践"学派教育学之组合式元点结构与基本观念。这为学派突破近代教育学传统的观念与概念系统,进而在此基础上重建提供了最初的蓝图。

第三,探索性研究用高校理论研究人员基于直接进入学校,与校长、教师共同开展改革课堂和改变班级等一系列改革研究的新实践,逐步提炼出中国学校当前改革的一些新经验、新问题,并作了理论层面的概括。这是一次教育学研究在专业意义上回归"家园"——学校教育大地的过程,是一次深入实践腹地创造教育学理论之路的探索过程,也是突破理论与实践之间两分、对立,或相加、相套的局限,走出"结合式"道路,形成两者新型关系的探索过程;还是一次使有关理论与实践关系的探讨不只停留在方法论理论范畴内,而进入到教育研究实践的鲜活过程。走出自己的研究道路,是"生命·实践"学派研究者在初创期就提出的自觉追求和探究的重要主题

---

① 叶澜."新基础教育"探索性研究报告集[R].上海:上海三联书店,1999:7.

② 我曾把"教育学"作为学科在近代中国最初由外国直接引入而存在,并产生印记式和长远影响的发展方式,称之为"娘胎里的记号"。这里借用此称,表明"新基础教育"研究已孕育了"生命·实践"教育学独特的"娘胎里的记号"。

之一。

第四，探索性研究创造了打造长期研究合作团队的初步经验，为"生命·实践"学派的创建历练了核心骨干力量。其意义之深远，一是从时间维度看，团队合作研究自此成为"新基础教育"的研究传统绵延至今，它保证了新基础教育和学派建设的最重要的力量——具有生长力的团队之存在与发展。二是从打造团队品质的维度看，初步形成了有灵魂、有追求、有共同目标、有担当、有创造的团队气质。此后，这种气质提炼成"新基础教育"32字研究精神——"知难而上，执着追求；滴水穿石，持之以恒；团队合作，共同创造；实践反思，自我更新"。我们可以在一些"新基础教育"研究试验学校的墙上读到它，但它更多是写在"新基础人"的心上，化在他们的改革行动中，留在每个人及团队的真实成长里。在"新基础教育"研究的全程中，我们团队的形成，一直坚持自愿参加、自主选择、双向决定的组织原则，有一些成员在不同时期因不同原因离开，但有更多的人自愿加入。研究队伍经过近二十年不间断又具有明显阶段性的长期建设，已从一个"团队"发展到多个团队组成的"共同体"，现在又进入到称之为"共生体"的状态。三是从团队建设策略看，初步形成了核心相对稳定，逐步增强扩大；成员（含学校）进出自愿，整体构成与结构随研究发展水平和需要变化；坚持核心内聚、架构清晰、边界开放，不断提升合作创生力和内生长力的发展策略。这是一支富有个性的研究团队，他由一群有个性又有共同追求的人相聚而成。

第五，以探索性研究为核心组成的"生命·实践"学派初创期所生成的上述特性，并非以逐点积累，而是以整体胚胎式的生命生成方式形成的。其成因之根本在于：这项研究本身就是以当代中国学校的整体转型为目标，它不能不以整体方式开展。研究的基本元素和元气都已内存在于研究整体之中。阶段间的区别是整体发生、发展过程中，阶段性的问题重心、创生程度和深化、生长点的变化。但这一切始终在变革研究的整体之中，并影响变革的整体发展形态与水平。而非先做好某一局部或方面、点，再去做另一些方面。

总之，"生命·实践"教育学派在其尚未清晰意识、但已实含于探索性研究之内的初创期，就用研究实践创造着自己的独特。它是中国的，它是当代的，它是教育学的，它是在研究实践中创生的，它是团队的，它是有魂、有体、有血、有肉、有情、有意的，它是整体、具有生命态、内聚着生命能量的，它是当代中国教育学大家庭中有自己个性和独特成长方式的"新生儿"。

表1.2.2"（三）方法论"中所列的两项成果，是我个人在初创期完成的对教育研究

方法论的自我认识转型之外显形态。长期以来，一方面出于自己意识到方法论对于个人认识世界与自我，认识教育与教育学发展，形成新的研究立场与视野、思路与策略的重要性，另一方面是因承担了建设研究生课程"教育研究方法论"教学的需要。为此，在研究框架大致形成后，我用了近七年时间，重新阅读有关西方教育思想和教育学经典著作，对构成我国教育学学科认识最早底色的教育学西方传统，作了一次回归与方法论反思。我还系统阅读了新中国成立以来，主要是"文革"前后的教育学著作，以理清当时作为教育学唯一方法论依据的马克思主义，如何在简单化、甚至扭曲的运用中，得出具有偏差甚至错误的结论，作了一次马克思主义在中国教育学中影响的回归与清思。为了突破长期以来一元绝对化的方法论束缚，我还大量阅读了西方教育哲学、科学发展史、科学研究方法论、人文科学方法论等本人可及的著作，从中汲取重新认识方法论和教育研究方法论的思想资源。一系列的重新阅读和拓展阅读，确实获得很大启发，我开始对当时流行的，包括自己头脑中同样存在的，认为唯靠以自然科学为范本形成的科学方法去研究，才能提高教育学理论水平的观念，作了反思其局限性的批判。在分析人文科学研究方法论如何走出相对独立之路过程的基础上，进一步思考教育学研究的特殊性，初步形成并提出了自己相对系统的观点。这是一次自己头脑中方法论观念重建的艰难历程，让我深切体会到学术清理和重建，不能只局限在理论，还必须要有方法论层面的深度清理与重建。

七年的阅读、思考与写作，留给我最大的思想财富是：将方法论的学习、研究、形成、践行，作为此后自己学术生命中不可或缺的持续构成；确立了要为建立与哲学、自然科学、社会和人文学科密切相关，但又具有教育学研究独特性的教育研究方法论而努力的决心和信心。我把自己第一本有关教育研究方法论的专著称为"初探"。方法论的突破也日益成为"新基础教育"研究和"生命·实践"教育学派创建的思想武器与内在构成。

三、发展期(1999—2004 年)

相对于初创期，"生命·实践"学派的发展期正处于世纪之交。特殊的时态使人既缅怀往日岁月之悠悠，又向往未来世纪之更新。教育学作为学科在中国也有了百年历史，成为学科发展反思潮中的一员。"新基础教育"则进入了第二阶段的生长期：横向区域和学校的扩展，纵向改革理论核心研究的深化式建设期。这一阶段上述两方面研究的进展在表 1.2.3(一)、(四)两项中得到集中表现。

表 1.2.3 中(一)、(二)两项的关联显而易见。(一)项所列理论研究成果，是(二)

项所列教育实践研究,即"新基础教育"发展性阶段持续研究的产物。1999年秋,为检验持续研究形成的理论和经验的普适性,"新基础教育"研究进入到推广性、发展性阶段,并在推广中实现深化与发展。是研究实践推进中不断提出的问题和新生经验,使作为项目主持人的我,几乎每半年左右,就要向发展性阶段共同体的研究骨干作一次集中的专题报告,他们成为第一批分享我思想的人。而后再把报告提纲写成文章发表,一见文章,学校又会主动组织学习、讨论,研究怎样转化为改革实践的推进。

表1.2.3　发展期(1999—2004年)

时间 内容 类别	(一)教育理论	(二)教育实践	(三)方法论	(四)教育学反思
1999—2004年	▲《把个体精神生命发展的主动权还给学生》(以下简称"发展主动权"),辑入郝克明主编:《面向21世纪我的教育观》(综合卷),广东教育出版社1999年版。 ▲《论教师职业的内在尊严与欢乐》(以下简称"尊严欢乐"),《思想·理论·教育》2000年第5期。 ▲《在学校改革实践中造就新型教师》(以下简称"新型教师"),《中国教育学刊》2000年第4期。 ▲《试析中国当代道德教育内容的基础性构成》(以下简称"基础构成"),《教育研究》2001年第9期。 ▲《重建课堂教学价值观》(以下简称"价值观"),《教育研究》2002年第5期。 ▲《重建课堂教学过程观》(以下简称"过程观"),《教育研究》2002年第10期。 ▲《实现转型:世纪初中国学校变革的走向》(以下简称"实现转型"),《探索与争鸣》2002年第5期。	"新基础教育"发展性研究(1999—2004年)(以下简称"发展性研究"),形成"新基础教育"研究共同体,华东师范大学成员为核心成员。	▲"思维在断裂处穿行"(以下简称"穿行"),《中国教育学刊》2001年第4期。	▲《世纪初中国教育理论发展的断想》(以下简称"断想"),《华东师范大学学报(教育科学版)》2001年第1期。 ▲《中国"教育理论"研究状态与发展趋势概述(1995—2000)》,内部资料。 ⊙主编:《中国教育学科年度报告》(2001—2005年),共5本,均由上海教育出版社出版。各年度总报告的题目分别是: ▲《构建世纪教育学科发展新平台》(以下简称"新平台")(2001年); ▲《在路上——研究教育转型与教育学科研究转型》(以下简称"在路上")(2002年); ▲《艰难的行进——学科发展意识的觉醒与迷乱》(2003年)(以下简称"艰难的行进"); ▲《教育学科研究势态的变化与消长》(2004年)。

时间 \ 内容 \ 类别	（一）教育理论	（二）教育实践	（三）方法论	（四）教育学反思
	▲《教育创新呼唤具体个人》（以下简称"具体个人"），《中国社会科学》2003年第1期（"创新时的哲学社会科学"笔谈栏目）。 ▲《改革课堂教学与课堂教学评价改革》（以下简称"评价改革"），《教育研究》2003年第8期（与吴亚萍合作）。 ⊙主编"新基础教育"发展性研究丛书，共3本，中国轻工业出版社2004年版。 ▲撰写《总报告：世纪初中国基础教育学校"转型性变革"的理论与实践》（以下简称"发展性总报告"）。			

　　理论与实践如此密切相关，相互转化如此及时自觉，这是我以往研究中从未产生过的经验和体验过的兴奋。我第一次深切地感受到理论研究从实践中产生的清香和泥土气息，感受共同研究的实践者会如此在乎理论与他们行动的关系，主动地去读理论著作。正是在这样的过程中，"新基础教育"提出的理念、基本观念逐渐转化为学校参与者对其教育行为有影响力的话语系统，出现了理论人员与实践人员在参照系和话语系统上的可沟通性与一致性。理论与实践的双向互化，成为因"发展性"研究而生的，"新基础教育"研究人员自身成长意义上的一个新传统，同时，这也是我写出表1.2.3（三）所列文章——"穿行"的直接触生点。该文以个体为分析单位，论证了理论与实践在个体中的内在统一，进而揭示出要改变实践主体的教育行为，不能没有个体内在教育理论的转换；不能把改革的希望寄托在只提供一套新的操作方法上。而作为教育理论的研究，则需要突破仅以现有教育理论为研究对象的局限，尤其在社会转型期，更需要与现实沟通、对话，将教育实践改革、发展的现实问题纳入到自己的研究对

象中,在参与实践的变革中发现新问题,形成新理论。①

该文也是我对有关教育理论与实践之间存在无法弥合的"天然断裂"说,即认为理论研究者不该直接到实践中去,进入实践会失去理论研究的客观性,妨碍实践人员的主动性,以及以"断裂"为前提,以客观描述、科学实验为范本的教育研究观念与见解的一个回应。它是我走出以"准实验"、"问卷调查"、"统计分析"等为准则,衡量研究科学性的方法至上主义影响,突破理论研究要转化为实践,必须形成一套操作方法和模式等研究目标自我局限的一个标志;是我方法论研究在理论与实践关系上,认识又向前迈出的一步。自"发展性"阶段2000年始,我们把当时"新基础教育"研究分布在六地的团队联结起来,称其为"共同体"。关注团队每个成员在研究中的自我超越与成长,关注研究中两大主体群之间理论、实践的双向互化与交互生成,逐渐成为参与"新基础教育"研究者在实现自我发展意义上的一个新传统。

从表1.2.3(一)中所列的一系列文章可以看出,这一阶段本人理论研究关注的核心深化,重点在把上一阶段提出的教育学原理性观念,转化为指导学校最基本的每天都要进行的具体实践——课堂教学的观念与理论,提出"新基础教育"研究在第二个层面上的三观——课堂教学的价值观、过程观与评价观。对学校具体实践的深入研究,使我有可能在"发展性研究总报告"中提出学校"研究性变革实践"的概念,并阐述了其与西方"行动研究"的区别,这是本人在研究方法领域中观念的一次自我超越②,从亲历的研究过程中形成方法抽象的一次尝试。

然而,"发展性"研究并没有把研究的终极目标定在实践的改变上,我们更为根本的指向是改变与教育实践密切相关的人。此阶段一开始,就提出了以人的发展为终极目标的四个"还给":"把课堂还给学生,让课堂充满生命活力;把班级还给学生,让班级充满成长气息;把创造还给教师,让教育充满智慧挑战;把精神发展的主动权还给师生,让学校充满勃勃生机。"③"四个还给"是"新基础教育"以研究性变革实践改变师生在校生存方式为指向的提炼性、号召式鲜明表达,意图在使其易达人心。在结题总报告中则明确概括为改革须实现"成事成人"统一的原则,即在"成"变革之"事"中成

---

① 叶澜.思维在断裂处穿行[J].中国教育学刊,2001(4):1—6.

② 这里的"自我超越"是指对探索性阶段"总方案"提出的"理论研究与行动研究结合"这一研究方法的超越。"研究性变革实践"的具体阐述,请参阅叶澜."新基础教育"发展性研究总报告[R]//叶澜."新基础教育"发展性研究报告集.北京:中国轻工业出版社,2004:2—73.

③ 叶澜."新基础教育"研究推广性研究教师指导用书(初中部分)[C].上海:上海三联书店,2000:6.

"人",努力以"人"变促成"事"变①。

"发展主动权"一文,是本人关于"人的发展"作为教育目的之认识,进一步聚焦到"精神生命"和日常实践中的"主动发展",把"主动发展"看作是个体发展的权利,又看作是需要个人自觉意识和努力的目标,同时也是"新基础教育"期望的新人特质之构成。在"基础构成"一文中,我又将此提升到"追求自我完善的'立身'之德"②上。

表1.2.3"(一)教育理论"中两篇与教师发展相关的文章,则是我将自1998年始对教师发展问题的思考和在改革研究中逐渐深入形成的一系列观点作整合与系统化的产物。2001年出版的由我与三位博士合著的《教师角色与教师发展新探》③,将有关认识作了再一次的集中与展开论述。这意味着"新基础教育"的教育观整体(已含价值观、学生观、活动观)增加了第四观:教师观。其特征是把学生和教师发展的教育学研究,从抽象人、抽象学生、抽象教师,转向具体时代、场域、情境和实践中的"具体个人"。自此,"新基础教育"研究对具体性的追求,逐渐成为自觉践行的研究风格。它在四个方面得到了聚合式表达:"要承认人的生命是在具体个人中存活、生长、发展的;每一个具体个人都是不可分割的有机整体;个体生命是以整体的方式存活在环境中,并在与环境一日不可中断的相互构成中生存与发展;……具体个人是既有唯一性、独特性,又在其中体现着人之普遍性、共通性的个人,是个性与群性具体统一的个人。"④从这段引文中,已可以读出"生命·实践"学派关于"生命"的重要基础性认识已形成。并据此进一步提出了培养"主动、健康发展"新人的教育目标。

"实现转型"一文的发表,意味着我们继"初创期"基本实现了对近代教育弊病的认识与批判之后,进一步完成了对"新型学校"与近代学校相比而言的形态特征之结构性认识。其概括表述是:价值提升、重心下移、结构开放、过程互动和动力内化。这些特征在由学校领导与管理、教学和学生工作组成的两层次三领域中,都应得到具体综合的体现。它本身又是在系统转换后的教育观指导下,开展学校具体各领域综合改革实践所取得的、新可行性经验和认识,逐步上升到学校整体层面,经综合抽象所形成的。自此,我们关于教育的认识完成了由更为丰富且具有三个层次构成的观念系统:教育

---

① 叶澜."新基础教育"发展性研究报告集[R].北京:中国轻工业出版社,2004:18.

② 参阅:叶澜.试析中国当代道德教育内容的基础性构成[J].教育研究,2001(9).

③ 参阅:叶澜、白益民、王枬、陶志琼.教师角色与教师发展新探[M].北京:教育科学出版社,2001:3—27;325—337.其他三位作者均为本人指导的博士生,本书中的文章是他们各自的博士论文,经本人或多或少选择、修改、编辑后合编出版.

④ 叶澜."新基础教育"发展性研究报告集[R].北京:中国轻工业出版社,2004:21.

的总观念系统,学校教育的观念系统和学校内每一领域的观念系统。三个层次的观念系统存在相互观照、呼应和可转换的内在联系。构建新型学校观念系统的过程,也是本人对"方法论初探"中提出的教育研究方法论需要用综合抽象思维的观点,在研究实践中的尝试。

表1.2.3(一)中的文章,最后集中呈现在本阶段研究总报告"学校转型性变革"之"基本理论与实践的更新"部分。① 总报告成为两年后出版的《"新基础教育"论》写作的基本提纲,也成为下一阶段"新基础教育"成型性研究的理论基础。这是在"新基础教育"研究中具有承上启下作用的重要"报告"。

表1.2.3"(四)教育学反思"栏反映了五年发展期中,我对"教育学"的反思已进入到世纪之交的前后十年。前五年的反思,表达在应全国教育科学规划办要求而作的、题为"中国'教育理论'研究状态与发展趋势"的报告②中。它的写作触发了从2001年起,由我邀请华东师范大学教育系不同学科带头人,每年编写"学科发展年度报告"。本人作为主编,负责写出能概括教育学年度发展总体态势的年度总报告。表中所列总报告的题目,反映了本人对新世纪最初五年教育学科发展中遭遇的问题与进展的基本评价。

"断想"的重要在于记录了我对新世纪教育学发展的深切期望,在一定意义上,也是一种自我期许。希望新世纪,能在感受时代发展之新、学习工具之新、发现问题之新的同时,实现教育研究方法论的更新③和教育学理论重建式的再生,形成富有原创性的"中国教育学理论",发出了"一个偌大的中国,一个拥有最多教育人口的中国,一个进入了二十一世纪的中国,不能没有自己原创的教育理论"④的呼声,这可以当作"生

---

① 参阅:叶澜."新基础教育"发展性研究报告集[R].北京:中国轻工业出版社,2004:18—37.该报告获上海市第八届哲学社会科学优秀成果一等奖。

② 该报告编入《全国教育科学"九五"规划各学科(领域)调研报告汇编》,2001年9月,内部资料。因写作时间匆忙,展开不足。

③ 文中第四部分专述了复杂性理论作为方法论对教育学重建的重要价值,指出在"复杂性"方法论指导下,科学的学科分类可能会更新,会出现综合性学科类,教育学在新的分类中会有自己的地位。本人与"复杂"理论的接触始于1999年9月阅读[美]米歇尔·沃尔德罗普著,陈玲译《复杂:诞生于秩序与混沌边缘的科学》一书,此书对我在方法论上的启发和引起思维的活跃可称为"震动"级。我似乎找到了教育研究方法论的一个重要新资源。是年10月到11月初,我断断续续写了近两万字的读书笔记,并在1999年底由我主持的、当时在我名下的硕士、博士生的月末例会上,作了专题发言,并向学生推荐此书。这可能是中国教育学界最早在学术群体内部作有关"复杂思维"的主题报告活动。此后,我持续关注法国莫兰有关"复杂理论"著作的系统阅读,并在"方法论"教学中与学生讨论"复杂",在"发展性研究"中努力用复杂理论作为方法论指导,逐渐形成自己的经验与认识,出现方法论思考的升级。

④ 叶澜.世纪初中国教育理论发展的断想[J].华东师范大学学报(教育科学版),2001(3):1—6.

命·实践"学派创建的先声来听。

事实上,2001 年底,在一次我的新老研究生聚会中,就有人提出要创"学派",还建议称其为"生命"教育学派。因为《让课堂焕发出生命活力》一文的广泛影响,与会者有不少表示同意。我当时并没有认同,主要是觉得还需要一段时间的梳理和进一步的积累。但此次聚会促使我意识到该把学派建设提上议事日程了。在用了一年多时间做自我梳理之后,2003 年 6 月 8 日、7 月 1 日,我和几位毕业后留在华东师范大学工作的博士生召开了两次关于学派建设的小型讨论会,以求得共识,并用通讯的方式,征求其他关心此事的成员意见。我们决定以主题研讨的方式建设一个学术共同空间。同年 11 月 24 日,我在月末例会上,作了确定以"生命·实践"作为学派命名,以及学派创建基础、目标、方式等方面的主题发言,会后还请大家以书面的方式表达自己的意向与意见。①

2003 年 12 月 25 日,在这一年最后一次月末例会上,我正式确认了"生命·实践"教育学派的命名,它意味着一个为该学派创建努力的团队向内宣布成立。自此以后,学派建设作为自觉意识与行为,就不再是我个人,而是一个群体共同的事业。参与学派建设的成员与"新基础教育"研究有密切的相关性。我们依然坚持自愿参加、建设核心、边界开放的原则。所以,即使是最早参加筹划学派建设的成员,也有少数不再参与,多数则已成长为学派的骨干成员。随后逐年又有不少成员参与进来。所以坚持这一原则,就我而言,是为了使每一个参与这项学术建设的成员,都因有共同的学术信念、追求和担当而相聚,能真心付出自己的学术创造和智慧、为学派建设真诚投入并合作,故而决不强求。但一旦参与就要尽责,不可敷衍马虎。更重要的是,我们坚持在学派建设中,每个参与者都从自己已有的基础、研究兴趣,选择自己的主题、课题参与,发表自己的(并非我和团队群体都认同的)观点,发出自己的声音,对自己的认识负责。因为作为创建过程中的"生命·实践"教育学派,需要足够的学术空间让大家各抒己见,各显风采、相互切磋、共同发展。其实,任何一个学派的内部不可能也不应该只有一种声音。但各种声音都应围绕学派建设的共同任务,不能让懈怠浮躁、耍小聪明成气候,败坏学风。自然,每个参与者,包括本人在内,在自我成长的过程中,都会不同程度地存在学术或学风的不同缺陷与问题,我们期望通过合作相互提醒补充,通过自我超越实现发展。我希望用每位参与者自己的学术行为与人格,而不只是用文章来显现"生命·实践"教育学的品性。只有这样,这个学派和参与学派建设的人才会有生命活

---

① 相关书面意见都作为内部资料保存在本人处。

力,才会有真实的成长。恰如李醒民所言:"学术本身有生命,真正的学人视学术如生命,学术自由和学人心灵自由是学术有生命的前提条件。"①

发展期以 2004 年 5 月"新基础教育"发展性研究结题报告会的召开和相关丛书出版告一段落。与孕育期相比,"新基础教育"长高、长大、长壮实了不少,并通过文章、各种交流方式和不同传媒渠道,产生了一定的教育和社会影响。我们的队伍和学术思想也在过程中得到锻炼、成长,并出现了首批改革取得相对较为明显成效的学校。但我清楚地知道,目前取得的进步离新型学校之基本成型有相当距离,学派建设就群体而言的意识只是初建。于是,"发展性"研究结题后,我们立即进入了"新基础教育"第三阶段研究。

四、成形期(2004—2009 年)

"成形期"是"生命·实践"学派内核的形成之期,它内含着两个方面的"成"。一是"新基础教育"自 2004 年秋季学期始,进入了为期五年以形成新型学校整体之型为直接目标的新阶段,它被称为"成型性研究"。二是 2004 年 2 月在《教育研究》第 2 期上,以本报通讯员署名发表了李政涛对本人的专访:《为"生命·实践教育学派"的创建而努力》,此文向学界明确表明我们创建学派的意向,已有的积淀、建设的基本方法论与路线,创建团队与学术空间的策划等,也开启了团队成"生命·实践"教育学派之"形"的成形时期。表 1.2.4 是本人这一阶段研究主要成果的表格式列举。

表 1.2.4　成形期(2004—2009 年)

时间　内容　类别	(一)教育理论	(二)教育实践	(三)方法论	(四)教育学反思与学派建设
2004—2009 年	▲《为"生命·实践"教育学派的创建而努力》(以下简称"创建努力"),《教育研究》2004 年第 2 期。	"新基础教育"成型性研究(2004—2009 年)(以下简称"成型性研究"),华东师大核心团队与 10 所基地学校合作创建。	▲《当代中国教育变革的主体及其相互关系》,《教育研究》2006 年第 8 期。	▲《中国教育学发展世纪问题的审视》(以下简称"世纪审视"),单独发表于《教育研究》2004 年第 7 期。

---

① 李醒民.学术创新是学术的生命[N].光明日报,2005-11-01.

时间 内容 类别	（一）教育理论	（二）教育实践	（三）方法论	（四）教育学反思与学派建设
	▲《21世纪中国社会发展与中国基础教育改革》，《中国教育学刊》2005年第1期。 ▲《试论当代中国学校文化建设》，《教育发展研究》2006年第8期（A）。 ▲叶澜、李政涛、吴亚萍：《学校转型变革中的评价改革》，《教育发展研究》2007年第7期。 ⊙"新基础教育"论——关于当代中国学校变革的探究与认识，教育科学出版社2006年版。 ⊙《教育概论》（修订版），人民教育出版社2006年版。 ⊙主编"新基础教育"成型性研究丛书，共7本，广西师范大学出版社2009年版。其中，总报告由本人撰写，题为： ▲《在现实中携手走出建设新型学校的创业之路》。	华东师范大学新基础教育研究中心（以下简称"华师新中心"）揭牌成立（2009年5月16日）。	另有：散落在每阶段结题总报告、教育学反思和"生命·实践"教育学论丛等相关论文中的方法论部分。	▲《在裂变与重聚中创生——2001—2005中国教育学科发展评析》（2005年）。 ⊙主编：《二十世纪中国社会科学（教育学卷）》，上海教育出版社2005年版。本人撰写总论。 ⊙主编"生命·实践"教育学论丛1、2、3、4辑，均由广西师范大学出版社出版。本人撰写论文为： ▲《从"冬虫"到"夏草"》（《回望》，2007年）； ▲《当代中国教育学研究"学科立场"的寻问与探究》（《立场》，2008年）； ▲《"生命·实践"教育学引论（上）》（《基因》，2009年）； ▲《"生命·实践"教育学引论（下）》（《命脉》，2009年）。

综观表1.2.4所列成形期本人的研究成果，可以看出其聚合与统整："新基础教育"研究在整体上呈现深化；"生命·实践"教育学派建设进入前提性、基础性问题研究等明显特征，透出很强的历史感和重建特质。

成型性阶段的"新基础教育"研究形成了新的研究策略：特别加强学校领导与管理这一以往研究相对薄弱，但对学校全局性发展具有决定性意义的层面之研究；收缩直接合作研究学校的地域,聚焦于上海、常州两地上一阶段改革基础较好的学校,作全面深入的合作研究,以推进新型学校的诞生;承担各分领域研究责任的华东师范大学课题组成员与学校改革骨干力量一起,一方面系统梳理前十年研究的成果、经验、得失、典型案例,另一方面在深化、补缺的意义上开展新的研究,以编写出对今后推广和持续开展"新基础教育"研究有价值的系列"指导纲要"。本人承担的任务除整体策划、直接负责与试验学校领导一起,形成本校五年研究、发展规划和之后逐年的学期推进计划外,还以每学期固定三次共同体交流、平均每月一次重点到一所学校作深入座谈与调研的高频度,增强与校长的直接交流与现场考察,发现学校整体成型中的经验与问题,对各校的研究发展状态及时作出判断,提出进一步发展的目标与策略。此举旨在推进学校改革成型的同时,形成一支有理想、有智慧,敢担当、善选择,肯实干、会创造的"新基础教育"共同体校长队伍,并由他们带动学校领导团队整体水平的提升,促进相关成员的个体发展,把"成事成人"的要求在更高的水平上扩展到领导层。整个团队,包括试验校的领导和教师们的共同坚守、努力与创造,使成型性阶段的研究目标基本如期达成。自此以后,我与这些校长有了深入的交流,对校长在变革中承受的压力和干扰,有了越来越具体的认识,并常被他们的精神所感动,为他们的智慧而惊喜。"新基础教育"有了坚强的领导合力,我有了一批来自实践一线的老师。

在完成了发展性研究结题、学派创建大局形成和成型性研究开始阶段的繁忙后,自 2005 年始,我把属于个人可支配的时间,集中在早已列入计划,但迟迟未能动笔的《"新基础教育"论》上,用一年多时间完稿,使其在 2006 年 9 月得以面世。同时,我也完成了原定 2000 年出齐,只是因我而拖后六年的"世纪之交中国基础教育改革研究丛书"的全部主编任务。

《"新基础教育"论》①作为十多年改革研究的结晶,就我主观上而言,是想使其成为一本在全球教育改革背景下,以自身理论与实践共同体研究为基源,突显中国基础教育学校改革的理论和实践独特性的一本著作。一本能对中国有关教育改革的理论和实践有所贡献和推进的著作。至少,它应成为所有想了解和开展"新基础教育"研究的人与学校所必读的著作。在"生命·实践"教育学派创建中,该书是本人关于教育是什么、学校教育是什么的当代中国版解读,它包涵着教育内在的一系列规定性和基本

---

① 2009 年《"新基础教育"论》被评为全国高校哲学社会科学优秀成果著作一等奖。该书 2006 年 9 月出版后,至 2012 年已多次印刷,印数达 2 万多册。

关系,又是当今具体时代的独特呈现。与《教育概论》①相比,该书着重于对变革时代教育改革的研究。包括了变革主体的复杂构成、多方矛盾冲突及宏观变革的策略,提出了教育对于社会具有更新性再生产作用的新观点,和将社会看作教育变革之生态的新视角,提出了在教育变革中如何处理社会生态建设和教育内涵发展的新问题,拓展了有关教育与社会关系的认识②;该书是我首次对中国学校教育作历史和现实的系统研究,全书用近2/3的篇幅,对近代中国学校教育变化作了历史的回溯与分析,进行了以学校为转型性变革研究的整体单位,以日常教育实践为分析单位的系统变革的双层研究,明显表现出本人对教育学研究确立内立场的觉醒与努力。这些在《教育概论》初版中都尚未涉及,故可看作是对自己十五年前形成的教育系统认识的一次回归与突破。同时,还可以将此视作本人通向“‘生命·实践’教育学论纲”撰写的重要中间站。“生命·实践”的教育学理念在《“新基础教育”论》中,没有以集中的显性论证和系统阐述的方式呈现,它渗透、蕴含在对时代教育问题的提出和回答中。

与上述学派建设直接相关,在此期间,本人第一次对教育学在中国发展中反复出现、始终存在的问题作了系统梳理,并将其称为“世纪问题”③,他们是:教育学的双重依附性,与本国文化传统的断裂,与教育实践的脱离,存在着缺家园、缺内生长力、缺学术尊严的并不理想的生存状态。这是一次审视式的对中国教育学发展百年史的回归,其目的并非为了否定历史,而是通过审视,为教育学在新世纪的发展提供历史经验,避免重蹈覆辙,并努力寻找思想、观念和思维解放的突破,走上新的路程。我们将这一教育学重建的任务视作己任,并以创建学派的方式为新世纪教育学的发展集聚力量。此后,我又与本系相关学者一起完成了“中国教育学发展报告·2005年卷”。与前面几年的年度报告不同,这一卷是对新世纪最初五年教育学发展状态所作的整体和分学科的小结。我以“在裂变与重聚中创生”为总报告题目,从学界已呈现出“春秋”式的裂变繁复势态中,感受到为创生而重聚的必要。这本五年小结的年度总报告,也成为我对新世纪教育学在中国的发展所作的“现状追踪式”评析研究的句号。此后,把学派建设

---

① 在同年人民教育出版社出版的《教育概论》修订本中,相应部分吸收了《“新基础教育”论》的部分观点。

② 基于这一认识,我们在2010—2012年间,开展了“当代中国社会的教育基础”项目研究。提出了“社会的教育责任”命题。参阅:李政涛. 中国社会发展的“教育尺度”与教育基础[J]. 教育研究,2012(3):4—11,34.

③ 详细参阅:叶澜. 中国教育学发展世纪问题的审视[J]. 教育研究,2004(7). 该文获全国高校哲学社会科学第四届优秀成果论文一等奖。

作为教育学研究方面的主任务展开。

经过多次讨论,我们决定与"新基础教育"研究成型性阶段同步,在五年里完成四本一套以"生命·实践"学派建设为主题的论丛系列。本学派前期建设历程与进展回溯集聚成第一辑,称为《回望》;自第二辑开始,就学派系统建设需率先清晰的问题,以专题论文集的方式呈现,分别命名为《立场》(指教育学的立场)、《基因》(指学派元概念"生命·实践"的内涵)和《命脉》(指学派的根系构成)。在共同完成了将研究问题转化为每册"主题"的提炼确定之后,各人都按自己的理解撰写论文,内部不先作交流讨论,同时还向社会开放征稿。尽管因学派对外界而言还只是初见,投稿者不多。但诚挚表达了无论内外,我们都取开放的心态。就本人而言,我确实是尽了最大的努力,做到把自己想清楚,把学派的前提性问题想清楚并写明白。为了保持作为学派建设第一套丛书的原创性和唯一性价值,核心成员相约:四辑丛书中的稿件不投其他杂志,这也是我在2007—2009年期间,尽管阅读、写作量在10万左右,但几乎没有一篇重要的理论文章在杂志上发表的原因。借《回望》序言中,我表达了这样的心意:"第一辑的出版,就像一个生命的诞生一样,会延续,会生长,从小到大,从幼稚走向成熟,自然也可能夭折、死亡。只是,我们会以自己的投入,以研究的化入,使今后的每一辑都有声有色,只要它存在一天,我们就不让它没有尊严地'活着'。"①

通过论丛的写作,本人又多次重读西方教育学经典著作、国内相对有影响的教育学著作,以及近二十年来国外有关的教育论著,以梳理相关主题和寻求突破的方式,向教育学研究传统作又一次的回归。进而提出了教育学要成为独立学科就必须确立学科内立场,加强教育学基本理论的研究,逐渐形成以教育学为本体的交叉、综合学科等新学科体系,并以此为新的发展方向,使教育学科群在整体上呈现新的结构和内涵②。在梳理过程中逐渐清晰地看到:赶潮式地左右摇摆、绝对化的推崇国外某种教育学派的认识,会一叶障目,看不清国外学术本身就是多元、多派并随时代而变化的整体。无疑,在每个研究者有限的时间和视界内,不可能通览全局,重要且可能做到的是:改变以国外某国或某种理论为仿效、追赶的目标,无论是因对抗,还是因仰慕,只有在目光调整为平视,目标定为借鉴,通过比较、辨识、分析、综合、对话,将其化为中国教育学发展的资源,服务于中国教育学建设时,才能在世界教育学舞台上发出中

---

① 叶澜.回望[C].桂林:广西师范大学出版社,2007:序言1.

② 详细参阅:叶澜.立场[C].桂林:广西师范大学出版社,2008:18.该文获全国第四届教育科研优秀成果二等奖。

国的声音。

本人在以上、下两篇分载于《基因》和《命脉》两辑中的"引论"①一文中,花大力气阐明了如下观点:凡可称为教育学的经典著作,都有自己思考的原点,并由此引出基本的命题。这一原点在理论系统中的呈现可以显性,也可以隐含,但不可能没有。找出这些原点是读懂和读通经典的重要条件。"生命·实践"学派孕育、初创和发展的过程,也是这一原点逐渐形成、丰富和清晰的过程。我们用 DNA 基因式的双螺旋结构(也与中国文化传统中的阴阳双鱼图结构暗合)来比喻此原点,称其为"基因",以示这一原点的复合性和内含丰富整体潜质的独特。文中对"生命"、"实践"及其关系作了概括、提要式的解释,并由此引出"生命·实践"教育学在建构中必须作出自己回答的基本问题,初步搭起了"'生命·实践'教育学论纲"的思路框架。

关于"命脉"的研究,是为"基因"理出其资源脉系。借此过程,本人除了以往相对清晰的,以实践、马克思主义哲学、西方文化传统及当代哲学、当代科学文化发展及教育学传统等作为命脉之外,尤其想明确提出的是:如何改变因中国近代教育学的直接引进、解放后政治意识形态批判而造成的,长期以来教育学研究与中国文化传统、学术、哲学、教育思想断裂的基本状态,将中国教育学生长的根系扎进丰富的本土精神家园之中的追求②。对我而言,这也是一次知识和认识领域补缺的过程。2006 年11 月 8 日,我首次以《教天地人事　育生命自觉——关于"教育"是什么的多维审视》为题,在华东师范大学作了专题报告③,这是本人首次将中国哲学、文化传统,融入对"教育"这一教育学基本概念内涵构建的尝试,并试图在表达上呈现中国文化气质。同时也因此点明了"生命·实践"学派在教育目标的深层指向上,可用"育生命自觉"来表达。"教育"的这一新表达方式,很快得到了"新基础教育"合作研究学校的认同。现在这一提法已在这些学校中成为行为追求和我们经常提到的话语。"自觉"一词也越来越多地衍化到有关学校各项研究要求之中,有的博士生也以此为题撰写博士论文。

2009 年 5 月,我们在华东师范大学礼堂举行了为期两天,由 800 多名代表参加的

---

① 该论文获上海哲学社会科学第十届优秀成果论文一等奖。
② 在这方面,21 世纪开初的十年里,中国教育学界已有不少先行者,如华东师范大学张瑞璠、黄书光主编《中国教育哲学通史》,北京师范大学黄济、顾明远两位先生等都各有专著出版。本人将在教育学重建的意义上作出努力。
③ 同名报告此后还在校内外作过 4 次,每次讲座都引起与会者醒悟式的共鸣。

"新基础教育"成型性研究结题报告会。① 会议得到了各级领导和同行专家的支持与关注。除华东师范大学的研究成员外，相关的区教育局长、试验学校的校长和骨干教师都登上了报告会的讲坛，会上命名的 12 所首批"新基础教育"基地校，在本校举行了专题现场听课、评课和研究活动。"新基础教育"十五年的研究一向以静下心来、专注强内、践行学校内部改革之事为风格。这次来了一个我称其为"华丽转身"的亮相，大家都为十五年辛勤耕耘得来的丰收，为"新基础教育"完成理论与实践双重意义的"成型"而喜悦，也为亮相得到与会者普遍认同而欣然。与此同时，会议举行了"生命·实践"教育学论丛出版的新书发布会，学派第一个"成形"的"新生儿"发出了响亮的啼声。华东师范大学新基础教育研究中心也在开幕式上宣布成立。由此开始，"新基础教育"和"生命·实践"教育学派的研究有了机构式的组织。

这次盛大的会议，成为双重却不同水平和形态的"成形"期结束的标志和新阶段开启的前奏。

五、通化期(2009 始，尚在进行中)

经历了短期的成型结题而生的欢欣后，我们很快转入了现称作"通化期"的新阶段。

通化期需要面对的是三大问题：第一，成型性研究之后，"新基础教育"研究是否结束？第二，"生命·实践"教育学论丛系列出版后，如何进一步研究？第三，如何建设新基础教育研究中心，从性质、功能定位到组织架构？这三大问题息息相关，但处理不好会没有内在关联。经过近一个暑假的策划，我们形成了阶段发展的基本目标与策略：着重多项研究在原有基础上延续发展，并将其相通互化。故称其为"通化期"。

这一时期在实践方面至今完成了第一阶段"新基础教育"扎根研究(2009—2012年)；开始了第二阶段："新基础教育"生态式推进研究(2012—2015 年)。该时期现有研究成果及尚在进行的研究项目和拟完成的成果可见表 1.2.5。

---

① 出席这次会议开幕式并作发言的各级领导有：时任教育部副部长陈小娅和师范司、基础教育司的相关领导，时任上海市副市长沈晓明及市教委相关领导；华东师范大学党委书记张济顺和校长俞立中及其他相关领导。出席并承担评论的专家有：时任中国教育学会会长顾明远、东北师范大学校长史宁中、南京师范大学副校长吴康宁、南通市情境教育研究所李吉林等十余名。

表 1.2.5　通化期(2009 年始,尚在进行中)

时间 \ 内容 \ 类别	(一)教育理论	(二)教育实践	(三)方法论	(四)学派建设(教育学反思蕴含其中)
2009—	⊙《基础教育改革与中国教育学理论重建研究》,叶澜等著(全国哲学社会科学重大攻关项目研究成果,经济科学出版社 2009 年版)。 ⊙叶澜主编"世纪初中国基础教育改革丛书",由教育科学出版社 2011 年完成全部出版(共 11 本)。 ⊙"新基础教育"研究史(以下简称"研究史"),叶澜、李政涛等,教育科学出版社 2010 年版(参加撰写人员包括华东师大课题组成员、基地学校的校长与教师,共 40 人)。 ▲《课堂教学过程再认识:功夫重在论外》(以下简称"过程再认识"),《课程·教材·教法》2013 年第 5 期。	华东师范大学新基础教育研究中心建设(以下简称"华师新中心")。2009—2012 年:10 所基地学校进入"扎根阶段"研究。其中 9 所在 2012 年扎根阶段结束时,成为"生命·实践"教育学研究首批合作校。2012—2015 年,全国四地近百所学校建立"新基础教育"共生体(以下简称"共生体"),开启了基于校本的"新基础教育"生态式推进研究(以下简称"生态式研究")。	▲《大学专业人员在协作开展学校研究中的作用》,《中国教育学刊》2009 年第 9 期。	2011 年底,"生命·实践"教育学创建研究列为基础教育改革与发展研究所基地重大课题。2012 年"生命·实践"教育学三套论著系列丛书,共 30 本(以下简称"三套书系"),筹划完成,经过五次提纲讨论,现已全面投入写作,预定 2014 年全部提交出版。

　　表 1.2.5"(二)教育实践"项所列已示,"新基础教育"研究并未因"成型"而结束。究其原因,主要有二:一是"新基础教育"基地学校创建过程主要集中在成形期,是在华东师范大学研究人员持续深度介入与策划,大量参与下合作研究的结果。如果没有经历一个以学校为单位,具有一定数量、分布在不同学科和不同年级的校内核心成员组成的骨干群体,继续独立开展的研究过程,这项经历了十年的研究可能停滞,甚至在各种潮流的冲击下倒退直至淹没。另外,上述 12 所基地学校因参加"新基础教育"而出现的多方面显著变化与不同程度的进步,使上海市闵行区、常州市不少学校都先后分批参加了"新基础教育"研究,地区全域意义上的"新基础教育",也需要加强上述"新基础教育"基地校的建设,需要以他们为骨干,引领、带动其他学校的研究与发展。二是

"新基础教育"的系列理论成果,尤其是数学、语文、外语三门学科和学生发展与班级建设、学校领导与管理改革、教师发展共六本"指导纲要",2009 年 5 月才出版。这是我们十五年改革研究实践的积淀,是我们自己创造的成果。"指导纲要"同时需要经过更多学校改革实践的检验、丰富与完善;需要用它来提升一线骨干的水平,以及指导他人进行"新基础教育"改革实践的能力,也就是说,系统化后的"新基础教育"具体应用性理论,同样需要有化为实践改革者的内在理论和自觉行为的过程,需要检验系统化应用理论的介入,能否带来"新基础教育"研究"成事成人"的加速发展和高质量完成。以上两点成为理论、实践双方研究人员的共识,共同决定自 2009 年下半学期始,进入以"扎根性"研究命名的新阶段。与此同时,我们作出了自扎根阶段始,华东师范大学团队不再以"新基础教育"研究的名称申请项目的决定。这意味着今后研究实践的性质,对于华东师范大学成员来说,已经从做项目上升为做事业,更意味着自觉投身当代中国教育改革实践开展研究,对于我们来说,已经不是完成项目的手段和权宜之计、短期行为,而是一种学术责任,是学术发展和个人学术生存的方式,成为"生命·实践"学派的一种标识。试验学校则可根据自己的研究情况,去独立申请各层面的研究项目。我们希望基地学校的领导和教师,也以做事业的精神持续、创造性地开展"新基础教育"研究。与此相关,华东师范大学研究人员对基地学校的直接介入将逐渐淡出,更多强调研究共生体间的学校互动,更多关注面上整体的发展和骨干力量的培养。但双方定期研讨、交流、沟通的传统合作方式依然保留。

2010 年国家教育发展中长期规划公布,在执行的起始阶段,全国出现了以资源均衡配置,包括校长、教师硬性规定和柔性流动为特征的宏观均衡发展之热潮。"新基础教育"研究学校,也面临校长调动频率和骨干教师流动数量速增的冲击。现实逼着我们思考宏观均衡与学校内涵发展的关系问题,思考宏观均衡是否只有依靠资源调拨才能实现,思考教育中的物质、设施等资源的均衡配置,与人、教师的为均衡而调动是否同一性质、能产生同样效果等一系列问题。经过一年左右的观察与研究,我们决心走出另一条将宏观均衡与学校内涵发展相统一的路径。那就是:在承认教育物质、经费等硬资源,必须由政府均衡配置的前提下,以组建学校间自愿合作生态区的方式,通过学校间领导、教师的分区联合研究,用深化学校改革提升教育者的发展水平,从而促进各校内生长力的发展,达到宏观均衡与学校内涵发展相统一的目标。要走出这一条路并取得实效,确实要比调动人力难和复杂得多,需要长时段计议。但"新基础教育"前期共同体研究的经验,已经证明这是可行的,我们有信心。自 2011 年起,上海市闵行区率先开展了"新基础教育"生态区研究,区内基地学校成为生态区的组长校。这项研究为 2012 年始,在全国四个地区(上海、常州、淮安、青岛)组建大小、数量不等的生态组,成立"新基础教育"生态式推进全国共生体,为多种形式开展合作研究,提供了重要的创造性经验。①

2012 年下半学年开始了通化期第二阶段的"新基础教育"生态式研究,除了在目标和任务方面发生上述变化之外,还在数量和研究群体的组织结构等方面发生了大变化。参与该项研究的成员校已扩大到近百所,他们按地区分别组成 1 到 6 个、总计 13 个生态组,关涉到数以万计的教师和数以十万计的学生。所有参与校联合组成了"共生体"。用"共生体"代替"新基础教育"发展性阶段的"共同体"称号,表明这一联合更在乎通过基于各校自主研究,以多层面有主题、有目标的日常性与阶段集中相结合的多种合作交流,达成参与成员在各自原有基础上的真实生长与发展。两年半的实践已明显呈现出这种共生态的活力,创造了丰富的经验。在这个过程中,"生命·实践"教育学合作校和"新基础教育"基地校的校长、中层领导与骨干教师,努力相互学习,在提升日常经验和实现自我发展等方面,发挥了基础性的、华东师范大学研究人员所不可能发挥和取代的作用。他们不仅在理论和实践结合、积极自主创造方面起了示范和指导作用,而且在教育信念的坚定和自信心的提高方面都有了显著进步,这批"新基础教育"研究的"先行者"在履行指导者责任的过程中学习、成长。

从形式上看,扎根阶段与生态式研究阶段的关系,有些类似十年前探索性阶段与发展性阶段的关系,但无论从研究基础、主体构成、追求目标还是组织形态等局部和整体系统来看,都发生了质的飞跃。通化期是"新基础教育"研究在新水平上第二个螺旋式发展的开始。两个螺旋式发展的根本不同是:后者着力于通与化。它创造性地在学校内部各领域间、生态组内部各校间、共生体内部各地区间,从改革研究、学校发展、地区均衡和个体发展多层时空结构和大小不等的行为主体意义上,实现共通互化。实践主体表现出极大的主动性与创造性。这是"新基础教育"前十五年研究在人身上积淀的变化,是实践主体自我更新后能量聚集的巨大释放。这是该时期共通互化在实践领域的呈现,是"通化"的第一种形态。

---

① 2011 年 10 月 15、16 日,我们在华东师范大学举行了第一次全国"生命·实践"教育学研究专题报告会,广西师范大学出版社同年出版了李政涛主编的题为《为"生命·实践"而思》的会议论文集。第二次报告会的主题为:"新基础教育"扎根研究总结交流报告会。第三次报告会于 2012 年 10 月 24 日举行,主题为"生态式推进学校变革",它标志着通化期第二阶段研究正式开始。

通化的第二种形态发生在"新基础教育"研究和学派建设之间。

自 2009 年完成了"基础教育改革与中国教育学理论重建研究"的哲学社会科学重大攻关项目和"生命·实践"论丛出版后,我们自觉加强了"新基础教育"与学派建设之间的内在互化。2012 年从首批"新基础教育"研究基地校中,命名 9 所在扎根阶段又有显著发展成效的学校为第一批"生命·实践"教育学合作研究校,是这方面的一个具体表现。

2009 年成立的华东师范大学新基础教育研究中心①,经过近三年的建设,形成了将两项研究统一推进的目标,提出了明确的"中心"发展宗旨:将中心建成"中国学校转型研究的合作平台;一代教育新人成长的精神家园;'生命·实践'教育学的创生摇篮"。与此相应,中心的组织架构也出现了包括由大学成员组成的研究员和通讯研究员,由中小学领导、骨干教师组成的兼职研究员和列席研究员,按研究室联合组成的多层次、可分可合的灵活格局,并初步完成了中心研究制度的建设,以"一套教育理论"、"一批转型学校"、"一支研究队伍"、"一条改革之路"和"一种研究方式"五个"一"②概括了已经取得的研究成果。在此基础上,"中心"策划了以"生命·实践"教育学论著系列为总称的三套丛书。其一是关于教育学理论的当代研究,这是学派建设的基本理论部分;其二是关于当代中国学校变革的理论研究,这是学派建设的学校层面,也是"新基础教育"在原有分专题研究基础上的深化与展开;其三是"生命·实践"合作校各自的变革史研究,这是学派建设更为具体、综合、生动的案例系列。三套丛书的架构,是"新基础教育"与"生命·实践"教育学派的共通互化在学术著作层面上的显性表达。它体现了该学派的独特生长过程与形态:多层次研究成果之间的一致性与差异性,因共通互化而实现的相互滋养与交互生成。预定 2014 年底完成的三套丛书,将使"生

---

① 迄今为止,以"新基础教育研究"命名的机构还有:2000 年由当时上海市教委为加强优秀研究成果推广,以建在基础区县为规定,设在闵行区教科所内的"上海市新基础教育研究所"(并不属上海市教委管理,此后因市教委领导换届,很少再被市级关注,也不拨经费。故在所属上级单位上有点名不符实,但却在推进闵行区"新基础教育"研究,乃至与全国其他地区合作中的影响方面,发挥了很好的作用);2012 年江苏淮安市与淮阴师范学院、参与"新基础教育"试验学校联合组建的,设在淮阴师范学院教科院的"淮安市新基础教育研究中心"等两处。

② 五个"一"的具体表达参见"华东师范大学新基础教育研究中心简介"(内部资料),前三个"一"在本文已有涉及,关于后两个"一",其中"一条变革之路"是指在"新基础教育"研究中长期形成的推进学校变革的三大策略——"整体策划与分阶段实施相结合"、"日常持续开展与关键节点集中交流相结合"、"重点突破与梯度放大相结合",和以"推进性评价"为核心的多元综合的评价体系。"一种研究方式"是指高校研究人员长期"深度介入"中小学实践的新型合作研究方式。有关这一研究方式的说明,参阅:叶澜. 大学专业人员在协作开展学校研究中的作用[J]. 中国教育学刊,2009(9).

命·实践"学派,以系统、挺拔而有个性的姿态,矗立在 21 世纪初期的中国教育学研究丛林中。

六、结语

在完成了本人与团队,先后近三十年、历经五个阶段的"生命·实践"教育学创建与形成过程的浓缩式叙述之后,现以"生命·实践"学派因哪些方面的回归与突破而生成的列点式概括,作为导论的结语①:

1. 回归与突破首先且始终不能没有研究者对自身形成的学术自我的超越。它是研究主体在不断反思、学习,对自己头脑中已经形成的观念、认识系列产生疑惑,发现问题,并着力于对为何会形成这些认识、其依据是什么、因怎样的思维方式而形成、这些思维方式本身是否合理等问题的不断拷问而逐渐完成。为此需要在每个阶段对学术自我的状态,包括自己具有的更为一般的知识结构、认知资源和缺陷有清醒的自明;还需要通过对各类资源的吸取,对内在知识系统的更替,直至形成新的更为一般的认识世界的态度、观念和思想方法,才可能为认识教育学和教育世界提供新的参照系,才可能出现自身学术观念系统的更新。这是研究人员面对学术自我的回归与突破过程,群体的学术自我在成长过程中也需要这样的回归与突破。没有研究者自我的突破,难有内生长意义上的学术更新与创造。任何一个领域的学术发展,都不能没有从事这一领域的研究者学术生命的内在发展作前提。这一点,在社会、文化大转型的时代,尤为重要。

2. 回归与突破还指向作为教育学资源和关涉到的一些前提性问题的领域,如人类文明、文化、学术传统与发展等,他们与教育学建设有着多重关联。这一回归与突破对于教育学来说尤为艰难,它不仅需要明白西方文化的传统与发展走向,更需要对中国文化传统相对于西方而言的独特、对中华民族的民族性形成、对中国人精神世界的影响等有一个深度的认识。只有经过这样一次大回归基础上的再发展,中国教育学才能将根扎在自己民族文化的厚土中,才有可能具有存在于世界之林,并与世界其他民族的教育学作有益、平等对话的可能,才会摆脱成为其他学科和其他国家、民族教育学的"双重殖民地"局面,才会因内在脊梁之直挺而具独立的尊严。说到底,一切的"进

---

① 以下提到的四点"回归与突破",既是从另一个角度对导论所要表达思想的概括,也将在以后各章中得到不同侧重的、综合式的具体表现。它将不再以显性的方式,而是以渗透化入内容之中的方式存在。

入"都是为了更好地"走出"。

3. 对教育学已有传统的回归与突破，是"生命·实践"学派形成过程中反复进行的、更为直接的领域。教育自身的复杂性决定了这一过程的艰难，它必须融入到上述的人类文明和文化传统之中去思考，不只是为了读懂教育学发展的脉络，还为了读懂教育学何以会成为今天这模样。但又不能只满足于融入，还需要抽出，认清教育学作为一个学科自产生起逐渐积淀下来的属于教育学自身的发展脉络、财富和始终纠缠不清的问题。在理清财富的同时，找出影响发展的根源和原因，找出必须突破的方面，并用回归之继承和突破之立新的综合，重建当今的时代之教育学。

4. "生命·实践"学派回归与突破最深的一个"猛子"是扎入当代教育实践之涌动不息的大海，尤其是深度介入当代中国基础教育学校改革的实践。正是二十余年的持续介入，使我们感受到教育学的"内立场"之具体存在，发现了可称作教育研究的"果蝇"——每天都在进行着的学校的各式各样的教育实践活动。我们在其中努力读懂教师、学生，读深教学和学生工作的方方面面，读清教育理想与现实的冲突，读到教育自身的扭曲、无奈和变异对人的伤害。这一切都激发我们介入学校改革的责任、勇气和信心，增长研究教育实践的经验与智慧，历练理论与实践双向、多层、多面交互转化的能力，催生自身和学派的成长。在对变革实践的深度介入中逐渐生成的"生命·实践"教育学理论，因此而带着研究者的生命温度和呈现出浓浓的教育学"草根情结"。

正是如此多维多元的回归与突破，使我们畅游在知识与文明、教育学理论和教育实践的各脉汪洋之中，时而相通、时而受阻，时而对峙、时而互化。不同于以往的回答，总是产生在不断追问和用心感悟之后；正是如此多维多元的回归与突破，对教育学发展的生命投入，使我们感受着它的博大，享受着教育学对生命的丰富馈赠；正是如此多维多元的回归与突破，每一阶段与过程中形成的不同变化与发展，使我们切实体验到教育学发展与人类发展共存，永无止息。与其相比，我们虽渺小，却因深爱与执着而将一直行进在路上。

如果让我用一句话来表达，在如此的回归与突破中所生成的"生命·实践"教育学，是怎样一种品性的教育学，我会这样说：

　　"生命·实践"教育学是属人的、为人的、具有人的生命气息和实践泥土芳香的教育学。

上 编 "生命·实践"学派的教育学观

　教育学观,在此指的是有关"教育学"作为一门独立学科的理论性认识,不是指教育学中有关"教育"的理论性认识。它是"学科"自我意识清醒的表达,也是"学科"成熟度的重要定性指标。任何一个学科,在其形成与发展过程中,不但要面临研究对象的不断重新认识、建构的挑战,还要面临对学科自身认识的不断反思和拷问。

　教育学并不例外,与其他学科相比,更为突出的是:教育学作为独立学科的自我认同并不一致,相关争辩的持续生长和否定力量之多元。作为学科自我意识的问题,最早是由被称为"教育学之父"的赫尔巴特,在1806年发表的教育学奠基之作《普通教育学》前言中明确提出的:"假如教育学希望尽可能严格地保持自身的概念,并进而培植出独立的思想,从而可能成为研究范围的中心,而不再有这样的危险:像偏僻的、被占领的区域一样受到外人治理,那么情况可能要好得多。任何科学只有当其尝试用其自己的方式并与其邻近学科一样有力地说明自己方向的时候,它们之间才能产生取长补短的交流。"①依此,我们可以把教育学作为学科的独立性问题,称为"赫尔巴特难题"。也许,这正是作为哲学家、心理学家的赫尔巴特,之所以还要研究教育学的内在动因。能提出这一难题,表明赫尔巴特已清晰意识到,教育学不能像当时呈现的那样,成为其他学科的"殖民地",教育学应成为一门独立学科,其标志就是"用自己的方式"、"有力地说

---

① ［德］赫尔巴特.普通教育学·教育学讲授纲要［M］.李其龙,译,北京:人民教育出版社,1989:12.

明自己的方向"，取得与其他学科平等交流的资格。他想用自己的研究来说明这一点。这一事实也表明了学科独立的自我意识对于学科建设与发展的千钧之重。

在我看来，"赫尔巴特难题"应成为此后任何时代、任何国家的教育学者不可无视的问题，不可推卸的求解责任。教育学如果不可能作为一门独立学科存在，教育学者凭什么可以如此自称或被他人所称？然而，两百多年来的教育学发展过程和今天的现实状态却表明：尽管始终有教育学者在为此作努力，但否定教育学作为独立学科的各种理由与声音，国内外至今不绝于耳。可见，赫尔巴特确实提出了一个难题。今天，我们既需要直面各种观点，更需要进一步地思考难题之难解的原因何在：是赫尔巴特难题只是个假问题，他所期望的目标本身就不合理，还是教育学研究对象的复杂性使其至今难以形成独立形态？是人类学科整体发展水平，还不足以支撑作为独立学科的教育学之存在或成熟，还是"学科"这个古老而又当代依然存在的概念，其内涵在很长的历史中，发生了许多变化，而我们却浑然不知，或知之不详，依然用一把尺子，量着一切学科？

"生命·实践"学派以当代中国教育学建设为己任，这暗含着以确认教育学作为独立学科为前提性判断，在此，需要做的是论证。围绕难题所生的种种长久而纷繁的争论，是帮助我们理清难题的重要资源；论证的重点则放在教育学独立存在的必要与可能、依据与价值上。这是本学派教育学观的第一观。在此基础上，深究教育学的学科特性，包括它与其他学科的关系特性，构成我们的第二观。最后阐述的第三观是：教育学在中国的发展演变与现状，表明当代中国教育学构建需要教育学人的学术自觉。

在一定意义上，教育学的学派建设，是以对教育学自我意识的反思和重构为起点的。故本论纲将"教育学观"列于先，将"教育观"的阐释置于后。尽管因两者具有相关性，论述前者时会涉及后者，但本人将把有关"教育观"的展开式表达都留于后，以示教育学与教育是两个相关、但不同层次（教育学元研究层次与教育学研究层次）的认识对象。

第二章　西方学科观历史演变与再认识：前提性认识的辨析

　　学科，作为一个概念去定义，在今日已不是难事。我们可以容易地得出或在辞书中找到一个相对可被广为接受的判断：学科或指按照学术的性质而分成的科学门类；或指教学的科目。但这样做不足以说明关于"学科"认识的演化过程，并深究何以会在人类认识的长河中，在西方和东方，对于学科的认识有如此发展变化的原因；更难从中探出何以教育学要跻身学科之林会如此艰难。将"学科"本身作为一个重要学术问题的讨论，在20世纪90年代前后，已引起国内学界的相当重视，它由各色新学科蜂拥而至中国学术园地所催生①。研究者想获得的是学科整体、宏观意义上，包括发展趋势的清醒把握。无疑，这对我们认识学科有很多启发和帮助，但并不是本论纲要弄清"学科"问题的旨归。本人把《论纲》中有关"学科"的讨论，定位在"学科观"层次上。在此首先要说明的是：它不是指课程意义上的"学科"，而是指按学术性质作知识分类意义上的"学科"。其中必涉及"学术"这一与"学科"相近，有时甚至会出现包含和互换使用的概念。本章将讨论的重点置于：通过"学科观"在人类认识发展不同历史阶段内涵的丰富与变异、积淀与消解之辨析，寻找出"学科观"的原初问题、不断重新回答的基础性问题和当代新问题的构成变化。在此基础上，对近代以来形成的经典学科观，作出有依据的剖析，阐明当代学科观的发展与重建，以及新的学科观对于认识教育学学科性质的意义。

　　由于我国当前的学科架构，事实上是近代引入的西方学科观指导下，相对通用的学科分类的产物，并随着世界学科体系发展变化而变化。它与我国古代的学科观有很

---

① 如：赵红州. 大科学观[M]. 北京：人民出版社，1988；陈燮君. 学科学导论——学科发展理论探索[M]. 上海：上海三联书店，1991.

大的区别。在我国学科发展史上,近代无疑是一个重要的转折点。因此,本章的论述主要放在对西方"学科观"的讨论上,即针对西方近代学科观,这一实际上支配中国学人一个多世纪,直至现在还有许多人沿袭着的关于学科的认识。我认为,不破此"观",我们将作茧自缚,或自轻自贱;不立新"观",我们将混沌一片,或自娱自乐。对于教育学的学科发展而言,此破此立,尤为重要。

第一节 古典初成期:亚里士多德的学科观及其特征

西方学科观的历史演化,大致可以分为古典初成时期、近代经典时期和现代爆炸时期。① 在每个不同的时期,学科观中都内含着一些共同的基础性问题和不同于前一个时期的新核心问题。对每一个时期学科观的辨析,在此将主要围绕着该时期相关的核心人物,或某种认识的代表人物之观点展开。采用的是主线式的,非面面俱到式的探讨。②

一、为什么选亚里士多德

古希腊是西方文明与文化的发源地。讨论学科观,不得不从古希腊的哲人开始,其中最具代表性和对学科观的初成起决定性作用的是亚里士多德。他被称为处于希腊哲学发展第三时期——"体系化时期"的三个伟大人物之一。③ 德国最著名的古希腊哲学史家 E·策勒尔则指出:"他惊人地组织了对于自然和历史的详细研究……这一研究包括了当时的全部知识,并在很大程度上第一次使那样的全面知识成为可能。"④

尽管自文艺复兴始,对亚里士多德的评价,无论是哲学界还是自然科学界,都不再是绝对的推崇,有了批评的声音,甚至还出现了不屑与嘲讽。后人虽然对其学术的历史影响之评价大不相同,但一些东西不可否认。如英国著名的数理逻辑学家和哲学

---

① 学科"爆炸时期"的提法,是本人借科学爆炸时期的"爆炸"一词,用来形容自 19 世纪下半叶、20 世纪初,尤其是二战以来,人类关于世界、人、社会的知识在体量和领域上的大爆炸,每个领域、学科里各种观念、观点的大爆炸。故而统称"爆炸时期",不称科学爆炸时期。

② 本人以有限的时间和有限的学力,无法做到面面俱到。故对自己的要求是:努力做到抓主线别抓错,抓偏,旨在求明,不在求全。

③ [德]文德尔班.哲学史教程[M].罗达仁,译.北京:商务印书馆,1997:137.

④ [德]E·策勒尔.古希腊哲学史纲[M].翁绍军,译.济南:山东人民出版社,1996:174.

史家伯特兰·罗素,就总体而言,他对亚里士多德学说的历史价值,多有贬义,但他还是承认:"亚里士多德在后世的威望,使他的三段论法在其后两千多年中被逻辑学家认定为唯一的论证类型。"①他"最早试图以系统的方式求出语言和论证的普遍形式"②。文德尔班的评价则更为充分与肯定:他肯定三位统称为"希腊思想的英雄"的创作,具有"体系性",这不只是表现在"问题的全面性",还因为"他们处理哲学问题时的自觉统一性"③,亚里士多德则"第一个找到了科学和个别学科的有机连接形式",因此可以说,"亚里士多德结束了希腊哲学的发展,开创了各门特殊科学的时代"④。策勒尔更具体地说明了这一点:"亚里士多德死后,由他所组织的科学学派,不仅在自然科学的领域,而且在历史和文学领域中都兴盛起来。"⑤在此后的希腊化时期,"这些科学开始脱出哲学而各自独立",他的结论是:"亚里士多德的影响既标志着一个开端,也标志着一个终结"⑥。

从上述评价不难看出,亚里士多德并不是古希腊各门学科的开创者,但确实是对当时各门学科所形成的不同知识作出辨析和系统化的首创者。他在这方面的历史贡献和恒久而巨大的影响,无论对哲学还是自然科学、历史学、艺术学;无论是积极的还是消极的;无论是在结束一个时代,还是在开创一个时代,都使研究者不能无视亚里士多德。对于我们的研究而言,还不止于此。亚里士多德不仅是对不同门类的学科知识之性质,作出明确分类和定性判断的论证,在其哲学思想指导下将不同学科知识形成结构系统的第一人,他还是一位十分自觉的关于知识本身的研究者。我们完全可将学科研究者的第一顶桂冠授予他。这是我们对学科观初成期的研究,选择以亚里士多德为代表的核心理由。

需要说明的是,当时亚里士多德并未在"学科观"的命名下作专门的阐述,在亚里士多德的中译本,如"形而上学"、"尼各马科伦理学"、"物理学"等中,"学科"一词通常用"学术"、"科学"、"知识"等词在相关语句中代替,当在这些词的前面加上"一门"或"××"学术,如"理论知识"、"理论学术"时,则表示某一,或某一类学科。但这并不妨碍我们将亚里士多德作为希腊学科观的初成者来研究。一方面,从至今关于学科的一

① [英]伯特兰·罗素.西方的智慧[M].亚北,译.北京:中国妇女出版社,2004:108.
② [英]伯特兰·罗素.西方的智慧[M].亚北,译.北京:中国妇女出版社,2004:109.
③ [德]文德尔班.哲学史教程[M].罗达仁,译.北京:商务印书馆,1997:138.
④ [德]文德尔班.哲学史教程[M].罗达仁,译.北京:商务印书馆,1997:139.
⑤ [德]E·策勒尔.古希腊哲学史纲[M].翁绍军,译.济南:山东人民出版社,1996:214.
⑥ [德]E·策勒尔.古希腊哲学史纲[M].翁绍军,译.济南:山东人民出版社,1996:214.

般定义看,它就是指按照学术的性质而分成的科学门类,其本身就规定了学科与学术、科学及其内含的知识之间的关系。它们在语句、语境中可以代指"学科"。另一方面,当时古希腊尚未进入到需要用一个专门的词来指称"学科",以区别于上述相关但又有差别的概念,并专门研究学科问题。这可以看作是学科观初成期的概念表达特征。事实上,从亚里士多德的代表作中,并不难找到和概括出,他为学科观的初成所提出的基本问题及其观点。但在引用原著时,我们保持译本原状,用"学术"、"科学"、"知识"等名称表示"学科"。

二、亚里士多德的学科观

由亚里士多德初成的学科观,可概括为以下三个方面:

(一)知识基本观

知识基本观包括知识的产生、类别及其限定。

亚里士多德把知识的产生归结于人之本性的活动。

"求知是人类的本性"[①],《形而上学》开卷如是说。他把知识首先当作人对事物的认知。故而要依靠视觉与记忆,获取知识的另一条途径是听别人教诲,所以听觉也是认知的重要感觉器官。这些是人与动物(部分具有这些感觉器官和记忆能力的动物)之共同能力。亚里士多德更关注的且最终要阐明的是人类与动物的区别,即人类不仅凭与动物多少相关联的经验,更重要的是"人类还凭技术与理智而生活"[②]。这是动物不具备的能力。其中技术又是"从经验所得许多要点使人产生对一类事物的普遍判断"[③]。至此,亚里士多德不仅概要说明了知识是人类本性所驱动的产物,而且说清楚了人类何以借助于其自身的能力形成知识。得出了知识是属人的、由人创造的,且是人类高于动物的重要表征。这种将知识与人性直接关联,且作为知识观的出发点,是亚里士多德知识观的第一特点,也是学科观初成期的第一特点。

在此基础上,亚里士多德进一步区别了人类认知所形成的知识的类别,提出了区别的标准。其中,首先涉及的是经验与技术。他以普遍程度为区别的标准:"经验为个别知识,技术为普遍知识。"更值得引起今人重视的是,亚里士多德并没有认为作为经验的个别知识是无用的,相反,在具体的人类活动中都不能没有经验,对个别事物的认

---

① [古希腊]亚里士多德. 形而上学[M]. 苗力田,译. 北京:商务印书馆,1991:1.
② [古希腊]亚里士多德. 形而上学[M]. 苗力田,译. 北京:商务印书馆,1991:1.
③ [古希腊]亚里士多德. 形而上学[M]. 苗力田,译. 北京:商务印书馆,1991:2.

识,因"业务与生产都是有关个别事物的"。他以医生治病为例,指出"倘有理论而无经验,认识普遍事理而不知其中所涵个别事物,这样的医师是治不好病的;因为他所要诊治的恰恰是些'个别的人'"①。由此可见,在区别不同类的知识时,亚里士多德的标准首先不以是否有用为标准,而是以判断所达的普遍性为第一标准。

但亚里士多德为什么又确认普遍性的知识更为基本,人拥有普遍性的知识更聪明,这种知识与理解属于技术而不属于经验呢? 其回答与前面的评价标准不同:"技术家较之经验家更聪明","并不是因为他们敏于动作而是因为他们具有理论,懂得原因"②,知其所以然可算是人们有无理论的标记。更令我意外的是在这一议题论述结束时,亚里士多德紧接着指出:"知其所以然者能教授他人,不知其所以然者不能执教;所以,与经验相比较,技术才是真知识;技术家能教人,只凭经验的人则不能。"③在讨论知识问题一开始,亚里士多德就提出了人怎样才能"学";而在论知识第一个分类标准时,又提出了怎样的人才能"教"人。在亚里士多德那里,学与教,这两个教育活动的最基本构成,就与知识问题直接关联了。这可能与亚里士多德终身从事教师职业相关。

在上述讨论中,还蕴含着另一个与知识分类相关的问题,即除了用普遍性作标准以外,知识的分类还与知识本身是否阐释了事物的原因与原理,即所谓是否"知其所以然"相关。亚里士多德把"有关某些原理与原因的知识"称为"智慧"。当以智慧为标准对知识作出分类时,由感官之感觉而获得的个别事物的知识就被排除在外。智慧对于拥有不同知识的人而言还有高低之分。"有经验的人较之只有些官感的人为富于智慧,技术家又较之经验家,大匠师又较之工匠为富于智慧,而理论部门的知识比之生产部门更应是较高的智慧。"④这一分类,不但把知识分出了高低等级,而且把从事怎样的事情与生产出知识的智慧高低联系在一起。实际上又提出了一个知识分类的新标

---

① [古希腊]亚里士多德. 形而上学[M]. 苗力田,译. 北京:商务印书馆,1991:2.
② [古希腊]亚里士多德. 形而上学[M]. 苗力田,译. 北京:商务印书馆,1991:2.
③ [古希腊]亚里士多德. 形而上学[M]. 苗力田,译. 北京:商务印书馆,1991:3.
④ [古希腊]亚里士多德. 形而上学[M]. 苗力田,译. 北京:商务印书馆,1991:3. 关于"智慧",亚里士多德还有一些不同的解释。恰如柯林伍德所言:"亚里士多德在研究这些词典学方面有他独特的方法。他承认一个单词有不同的含义,从不犯那种愚蠢的错误,认为一个词只有一种意思;但另一方面,他承认这些不同含义彼此相互联系,一个词并不因为它有一个以上的含义就含糊不清起来。……在不同的含义中有一个是最深刻、最基本的,……于是,他把他的一系列含义组织起来,就像射在靶上的子弹,它们渐渐逼近并打中了靶心。"([英]R·G·柯林伍德. 自然的观念[M]. 吴国盛,柯映红,译. 北京:华夏出版社,1990:84—85.)读亚里士多德的著作要注意这一点,不然我们会被搞糊涂的。

准,那就是研究或生产知识的人与目的。

亚里士多德认为,最初,在人类的技术发明者中,其受尊重的程度,从有实用价值且表现得聪慧的技术始,进而发展到为人的娱乐而发明的技术,最后被认为最聪慧的知识是不以任何人类实用为目的的知识。"这些知识最先出现于人们开始有闲暇的地方"①,数学就是这类知识的代表。由此我们可以看出,从社会的角度看,亚里士多德的知识观具有鲜明的精英色彩。这一色彩在进一步的讨论中始终存在。

关于学术等级之区分依据的深入阐述,亚里士多德循着两条相关又不全然相同的路线展开。第一条路线由追问关于智慧是哪一类原因与原理的知识始,它是上述有关"智慧"是什么的深入分析。在此,亚里士多德推出了哲人与哲学。认为哲人知道一切可知的事物,"博学的特征必须属之具备最高级普遍知识的人"②;"最精确的学术是那些特重基本原理的学术",这类知识是关于万物的原因,属于最神圣的学术,是"世间第一原因",即终极原因。它就是哲学,属人世间最高级的知识。"凡能得知每一事物所必至的终极者,这些学术必然优于那些次级学术;这终极目的,个别而论就是一事物的'本善',一般而论就是全宇宙的'至善'……所谓'善'亦即'终极'。"③在这一条路线上,我们看到的是以知识本身能达到的普遍性、基础性和终极确定性程度,也是揭示事物本质所达到的程度为标准的高级与次级之分。

第二条路线是沿着人究竟为什么从事学术的追问展开的。亚里士多德以哲人因惊异求知而从事学术,并无任何实用的目的为例,指出哲学研究的开始是在为实用所需求的技能基本都具备之后,也即前面所指的有闲暇之人和之时始,故而,"我们不为任何其他利益而找寻智慧;只因人本自由,为自己的生存而生存,不为别人的生存而生存,所以我们认取哲学为唯一的自由学术而深加探索,这正是为学术自身而成立的唯一学术"④。在这里,我们看到了以"为学术而学术"评判学术品质高低的第一原则之确立;看到了西方哲学源头中"人本自由"的立论。这种"由己"的观念,是亚里士多德重要的哲学观念,"那些事物除了于它自身外,找不到其他原因的亦称'由己'"⑤;"每一事物的怎是均属'由己'"⑥。正是这个"由己",使我们看到了上述两条路线中的综

① [古希腊]亚里士多德. 形而上学[M]. 苗力田,译. 北京:商务印书馆,1991:3.
② [古希腊]亚里士多德. 形而上学[M]. 苗力田,译. 北京:商务印书馆,1991:4.
③ [古希腊]亚里士多德. 形而上学[M]. 苗力田,译. 北京:商务印书馆,1991:4—5.
④ [古希腊]亚里士多德. 形而上学[M]. 苗力田,译. 北京:商务印书馆,1991:5.
⑤ [古希腊]亚里士多德. 形而上学[M]. 苗力田,译. 北京:商务印书馆,1991:108.
⑥ [古希腊]亚里士多德. 形而上学[M]. 苗力田,译. 北京:商务印书馆,1991:129.

合交叉点:事物由己而成,故只有探求事物之由己的学问,才是基本的、研究的学问。宇宙是最高、最普遍的、完全由己的,它超越人间,因而,探究宇宙的学问尊为第一哲学,处于知识、学术、学问的最高处。按照这样的标准,"偶然属性不能作成科学研究。事实上也没有一门学术——实用之学,制造之学,或理论之学——自投于这种研究"①。所谓偶然,是指"不是常在也非经常的"。"'偶然'属性所由存在或产生的事物,其原因也是偶然的"②,"事物将完全没有基本成因"③。亚里士多德用排除"偶然"的学术性,清晰地划出了学术性知识与非学术性知识的界线。直到 20 世纪左右,人们所称的学科仍基本在亚里士多德所言的学术性知识界线内。

(二)学术性知识的等级序列

亚里士多德关于学术性知识的等级序列及其划分依据,在上述知识基本观中已包含。在此,我们尚需展开论述的是他对于三个等级知识的区别与关系的论述。这有助于我们澄清当代尚通用的学术观中一些基本的观念认识:基于和异于亚里士多德的。

在《形而上学》一书中,亚里士多德明确地把知识分为三级:

第一级称为理论学术。其中又分出三级:最高级亦称"第一学术",它是研究"既是独立又不动变的事物,一切其因均具有永恒性,由于此为特重"④,得出了理论学术中他称之为"神学"的最高学术。"最高学术必然研究最高科属"⑤的判断,说明了理论学术地位的高低由它所研究对象的科属高低决定。也让我们可以辨出"学术"与"学科"两个概念的关系,即学科是"学术"研究的科属或科目的总称。一门学科的名称,则以所研究的科属名相称,如研究"数"的学术,称为"数学"等等。在亚里士多德的著作中不难找到这类表达。数学和物学则属第二级,虽然"其动静皆出于己",但这两个学科都专研一个门类,或称第二哲学。伦理学在亚里士多德的哲学体系中是属人的哲学,它研究什么是人所追求的完满幸福。亚里士多德的结论是:"完满幸福是一种思辨活动"⑥,因为只有思辨是不需要也不为别的什么可以实现的。"只有那由自身而被选择,而永不为他物的目的才是最完满的。"⑦它也就是至善。正是在这个意义上,亚里

---

① [古希腊]亚里士多德.形而上学[M].苗力田,译.北京:商务印书馆,1991:120.
② [古希腊]亚里士多德.形而上学[M].苗力田,译.北京:商务印书馆,1991:122.
③ [古希腊]亚里士多德.形而上学[M].苗力田,译.北京:商务印书馆,1991:67.
④ [古希腊]亚里士多德.形而上学[M].苗力田,译.北京:商务印书馆,1991:119.
⑤ [古希腊]亚里士多德.形而上学[M].苗力田,译.北京:商务印书馆,1991:119.
⑥ [古希腊]亚里士多德.尼各马科伦理学[M].苗力田,译.北京:中国社会科学出版社,1999:235.
⑦ [古希腊]亚里士多德.尼各马科伦理学[M].苗力田,译.北京:中国社会科学出版社,1999:12.

士多德的伦理学实现了真与善的统一,均为"由己"的统一,至真即为至善。故而伦理学是亚里士多德哲学体系中的第三哲学。

除了哲学,"所有的科学都在追求某种善"①。"科学地认识的东西是不可改变的,……只有出于必然的东西,才能被科学地认识,……当然是永恒的东西。"②此外,"一切科学都是可传授的"③,也是可学习的。在亚里士多德那里,凡是对事物"是什么"和"为何是"的研究,即关于原理和原因的学术,都称之为理论学术。在各个学科范围内,都有以认识事物本身为目的之研究,这些知识构成了各个学科的理论学术。

不完全以学科所述对象或对象性质,而是按研究该领域或对象的什么以及研究的目的,作为区分理论学术与其他学术的依据,这是一个值得引起我们关注的、亚里士多德学科分级标准的特点。这对于今天还有不少不区分教育和教育学的人来说,尤有必要重视。在亚里士多德的学科等级排列中,既有按对象性质的不同学科的排列,如列为不可动摇地位的第一哲学和其他学科的分级;也有同一学科领域内的理论学术与其他学术的区分。而不是有些人简单认识的那样:亚里士多德只有学科间的划分,没有学科内的分级。

实用学术、技术(创制)学术在亚里士多德学术分级系统中属第二、第三等级,都为自身之外的目的而研究。就共同点而言,也即这两类学术与理论学术的区别在于它们都研究变动的事物,内含着理性的品质。它们的区别在于目的方面,在理性品质方面。实践是"合乎正确原理而行动"④,是一种行动的理性。实用的学术就是为用而进行的研究,但并非以制造出物品为目的之研究。后者即属于技术的学术。"实践所具有的理性品质不同于创制所具有的理性品质,两者并不包容……一切技术都和生成有关,而创制就是去思辨某种可能生成的东西怎样生成。……这些事物的开始之点是在创制者中,而不在被创制物中。……既然创制与实践不同,那么技术必然属于创制的而不是实践。"⑤"技术是一种以真正理性而创制的品质。"⑥这些同与不同,使我们清楚地看到,亚里士多德并没有把理性完全排除在实践与技术之外。这再一次表明,理性在亚里士多德的学术中,不管哪一等级都是不可或缺的。不然,后两者都不能称其为

① [古希腊]亚里士多德.尼各马科伦理学[M].苗力田,译.北京:中国社会科学出版社,1999:11.
② [古希腊]亚里士多德.尼各马科伦理学[M].苗力田,译.北京:中国社会科学出版社,1999:124.
③ [古希腊]亚里士多德.尼各马科伦理学[M].苗力田,译.北京:中国社会科学出版社,1999:124.
④ [古希腊]亚里士多德.尼各马科伦理学[M].苗力田,译.北京:中国社会科学出版社,1999:29.
⑤ [古希腊]亚里士多德.尼各马科伦理学[M].苗力田,译.北京:中国社会科学出版社,1999:125—126.
⑥ [古希腊]亚里士多德.尼各马科伦理学[M].苗力田,译.北京:中国社会科学出版社,1999:126.

学术。

关于实践，亚里士多德将其区分为狭义和广义两类。狭义的是以实现至善为目的的幸福之实现，及其成善人之德性养成的伦理活动。广义的是指与各行各业相关的人类实践活动。如在他的《政治学》这一代表实用学术的著作中，就家庭与城邦的主要事务（包括教育在内）作了具体论述。

关于广义的实践活动的性质，亚里士多德在《尼各马科伦理学》一书中作了分析。他指出，一个知道自己行为的人，应该知道："他是什么人或他在做什么，对什么人和什么事情而行动，关于什么和在于什么，有时候还要追问使用什么，如工具，为了什么，如救人，以什么方式，如温和的还是激烈的"①，"他对行为的环境和条件逐一认知"②，这里几乎涉及了与实践相关的一切因素，给出了分析实践活动的认识框架。此外，亚里士多德强调：实践行动是需要策划的，但"我们能策划和决定的只是我们力所能及、行所能达的事物"③。人所策划的并不是目的，"而是树立一个目的之后，去探求怎样和通过什么手段来达到目的"④，人似乎是行为、实践的始点或本原。策划就是对自身行为的策划。"策划的对象也就是选择的对象，……从策划所产生的决断使我们的期求合乎策划。"⑤亚里士多德有关策划的论述，给出了使行动达到目的之关键性的判断——关于手段与路径的选择。实践的路径不是唯一的，对实践的思考需要为了目的实现作出选择式的策划。这是实用学术与其他两类学术的不同品质，它就是"明智"。"明智是对人的事情，对它们的策划"⑥，明智不只是对普遍的知识，还应该通晓个别知识，总之"明智是实践的"。亚里士多德十分清晰，在实践成事方面，"理论与实践都为必要，但重要的还是经验"⑦，尽管经验不属于理论。"一个明智的人就是善于策划的人。"⑧而明智本身就是一种实践的真品质——向善的德性。在这里我们可看出，德性与亚里士多德提出的两类实践之间直接的内在关联。

亚里士多德强调了明智的品质不同于纯智慧的品质，前者是成事的理性，后者是

---

① ［古希腊］亚里士多德.尼各马科伦理学［M］.苗力田，译.北京：中国社会科学出版社，1999：48.
② ［古希腊］亚里士多德.尼各马科伦理学［M］.苗力田，译.北京：中国社会科学出版社，1999：48.
③ ［古希腊］亚里士多德.尼各马科伦理学［M］.苗力田，译.北京：中国社会科学出版社，1999：51.
④ ［古希腊］亚里士多德.尼各马科伦理学［M］.苗力田，译.北京：中国社会科学出版社，1999：52.
⑤ ［古希腊］亚里士多德.尼各马科伦理学［M］.苗力田，译.北京：中国社会科学出版社，1999：53.
⑥ ［古希腊］亚里士多德.尼各马科伦理学［M］.苗力田，译.北京：中国社会科学出版社，1999：130.
⑦ ［古希腊］亚里士多德.尼各马科伦理学［M］.苗力田，译.北京：中国社会科学出版社，1999：130.
⑧ ［古希腊］亚里士多德.尼各马科伦理学［M］.苗力田，译.北京：中国社会科学出版社，1999：127.

至真的理性,明智也可称作为实践智慧。创制的智慧表现在技术的娴熟上,是技术的智慧,也可称技术智慧。但他们都不是纯粹的智慧,或科学理性。纯粹的智慧所探求的是"关于始点的真理"。亚里士多德用三种"智慧"的表达方式,再一次区分了三级学术。

(三) 研究知识的方法观

方法观是亚里士多德学科观的有机构成,主要论述如何研究不同的学术,其核心是理智的方法,具体而言就是广为熟知的亚里士多德关于形式逻辑的理论,在此我们不作展开。

关于亚里士多德的方法理论还需要补充说明以下三点:

第一,亚里士多德强调研究路线相对于始点有不同的方向:"有的道理自本原或始点开始,有的道理以本原或始点告终,让我们不要忽视了它们的区别。"[①]"……始点或本原是一种在充分显现后,就不须再问为什么的东西。"[②]在演绎逻辑中,始点就是大前提。他论述了这两条路线的关系:"归纳所得到的东西是开始点和普遍者,演绎则从普遍出发。普遍是演绎由之出发的始由。它自身则不是来自演绎而是来自归纳。"[③]由此可见,亚里士多德尽管构建了演绎逻辑的理论,但并不把它与归纳对立。对一般人来说,他认为"研究还是从我们所知道的东西开始为好"[④],还是要从熟悉的、具体的出发,通过归纳,逐渐形成不同层次的抽象理论。方法要根据运用者的状态而选择。

第二,思辨的研究,"不仅要从已有前提所得的结论来进行研究,还要从有关问题的不同说法来进行研究。全部事物都要和真理相一致,那些和真理不相一致的东西,其谬误很快被发现"[⑤]。这是亚里士多德对比较和归纳两种方法的说明。比较不只是在研究的事物之间使认识清晰的方法,也是对同一问题的不同观点作辨别,以有助于形成完整和少谬误结论的方法。亚里士多德在许多问题的论述中,娴熟地运用这个方法,有时是与常人之见比较,有时是与诡辩学派比较,有时还与自己的老师柏拉图的观点比较。在众多的比较中,不但更清晰地阐明了自己的观点,使自己的观点在比较中呈现出丰富的多侧面,还充分显示出学术的自信。

---

① [古希腊]亚里士多德. 尼各马科伦理学[M]. 苗力田,译. 北京:中国社会科学出版社,1999:6.
② [古希腊]亚里士多德. 尼各马科伦理学[M]. 苗力田,译. 北京:中国社会科学出版社,1999:6.
③ [古希腊]亚里士多德. 尼各马科伦理学[M]. 苗力田,译. 北京:中国社会科学出版社,1999:125.
④ [古希腊]亚里士多德. 尼各马科伦理学[M]. 苗力田,译. 北京:中国社会科学出版社,1999:6.
⑤ [古希腊]亚里士多德. 尼各马科伦理学[M]. 苗力田,译. 北京:中国社会科学出版社,1999:15.

第三,对不同研究方法精确性要求的区别:"无须在全部研究中都要求同样的精确,这要看那一门科学的主题是什么,要看它所固有的程序和方法"①,不然,有可能造成主次不分,使次要的东西盖过主要的东西。技术的发明可以是这样,发明者重要的是把略图画得很好,细节的不足,可由后来的人完善。即使是科学也是如此。"因为各门知识与修学方法两者均需要艰巨的功夫。……并不是所有的问题都要求高度的数学精密,精密只是超物质问题有此需要。全自然既假定着具有物质,自然科学便不需要过度精密的方法。"②总之,对方法的选择要与研究问题的性质,及研究的目的相符。

以上三点让我们看到,在学科观初成期,必然涉及研究方法,而且亚里士多德在已有的观察、数学等方法之外,形成了为思辨合理性作出保证的逻辑之方法。但在自己的研究和对别人如何研究的指点中,亚里士多德并不是一个"方法主义者",他没有把方法作为确定学科价值的决定因素,也没有把某种方法推到至上的地位,而是强调要从研究者本身的状态、研究的主题,以及知识本身的特征等方面,来选择合适的方法和确定研究需达到的精密程度。

三、亚里士多德知识观的整体特征

第一,亚里士多德的知识观构建了西方世界第一个有序和有机的知识王国,他无愧为人类思想及学科发展史的第一人。18 世纪法国启蒙主义思想家孔多塞这样评价亚里士多德:"他不仅涉足所有的科学,而且还把哲学方法应用于雄辩术和诗歌。他是第一个敢想象那种方法应该推广到人类智力所能达到的全部领域的人。"③

亚里士多德知识王国的基础是他对宇宙具有绝对完满自足的、因而是确定不变的始点的信念,他把其称作为"神",一切其他事物的确定性,都是由这一始点决定的。故而对它的研究被称为第一哲学,最高的理论,是亚里士多德知识王国赖以建立的基础。恰如杜威在《确定性的寻求》一书中所指出的那样:确定性是亚里士多德知识理论的最高追求。在今天看来,这一因"绝对"而"偏执"的理想并不"理想"。然而,我们不能设想,如果当初没有这样的确定性信念和探求,人类如何可能积累起知识,哪怕是生活中可靠的经验都无法形成。脱离了人类发展史的对确定性的批判,至少也是偏执的,而其实质却是对不确定性的确定无疑的推崇,说到底,其实还是未脱离对确定性的追求。

① [古希腊]亚里士多德. 尼各马科伦理学[M]. 苗力田,译. 北京:中国社会科学出版社,1999:14.
② [古希腊]亚里士多德. 形而上学[M]. 苗力田,译. 北京:商务印书馆,1991:36.
③ [法]孔多塞. 人类精神进步史表纲要[M]. 何兆武,何冰,译. 南京:江苏教育出版社,2006:40.

神性在人身上就是理性。灵魂的其他部分都低于理性。在此，亚里士多德实现了神性对人性的映射，并按照他提出的等级标准建立起知识王国的秩序。该王国的有机性，表现在各种知识的区别与联系之中，表现在我中有你、你中有我的关系之中，表现在形式与实质的统一综合之中，表现在各种方法的相关和灵活、不同的运用之中。这使亚里士多德的知识王国，有了人间的、接地气的灵动气息。

第二，亚里士多德的知识观，居于核心地位的问题是知识研究对象的性质和研究的目的。尽管他的等级排序有其贵族精英主义的人间立场，然而，其提出的问题是有价值的。他充分肯定万物皆由己出，应该按照事物的本性去认识事物和评价研究，他提出的为学术而学术的追求，对于人类学术作为一个专门领域的发展具有重要的历史意义。

第三，以理性为核心并渗透在一切知识和实践、制作等活动中的判断，是亚里士多德知识王国确立的真、善、美统一的原则。在这个王国中，善与真是不可分的，美是体现善与真的。因而，尚未出现价值与理性的分离，情感与理智的绝对对立。他们统一在人的整体之中，统一在人为生存而进行的各种活动中，包括认识与实践的活动之中。与原始时期人类各方面混沌的统一相比，这是一种有区别的统一。

第四，这一知识王国还富有教育的气质，亚里士多德在谈到不同类型的知识时，往往会涉及教和学，什么人可作为教人者，什么学科是可教的，什么学科是不能教的，为何青年人能有某种学科的智慧，但却无明智的成事之智慧。在亚里士多德那里，教育的眼光参与到对知识性质及其意义、学科的联系与区别的辨认之中，这在他之后的哲人中并不多见。

亚里士多德给我们留下了一个具有概图式的，尚可变化、超越和富有发展空间的知识王国，这就是后世学者要研究认识与知识，建立新的学科系统，都不能无视他，都需要回到他——哪怕是为了超越、非盲目式崇拜——的理由。

第二节　近代经典时期：弗朗西斯·培根的学科观

弗朗西斯·培根的一生，尽管在道德品性上遭人非议，在数学造诣和自然科学研究上与同时代的一些科学家相比受到贬低[1]，但是，无论在哲学史上还是科学史上，他

---

① 参见［英］罗素. 西方哲学史（下卷）［M］. 马元德，译. 北京：商务印书馆，1976：61—66；［德］文德尔班. 哲学史教程［M］. 罗达仁，译. 北京：商务印书馆，1997：531.

50

都被认为是对人类思想和认识重要转折时期——由古代走向近代——起过决定性作用的人物。罗素称他为"近代归纳法的创始人,又是给科学研究程序进行逻辑组织化的先驱,所以尽管他的哲学有许多地方欠圆满,他仍旧具有永久不倒的重要地位"①。怀特海把17世纪称是为"天才的世纪",培根列于这些天才之首,他在1605年发表的《学术的进展》,表现出一种"继往开来的气概"②。孔多塞则把培根、伽利略、笛卡尔并称为"三位伟大人物",他们"标志着从这个时代过渡到继之而来的时代"③。培根被公认具有划时代意义的著作《学术的进展》,是其未完成的著作《伟大的复兴》中率先发表的第一部分。与同样著名的、以论述人类认识新方法为主旨的《新工具论》不同,《学术的进展》是培根对当时人类知识整体状况和未来发展希望的全面论述,充分反映出培根作为一个"继往开来"人物所特有的时代气息和思想特征,反映了他的知识观、学科观和方法观。在该书中,我们能经常读到培根对亚里士多德的批判。其实,从亚里士多德到培根之间经历了漫长的中世纪和文艺复兴时代,亚里士多德的学说也经历了遗失、重现、被禁止,直至被经院哲学大家托马斯·阿奎那重新阐释,成为神学哲学的代表,重新被奉上尊位的曲折历程。培根时代盛行的正是经院哲学式的、被绝对化的亚里士多德哲学。但就全书而言,我们能读出的并非只是二者的对立,还有相通、相继。因此,我们将以《学术的进展》为主要依据,着重从培根与亚里士多德的学科观异同的角度,说明培根的学科观给近代人类学科的发展,带来了什么重要变化和至今尚存的影响。

一、学科内涵的清晰化

培根时代各门学科已有了长足的进步,不再如亚里士多德时代那样,尚未清晰划分:除了用观察、分类等方法,将发现的事实根据对象所属领域作区分之外,当时真正可称为科学或学科的知识,还大多归在哲学大类之中,连相对发达的数学,在亚里士多德的学科体系中也属第二哲学。培根所处的时代,各类知识的丰富与深化,对以往认识、人类常识及神学教义开始突破,如哥白尼的日心说、哥伦布的新大陆发现、哈维的血液循环理论、伽利略的天文观察仪器制作和实验研究等,都使天文学、地理学、物理学等方面呈现出不同于古代科学的新面孔。这为培根关于学科问题的研究提供了事

① [英]罗素. 西方哲学史(下卷)[M]. 马元德,译. 北京:商务印书馆,1976:61.
② [英]A·N·怀特海. 科学与近代世界[M]. 何钦,译. 北京:商务印书馆,1959:38.
③ [法]孔多塞. 人类精神进步史表纲要[M]. 何兆武,何冰,译. 南京:江苏教育出版社,2006:107.

实性的支撑和思考资源。

　　培根关于学科的内涵是在讨论传授方法时提及的,这意味着传授与学科划分的清晰化有直接关系。他指出:"在研究传授方法时,要涉及到命题,我们主要应当关注两端的命题,这些命题限定了各个学科的范围。"①这里的"两端"是指作为一个学科的起始点和可达到的最广限度的终点。关注两端命题的提醒,是培根对学科要有边界规定的表达,无边界无成学科,也无法讨论学科的关系,可以说这是讨论学科问题的首要标准。

　　紧随其后,培根作出了关于学科的深度、经度和纬度的规定:"可以说一切的知识除了深度(这是支撑这门学科的原理和实质)以外,还具有经度和纬度两个维度。纬度依据这门学科与其他学科的界限而定,经度取决于这门科学自身的发展。"②关于维度,他又作了两方面的区分:"一种维度指导人们一种知识在多大程度上可以涉入到其他的知识领地,这就是被称作'公正律'的原则。另一种维度规定一种知识所应当达到的特殊性的程度。"③

　　深度的规定,实质是要求每一个学科必须揭示相关领域的原理和实质,而不是一大堆事实的描述,它与维度——上述引文提到的"特殊性"相关。可见,原理(本质)属思想范畴,是一门学科可称之为学科的基本规定,不能没有原理和本质的揭示,而且是对自身特殊领域的原理与本质的揭示,非从一般出发推演而得出的结论。培根警告学者:"离开基础越远,你的结论就越脆弱,……在自然中你距离特殊性越远,你犯错误的危险就越大。"④对特殊性研究的格外重视与强调,这又是他与亚里士多德,在一般与特殊上倚重的差异。被称作"公正律"的维度,则补充了第一个划界标准,即在学科清晰划界的同时,还要看到事实上知识领域之间不可避免的相互"涉入",为此要有深入程度的限制,作为大法官的培根用"公正律"来命名,并认定这是一个原则。培根的深度与纬度的规定,在我看来,都是为任何一门学科的内在成长、独特和有内涵而设的。遵循了这一规定的学科就能有长足的发展,自然科学在培根之后的脱颖而出、迅猛学科化,从正面证明了这一点。而教育学直到19世纪赫尔巴特时代,还没有完全摆脱作为其他学科领地的命运,从反面证实了遵循这些原则对学科形成的重要性。

————————————

① [英]弗朗西斯·培根.学术的进展[M].刘运同,译.上海:上海人民出版社,2007:128.
② [英]弗朗西斯·培根.学术的进展[M].刘运同,译.上海:上海人民出版社,2007:128.
③ [英]弗朗西斯·培根.学术的进展[M].刘运同,译.上海:上海人民出版社,2007:128.
④ [英]弗朗西斯·培根.学术的进展[M].刘运同,译.上海:上海人民出版社,2007:193.

培根对经度的关注,不只是停留在命题上,而且表现在自己的研究中,他的《学术的进展》是从学术整体的意义上研究了人类知识的发展问题。

培根关于学科构架中的深度、经度和纬度的"三度"原则界定,引导了当时学者促使学科内在生长与发展的意识,至今仍发人深省。

二、新知识概图的创制

《学术的进展》第二卷的主题和内容,都在于画出一幅新的学术概图。培根借此充分表达了自己的学科体系观,从而使该著作成为一本标志学术时代转折的著作。

(一) 新的旨归

自文艺复兴始,西方社会发展在学术领域,就以摆脱宗教神学的统治为主要目的,这是自苏格拉底后,西方第二次让学问"从天上回到人间"的一次持续、顽强的努力。文艺复兴是通过文化与艺术,使对神的世界的描述转向对世俗生活、人的生动生命的表达。几个世纪的自然科学发展,不同于宗教的新自然观打开了人们重新认识世界的大门。但就对人类学术发展的整体认识而言,却还受亚里士多德的体系,以及13世纪以托马斯为代表的、经院哲学所构建的三级分类金字塔体系束缚。该金字塔的底层便是"以观察为方法之科学,哲学居于中间,而神学则位于最高顶点"[1]。当然,顶点对基础和中间理论都具决定性作用。它既体现了完全维护宗教神学统治学术宝座的意志,又给不可阻挡的自然、世俗科学的发展开了一扇可以伸头和透气的窗。该结构图反映了自然科学自近代至18世纪走向独立和成熟前的学科关系基本状态,也是培根创建新知识概图时代的学术背景。

如果说亚里士多德的知识概图,是为了建立一个以理论自立自足纯度为标准的、确定性知识的等级秩序,托马斯主义是为了建立以神学为制高点的、知识等级秩序的话,那么培根的主旨则在打破这两个秩序,以不同的分类标准,重建一个知识系统图。更值得引起重视的是,培根之建图,不只是为了建立某种秩序,而是在于通过对现有知识整体的检验与治理,明了知识今后的发展,用他自己的话来说,就是"公众从不或很少委派著作家和研究者去探寻那些还未彻底探索的领域。……大量的书籍让人有过剩的感觉,而不是觉得缺少什么"[2]。他表示自己愿意承担"指路"的任务:"我希望完

① [比利时]伍尔夫.中古哲学与文明[M].庆泽彭,译.上海:华东师范大学出版社,2006:50.
② [英]弗朗西斯·培根.学术的进展[M].刘运同,译.上海:上海人民出版社,2007:62.

成一个概括的、可靠的巡查,来了解学问的哪些部分还仍是荒芜之地,还没有经过人类的耕耘和修整。我的目的是把调查结果清楚地标示出来,记录下来,不仅能为国家委派研究者提供指导,也可以激发人们自愿地进行探索。"①他希望大家坚持去做,相信几代人前赴后继总可以完成。在结束关于世俗知识的讨论时,培根用一段充满哲理和激情的语言,向当时的学者发出号召:"把对真理的探究看作是一项事业,而不仅仅是当作一种才能或装饰,把他们的才智和异禀应用到有价值和优异的事物上去,而不是粗俗和流行的事情上去,那么学问上的第三次繁荣一定会大大超过希腊和罗马时期的光荣。"②至于他自己,则愿意让人们来指责他的著作,因为这样人们才会认真地审视和思考他的观点,"人们的首次思考是为了请求他们进行第二次的思考"③。培根发展学术的决心表达得如此坚定,包括对他人超越自己的坦然。这在气质上已不同于亚里士多德和经院哲学体系的封闭,体现了近代哲人面临一个新世纪的精神面貌之勃勃生气。

(二)新分类标准与结构特征

培根以人类的理解能力作为分类的首级标准,并把神学的分类也含在其中,"因为虽然神的启示和人的感受可能有所差异,但人的灵魂是相同的,因此对于神学也可以做同样的区别"④。由此我们可以看到培根保持了"神学"在人类知识中的存在,但却改变了它在13世纪学术金字塔结构中的顶端地位,而将它置于人类理解能力的统辖之下,与人类的世俗知识处于"平行"地位。这是一个巨大的变化:为原先的"统治者"划出了一个活动范围,把统治与被统治的关系改变为"井水不犯河水"的关系。这是培根对自己提出的学科划界原则在学科系统层次上的巧妙运用。在整个《学术的进展》中,专用于对神学方面的考察,只占了7.6%的篇幅,"因为这方面我觉得没有什么缺陷。在神学方面我还找不出什么空白和荒地,无论人们撒播的是良种还是稗子,总归是很勤勉的。"⑤疲惫和厌倦之情已跃然纸上。仔细阅读培根相关神学的论述,不难发现,其中还有相当篇幅是在指出人们对神学错误的研究方式和不恰当的期望,他反对无谓的喋喋不休的教义争辩,反对盲目的崇拜,还机智地用《圣经》中的语言,反对人们

---

① [英]弗朗西斯·培根. 学术的进展[M]. 刘运同,译. 上海:上海人民出版社,2007:63.
② [英]弗朗西斯·培根. 学术的进展[M]. 刘运同,译. 上海:上海人民出版社,2007:187.
③ [英]弗朗西斯·培根. 学术的进展[M]. 刘运同,译. 上海:上海人民出版社,2007:187.
④ [英]弗朗西斯·培根. 学术的进展[M]. 刘运同,译. 上海:上海人民出版社,2007:64.
⑤ [英]弗朗西斯·培根. 学术的进展[M]. 刘运同,译. 上海:上海人民出版社,2007:199.

到《圣经》、神学中去寻找世间、哲学之理："如果只是在《圣经》中寻找天和地,就等于是在永恒的事物中找寻暂时的事物,……在哲学中寻找神学就好比在死者中寻找生者。"①

以人类理解能力的分类为准,培根指出:"人类知识的区分正对应于人类的三种理解能力:历史对应于记忆,诗歌对应于想象,哲学对应于理智。"②按上述三大类,培根再作出每一大类里的再一次分类,列出了自然史、学术史;语言艺术;神学、自然哲学、人文学科等七大分支学科。然后,在每一类里面还有多次细分,直至他所言的"末梢"。这一分类似乎像一个树状结构,但培根却称其为"理性世界的小球体"③,这是由培根认识知识世界的思想方法决定的。在谈到哲学的分类时,他表明:"所有的事物都烙有这三种特性——上帝的权力、自然的分别、人类的效用。知识的分布和分割并不像几条线一样会在一个角上相遇,因此在一点上就可以触摸到全体,而是如同一个树干的树枝,在树干停止分成枝丫以前就具有一种完整性和连续性。因此我们应当在进入细的分类之前,以第一的、原始的、综合的哲学的名义,创建一种普遍的科学。"④他赞同"同样的事物应该采用不同的方法来处理"⑤。这里我们除了可以看到培根认识学术中的综合思维之外,又一次看到了亚里士多德与培根的同与不同:同,在于都从人的能力出发理解知识的产生,作为分类的一种依据;异,则在于前者将知识连同人的理解能力都分了等级,列了高低,且把为其自身而研、非应用的理论看作最高级的理论;后者则不分等级,所有事物都可以研究,都包含着知识,而且知识的力量就在于可用,并非是为了休闲。

"综合哲学"、"小球体"的形象比喻,内含的深意是在培根想创建一种普遍的科学,作为一种主要的、共同的大道,由此进入分岔的小路。他确信,科学的力量来自于"贯通"。"所有的知识分类只是为了划出界线、定出条理,而不是为了分成不相干的部分和片断,这应当作为一个普遍的原则。"⑥再联系前面谈到培根着重于指出学术史中的缺乏部分,可见培根在科学学的创建上,作为先导者的特殊地位。我们将此看作是人类学科整体意义上的自我意识的觉醒,其意义在于显示了人类用科学的光芒照亮科学

① [英]弗朗西斯·培根.学术的进展[M].刘运同,译.上海:上海人民出版社,2007:195.
② [英]弗朗西斯·培根.学术的进展[M].刘运同,译.上海:上海人民出版社,2007:64.
③ [英]弗朗西斯·培根.学术的进展[M].刘运同,译.上海:上海人民出版社,2007:199.
④ [英]弗朗西斯·培根.学术的进展[M].刘运同,译.上海:上海人民出版社,2007:78.
⑤ [英]弗朗西斯·培根.学术的进展[M].刘运同,译.上海:上海人民出版社,2007:78.
⑥ [英]弗朗西斯·培根.学术的进展[M].刘运同,译.上海:上海人民出版社,2007:95.

的自我启蒙。

（三）新的关注点

在新知识概图相关内容的阐述上，培根实践了自己的许诺：指出目前研究所缺失、混乱的方面，分析造成混乱的原因和提出自己的建议。这些内容除了上面已经提到的有关学术史和普遍科学等之外，还很鲜明地突显在如下几点：

1. 特殊事物及其知识的应用研究

培根认为当时对奇特的现象、不规则的物种还没有进行研究，而这种研究对于纠正偏见，发现通往技术奇迹的捷径和通道，进一步揭示自然的奥秘①有重要价值。关注知识在人类实践中的应用和实效，是培根研究自然和人文领域学问之缺失时始终强调的方面。他指出：在技术的历史中，"缺少百姓熟知的实验"，他赞成"伟大常常可以通过渺小细微的事物来发现"②，认为"机械的自然史对于自然哲学的效用是最基础、最根本的。有了这一基础，自然哲学……才能为人们的生活带来福利和收益"③。培根认为，就像在原因和结果之间存在关联一样，"思考和运用互相之间也具有很大的联系。因为所有真正富有成效的自然哲学都具有双重尺度或阶梯，向上的和向下的，向上是指从实验出发上升到找出原因，向下是指根据原因设计新的实验"④。对综合哲学的研究，要根据它们在自然中的效用，而不是依据推理，在此，培根把批评再次指向亚里士多德。即使在讨论数学时，他也强调"人们对于纯数学的优异效用还没有给予足够的理解"⑤。培根专论了"自然的效用，或自然哲学的运用部分"⑥，强调要关注人类的发明创造，关注能得出普遍性结论的实验。关注这些，对于培根来说，一则是为了发挥知识对于人类社会而言的强大力量；二则是运用事实、试验来破除学术上的谬误、空谈和生活中诸多迷信与荒唐的言行。这一经验主义的哲学倾向，进而发展成英国哲学和科学研究的重要传统。

2. 人文学科与人性研究

培根用了近全文 70% 的篇幅讨论他所称的人文哲学或人文学科，这些由古代先

---

① ［英］弗朗西斯·培根. 学术的进展［M］. 刘运同，译. 上海：上海人民出版社，2007：65.
② ［英］弗朗西斯·培根. 学术的进展［M］. 刘运同，译. 上海：上海人民出版社，2007：66.
③ ［英］弗朗西斯·培根. 学术的进展［M］. 刘运同，译. 上海：上海人民出版社，2007：67.
④ ［英］弗朗西斯·培根. 学术的进展［M］. 刘运同，译. 上海：上海人民出版社，2007：82.
⑤ ［英］弗朗西斯·培根. 学术的进展［M］. 刘运同，译. 上海：上海人民出版社，2007：90.
⑥ ［英］弗朗西斯·培根. 学术的进展［M］. 刘运同，译. 上海：上海人民出版社，2007：90.

知留下的"关于我们自身的知识"①。这一方面表现出他有十分清晰的区分自然学科与人文学科的意识,前者的来源主要通过与事物的直接接触和实验,后者则与古代先知的研究相关。另一方面表明,在培根时代,人文学科还是哲学乃至西方学术知识的主要构成,自然科学自身尚处在突围、萌生之中,并未成为人文学科发展的榜样。

培根首先强调:关于人性的概括性研究应当成为独立的研究领域。其针对的问题是以往的相关研究片断化,缺乏内在的关联。而他的目的是要建立起"人的心智和身体的知识之间存在着和谐和对应,二者结合在一起,很难恰当地分出彼此。"②这不禁又让我们想起亚里士多德的身心、感觉与理智的对立与等级论,两者都涉及了身心,但对关系认识的基本立场却不相同。

令人意外的是培根把身心综合的知识分为"共同的智能、共有的事务所"③。如果前者尚可与古代的认识相联而易解,后者则确实是一个新的提法。在预告前者的论述中,培根在说明相关性的同时,依然下功夫破除迷信。在专论身体时,培根重点就医学和解剖学的不足作了分析,关注药品和疾病的治疗,再一次表现了他重经验、事实和知识效用的学术特征。关于心智的知识,他主张把关于灵魂的讨论交给神学,人文科学应着重研究与大脑能力有关的知识:"一类关系到人的理解和推理;另一类关系到人的意志、欲望和爱憎。前者产生了看法或法令,后者产生行动或实行。"④他把理性的知识看作是其他所有技艺的关键,是一切技艺的技艺。这样,有关理性知识的讨论,就转化成了根据最终目的来区分的四种技艺:研究或创新的技艺,检查或评判的技艺;保管或记忆的技艺;演说或传授的技艺。⑤ 他不满于创新技艺研究的现状,主张用"经验的记录"和"自然的解释"来取而代之⑥。在检查与评判的技艺讨论中,他着重于对各种证明方法的评析。培根批评当时有关记忆的技艺之研究偏重技巧,而重要的是要研究原理,并围绕着解决问题去研究技术。"传授的技艺"虽然被培根放在理智技艺的最后,但却是智能阐述中所占篇幅最重的部分(20%)。

除了智能的四种知识之外,在培根的人文学科中另一个重要的部分(占相关论述中 60%的篇幅)是关于道德的研究,其中包括人类个体意义上的善和社会群体意义上

①　[英]弗朗西斯·培根. 学术的进展[M]. 刘运同,译. 上海:上海人民出版社,2007:95.
②　[英]弗朗西斯·培根. 学术的进展[M]. 刘运同,译. 上海:上海人民出版社,2007:96.
③　[英]弗朗西斯·培根. 学术的进展[M]. 刘运同,译. 上海:上海人民出版社,2007:96.
④　[英]弗朗西斯·培根. 学术的进展[M]. 刘运同,译. 上海:上海人民出版社,2007:107.
⑤　[英]弗朗西斯·培根. 学术的进展[M]. 刘运同,译. 上海:上海人民出版社,2007:109.
⑥　[英]弗朗西斯·培根. 学术的进展[M]. 刘运同,译. 上海:上海人民出版社,2007:113.

的善。培根强调当二者发生冲突时，个人应服从社会的要求。他主要批判的是在这类知识中，有太多关于美德是什么的论述，却缺乏如何去形成或培养美德的知识，在人的社会生活行为方面缺乏协商或事务方面智慧的研究。

3. 关于教育的研究

教育学的一些研究者在谈到培根的"知识之球"时，大多认为未提到教育学，或者指出仅作为知识传授的技巧涉及一些教育问题。在我看来，恐怕不止于此。首先，我们不可能在自然科学这一率先从哲学和神学挣脱出来的领域尚未成形时，要求在培根的著作中出现"教育学"作为学科的知识。其次，前面提到有关培根人文科学知识的研究所偏重的两个方面，就其内容而言，都与教育乃至后来的教育学相关，是教育学发展史中不可忽视的内容。第三，在阅读文德尔班的西方哲学史时，我在不经意中发现了一个培根与教育学关系的脚注，转录如下："培根学说的教育学结论主要是由阿莫斯·科门尼斯（1592—1671）总结出来的；……科门尼斯的《大教育学》陈述了教育过程，从具体的知觉的事物分级上升，直到更抽象的事物；他的《万花筒》，其目的在于给学校提供有关事物教学的感性基础；……参阅克瓦卡拉《德国教育纪事》，XXV（1903）和XXXII（1904），以及汇编中《伟大教育学家》（1914）。拉蒂西（1571—1635）的教育观点也是相同的。"[①]这条注至少告诉我们两个信息：其一，培根关于学术的论述，对同时期的一些西方教育学家产生影响，文德尔班列出了两位。第二，被誉为西方第一本论述教育的著作《大教学论》和在世界教育学发展史上不可磨灭的伟大教育家——夸美纽斯，在思想渊源上与培根直接相关[②]。正是基于上述思考，在此需要增列一点——培根的教育思想，以丰富教育学界对培根思想与教育学关系的认识。

先看与"知识的传授"相关的论点，培根按传授的工具、方法和阐述三个方面依次说明。

关于"传授的工具"，他首先提到了言词或文字，但即表示只要能够给感官感受到

---

① ［德］文德尔班. 哲学史教程［M］. 罗达仁，译. 北京：商务印书馆，1997：529. 其中的"阿莫斯·科门尼斯"，现中文通译为"阿莫斯·夸美纽斯"（Comenius，J. A.）；"《大教育学》"现中文通译为"《大教学论》"；"《万花筒》"现中文通译为"《世界图解》"——引者注。

② 1632 年，夸美纽斯在自己著作的《物理学》一书序言中，对培根的"科学的伟大复兴"表示敬仰，称培根的《新工具》一书为新世纪的灿烂之光。（参阅：夸美纽斯教育论著［M］. 北京：人民教育出版社，1990：445.）夸美纽斯的泛智教育思想传入英国后，获得赞誉，他们于 1641 年要求夸美纽斯访问伦敦，讨论并拟请他主持"泛智工作"，后因英国国内政变而未实现。（参阅：大教学论［M］. 北京：教育科学出版社，1999：259.）

相当的区别,从性质上都可以用观念表达。明显地表示了他更重视或认为感官感受与观念的关系更为根本与直接。他批评"有关事物和观念的符号的知识"总体缺乏认真研究,而他之所以强调是因为"这部分知识可以说是关涉到知识的形成"①,他对传授工具研究的重视,是与相关知识形成这一哲学问题联系在一起的,他希望把言语与理性之间关系的研究作成一门"独立的学科"。在一定的意义上,这些论述启发我们,需要就知识的形成与传授工具以及理性发展之间的关系,这样一个带有基本理论深度的教育问题进行思考。

传授知识的方法,在培根看来是当时有很多争论、却缺少研究,相关知识很不完善的领域。培根的高明之处恰恰在于,他没有一开始就陷入到具体方法的讨论之中,而是对"传授"的性质作了新的说明:"传授的方法或传授的性质不仅对于知识的应用,而且对于知识的进步也是很重要的。因为仅靠个人的辛勤和生命是无法得到完善的知识的,传授知识的关键就在于促使人们不懈地探索和前进。"②这何尝只是在谈论传授的方法?其锋芒直及教育在人类世代间相承与创新的关系。直到如今,我们之中有多少人(包括教师在内)会把自己的知识传授工作,看作是为了"促使人们不懈地探索和前进"?面对五百年前的培根,我们多少有点汗颜。正是基于上述关于传授性质的判断,培根毫不含糊地说:"因此在传授方法方面最重大的区别就是实用的方法和发展的方法之间的分野,前者可以称作武断的方法,后者可以称作尝试的方法。"③但第二种方法似乎已经成了"一条荒芜废弃的道路"④。然而,对两种方法的讨论并没有就此而止。更令人意外的是,培根从"授受者"与"接受者"之间如何才能完成由此及彼的传授作了研究。他认为,作为授者应对自己获得知识的过程和自己知识与信念的基础有所了解,"这样他就可以按照知识在他心中生长的方法,把它们移植到其他人心中。"⑤培根把知识比喻成植物,移植需要依赖植物的根部,而不是截取其中的部分。传授者不是木匠,而是种植者,"如果人们希望科学进步,就要好好照料植物的根部,而不必太留意树干或树枝。"⑥写到此,令我想起至今还常用的把教师比作园丁的比喻,我们的理解,这里的园丁是照料学生这些树木,但在传授知识时,却忘了种植知识者的道理,往

---

① [英]弗朗西斯·培根. 学术的进展[M]. 刘运同,译. 上海:上海人民出版社,2007:122.
② [英]弗朗西斯·培根. 学术的进展[M]. 刘运同,译. 上海:上海人民出版社,2007:124.
③ [英]弗朗西斯·培根. 学术的进展[M]. 刘运同,译. 上海:上海人民出版社,2007:124.
④ [英]弗朗西斯·培根. 学术的进展[M]. 刘运同,译. 上海:上海人民出版社,2007:124.
⑤ [英]弗朗西斯·培根. 学术的进展[M]. 刘运同,译. 上海:上海人民出版社,2007:125.
⑥ [英]弗朗西斯·培根. 学术的进展[M]. 刘运同,译. 上海:上海人民出版社,2007:125.

往用木匠的方式,把知识大树的枝条截取下来交给学生。

培根还否定了可以用统一的方法来教授多样化科目的观点,他认为这种方法有损于学问的发展:"它们把学问简化成了一些空洞和无聊的一般原则,把科学变成了没有价值的果壳或外壳,其中的精华则由于方法的不当被挤迫和压榨出去了。"①

在讲解性传授方法的一节中,培根相对细致地就讲解的时间配置、起始点及推进步骤、针对学习者不同特性施教和练习的次序等作了说明。② 这里才有一些被我们称之为"教学法"的味道。然而这并不是他讲述的重点,而是被从略的部分。

培根有关"人的欲望和意志的知识",即涉及个人与社会道德方面的知识,从教育学的角度读,在此只想指出三点:

一是培根对忽视如何养成美德研究的批评,及造成这种忽略的"暗礁"式原因的揭示,那就是"人们往往不屑于从事普通和常见的事务,不知道这方面的智慧其实就是最聪明的教诲(因为生活并不是由新奇的事物或微妙的事物构成的)。"③培根在此提到了普遍和常见的,也即日常事务在培育人智慧上的重要性。他没有把此局限于道德范围,而是明确指出:这些暗礁"不仅造成这艘知识之舟失事,也造成其他知识之舟的失事"。由此,引出了第二点,关于"事务智慧"的论述。

培根将人的社会主要行为方式分为三部分:社交、协商和统治,与此相应的三种智慧是"行为上的智慧、事务上的智慧、统治的智慧"④。他指出:事务的智慧目前在人们的著述中还未见收集,它是三种智慧中最不被关注的方面,虽然它跟人们的生活最接近⑤。显然,这与上面所述的"暗礁"相关。"这些智慧虽然是应用于具体的事例中,但是却是依靠对于类似事件的综合观察得到的。"⑥说到底,由此而渐生的是对世事所具有的普遍洞察力。然而,因为它无定则,故无法用一种概括知识的方式来表达,需要的是大量例证。这也是为何关于事务的智慧之知识,在以演绎方法为主流的研究中难以形成的原因。培根深入分析了这种知识形成的特殊与独特价值。他强调:"用这种方式得出的知识,是从我们看得见的特定事件中抽取出来的,清新自然,能够更好地用来

① [英]弗朗西斯·培根.学术的进展[M].刘运同,译.上海:上海人民出版社,2007:126.
② 参阅[英]弗朗西斯·培根.学术的进展[M].刘运同,译.上海:上海人民出版社,2007:134.
③ [英]弗朗西斯·培根.学术的进展[M].刘运同,译.上海:上海人民出版社,2007:136.
④ [英]弗朗西斯·培根.学术的进展[M].刘运同,译.上海:上海人民出版社,2007:160.
⑤ 参阅[英]弗朗西斯·培根.学术的进展[M].刘运同,译.上海:上海人民出版社,2007:161.
⑥ [英]弗朗西斯·培根.学术的进展[M].刘运同,译.上海:上海人民出版社,2007:162.

说明其他的例子"①，但它与议论的关系不是注解，而是用来引发议论。故而"在实践中两者都具有更大的生命力。"②他区分了两种例证的应用，一种只是为了解释所谓的"论点"，随便地引用几个例证，不提供详细的相关情况，"那么例证相对于议论是卑屈地服从，对于想要树立的论点并无太多益处"③。这是一种对双方都无益的运用方式。另外一种却是"用例证作为基础，并把它们放置在广阔历史背景中，这样就同时设定了各种各样的环境因素，根据这些背景，人们有时可以对所发的议论进行检验，有时对其不足进行弥补，使其成为对行为有用的模范"④。

两种例证运用方式的比较给我们的启示，在我看来已达到方法论层次。⑤ 在此先要引出的是与事务的智慧相关、但却需要作为第三点来阐述的，即"为个人的智慧"。培根明确表示，在"事务的智慧"这类知识中，还有另外一部分可以称作是"为个人的智慧"。与前面所说的"智慧"不同之处在于："前者是向着外围进行的，后者则是指向中心的。智慧固然可以用来献计献策，同样可以用来追求个人的幸福。"⑥他把这种知识也称作"教人们如何增进自己的幸运"⑦的知识，或称"幸运建筑学"⑧。培根用了整整16页，即关于"事务的智慧"讨论中 3/4 的篇幅，来说明"为个人的智慧"之原则。由此足见他对这类知识的重视。究其原因，一则是这类知识虽在生活中被应用，但没有人系统地整理出著述。二则是这两类同属"事务的智慧"，在人身上表现出来，有时候是统一的，但常常是相互矛盾的。⑨ 培根是想通过对后者的加强研究，使个人能具有内外两方面的智慧，在人生中做好社会事务的同时，获得个人的幸福。我们在其中看到培根有鲜明的、对从事外在事务的人——主体之个人幸福的关注。他希望人意识到：在这个世界上，不只是追求做外在之事成功，还要拥有个人幸福，努力用统一的智慧，避开在实现幸福的意义上个人与社会的对立。这显然不同于宗教强调的个人奉献、牺牲自我，也非遁世式的消极回避，更非沉溺于声色的犬儒主义。培根是想用智慧支持他的理想人格之实现。

① ［英］弗朗西斯·培根.学术的进展［M］.刘运同，译.上海：上海人民出版社，2007：166.
② ［英］弗朗西斯·培根.学术的进展［M］.刘运同，译.上海：上海人民出版社，2007：166.
③ ［英］弗朗西斯·培根.学术的进展［M］.刘运同，译.上海：上海人民出版社，2007：166.
④ ［英］弗朗西斯·培根.学术的进展［M］.刘运同，译.上海：上海人民出版社，2007：166.
⑤ 有关这方面的展开分析，将放在第五点"新方法论"中。
⑥ ［英］弗朗西斯·培根.学术的进展［M］.刘运同，译.上海：上海人民出版社，2007：167.
⑦ ［英］弗朗西斯·培根.学术的进展［M］.刘运同，译.上海：上海人民出版社，2007：168.
⑧ ［英］弗朗西斯·培根.学术的进展［M］.刘运同，译.上海：上海人民出版社，2007：179.
⑨ 参阅［英］弗朗西斯·培根.学术的进展［M］.刘运同，译.上海：上海人民出版社，2007：167—168.

有关"个人的智慧",培根首先强调要树立起"每个人的幸福都是自己造就的"①信念并立志发奋,但不忘"幸运作为美德和功绩的工具"②。为此,每个人都要通过观察他人的行为,对照其言词来了解他们的为人与性格,但不要轻信和迅速作出判断。"对于人们的志向和天性我们不仅需要了解它们的种类,还要了解哪一种类型占优势,哪一种性情常处于支配地位,哪一种目的是重要的。"③这里又渗透着培根归纳研究的思想,并突出了对人的研究要关注其主要目的,以及决定人行为方式的志向和天性。这样的行为目的意识,培根认为是每个明智的人都应具备的,在观察他人,与他人协作共事之时,每个明智的人都要自身保持坚定,一个哲学家在每一个特定行为中,"在每件事上都应对自己说,'我一方面希望做这件事,但同时我还希望学习一些新东西'。"④这是一种在日常事务中自觉学习、发展的心态与能力。可以说直至今日,还不是每个人都意识到这样做对自己幸福的重要。

"为个人的智慧"另一个重要的构成是对自己的了解和理解。除了要求在宗教方面以上帝的话语作为神圣的镜子之外,培根不同于经院哲学之处是:在世俗生活中,不是强调向内的沉思和忏悔,而是要求"以世上的情形或我们生活时期的情形作为一面镜子,来观察我们自己"⑤。把对自己的认识,放到对自己在生活世界中表现的言行观察和与他人的比较中来完成,这是一种在现实生活实践中认识自我的方法,是培根经验论的又一具体表现。明智的人不会脱离现实世界去构筑自己的幸福,更不会以为幸福可以脱离现实世界而获得。正是基于这样的立场,培根提出了一整套如何处世待人、完善自己的建议⑥,称这些建议为"建立模式的碎片",虽不完善,但这是教人们如何增进自己幸运的教育。"对于这种教育,可能每个人都觉得自己可以做教师"⑦,但实际并非如此,因为幸运与美德都不能强加于人,它的实现是艰苦和费力之事,有关研究都与学问有很大的关系,是一门不能不认真对待的学问。

还必须提到的一点是,培根作为一条规则提出:"要人们模仿自然,在自然中没有任何事物是没有价值的。……因此人们在做每一具体的行为时,都要让它们体现出你

---

① [英]弗朗西斯·培根. 学术的进展[M]. 刘运同,译. 上海:上海人民出版社,2007:168.
② [英]弗朗西斯·培根. 学术的进展[M]. 刘运同,译. 上海:上海人民出版社,2007:169.
③ [英]弗朗西斯·培根. 学术的进展[M]. 刘运同,译. 上海:上海人民出版社,2007:172.
④ [英]弗朗西斯·培根. 学术的进展[M]. 刘运同,译. 上海:上海人民出版社,2007:173.
⑤ [英]弗朗西斯·培根. 学术的进展[M]. 刘运同,译. 上海:上海人民出版社,2007:173.
⑥ 参阅[英]弗朗西斯·培根. 学术的进展[M]. 刘运同,译. 上海:上海人民出版社,2007:173—182.
⑦ [英]弗朗西斯·培根. 学术的进展[M]. 刘运同,译. 上海:上海人民出版社,2007:168.

的目的来,做到一石二鸟。"①这让我们明显地看到了夸美纽斯的自然主义教育观与培根哲学思想在语言上的直接联系。对于"一石二鸟",培根作了展开表述:"人们对于自己的每一步行动都要有精确的计算,争取有所收获,⋯⋯每次只注意一件事情是最失策的一种做法,这样做就会失去无数发生在事物之间的机会。"②

综合上述关于"事务的智慧"的各种论述,我们可以感受到培根以事务为载体,对构成事务的因素和环境,事务的进行与多种可能,完成事务对人与对己的认识之可能与必要,以及如何在事务中向自然学习,实现自己的多重目的与追求的价值等,都作了较之前人清晰的分类,且意在构建有关"事务的智慧"之整体学问。这些阐述中呈现的哲理与智慧,对于我们将教育的研究当作是一种"事理"的研究,具有重要的启发意义。也许,正是在"事理"的意义上,形成了培根与夸美纽斯之间的思想通道与转换。在一定的意义上,可以说夸美纽斯的《大教学论》,世界上第一本试图建立起教学理论的专门著作,就是一本关于教育这一事理研究的著作。

我并没有认为自己对培根著作中有关教育的思想作了完整或详尽的阐发,但我相信,以上论述至少可以改变一些认为培根没有关注到教育的学问,或只把教育归结为传授技巧的简单、粗疏的印象。这些粗疏的产生,可能正是犯了培根指出的错失:过分的概括,使知识只剩下了干瘪的果壳。这样的错失,无论是对一门学问,还是对一个伟人思想的认识都可能发生。当然,培根在书中花较大篇幅论述的内容,恰恰是他认为当时还缺少研究或尚处于散乱阶段的学术部分。所以,他的强调并不表明教育学在当时已存在或成熟,相反是表示这门学科研究太少,但在培根看来重要,需要研究。

(四)新研究方法理论

培根在后世最负盛名的是他的《新工具》。他关于人类认识误区的揭示,对亚里士多德三段论被推崇到唯一和空谈,不关注现实、事实和经验的批判,并以归纳法、实验的提倡,被誉为近代经验论和自然科学研究方法独立于哲学、神学的开山鼻祖等方面的评价,早为人们熟知。在此,本人特别要强调的只是以下两点:

第一,培根对亚里士多德的批判,并非是对演绎法的全盘否定,而是要打破把演绎法当作唯一研究方法的封闭式的方法论原则;打破把演绎作为概念游戏,使学问空洞化,或满足于概念的繁琐论证和争论,并以为这就是学问的偏执倾向;打破因对演绎逻

---

① [英]弗朗西斯·培根. 学术的进展[M]. 刘运同,译. 上海:上海人民出版社,2007:181.
② [英]弗朗西斯·培根. 学术的进展[M]. 刘运同,译. 上海:上海人民出版社,2007:181.

辑的崇拜,而把亚里士多德的每一个具体的有关自然科学中知识的判断奉为真理,不经任何验证就当作大前提,并与神学解读勾连的僵化定论。上述这些问题,在当时学界因成了惯常而麻木,因此,培根的批判具有方法论意义。他对封闭思想方法的猛烈冲击,以自然清新和现实清醒的思想之浩荡春风,推开了禁锢人类思维的大门,迎来了一个认识意义上的新世纪——自然科学从内容到方法都迅猛发展的新世纪。为了发展新的学科,必须要有方法论和方法上的突破,现已成了影响人类学科发展公认的重要前提,这个功劳应算在培根身上。因此,把培根在方法上的贡献,仅局限于归纳法的开创是不充分的。

第二,培根在方法上,针对演绎法提出了归纳法,包括就如何对大量相关事实作分类和比较,抽析出对相关事物共同具有的内在特征的判断等具体步骤作了阐述。但即使是方法研究,培根也没有局限于此。他一方面强调"对于任何存在的事物和活动都应当加以选取和收集,进行思考,形成学说"①。表明他在学问领域中并没有设禁区,或作出哪些事物和活动值得研究、哪些不值得或禁止研究的论断,而且自己就致力于那些未被人重视的学问之研究,包括我们已经提到的学术史和事务的智慧等方面的研究,展现出一个当时学术领域拓荒者的气质,在方法领域,培根的研究也呈现出同样的特质。

首先,他反对极端化;反对把学问过早或武断地简化为技术与方法,放弃追求普遍性或第一哲学;反对只顾及少数事物,未经深思熟虑而轻易下结论;也反对苏格拉底式的冷嘲热讽,怀疑一切事物。培根主张提出能够肯定的事物,理论能够证实多少就说多少,并通过持续的努力增进知识的积极态度②。这表达了培根把技术与方法只作为工具手段,不是想以此来取代学问,它们的作用只是为了增进人类知识。求知的最终或最大目的"是为了真正地把自己的聪明才智用在人类的利益和福祉上面"③。为此,要提升知识的荣耀和价值,最重要的是能够"把思想和行动更紧密地结合在一起",将自然哲学和伦理哲学连接在一起,"无论是天上的还是地上的知识,求知都是为了剔除无益的玄想,摒除空虚无用的东西,保留和扩大那些可靠而有益的东西"④。我认为这些论述是在为方法和技术定位、定向。

① [英]弗朗西斯·培根.学术的进展[M].刘运同,译.上海:上海人民出版社,2007:169.
② 参阅[英]弗朗西斯·培根.学术的进展[M].刘运同,译.上海:上海人民出版社,2007:25—30.
③ [英]弗朗西斯·培根.学术的进展[M].刘运同,译.上海:上海人民出版社,2007:30.
④ [英]弗朗西斯·培根.学术的进展[M].刘运同,译.上海:上海人民出版社,2007:31.

其次,培根指出古代提出的粗陋的归纳法,同样也可能"让研究者草率地制造出一些理论和教条"①。他尤其重视每个学科中那些中间层次的命题,认为他们主要是从传统和经验中获得的。对特殊的论题,即逻辑学和其他学科的交叉地带,应予以积极的评价,称革新和研究的方法在那里会有极大的功能。人们要善于从每一次科学进步中,获得对新研究题目的启发,这样科学才能促进人类进步②。他认为,归纳推理、判断与创新形影相随,因为在感觉中两者统一。培根同时也讨论了三段论合理性的心理依据,"因为人的本性特别渴望在思想中让一些事物固定不变,把它们当作心智的依靠和支撑物。……因此人们急切地建立一些法则,这样各种不确定的东西可以依赖这些法则来解决"③。在此,培根思维的触角已经涉及 20 世纪后被科学学家广泛关注的确定性与不确定性的关系问题。他指出,人会用自己的精神去假设或设想自然,但实际上并非如此,"在人类的精神与自然的精神之间是有很大差别的"④。除了讨论发现的、解释的方法之外,培根还列出了四种证明方式:心理或感觉的直接赞同,归纳证明,三段论证明,类比证明。而且主张应该把不同的证据应用于不同的科目,"人们应当按照科学与证明方式的关联性来分派和指定相应的证明方式"。⑤ 这又一次表明,培根对研究方法问题的思考,进入到方法与人的心理,方法与学科,以及方法的合理性等方法论层面。前面已论及的关于事务的研究方法中,更是顾及研究对象与环境之间关系的复杂性问题。

三、培根学科观的影响

无论是从培根本人主观的意愿还是客观的实际效果,人们都可以看到,其学科观带给人类知识因转型而获得巨大和持续的新发展。他的知识概图在 18 世纪以法国狄德罗为首的百科全书派那里得到了丰富化的复制。在培根之后的近三百年中,人类学科的发展,基本上沿着自然科学作为一个独立于哲学的大门类而迅速生长;自然科学内的各学科因自身研究对象的复杂性和原先基础的差异而先后走向成熟;自然科学研究方法形成了实验和定量(数学的运用)的标志性特征,并随着科学声誉的日隆,成为

① [英]弗朗西斯·培根. 学术的进展[M]. 刘运同,译. 上海:上海人民出版社,2007:111.
② 参阅[英]弗朗西斯·培根. 学术的进展[M]. 刘运同,译. 上海:上海人民出版社,2007:115.
③ [英]弗朗西斯·培根. 学术的进展[M]. 刘运同,译. 上海:上海人民出版社,2007:116.
④ [英]弗朗西斯·培根. 学术的进展[M]. 刘运同,译. 上海:上海人民出版社,2007:118—119.
⑤ [英]弗朗西斯·培根. 学术的进展[M]. 刘运同,译. 上海:上海人民出版社,2007:120.

经典的研究方法,进而转化成衡量一切学科是否可称为科学的重要标尺,直至变成为一种新的、方法意义上的僵化,以出乎培根始愿的方式出现,使它在一定程度上扮演了培根本人所反对的、类似于中古时期"三段论"的角色。

　　培根所提倡的研究事实和看重经验的知识源泉观,知识就是力量的判断,知识应为人类造福的价值观,使自然科学的研究对象充满了生气和人气,其研究也不满足于理论发现。其后,自然科学各门学科越来越抽象和系统化,从中观向宏观、微观不断挺进,在越来越远离人类现实生活的同时,产生了与理论科学相应的应用科学;产生了以自然科学知识为基础的、不同于古代技术学的近代技术科学;使自然科学大门类的内部形成了理论学科、应用学科和技术学科三足鼎立的新格局。自然科学的分化与结盟,对人类的生产、生活领域产生了巨大的影响,越来越深入地渗透到西方社会的各个领域,在一定意义上成为左右社会发展进程的强大力量,科学化、工业化和机械化成了近代社会的标志性特征。

　　我们可以用英国伟大的哲学家怀特海在 1925 年发表的《科学与近代世界》[①]中的一段话来作为对培根思想对三个世纪巨大影响的总结:"19 世纪最大的发明就是找到了发明的方法,一种新方法进入人类生活中来了。……我们的注意力必须集中在方法的本身,这才是震撼古老文明基础的真正新鲜事物。弗朗西斯·培根的预言已经成了事实。他说:"人类以往有时梦想着自己的身份只比天使稍低一点,现在却认为自己既是自然的仆人,又是自然的主人。"怀特海还颇有远见地紧跟了一句:"但同一个演员是不是能扮两个角色还有待证实。"[②]

第三节　现代爆炸时期:学科观的当代更新

　　将 19 世纪下半叶作为学科观爆炸时期的起始阶段,主要基于两方面的根据。

　　一是 19 世纪中叶科学已经处于顶峰地位,呈现独立、稳定、统一状态的自然科学,被 1859 年达尔文《物种起源》的发表打破。达尔文关于自然界物种发展的相关、演变、

---

① ［英］A·N·怀特海.科学与近代世界［M］何钦,译.北京:商务印书馆,1959. 作者在书中表示:正统科学是在 19 世纪中期成了极盛时期,"这是一个正统科学胜利的时期"(第 99 页)。人们"认识了知识对技术进步的重要性,发现了抽象知识和技术进步相联系的方法,并且也看到了技术进步的无限前程。这一切事情,直到 19 世纪(主要是德国人)才彻底地做到了"(第 95 页)。
② ［英］A·N·怀特海.科学与近代世界［M］.何钦,译.北京:商务印书馆,1959:94.

进化的事实与理论,不仅冲击了神学(虽然并非达尔文的意愿),而且将综合、比较、历史、演进的方法论观念带进了对整个自然界的认识,形成了与亚里士多德等级性世界图式完全不同性质的,以时间为维度的阶段发展生成的,既区别又关联的整体新图式。进化论还逐渐获得了哲学方法论的意义,成为认识一切事物的一种可采用的思想方法,打破了自然科学中实证主义方法论的一统天下。进化论不是在实验室中,而是把整个真实存在的自然世界,作为观察研究的对象,去发现异常不同的物种之间的进化链,勾勒出自然物种演进的漫长历史,建立起今日自然界与往日和可能未来的自然界之间内在的关联性。这是突破时、空局限,全时空式的研究方式,是从一个历来未被人重视的领域入手的研究,却是对学科整体认识论产生地震式裂变的典型。自此以后,对研究方法论的关注,几乎成为一切学科要发生历史转折性变化的必不可少的条件。

二是德国哲学家狄尔泰1883年出版了《精神科学引论(第一卷)》,它产生在欧洲19世纪下半叶出现科学方法大辩论的背景下。[①] 狄尔泰论点的鲜明和独特,充分表达了在当时西方学科环境中,人文学科独立意识的觉醒与形成科学的努力,也是人文学科走出古典传统,建立当代人文社会学科自觉的表现。狄尔泰的著作可看作人文社会科学、自然科学和哲学形成三足鼎立的起点。此后,学科观的裂变沿着大门类内部、学科间相互关系、学科概图重建等众多方面和层次,不断打开、不断聚合,直至今日这一局面还在继续。本人无力且无意对此作详细和充分的阐述,此处论述的重点将放在爆炸时期几位对学科观产生重要影响的学派代表人物之相关论点上。他们是:精神科学的代表人物狄尔泰,实用主义的代表人物詹姆斯和杜威,结构主义的代表人物皮亚杰。在此基础上再作延伸,将终点聚焦到学科观的当代变化。选择以上几位代表人物主要是他们对哲学方法论及人文、社会科学研究方法论,都有过划时代的影响力,直至今日依然是启发我们思考、研究教育学科构建的重要思想资源。

一、精神科学独立领域的开辟:狄尔泰

有学者认为:当代人对狄尔泰的忽视与他实际上对当代哲学思潮,诸如现象学、解释学、存在主义的大师级人物的思想影响不相称[②]。重读狄尔泰的代表作《精神科学引论(第一卷)》,颇有同感,他的宏大、敏锐,以及基于信念的责任与坚定,在我看来是

① 参阅:[德]狄尔泰.精神科学引论(第一卷)[M].童奇志,王海鸥,译.北京:中国城市出版社,2002:译者前言,7—9。

② 参阅[英]H·P·里克曼.狄尔泰[M].殷晓蓉,关晓明,译.北京:中国社会科学出版社,1989:第一章。

后人所未及的。

狄尔泰"精神科学"范畴的确立与明确,是在与自然科学对照,并通过批判当时流行的科学观完成的。

(一)精神科学的科学性

狄尔泰将"所有各种以社会实在和历史实在为研究主题的学科都归在'精神科学'这个标题之下"①,其目的一方面在于为这些学科提供一个不同于自然科学的经验论与实在论的共同基础,以"精神科学"的名义区别于自然科学。另一方面则在于说明有关历史实在和社会实在研究所形成的学科具有内在的关联性和整体性。精神科学同样属于"科学"。

在自然科学已处于科学统治、标准地位的19世纪,要承认关于历史与社会的研究也同样具有科学的地位,并不是一件轻而易举的事。为此,狄尔泰首先对"科学"这个词,作了排除对象规定性、以"命题"合理性为标准的新界定:科学表示由各种命题组成的复合体。这些命题的成分都经过完全的界定(非任意的,在逻辑体系内普遍有效);它们的各种联系都具有充分的理由;构成这种复合体的组成部分都为了进行沟通而被联接为一个整体。② 这一极妙的定义,用逻辑命题规定的普遍性要求,取代了以"处于主导地位的对于自然科学的关注之中产生出来的"关于"科学"的界定。这是一个度量尺度的置换,前者比后者更具有普遍性。在狄尔泰的"科学"界定中,自然科学只是整个科学体系中的一部分,科学的规定性不只对自然科学这一部分特殊有效。另一大部分实际上已经存在,但当时人们还没有一个普遍承认的表达方式,是狄尔泰把它命名为"精神科学"。他理直气壮地说:"在这里,'科学'这个语词被用来表示任何一种由精神性事实组成的复合体——这样的复合体具有我们上面提到的各种特征,并且一般说来会因此而被赋予'科学'这样一个名称。"③与此同时,狄尔泰批判了孔德、J·S·密尔等对历史事实进行删节和肢解,以使其适合自然科学的概念和方法的削足适履的做法。

狄尔泰的进一步论证从两个维度深入展开:区别自然科学和精神科学的对象本

① [德]狄尔泰.精神科学引论(第一卷)[M].童奇志,王海鸥,译.北京:中国城市出版社,2002:15.在第16页上,狄尔泰又用一般通用的方式,称"历史实在和社会实在"为"关于人的科学,关于历史的科学,以及关于社会的科学"。
② 参阅[德]狄尔泰.精神科学引论(第一卷)[M].童奇志,王海鸥,译.北京:中国城市出版社,2002:15—16.
③ [德]狄尔泰.精神科学引论(第一卷)[M].童奇志,王海鸥,译.北京:中国城市出版社,2002:16.

身;区别两种不同对象的研究方法论。

就对象而言,狄尔泰首先将自然区分为由外部世界影响下给定的材料和通过感觉给定的在人的内经验中存在的材料两大类,与第一类材料相比,内在经验具有自己独立的起源和自己的材质,成为特殊的、关于经验的科学的研究主题,并构成具有不可置疑的独立地位的学科。① 因为对于人来说,现存的无论何物"都是由于经验才存在",无论何物构成了某种价值或意图,"都只有通过有关我们的感受和意志的体验才能如此给定"②。因此,精神科学"这种关于内在体验的科学既囊括了确定自然界对于我们来说能够存在的程度的认识论原理,也囊括了各种与我们的行动有关,可以说明各种意图、各种最高的善,以及各种价值的存在的原理"③。至此,狄尔泰不仅说明了自然存在中的内、外区别和相互不可通约性,论证了精神科学独立性的不容怀疑,而且界定了精神科学研究对象的实质,即是关于内在体验的科学,是说明人的认识,及各种价值何以存在的原理的科学,研究人的精神存在的科学。在此基础上,狄尔泰进一步得出精神科学对人而言,比自然科学更具基础性,且"各种精神事实构成了自然事实所具有的最高的界限"④之结论。狄尔泰几乎堵住了一切否定精神科学对象的独立性和价值的可能性,并使精神科学处于自然科学之上,尽管当时的社会、人文科学的发展远未达到如自然科学般的成熟度。如此大手笔在学科发展史上是不多见的。

在与休谟和洛克、康德等关于"意识事实"的认识论作出区别的过程中,狄尔泰强调了他的研究不只停留在意识事实本身,而是要将当代抽象科学思想所具有的各种内容,都与人类本性联系起来,寻求这些关系本身,以达到明晰的认识目的。"我们自己的作为一种生命单元而存在的人格、外部世界、其他个体,他们那短暂的生命和各种互动,就都可以根据人类本性所具有的这种总体性而得到说明。就实际生活过程而言,意愿过程、感受过程和思维过程都只不过是一些不同的侧面而已。"⑤在此不需要康德的先天之物的假定,"只有通过从我们的存在的总体性出发的某种发展史,这些问题才能得到回答"⑥。因此所谓独立于我们而存在的东西,并不是作为某种单纯的表现而被给定的,我们对于外部世界的认识,也不是因从结果出发推论出原因而实现的,所有

① 参阅[德]狄尔泰. 精神科学引论(第一卷)[M]. 童奇志,王海鸥,译. 北京:中国城市出版社,2002:22—23.
② [德]狄尔泰. 精神科学引论(第一卷)[M]. 童奇志,王海鸥,译. 北京:中国城市出版社,2002:23.
③ [德]狄尔泰. 精神科学引论(第一卷)[M]. 童奇志,王海鸥,译. 北京:中国城市出版社,2002:23.
④ [德]狄尔泰. 精神科学引论(第一卷)[M]. 童奇志,王海鸥,译. 北京:中国城市出版社,2002:35.
⑤ [德]狄尔泰. 精神科学引论(第一卷)[M]. 童奇志,王海鸥,译. 北京:中国城市出版社,2002:7.
⑥ [德]狄尔泰. 精神科学引论(第一卷)[M]. 童奇志,王海鸥,译. 北京:中国城市出版社,2002:7.

的"外部世界和其他各种生命单元是与我们的生命单元一起给定的"①。由此可见,狄尔泰尽管以精神事实为研究对象,但他并不认同康德的先天之物的假定,也不纠缠于休谟关于原因和结果推论不确定的不可知论,狄尔泰用个体生命的整体性,以及内、外事实与生命单元的各种事实的同时给定性,来实现对两者认识论上不可统一性的超越。可以说,"人"的世界,个体生命及其内、外事实单位的关联所形成的整体性,是狄尔泰及其学说的全部核心。他开创了不同于人类学的人的科学,在作出与自然科学研究对象不同的区分时,也作出了与其他以研究人的内在经验为对象的认识论之区别,从而更清晰地对自己的研究对象作了质性划界,阐明了精神科学研究的意义。

在研究方法论方面,狄尔泰既不认为可将实证研究的方法直接移入,也不赞成仅仅用记叙事件的历史学研究方式,更不认为精神科学研究可以归结到纯粹的心理形成或生理研究之中。因为人作为整体,不能简单还原为生理心理整体,也不能还原到物理世界对内在世界的规定性之中,把自然界中的因果关系延伸到生命组成之中②。

狄尔泰首先确定的是,把具有生理和心理生活的个体生命单元,作为社会和历史得以构成的成分,"而对这些生命单元的研究则构成了各种精神科学之中最根本的一组精神科学。"③它们都是处于内在经验之中的"真实存在的单元"(并非自然科学中无法独立存在的"基本微粒")④。每一个单元都与众不同,构成了一个世界。这个世界,"仅仅存在于这样一种个体的各种表现之中",所以,只要"通过分析由这些表现构成的世界,就可以使这种生理心理整体所具有的浩瀚无际……得到阐明"⑤。通过个体生命单元作为社会历史构成的基础性确定,再通过个体的构成必然表现在他所生存世界中的关系确定,狄尔泰建立了个体内在世界与外在表现世界的关系,提出了由研究后一世界认识前一世界的方法论路径。为此,狄尔泰尤其将精神科学的研究与心理学研究作了区分,指出"心理学的对象始终不过是某种个体而已——这种个体已经被从社会—历史实在的、活生生的脉络之中分离出来了"⑥。而精神科学恰恰把个体看作社会—历史实在的基本组成,通过其在社会—历史中的表现世界来研究个体的精神实

① [德]狄尔泰. 精神科学引论(第一卷)[M]. 童奇志,王海鸥,译. 北京:中国城市出版社,2002:8.
② 参阅:[德]狄尔泰. 精神科学引论(第一卷)[M]. 童奇志,王海鸥,译. 北京:中国城市出版社,2002:32—34.
③ [德]狄尔泰. 精神科学引论(第一卷)[M]. 童奇志,王海鸥,译. 北京:中国城市出版社,2002:52.
④ [德]狄尔泰. 精神科学引论(第一卷)[M]. 童奇志,王海鸥,译. 北京:中国城市出版社,2002:53.
⑤ [德]狄尔泰. 精神科学引论(第一卷)[M]. 童奇志,王海鸥,译. 北京:中国城市出版社,2002:53.
⑥ [德]狄尔泰. 精神科学引论(第一卷)[M]. 童奇志,王海鸥,译. 北京:中国城市出版社,2002:55.

在。狄尔泰是清醒的,他用自己的著作,预先留下了对有些后人把他误归到心理学研究中去的"洗涤剂"。他认为,心理学只有自身成为描述性的(非说明性的),并以参照更大的实在(指社会—历史)为预设前提,才能在精神科学中成为基础性的部分。

关于方法论进一步的论述直接指向了个体与社会的关系,他认为要走出各种相互对立观点的争论,"只有当人们抛弃了造成这种对立的建构论方法的时候——也就是说,只有当人们把这些关于社会实在的具体科学都看作是一种具有综合性的分析方法的组成部分的时候、只有当人们把各种具体真理都看作是有关这种实在之诸组成部分的断言的时候,对这种对立的解决才是可能的"①。就此,狄尔泰分别评析了古代自然法学派的把个体先孤立起来,然后再按照构想社会的方法,把他们机械联结起来的方法论错误,以及相反的将国家、社会当作整体,而要求个体作为部分必须从属于整体的方法论错误。狄尔泰确认,存在于社会内部的个体是与社会"其他成份不断互动的成份而存在的"②。他认为个体与社会的关系不同于个体与自然的关系,"对于我们来说,各种社会状态都是可以从内部加以理解的;从某种程度上说,我们能够根据我们对于自己的各种状态的感知,在自己的内心之中把这些社会状态再现出来"③;而人对自然界的任何感知却无法实现内通性,自然界对于我们来说是陌生和疏远的,它对于我们来说只是一个纯粹的、没有任何"内在生活"的外表而已④,由此,狄尔泰得出的重要结论是"社会才是我们的世界"⑤。

从精神的内在性到与社会的可感内通性,狄尔泰对个体之外的世界,也作了"我们社会"和"他们自然"的区分。这与一般常识把社会界和自然界都视作人的生存环境很不相同。它一方面点明了将人、社会、历史都视作精神科学且具有内在相通性的合理依据,同时又意味着基于这种内通性的存在,以客观揭示为目的之方法,在此无法通行。另一套方法就是以内通性做基点,通过个体与社会入其内又出其外,成其一又促其变的相互作用,以对话、沟通、解释、理解和领悟等为构成的精神科学研究方法。精神科学研究的方法脱颖而出,使精神科学从对象、方法论到方法,都与自然科学相区别,成为都具有独立存在必要与可能,且在科学整体中,成为具有与自然科学并列、平

① [德]狄尔泰. 精神科学引论(第一卷)[M]. 童奇志,王海鸥,译. 北京:中国城市出版社,2002:56.
② [德]狄尔泰. 精神科学引论(第一卷)[M]. 童奇志,王海鸥,译. 北京:中国城市出版社,2002:64.
③ [德]狄尔泰. 精神科学引论(第一卷)[M]. 童奇志,王海鸥,译. 北京:中国城市出版社,2002:65.
④ 参阅:[德]狄尔泰. 精神科学引论(第一卷)[M]. 童奇志,王海鸥,译. 北京:中国城市出版社,2002:65. 句中的"内在生活"是指"人的内在生活"。
⑤ [德]狄尔泰. 精神科学引论(第一卷)[M]. 童奇志,王海鸥,译. 北京:中国城市出版社,2002:65.

等资格的不可或缺的一大门类。

"所有这一切都把某些特征强加给了对于社会的研究——这些特征使社会研究彻底与对于自然界的研究区别开来了。"①狄尔泰如释重负般地发出了满足的定论。从这个意义上,狄尔泰是一个彻底的社会、人文、历史,即他所称的精神科学独立论者,人类科学新研究方法的开创者。他不像当时孔德那样努力让社会科学研究自然科学化,也不像后来者那样努力于运用、改造自然科学研究的方法,使实证研究成为社会科学研究方法的准星。在这些人中不乏装腔作势的权威、唾星四溅的骗子和只管拉车的搬运工。

(二)精神科学研究的认识论与学科内结构

狄尔泰不是一个用集装箱的方式,将社会、历史、人文等方面的研究,放到"精神科学"大卡车上的人。他着力于不同以往的立场、视角和思想方法,揭示这些学科研究对象之间的内在关联性,形成精神科学的认识论。在此过程中,他对启蒙时期以来形成的、居权威地位的各式理性主义作了批判,在人文、社会研究内部树起了精神科学的大旗。

作为精神科学新认识论的基础,首当其冲的就是要阐明个体与社会的关系,这是精神科学中任何一门学科都不可能无涉,也是任何一个生存于世的个体不可能无关的问题,狄尔泰明确表示:"任何一种旨在描述和分析社会实在和历史实在的理论,都不能局限于这种人类精神而无视人类本性所具有的这种总体性。"②他批判了各种把神、社会、种族乃至家庭,以及与其相关的普遍理性作为解释社会、文化、历史唯一根据的观点③,指出其根本的问题是忽视了"一个人在灵魂的孤独状态之中所经历的东西,他在自己的良心深处与命运进行搏斗的方式,仅仅对于他来说,而不是对于世界历史来说、不是对于某种人类社会有机体来说,才是存在的"④这样一个基本常识,忽视了"一个真正的和精力充沛的个体的生活感受,以及对于他来说是既定的世界所具有的丰富性,是不可能被人们通过一门普遍有效的科学的逻辑体系加以穷尽的。经验所具有的、就其起源而言彼此判然有别的各种具体内容,是不可能被人们借助于思想而互相

① [德]狄尔泰.精神科学引论(第一卷)[M].童奇志,王海鸥,译.北京:中国城市出版社,2002:66.
② [德]狄尔泰.精神科学引论(第一卷)[M].童奇志,王海鸥,译.北京:中国城市出版社,2002:17.
③ 参阅[德]狄尔泰.精神科学引论(第一卷)[M].童奇志,王海鸥,译.北京:中国城市出版社,2002:14—17,第四章。
④ [德]狄尔泰.精神科学引论(第一卷)[M].童奇志,王海鸥,译.北京:中国城市出版社,2002:167.

转变的"①。他明确指出:"通过我们的存在的总体性而确定的东西,是永远无法被完全还原成为各种观念的。"②由此可见,人类生命存在总体性不可还原和不可拆卸式地分解、抽象,是精神科学认识论的基石,也是狄尔泰否定传统形而上学的依据。

接着必须回答的一系列问题是:个体的不可通约也不可还原的总体性存在,何以与人类的文化、社会性存在联系起来? 它们怎么实现关联与转化? 以及相互之间的关系性质是什么?

狄尔泰首先肯定了个人与个人之间因血缘、亲族和地域等自然基础相关所形成的共同生活,内含着不同侧面、不同群体的共同性和相通性。"历史上的生活进一步发展了这种同质性"③,构成了以个别民族作为单元的整体。同时,也产生了由不同个体的心理活动发生的、关系的持续而构成的"意图系统",以及因为满足共同需要进行人类劳动而形成的、外在于个体的社会组织体系。但无论是意图系统,还是外在组织,都根植于个人本性的某个侧面,"当个体寻求通过能动地发挥他们的精力实现其各种各样的意图的时候,他们就会介入到社会—历史生活所具有的各种互动过程之中"④。个体对社会历史生活的介入,"既使我们的行动有可能适应那些生活在我们以前的人所具有的经验,也使我们有可能与我们同时代的人们合作。通过这种方式,人所具有的各种基本的生活意图就可以在历史和社会之中得到扩展"⑤。

上述引文中提到的"意图系统",是狄尔泰精神科学中十分重要的概念。它不同于理性主义理念、世界图式或生物主义的原始本能等基本概念,是狄尔泰哲学思想被称为生命哲学的一个重要原因。意图系统所内含的"各种价值观念和规则都仅仅存在于与我们的生命力体系的关系之中,而且,如果不参照这样一种体系,这些价值观念和规则就不会具有任何可以设想的进一步的意义。任何一种对于这个真实的世界的安排,都不会由于它本身而具有某种价值,……我们用来表现历史意识的任何一种公式,都只不过是对于我们自己的内在生活的某种反思而已"⑥。即使是历史的发展也不例外,他是人自己的意图系统所内含的需求、意志与实现的行动推动的结果。

在个体与社会的关系性质方面,狄尔泰指出,这是一种相互依存、参照和渗透的关

① [德]狄尔泰. 精神科学引论(第一卷)[M]. 童奇志,王海鸥,译. 北京:中国城市出版社,2002:291.
② [德]狄尔泰. 精神科学引论(第一卷)[M]. 童奇志,王海鸥,译. 北京:中国城市出版社,2002:292.
③ [德]狄尔泰. 精神科学引论(第一卷)[M]. 童奇志,王海鸥,译. 北京:中国城市出版社,2002:76.
④ [德]狄尔泰. 精神科学引论(第一卷)[M]. 童奇志,王海鸥,译. 北京:中国城市出版社,2002:76—77.
⑤ [德]狄尔泰. 精神科学引论(第一卷)[M]. 童奇志,王海鸥,译. 北京:中国城市出版社,2002:77.
⑥ [德]狄尔泰. 精神科学引论(第一卷)[M]. 童奇志,王海鸥,译. 北京:中国城市出版社,2002:161.

系,而不是因果关系,也不是谁强制、决定谁的权力关系。这是他与当时盛行的理性主义的又一个十分重要的区别。这一观点启发我们,在认识事物的关系性质时,同样不能拿被认为是普遍、一般的模式来套,而是要从事物间实存乃至关系生成过程的研究来确定。狄尔泰提出的个体与社会这种关系性质,在当代复杂性研究中有了更丰富、充分的展开。

反思性关系,是个体与社会关系中的另一个重要性质。因为能反思,人不仅能改变自我,而且能产生关于社会与人的科学:"个体一方面是存在于各种社会互动过程之中的一种成份,是这些互动过程所涉及的各种各样系统的一个交叉点,也是以各种自觉的意向和行动对这种社会的影响作出反应的个人;但是,另一方面,他同时也是进行理智活动的、不断对所有这一切进行静观沉思和调查研究的人。"①

基于这一立场,狄尔泰把研究的触角深入到个体的生命与精神、社会科学整体与分化过程即认识精神科学整体的关系中。他认为,个体在完成社会活动、制定活动规则、寻找完成活动的各种条件的同时,还"试图从认识的角度把握这种整体"②,因而,"从某种程度上说,各种社会科学就是从个体有关他自己的活动及其各种条件的意识出发的"③,各种具体的社会科学的分化过程,说到底"是由生命本身导致的",这些使一种理论得以产生出来的条件都会因人的需要和旨趣、反思而出现④。

狄尔泰根据上述精神科学的认识论,将精神科学与个体生命的直接性,分为三个层次:

第一层次也是基础性的层次,指关于人的心理、意识、精神内在活动研究的科学。其中不只是感性、理性等方面,还包括情感、意志等植根于个体内在经验之中的对象。它是描述性的,而非说明性的。通过这一层次的确定,狄尔泰再一次强调了意识事实,即心理学研究对象,作为科学可研究对象存在的事实性。"我在自己的内心之中所经验到的东西,之所以对于我来说作为一种意识的事实而存在,是因为我从反思的角度意识到了它;我通过反思性觉察所拥有的东西恰恰就是某种意识事实。我们的希冀和奋斗、我们的希望和愿望(构成了)一个内在的世界,而这个世界本身就是一种实

①［德］狄尔泰.精神科学引论(第一卷)[M].童奇志,王海鸥,译.北京:中国城市出版社,2002:67.
②［德］狄尔泰.精神科学引论(第一卷)[M].童奇志,王海鸥,译.北京:中国城市出版社,2002:68.
③［德］狄尔泰.精神科学引论(第一卷)[M].童奇志,王海鸥,译.北京:中国城市出版社,2002:68.
④参阅［德］狄尔泰.精神科学引论(第一卷)[M].童奇志,王海鸥,译.北京:中国城市出版社,2002:66—70.
狄尔泰集中批判了当时德国的历史哲学与法国的社会学研究所奉行的方法论。

在。"①它不是一种反映实体的虚幻映像。狄尔泰把反思性觉察所获得的对自己状态的把握称为"直接知识","只有当我们把这种直接知识转化成为更加明确的概念性知识、或者试图与其他人交流它的时候,……只有在我们的思维活动并不修改我们的各种内在感知,而且对于我们的所有分析过程和联系过程、判断过程和推理过程来说,这些事实在新的意识条件下都保持不变的条件下,我们的判断才是有效的"②。

精神科学的第二个层次是受"意图系统"支配而产生的各种文化体系,它建立在一个社会之中的个体互动过程之上。互动有直接和间接的区别。这样的体系存在于构成社会的整体性生活,并在其内部出现传播过程。文化体系不但不会随个体的消失而消失,而且会一代代地存在下去,以各种各样的变体反复出现。③"就任何一代人而言,只要人类本性的内容和丰富性通过人类本性的一个侧面呈现出来、或者与这样的侧面联系在一起,它就会汇集到这样一种体系之中。"④体系本身独立于个体而存在,具有永久性。"个体在它们中间出生,并且因此而发现它们在他面前都是客观存在的——它们在他出生以前就存在,在他去世以后还会存在,并且通过它们的制度对他产生各种各样的影响。这样一来,它们本身就是作为自给自足的客观事实而呈现给科学家的心灵的。"⑤法律形成了以"公正感"为基础的集体意志,统一了个体实在与文化实在的各种基本特征。

狄尔泰所言的第三层次,是指相对个体而言的外部社会组织系统,其顶端是"国家"。犹如文化系统形成的过程,社会越来越成为对个体来说的外在系统,虽然它本身依然植根于人的内在经验的总体性,依然与个体相互作用,作为条件、支持或制约的力量,与个体的经验和行为产生互动。个体与外部组织之间存在着权力关系和依赖关系,人在自己的生存中"包含着由共同体感和自为存在感组成的混合物——这样一种混合物构成了我们的自我感的一个基本组成部分"⑥。狄尔泰通过逆向的分析——社会活动体验如何进入自我意识,既使自我与客观化了的外在社会联系起来,又与绝对的个体主义作了区别,全面表明了他对三个层次之间互动关系的基本观点。

教育被狄尔泰列入为实现社会生活的各种直接意图服务的工具性体系中。他认

① [德]狄尔泰.精神科学引论(第一卷)[M].童奇志,王海鸥,译.北京:中国城市出版社,2002:289.
② [德]狄尔泰.精神科学引论(第一卷)[M].童奇志,王海鸥,译.北京:中国城市出版社,2002:290.
③ 参阅[德]狄尔泰.精神科学引论(第一卷)[M].童奇志,王海鸥,译.北京:中国城市出版社,2002:87—88.
④ [德]狄尔泰.精神科学引论(第一卷)[M].童奇志,王海鸥,译.北京:中国城市出版社,2002:88.
⑤ [德]狄尔泰.精神科学引论(第一卷)[M].童奇志,王海鸥,译.北京:中国城市出版社,2002:89.
⑥ [德]狄尔泰.精神科学引论(第一卷)[M].童奇志,王海鸥,译.北京:中国城市出版社,2002:112.

为"无论那些私人还是联合体,都建立了一些个体性的学校。这些出身低微的学校逐渐分化,并且相互联系起来。国家本身只是逐渐地和部分地承担了教育的职能"①。他提出了教育职能三个层面的承担力量:私人、联合体和国家。

(三) 精神科学的特征与启示

强烈的时代批判精神是狄尔泰创建的精神科学的一个显著精神特征,也是其学术勇气与力量的集中表现。处在经过 18 世纪启蒙运动之后、理性与自然科学的旗帜已高高飘扬在人类文化上空时期的狄尔泰,把批判的矛头主要指向精神界的权贵,奋力打开了一条人文、社会科学独立发展的通道,他对后世影响的深度直至今日依然不减。较之培根,狄尔泰更直接、更学术。

积极、科学地建构新的认识论和形成精神科学的内在体系,是狄尔泰学说的基本特征。说其积极,是因为狄尔泰并没有满足或停留在批判的痛快上,他的批判都是为建构新领域服务的。狄尔泰也没有否认事实、客观性、体系、逻辑等在构建科学认识上的重要,但他从新的角度丰富了对这些概念的认识:在承认自然事实的同时,强调内在意识的存在也是事实;在承认文化系统、社会外在组织系统,相对于个体的客观、外在存在的同时,又指出了它们的根都植于个体之内在意识总体性的原始、肥沃土壤之中;在承认形式逻辑存在合理性的同时,又指出了其局限性,认为只有不停留于形式,进入到意识的实在,才能成为有助于精神科学建立的新逻辑。由此可见,狄尔泰尽管对启蒙理性、自然科学的独霸、武断、简单化等一元思想进行尖锐批判,但其精神特征依然继承并发扬了启蒙时代深入探究和蓬勃发展的科学性。他是启蒙时代向当代转化的重要代表人物,深具转型时期开拓性人物的典型学术特质。

最后,狄尔泰开创了科学研究中以个体生命为基础、以人类本性为中心的综合式的"人"学研究领域。人对自我的认识从古代追问"我是谁"、"认识你自己"开始,逐渐摸索着前进,走过了神学时代、启蒙时代,走向对自己的力量越来越有自信,形成了各种与人相关的学科。但确如狄尔泰所言,这些学科一方面分散、零乱,不同派别之间相互争执不下,另一方面缺乏哲学的认识论基础,缺乏自身独特性,且又无学理性的研究。狄尔泰将人的内在意识与自我意识作为核心,并将反思作为由事实向概念过渡的路径,将抽象的有关"人"的科学,回归到丰富、灵动的个体生命层次,从基础到体系,由内在而外化,进行了新的构建。虽然其目的直接指向精神科学的独立建构,其实质却

---

① 〔德〕狄尔泰.精神科学引论(第一卷)[M].童奇志,王海鸥,译.北京:中国城市出版社,2002:110.

是把"人"关于自身的认识领域全面打开,并对抽象的主体与客体截然对立的思想方法作了批判。狄尔泰还探讨了人的科学的综合整体分析,内在意识外化,个人经验向社会文化、组织的客观化转变,个人与代际、人类历史的关系等一系列重要研究主题与方法论问题,他特别强调:这样的精神科学,"它还在个体的心理生活之中发现了实际行为的各种动机,……它就抛弃了陈旧的理论哲学和实践哲学之间的对立"[①],完成了关于实在的判断和价值判断的统一,"因为人们认为这些价值判断和命令能够调控个体和社会的生活"[②],所有这些研究和认识,在一定意义上预示了20世纪以后哲学和科学发展的重要方向。同时,也成为"生命·实践"教育学的重要哲学源泉之一。

二、哲学的改造:詹姆斯与杜威

狄尔泰在《精神科学引论(第一卷)》的最后,将批判集中指向"形而上学",认为它已无意义,必然会走向消亡。自20世纪初开始,学术界对人类认识成果的反思,不但通过批判突破原先的思路界限,出现走向多元、多层、多学派的知识更新,交叉学科、综合学科等新学科不断创生的局面;而且哲学中一系列基本概念与问题也成为反思的重点。对哲学形成的主流传统作改造,其方面、流派之繁多,已达到令人眼花缭乱的程度。若以其对哲学传统的改造方式为标准,大致可分为三派。一派暂且称其为"颠覆派",其中起带头作用,至今还有深远影响的是实用主义的代表人物詹姆斯和杜威。他们思想影响的极端化,理论形态的精致化、晦涩化延伸,达至今日时髦的后现代主义。第二类可称为"改换派",即在承认哲学传统基本概念存在的前提下,就其内涵作出更换,对体系进行重建,怀特海可以称为这方面的代表。他提出用过程、生成、相互关系代替过去哲学对静止、完善的实在之研究。[③] 这一类的扩展和延伸,达至今日各种对"实在"作出不同解释的学派。第三类可称为"科学化派",他们的改造目标指向于使哲学成为科学那样精确,可以用数学的方式表达,其代表且有影响的学派是分析哲学。由于这个派别试图变哲学为科学,成为非哲学,在我看来,这是科学泛化症的产物,尽管精致且深奥,但对哲学的发展缺乏实质性价值。上述二、三两类我们只是在此提及,

---

① [德]狄尔泰. 精神科学引论(第一卷)[M]. 童奇志,王海鸥,译. 北京:中国城市出版社,2002:264.
② [德]狄尔泰. 精神科学引论(第一卷)[M]. 童奇志,王海鸥,译. 北京:中国城市出版社,2002:265.
③ 怀特海的哲学是一个庞大的体系。可以说,他是20世纪试图重建以本体论为基础的哲学体系的大家。杜威作为同时代人,对他学术的评价,尤其是消极的一面,可以说是准确的,但对他的积极的一面,只取了与实用主义相符的一面,似不足。参阅:[美]杜威. 人的问题[C]. 傅统先,邱椿,译. 上海:上海人民出版社,1965:347—354.因篇幅限制,对怀特海不作专门论述。

不作进一步论述。以下讨论的重点，集中于实用主义哲学，尤其是该哲学对知识、真理、人的认识过程、理论与实践的关系等，这些与学科认识、发展关系密切的哲学问题上，意在借此看出学科观的当代走向之哲学依据。

（一）詹姆斯：哲学的"新教"

詹姆斯不是"实用主义"概念的首创者，但他是这个概念的唱响者①。詹姆斯在1906年发表、1907年初版以《实用主义》命名的演讲集中，十分明确地指出："实用主义的方法主要是一个解决形而上学争论的方法，……试图探索其实际效果来解释每一个概念。"②话里透出的是对知识、真理、形而上学争论的厌烦和对新方法的期望。詹姆斯认为，对于人类来说，重要的不是物质、精神谁为本原，什么是生命的本质，认识世界依靠抽象意义还是具体经验，以及自我、上帝、因果原则、自由意志等向过去看的取向，"转换其重点，使之向前看到事实本身。对于我们大家来说真正重要的问题是：这个世界会变成什么样子？生命本身会变成什么样子？因此哲学的重心必须改变它的位置"③。150多年来科学进步的走向，偏离了人的重要性，"让人去记载真理——虽然它是没有人性的——并且服从真理！"④哲学和科学都变成了远离人间尘世的、了无生气的"学术天堂"，变成了冰冷的"矫揉造作的纪念碑"⑤。他大声疾呼哲学也要来一个如极端理性主义者看来的"新教革命"，实用主义就是这样的改革："我敢于设想，哲学上的新教也会达到同样的繁荣。"⑥虽然在它开始的时候会遭到强烈的批判和蔑视。

詹姆斯哲学的"新教"，并不是在一些哲学问题上明确地赞成或反对哪些观点，而是重新认识观念的价值，让它回到人间，回到原野，以一种为解决问题而形成的常识的态度，来判断观念理论的真与价值。"一个观念的'真实性'不是它所固有的、静止的性质。……它之所以变为真，是被许多事件造成的。它的真实性实际上是个事件或过

① ［美］詹姆斯.实用主义［M］.陈羽纶,孙瑞禾,译.北京:商务印书馆,1997:26.詹姆斯在这本演讲集中简述了实用主义作为哲学名词的形成过程,指出:实用主义是从希腊词"行动"派生的,在英语中用 practice(实践)和 practical(实践的)表达。由皮尔士在1878年以"行动"这一意义运用到哲学中,体现了"实用主义"原理。到1898年,这个概念开始在哲学界引起关注。(参阅［美］詹姆斯.实用主义［M］.陈羽纶,孙瑞禾,译.北京:商务印书馆,1997:26—27.)

② ［美］詹姆斯.实用主义［M］.陈羽纶,孙瑞禾,译.北京:商务印书馆,1997:26.

③ ［美］詹姆斯.实用主义［M］.陈羽纶,孙瑞禾,译.北京:商务印书馆,1997:66.

④ ［美］詹姆斯.实用主义［M］.陈羽纶,孙瑞禾,译.北京:商务印书馆,1997:12.

⑤ ［美］詹姆斯.实用主义［M］.陈羽纶,孙瑞禾,译.北京:商务印书馆,1997:15.

⑥ ［美］詹姆斯.实用主义［M］.陈羽纶,孙瑞禾,译.北京:商务印书馆,1997:66.

程,就是它证实它本身的过程,就是它的证实过程,它的有效性就是使之生效的过程。"①

所以,真理并不是封闭而固定的体系,它是解决问题后的答案,它是活泼的、不断探索向前的过程,它是能把我们从烦乱、失望、矛盾等"一切不自然和不正常、一切不实在或实际上不关重要的事物"②中拯救出来之"理"。从"有效"的意义上,实用主义哲学也实现了真与善的统一,"真理,并不是我们的观念和非人的实在之间的一种关系,而是我们经验中的概念部分与感觉部分之间的一种关系"③,它存在于人由行动所获得的经验之中。詹姆斯彻底否定有什么客观原型的先期存在,"具体的真理,对我们来说,总是我们各项经验结合起来时最有利的一种想法"④。

面向经验,面向事实,面向新的可能性,面向变化,这是詹姆斯的实用主义"新教哲学"的基本信条,其着力的就是打破对绝对、凝固真理的迷信。要求每个人用行动和经验去创造新的世界。因为"真实的世界是开放的"⑤。

(二)杜威:经验主义的实验主义

杜威与詹姆斯同为实用主义哲学的代表人物,在批判的指向上是一致的,他否定古典哲学对永恒不变存在的确定性的推崇和至高无上地位的赋予,否定在理论与实践上的分裂和价值上的高低之别,主张的是真理的相对性、发展性,实践在形成和确定知识真理性上的批判价值。"每当我们的探究所导致的结论解决了促使我们从事探究的问题时,我们便有知识。"⑥与詹姆斯相同,杜威认为实用主义与传统哲学的很大差别"在于我们的见解承认不确定的情况是具有客观性的;不确定的情况是某些自然存在的真实特性"⑦。"在哲学解除了它保护实在、价值和理想的责任之后,它是会找到一个新的生命的"⑧,其当代重要职责在于"要专心思考合乎现代生活的各种需要;要就科学结论对于人生各方面的目的和价值的信仰所发生的后果,来解释科学的这些结论"⑨。在杜威看来,这种把各种科学的专门结论统一起来的需要,"不是科学内在所

---

① [美]詹姆斯.实用主义[M].陈羽纶,孙瑞禾,译.北京:商务印书馆,1997:103.
② [美]詹姆斯.实用主义[M].陈羽纶,孙瑞禾,译.北京:商务印书馆,1997:200.
③ [美]詹姆斯.实用主义[M].陈羽纶,孙瑞禾,译.北京:商务印书馆,1997:203.
④ [美]詹姆斯.实用主义[M].陈羽纶,孙瑞禾,译.北京:商务印书馆,1997:199.
⑤ [美]詹姆斯.实用主义[M].陈羽纶,孙瑞禾,译.北京:商务印书馆,1997:17.
⑥ [美]杜威.确定性的寻求[M].傅统先,译.上海:上海人民出版社,2004:198.
⑦ [美]杜威.确定性的寻求[M].傅统先,译.上海:上海人民出版社,2004:233.
⑧ [美]杜威.确定性的寻求[M].傅统先,译.上海:上海人民出版社,2004:314.
⑨ [美]杜威.确定性的寻求[M].傅统先,译.上海:上海人民出版社,2004:316—317.

固有的,而是实践上的和人本的"①。他赞同詹姆斯的看法:"向前看而不向后"②。实用主义主张用实现可能的智慧行动,代替服从、适应现状或权威的被动生存。在富有发展生气的思想气质上,杜威与詹姆斯是一致的。

与詹姆斯相比较,杜威更倾向于以实验经验主义为特征的实用主义。他在承认不确定性是一种客观存在的同时,着力于人用自己行动的智慧、科学的方式来获得解决问题的确定性之研究。显然,杜威并不是后现代主义式的倾心于不确定性,他只是要改变人们对绝对确定性和客观永恒实体存在的膜拜,"我们将考虑到用通过实践的手段追求安全的方法去代替通过理性的手段去寻求绝对的确定性的方法"③。这种行动的智慧,就是思想指导下的操作。他主张用排除改变环境的动作的办法来界说"心理"一词。杜威的心理学专业背景,使他在关于"方法"这一实用主义共同关注的核心问题上,强调了以解决问题为中心的思维操作过程的研究,并试图达到科学方法意义上的一般和一致性,解决知与行、理论与实践、自然科学与精神科学、科学与哲学之间的对立和冲突,进而在人类实践中实现统一。

在此,我们需要对杜威的"实践"与"实验"以及相关的"认知"与"操作"等概念的所指和关系,作一个简要的分析。

什么是实践活动最根本的意义?按杜威的说法是"实践活动乃是在实际上和具体上使存在发展变化的活动"④。传统观念错把知识看作是衡量实践的标尺,而没有认识到"实践活动是从它本身发展的过程中逐渐演化出它自己的标准和目的来的"⑤。杜威认为近代哲学"它接受了科学研究的结论,而并没有根据获得这些结论的方法中所包括的内容来改造我们对于心灵、认识和认识对象特征的见解"⑥。这段引文表达了杜威对获得科学结论之方法研究的重视,这里的方法主要是指实验探究的近代科学方法,同时还表明方法的价值不局限于使存在发生变化,它同样可用于对人自身心灵和认知的改造。

科学在杜威看来是人类实践的一种方式,"因为科学在变为具有实验性质的过程

① [美]杜威.确定性的寻求[M].傅统先,译.上海:上海人民出版社,2004:315.
② [美]杜威.确定性的寻求[M].傅统先,译.上海:上海人民出版社,2004:287.
③ [美]杜威.确定性的寻求[M].傅统先,译.上海:上海人民出版社,2004:22.
④ [美]杜威.确定性的寻求[M].傅统先,译.上海:上海人民出版社,2004:68.
⑤ [美]杜威.确定性的寻求[M].傅统先,译.上海:上海人民出版社,2004:69.
⑥ [美]杜威.确定性的寻求[M].傅统先,译.上海:上海人民出版社,2004:69.

中,它本身就变成了一种有目的的实践行动的方式"①。科学实验中必用的"探究"是"一套用来处理或解决问题情境的操作"②,过去的认识不把"认知"看作也是一种行动实践,是解决问题情境的手段,仅把它看作是一种内在于心灵的人之理性能力的产物,仅把盲目的行动当作是实践性的,因而产生了"理论"与"实践"观念上的分裂与对立。

与此相关的是存在已久的对各种学科的科学性的判断和争论:物理学自认为他们研究的对象构成了世界的真实本性;但数学若以其抽象符号运算的原则来看物理学,都会怀疑它是否配称科学;其他研究人类事务和社会活动的科学则更不配称科学了。③ 杜威指出,之所以产生这种混乱和相互指责,是因为这样的一种信仰:"认为科学只存在于离开人类重要事务最远的事物之中,因而当我们研究社会道德问题时我们就必然要放弃那种以真正知识为指导的希望,否则我们就只有牺牲一切显然具有人类特性的东西来换取科学的头衔和权威。"④无疑,在杜威看来,这两种选择都是错的。因为它们把认知以及由此形成的科学都当作人在对象之外旁观深思的结果。但实用主义从科学发展及其应用带来人类社会巨大变化的历史事实出发,对科学研究的思维与行动过程的密切互动得出的新的认知观和知识观,确定认知是人作为"参与在自然和社会情景之内的一份子的动作"⑤,"真正的知识对象便是在指导之下的行动所产生的后果了……为了要产生不同的后果,就要有不同种类的、具有特效的探究操作的手续,因而便有各种不同的对象"⑥。不管研究指向什么具体的领域,包括我们在日常生活中感知和享用的领域,只要我们以按照实验的方法所提出的认识论为条件,"每当我们的探究所导致的结论解决了促使我们从事探究的问题时,我们便有知识"⑦。尽管不同领域因对象的专门性、复杂性和所得知识的确准程度不同,但越是接近常识世界的研究产生的知识对象,则是更加丰富和更加重要的对象。据此,杜威认为,"如果我们不以平常的专门方式来界说科学,而把它当作是运用有效地处理当前问题的方法时所获得的知识,那么医生、工程师、艺术家、技术工人都能说他们具有科学的认知"⑧。

① [美]杜威.确定性的寻求[M].傅统先,译.上海:上海人民出版社,2004:22.
② [美]杜威.确定性的寻求[M].傅统先,译.上海:上海人民出版社,2004:230.
③ 参阅[美]杜威.确定性的寻求[M].傅统先,译.上海:上海人民出版社,2004:195—196.
④ [美]杜威.确定性的寻求[M].傅统先,译.上海:上海人民出版社,2004:196.
⑤ [美]杜威.确定性的寻求[M].傅统先,译.上海:上海人民出版社,2004:196.
⑥ [美]杜威.确定性的寻求[M].傅统先,译.上海:上海人民出版社,2004:196—197.
⑦ [美]杜威.确定性的寻求[M].傅统先,译.上海:上海人民出版社,2004:198.
⑧ [美]杜威.确定性的寻求[M].傅统先,译.上海:上海人民出版社,2004:200.

杜威用实用主义认知观改造了理论与实践分裂的认识格局,用方法的操作和结果重新定义了"科学"与"知识",打开了日常领域研究进入科学的大门。这是一次科学观从封闭、专门化、划一化,转向开放、沟通和统一于方法—结果逻辑之多向关系的重要转换。其目的在于消除科学研究中理论与实践的割裂,走出因各门学科以自我为标准去衡量他者是否可称科学的、无利于科学发展的无谓争辩。

杜威喊出了"方法至上"的口号,花大力气讨论了探究、实验、方法、操作、后果等一系列新的"方法至上"认识论的核心问题。显然,他这里的方法及其包含的一系列概念,并不是指自然科学各门学科中具体采用的研究方法和相关工具的操作。

探究在杜威看来首先是人类的天性,因为人类不是一个自足的生物,它只有在与外界的交互作用中才能维持生存,保障安全,"我们人类所关心的显然就是在具体存在中所可能达到的最大的安全价值"①。不了解外界,不能从外界获取生存之必需,生命就不能延续。但人类社会发展至今的探索,在目标上已大大超出了满足生存的基本需要,达到了更多、更高、更深的层次,且已呈现为人类科学研究的精神特质,它与科学的发现和创造联系在一起。

科学探究的典型形态就是实验。科学的态度是对于变化有兴趣,"每一个新的问题就是进一步引起实验探究的机会,就是产生有指导的变化的一个机会"②。关于实验,杜威着力于一般程序的提炼:"从科学研究的实际程序判断起来,认知过程已经事实上完全废弃了这种划分知行界线的传统,实验的程序已经把动作置于认知的核心地位。"③他概括出实验探究的三个突出特征:一切实验都包括有外表的行动,明确地改变环境或改变我们与环境的关系;实验是在观念指导下的活动,观念要符合所探究问题需要的条件;实验探究的结果形成了新的情境,形成了新情境中对象的新关系,形成了具有被认知特性的对象。④ 实验还包括对观察现象的记录和测量的活动,科学探究是人类用以帮助自己实现对自然控制的工具。因此,"确定性的寻求就变成了控制方法的寻求了"⑤,理论上的确定性和实际上的确定性合二为一了。这里,我们再一次看到杜威关注的实验是近代工业社会孕育出的:它与人依靠科学技术改变、控制自然,使

① [美]杜威.确定性的寻求[M].傅统先,译.上海:上海人民出版社,2004:32.
② [美]杜威.确定性的寻求[M].傅统先,译.上海:上海人民出版社,2004:99.
③ [美]杜威.确定性的寻求[M].傅统先,译.上海:上海人民出版社,2004:33.
④ 参阅[美]杜威.确定性的寻求[M].傅统先,译.上海:上海人民出版社,2004:83—84.
⑤ [美]杜威.确定性的寻求[M].傅统先,译.上海:上海人民出版社,2004:126—127.

自然服务于人类幸福生活的时代精神之间存在内在相通性。

除此以外,在杜威基于科学实验的认识论中,程序包括两种操作:第一种是为获取满足探究需要的感觉素材所作的观察,第二种是提出解释性观念或命题的操作,他把这样的观念或命题称作是假设,而不是前提。而后就是研究过程中不断的新观察、新事实的发现,并伴随着认识对前提的证明,或者修正,甚至推翻。在此基础上,才有可能提出以新的事实为依据的新观念①。杜威把实验中这样的操作,称为"具有操作性的智慧方法"②,所谓智慧就是有所指向的行动所具有的性质。他确认,"人类进步的历史就是从无知无识的动作(如无生物的交互作用)转变成为知其所为的行动的过程"③。对于人类而言,"科学程序中的推论探究乃是一种探险,在这种探险中结论破坏了预有的期望,毁弃了原来认为事实的东西"④。同时又发现了新的事实和新的观念。这是一个对已有经验和知识的不断改造的过程,所以,它具有进取、关注未来和生产的积极意义。

杜威用探究性实验的方法的共性抽象,取代了永恒实在的抽象,为知识、科学的不断改进,为人类对自然意义的新发现扫清了障碍。在认识论上也超越了唯理论和经验论的对立,用一种新的标准来认识世界和人自身。他的更大的追求是想用这样的实验经验认识论指导人类事务,实现自然科学与社会科学在方法上的统一。他知道,用自己提出的认识论来衡量,也只是个假说,还有待时日长久的检验。虽然目前的状态不容乐观,但杜威对此依然充满信心。因为"科学是一种强化了的认知形式,用来突出任何认知所具有的本质特征。而且它是我们所占有的用来发展其他形式的知识的最有力的工具"⑤。当然,它并非唯一有效的知识,它的价值在工具和方法。杜威清醒地看到,在社会生活的领域中还充满着分裂与混乱,"如果我们要把一切分裂的目的和信仰的冲突统一起来,其有效的条件就是首先要承认智慧行动是人类在一切领域内唯一最后的方法"⑥。在一定程度上"改变个人的态度,无论如何,也是智慧的一部分"⑦。

具体地说,杜威想用实用主义哲学改革社会的理论,依然集中于改变人们在认识

① 参阅[美]杜威.确定性的寻求[M].傅统先,译.上海:上海人民出版社,2004:238—239.
② [美]杜威.确定性的寻求[M].傅统先,译.上海:上海人民出版社,2004:168.
③ [美]杜威.确定性的寻求[M].傅统先,译.上海:上海人民出版社,2004:248.
④ [美]杜威.确定性的寻求[M].傅统先,译.上海:上海人民出版社,2004:184.
⑤ [美]杜威.确定性的寻求[M].傅统先,译.上海:上海人民出版社,2004:253.
⑥ [美]杜威.确定性的寻求[M].傅统先,译.上海:上海人民出版社,2004:255.
⑦ [美]杜威.确定性的寻求[M].傅统先,译.上海:上海人民出版社,2004:234.

和实践中,对社会事务中的理想、目的与手段的割裂,理论与实践的脱离与对立。改变只是满足于对理想、目的的空谈,而不改变手段,不采取行动,把手段、有用的事和物当作低下而不研究、不作为的生存方式。杜威强调,任何信仰都只是一种假设,它需要后果的检验。在社会和人文科目方面,同样可采用实验的思维方法,它将可能"把方法和手段提高到前人单独给予目的的那个重要地位上去"①,理想的要求若是凌空于上,那么,它没有调控实际的可能,因为"实际的需要是迫切的;在一般大众看来,实际需要是带有强制性的。而且,一般地讲来,人们是来行动的而不是来讲理论的"②。他尖锐地指出:脱离了具体行动和造作的理论是空洞无用的;而脱离了理论的实践只是抓住了机会和享受,却无理论(包括知识和观念)的指导。这些行为都是非科学方法的行为,其后果不利于事成,也不利于人生。因此"理论与实践的关系不只是一个理论问题;它是一个理论问题,但也是人生中最实际的问题"③。杜威考察智慧怎样指导行动,而行动又怎样因不断洞察意义而获得后果,"所谓洞察意义就是清晰地了解有价值的价值和在经验对象中保证获得价值的手段"④。在此,杜威把手段提高到保证在对象中实现价值的地位,若没对手段的重视,再重要的价值都不会实现,大多数人的行为也仅停留于实际需要的强制性满足或即时享受,这恰恰损害了理想对于人生的指导价值。但大多数"有闲阶级"只是满足于构思理想,对其称颂,却"没有负起专心思考和审慎行动的责任"⑤。

正是在改造社会的实际力量上,杜威把希望寄托于教育:"因为教育是使人们普遍从事于智慧行动的重要手段,所以它是有条理地改造社会的关键"⑥。然而,现实的教育却遵循着传统认识论的观念在进行,"在教育过程中所采取的主要方法仍然是传授既定的结论而不是发展智慧。一方面专心训练专门的和机械的技巧而另一方面又设法储备大量的抽象知识"⑦。杜威对当时教育现状的这一描述,至今在我国还是一个普遍现象,它从一个侧面让我们看到了杜威哲学认识论的改造,在改造教育中的意义⑧。

---

① [美]杜威.确定性的寻求[M].傅统先,译.上海:上海人民出版社,2004:281.
② [美]杜威.确定性的寻求[M].傅统先,译.上海:上海人民出版社,2004:283.
③ [美]杜威.确定性的寻求[M].傅统先,译.上海:上海人民出版社,2004:284.
④ [美]杜威.确定性的寻求[M].傅统先,译.上海:上海人民出版社,2004:284.
⑤ [美]杜威.确定性的寻求[M].傅统先,译.上海:上海人民出版社,2004:284.
⑥ [美]杜威.确定性的寻求[M].傅统先,译.上海:上海人民出版社,2004:254.
⑦ [美]杜威.确定性的寻求[M].傅统先,译.上海:上海人民出版社,2004:254.
⑧ 关于杜威的教育思想和对"教育学"的看法,因内容涉及范围较多,将在后面相关部分再作论述。部分可参阅叶澜主编的《立场》(桂林:广西师范大学出版社,2008:31.)和《基因》(桂林:广西师范大学出版社,2009:20—30.).

行文至此,我们已经可以看到,杜威以科学方法共性为核心的实验经验主义的哲学,贯穿于他对世界万事万物的认识、判断和改造的建议之中。他用自己的彻底性来满足理论自足的要求。在学科观上也同样如此,杜威承认各学科会有自己专业的科学标准,但构筑了一个更宽阔的、以获取知识的科学方法为评定科学知识的标准,旨在打破一切学科领域将理论研究与实际研究、方法研究截然分开,进而将实践及应用研究看作低级研究的传统偏见。在我看来,杜威同许多学术上的先行者相似:他们在批判上是有为的,但在建设上往往或不足,或提出一种新的观念与方法,对其寄予极大的希望,甚至提高到万能的地位。其中的强者如杜威,还能做到理论自足的要求,但在实践上却难能以一"新"来"包打"实存的、复杂的、不断变化的"天下"。杜威实验方法的概括,因其脱胎于自然科学研究的原型,尽管整体上显得明了、开放,但依然失之于过分简化。在社会实践的改造,包括他在教育实践中所作的努力,并未取得他期望的成效,反而出现了一些新的偏差与片面。也许人类,包括先知们,要在试尽各种可能的简化之后,才会认识到面对复杂的世界、人与事物,是任何单一的简化都不能把握的。也只有在各种简化的长处和弱点,在人类丰富的实践中得到充分检验、展现之后[1],新的综合和有关研究复杂事物的方法才可能诞生。杜威对确定性的寻求是有成效的,但寻求还在继续,在寻求的方向上,不只是指向确定性,而且还指向不确定性,指向确定性与不确定性之间,越出由日常向科学转化的轨道,开辟出新的天地与道路。

三、发生结构主义学科观:皮亚杰

1970 年,已经 74 岁高龄的瑞士心理学家、发生认识论的创立者皮亚杰,将自己参与联合国教科文组织撰写的《人类和社会科学研究的主要趋势》一书之第三部分,组成独立一册,以《人文科学认识论》为题单独出版[2]。该著作虽然以"人文科学认识论"为主线,但涉及科学中不同学科的性质、分类、关系形态、学科形成的过程与条件等一系列学科发展的广泛领域。自然科学与人文科学发展的新背景,系统论、控制论、信息论等发展到一定水平,并向不同学科领域不同程度和方向渗透,出现了与 20 世纪上半叶实用主义哲学产生、发展很不相同的学术状态,各学科间已呈现出交叉、渗透、综合和

---

[1] 在这点上,杜威是智慧且有自知之明的,他在回应别人对其学说的批评时写道:"我们的答复是:我们所提倡的这个学说是自足的。我们唯一的假设是:必有所作为而这种作为有一定的后果。"([美]杜威.确定性的寻求[M].231.)

[2] 参阅:[瑞士]皮亚杰.人文科学认识论[M].郑文彬,译.北京:中央编译出版社,2002:前言.

跨学科研究的势态,预示着科学内部关系的格局将再次发生较大变化。皮亚杰直面当时学科发展的现实状态,相信通过自己的著作,不但可对历史上有关学科问题的纷争提出自己的判断,而且力图在认同人文科学与自然科学区别的前提下,用结构主义发生认识论的观点,来提升人文学科的科学性,为人文科学内部和人文科学与自然科学在研究意义上的认识论沟通,提供又一种方法论和思维工具。

尽管都涉及人文科学,但就立场而言皮亚杰与狄尔泰不同,他是立足于以自然科学研究与成果表达的成熟模式,运用当代新的认识论工具,来提升人文科学中可以科学化的方面,从而打通两者的壁垒,实现两者的沟通与合作研究。至今,皮亚杰《人文科学认识论》的发表已近半个世纪了,人文科学的发展并没有朝着皮亚杰期望的方向有大进步。但这并不影响我们从皮亚杰的论著中,获得有关学科观方面的新启发。我们把它称之为"发生结构主义"的学科观,且从以下两个方面分述。

(一) 学科总观

1. 分类

20 世纪末学科分类这个老问题似乎并不再热门,其原因并非是因为认识趋于一致,而是学科门类越来越多,生长力旺盛至极,生长方向也很不相同,颇有处处开花之势。然而,"繁荣"不代表问题解决,相反,更复杂的新背景在为解决老问题提供新资源、新视界的同时,也赋予老问题当代研究的必要:如何在学科事实上大分化的背景下,认识其关联,寻找更深层次的一致性,同时加深对各学科独特性的揭示,在总体上把人类的认识推向新的阶段。

基于这样的发展需要,皮亚杰不以学科研究的对象性质作为分类标准,而以"科学"为标准来区分学科。这个科学的标准,还是出于自然科学的经典界说:以客观事实为基础,通过实验等可重复、可测量的研究方法和手段,得出反映事物客观规律的、可验证的结论,并用数学、逻辑和可模式化的方式作理论表述。但皮亚杰就这些基本准则的核心概念,作了当代发生结构主义的改造:事实,不只是呈现的外在现象和可见行为,它更指向事物的"结构";实验是对客体的一种积极建构;要揭示的规律是与结构特征相关的产生、调节、交流,激活结构的发展运行规律,以及结构与外界交互作用的机制等;表达的手段不仅多元,而且要用到当代的数学—逻辑工具,用到表达活结构的理论模式,如控制论、博弈论和拓扑学等。应该说皮亚杰的这一改造确实使"科学"在保持其基本要求的同时,换了其内核,这一更换为揭示各类学科在发生结构意义上的共同性,提供了一条可行的通道,体现了时代对学科发展的需求。

按照上述关于科学的限定,皮亚杰把符合这些要求的学科称为"正题法则的"或试图建立"规律"的学科。① 已经成熟的自然科学当然属于正题学科,但人文、社会科学却远非都是这类学科,在皮亚杰的著作中被列入正题学科的人文社会科学有:科学心理学、社会学、人种学②、语言学、经济学和人口统计学,其中经济学是社会研究最具科学性的一门。它们是用抽象方法从具体中形成一般规律的科学,是最接近自然科学研究真谛的一类。

除此以外,皮亚杰还列出了人文科学其他三类学科,那就是历史、法律与哲学。

"我们把那些以重现和理解在时间的长河中展开的社会生活的全部画卷为己任的学科称之为'人文历史学科'。"③皮亚杰特别指出,正题法则的科学并非不研究自身的历史之维,但这并不包含在他定义的人文历史科学之中,两者最主要的区别在于正题科学对"事实"进行历史研究时,遵循的是科学的要求,用抽象法则形成对规律的认识;人文历史科学则着眼于对"具体的复原"。尽管"复原也是人类认识一个头等重大的职能,不过与建立规律不一样罢了"④。在此,皮亚杰并没有否认历史研究的必要,还注意到两类学科的关系十分密切,随时可能产生相互需要,在内容上可能有共涉,在结论上会有相互补充,并认同历史也可用科学方法去研究,他只是强调两类学科在研究方向上是相反的,前者指向一般规律,后者指向具体特征。

第二类是皮亚杰称之为建立规范体系的法律学科,它属于"规范学科"。皮亚杰区别了"规律"与"规范",规范属"应该"的范畴,而规律则是必然;主体的行为存在与规范有不符合的可能,但规律与相关事实则需相符一致。规范学科的研究对象,也可以对"规范事实"作因果分析式的正题研究⑤。

第三类在皮亚杰看来是极其难于分类的一组,即哲学学科。因为他们内部对哲学本身的看法分歧甚大。哲学研究者内部唯一可统一的观点是"哲学以达到人类各种价值的总协调为己任,……而且还考虑到人类在其一切活动中的各种信念与价值的世界观。因此,哲学超越实证科学并按照一个包纳从实践到纯形而上学的评价与意义的总体来确定实证科学的位置"⑥。但是,皮亚杰指出,当今,原先还在哲学范畴内的一些

---

① 参阅:[瑞士]皮亚杰. 人文科学认识论[M]. 郑文彬,译. 北京:中央编译出版社,2002:2.
② 皮亚杰著作中的"人种学"指的是以少数民族原住民为研究对象的"人类学"。
③ [瑞士]皮亚杰. 人文科学认识论[M]. 郑文彬,译. 北京:中央编译出版社,2002:4.
④ 参阅:[瑞士]皮亚杰. 人文科学认识论[M]. 郑文彬,译. 北京:中央编译出版社,2002:5.
⑤ 参阅[瑞士]皮亚杰. 人文科学认识论[M]. 郑文彬,译. 北京:中央编译出版社,2002:7.
⑥ [瑞士]皮亚杰. 人文科学认识论[M]. 郑文彬,译. 北京:中央编译出版社,2002:8.

学科,如社会学、心理学等已走向独立,逻辑学是哲学的构成,现已成为一门准数学学科,每一门自然或人文科学又都在努力形成自己的认识论,这使哲学本身的存在与其他学科的关系变得不同。在他看来,逻辑学与认识论同人文正题法则科学的关系更为密切。皮亚杰对哲学的态度与狄尔泰有相似之处,也与科学主义对哲学改造的观点接近。

皮亚杰对当代存在学科的分类体现了当代科学主义的立场,但他是个清醒且温和的科学主义者:他并不否定不同于科学标准的学科是学科,具有存在的必要。自然,当他的辨析放在不同类型学科区别上时,目的是在确定界限,并通过区别更强化什么是科学的标准,什么不是、不是在哪里;当辨析放在它们之间的相通、关系上时,其主要指向为通向正题法则科学而不是相反方向。总之,无论是讨论"异"还是"同"、"分"还是"通",旨意都在说明人文学科从发展和沟通的意义上,虽不要完全依靠,但至少要十分关注"发生结构主义"这一通道①。这是皮亚杰的高明之处,他不绝对;也是皮亚杰的局限之处,他相信发生结构主义的万能性。不管如何,皮亚杰为我们提供了一个从学科整体特征意义上,区分不同学科的综合性分类标准,超越了仅从某一方面,如对象、方法、认识品质、功能价值等方面的,各种以主要、单一为特征的分类标准。

2. 学科关系性质和结构概图

在事实上存在着自然科学与人文社会科学区分的情况下,皮亚杰对学科关系性质的研究,着力于否定对立,在区分中寻找能连接造成区分两端的过渡环节,通过方法的拓展、转换,将原先的"不能"逐渐转变为"能",直至达到方法性质上的"深层同一性"②。他指出,"目前的趋势是在强调各种问题在实在的各个层次都具有其特殊性的同时,远远地离开了简单的二分法"③,如对长期以来与"客体"严格区分直至对立的"主体"的理解,今日的"新达尔文主义"已经走到完全用生物学、动物学的环境适应,直至配子染色体应对压力等生物学、生理学、生态式的原理来对主体行为作解释④。在方法上,通过信息等技术中介,使两大学科门类的研究方法处于交换和相互服务,越来

---

① 皮亚杰在书中还指出了人文社会科学如何克服向"科学性"提升的五条通道。参阅[瑞士]皮亚杰. 人文科学认识论[M]. 郑文彬,译. 北京:中央编译出版社,2002:43—45.
② "深层同一性"是皮亚杰在书中阐述第五条方法途径时,得出的一个结论(参阅[瑞士]皮亚杰. 人文科学认识论[M]. 郑文彬,译. 北京:中央编译出版社,2002:45.)。依本人之见,这可算是皮亚杰在打通自然科学和人文科学时采取的一个基本策略:即不在于从现象上区别各类科学的表现性巨大差异,而在于找到方法意义上的"深层同一性"。
③ [瑞士]皮亚杰. 人文科学认识论[M]. 郑文彬,译. 北京:中央编译出版社,2002:53.
④ 参阅[瑞士]皮亚杰. 人文科学认识论[M]. 郑文彬,译. 北京:中央编译出版社,2002:53—54.

越接近。"这些目的专为人文科学的技术在很多情况下又重新波及到自然科学并在自然科学技术一直不能彻底解决的问题上提供了意外的解决办法"①。这实际上是指，目前已经形成了可以在两类科学中共用的技术方法，其实质是人类认识世界的方法的改变，以系统论、信息论、控制论为代表的三论，就是当时已取得成效的方法。而且这一类研究复杂、综合、多变、动态、过程、互动等现象的技术的应用还在扩展，其本身的形态还在发展与深化。

在我看来，原先的自然科学研究方法之框已经装不下他们了，这些方法应赋予，而且至今已经获得了新的名称："复杂性"科学的研究方法。虽然当时的皮亚杰还想在两分的框架里寻找沟通，但不管其合理性如何，皮亚杰的这个努力对于打破两大类科学在方法上的对立而言跨出了一大步。除了上述两点以外，皮亚杰还举出有一些学科自身的性质在变得越来越不知该放在哪一类之中的事实。②

从上述有关学科分类标准和两大学科关系辨析所表现出的基本立场，可以看出皮亚杰学科总结构的概图，不是亚里士多德的等级式，也不是培根的球形分布式，他还否定了孔德的线性序列，否定了系谱树式结构，皮亚杰主张的结构图是循环性的。其前提是要承认两个观点：

一是任何学科都有可能并应努力朝着"正题法则"的科学方向发展。这在前面已经作了说明。

二是"任何一门科学都不能在一个平面上被显示出来。每门科学都具有各种上下层次：(a)它的客体或研究的物质内容；(b)它的概念性解释或理论技术；(c)它自有的认识论或对它的基础的分析；(d)它的派生认识论或结合其他科学的、主客体之间关系的分析"③。

有了这样两个前提性的认识限制，循环的初源就归结到"主体与客体间相互作用的基本圆圈"④，"科学体系进入了一个没有头尾的螺旋形之中，其循环性没有任何不良之处，反而以最普遍的形式表达了主体与客体的辩证关系"⑤。但这里的关键是要把主体放在皮亚杰认同的真正位置上，"即放回从物理学和生物学的客体的角度看是

① ［瑞士］皮亚杰. 人文科学认识论［M］. 郑文彬，译. 北京：中央编译出版社，2002：55.
② 参阅［瑞士］皮亚杰. 人文科学认识论［M］. 郑文彬，译. 北京：中央编译出版社，2002：56—58.
③ ［瑞士］皮亚杰. 人文科学认识论［M］. 郑文彬，译. 北京：中央编译出版社，2002：60.
④ ［瑞士］皮亚杰. 人文科学认识论［M］. 郑文彬，译. 北京：中央编译出版社，2002：60.
⑤ ［瑞士］皮亚杰. 人文科学认识论［M］. 郑文彬，译. 北京：中央编译出版社，2002：61.

末端,从行动和思想的角度看又是创造出发点的这个位置上"①,那么最复杂、最困难的学科——人文科学最终使这个圆圈实现封闭系性。

皮亚杰的人文科学观与他对科学整体化的期望一致。在他看来,社会科学中各种学派林立的主要问题是,他们都以封闭和否定他人的方式,使自己变得狭窄与专门化,这不符合科学的发展是开放的这一根本特点。② 这一对学派的批评确实有合理之处。然而,事实上,创建发生结构主义的皮亚杰,相对于心理学的其他流派而言,也只是一个学派。学派的诞生也一定包含着对原有平衡态的打破,对已形成的封闭的冲决,是一个走向开放和形成的过程。皮亚杰在此反对的显然只是阻碍学科沟通,不与他人沟通的学术团体行为。

在基础研究与应用研究的关系认识方面,皮亚杰认为不同学科之间有深刻的区别,这主要与基础研究能否运用狭义的实验有关。经济学不能,所以这类学科的应用同基础研究混为一体,"如凯恩斯等人,他们同时既是一流理论家又是各种实践经验的启示者。在这些情况中,应用既然促进基础研究,它也自然从基础研究中得到最大的好处"③。有些学科的基础研究若能用狭义的实验方法进行,基础研究与应用研究则有明显的区分,相互之间的"互惠"不均等,甚至有可能不相关,相互不服。当应用产生得太早,且不善于利用基础研究成果,只想早获成果、有用,"其结果往往是相互的贫乏"④。对于人文科学,当时皮亚杰强调的是,不能用应用的需要,功利的名义去限制基础研究,"因为在初始时看起来最无用的东西也许是最富有意想不到后果的东西,而为了实践,一开始就划定框框则使人不仅无法综览全部问题,还可能遗漏掉那些事实上最不可缺少的、最富有成果的东西"⑤。由此可见,不管学科性质使基础与应用两大类研究关系性质上有多大的差异,皮亚杰的理想目标是要互补互利,从根本上说,不能忽视基础研究,更不能互离和互贬。这是皮亚杰温和清醒的学术风格的又一表现。

(二) 人文学科的独立与开放

皮亚杰是在承认人文科学特殊性的前提下,讨论人文科学怎样走向与自然科学相通并在深层上达到同一性的。他指出的道路确有可行性,也有一些人文学科在努力向

① [瑞士]皮亚杰. 人文科学认识论[M]. 郑文彬,译. 北京:中央编译出版社,2002:61.
② 参阅:[瑞士]皮亚杰. 人文科学认识论[M]. 郑文彬,译. 北京:中央编译出版社,2002:69—73.
③ [瑞士]皮亚杰. 人文科学认识论[M]. 郑文彬,译. 北京:中央编译出版社,2002:74.
④ [瑞士]皮亚杰. 人文科学认识论[M]. 郑文彬,译. 北京:中央编译出版社,2002:75.
⑤ [瑞士]皮亚杰. 人文科学认识论[M]. 郑文彬,译. 北京:中央编译出版社,2002:75.

着这个方向发展。但这样的"深度同一性"是否就表明人文科学的特殊性可以化解,没有从特殊性角度深入开展研究的必要呢?如果把一个人都转化为由一系列的结构、机制互动构成的整体,我们怎么能认识一个活生生的人的全部丰富性呢?在日常生活中,人和人之间的合作、沟通,恰恰最需要的是去认识作为他人的真实特征,而不只是去了解人的行为的共同机制。因此,我以为关于人、精神、主体、生存、成长等这些生活中现实人生的研究,依然必须和因对象的特殊性而需要自己的方法论和方法研究。皮亚杰虽然不详细说明、不强调这些研究的必要,但他不否定,并从实际存在的人文科学特殊性给科学化造成的困难出发,开展朝自己拟定的目标讨论。我们还可以从他有关学科形成,以及人文科学独立与开放两个方面的一般论述中获得启发。

先看有关学科形成的一般论述。

区分学科与前学科是提出的第一问题。他认为,不能把对一些问题的思考所得的内容就当作学科,因为思考是人类一直进行着的事,"建立一门真正的学科,列出问题,限定问题的范围,确定方法,改进方法是另外一回事"①。为此,不能把最初的自发性思想,把自己的行为规则当作建立学科的出发点,而是要通过比较形成新的参照系。皮亚杰把这一认识客观系统化的过程称之为"非中心化"。第二个方法是,要把最初的直接认识放到历史的或发生的过程之中,发展本身构成了原因形成的解释。第三是参照自然科学所提供的模式,它有助于解决研究中的一般认识问题和可运用的方法。第四,须划定问题范围,"泛"式思考无法确定世界,虽然世界可以开放,可以模糊、打通,甚至在边界上可产生新的交叉学科,但没有边界就不可能构成学科。最后是限定问题和确定相应的研究方法与检验方法。其中,限定问题具有"定音"的作用:"限定问题使之脱离它所依附的生命或情感的信念就在于寻求共同的检验场地"②。科学的结论只有经受检验和得到公认,才能有稳定的根基。而检验则以事实性的方式,个人意见的方式,保证了科学的公共确认性。

再看学科的独立性与特殊性问题。

学科更深一个阶段的发展,即形成自己的独立性和特殊性,应达到前文已提到的每个学科必须有四个层面的要求。③ 需要再次强调的是最后两个方面,它恰恰是学科

① [瑞士]皮亚杰.人文科学认识论[M].郑文杉,译.北京:中央编译出版社,2002:10.
② [瑞士]皮亚杰.人文科学认识论[M].郑文杉,译.北京:中央编译出版社,2002:19.本段论述参阅该书10—19.
③ 参见:[瑞士]皮亚杰.人文科学认识论[M].郑文彬,译.北京:中央编译出版社,2002:60.

建设,尤其是新学科建设中易被忽视的方面。即一方面每个学科都要形成自己的认识论,但并非是哲学观点的应用,而是与本学科研究对象性质相关的认识论,同时又是具有与哲学不同的研究方式,否则人文科学就很难从哲学中分化出来①,成为独立的学科。另一方面则是需要保持与其他相关学科的联系与开放,使本学科不成为脱离学科环的一员,这样的脱离会造成僵化。

学科的独立特殊性问题,作为一个自在的要求,与学科间具有共同可研究的方面,并非对立之事。皮亚杰专就人文学科的沟通,提出了以研究"沟通问题"为中心的"沟通策略"。他提出的四个在各学科中都存在的一般性问题,即属"沟通问题"(结构与调节机制;功能与价值;含义的记号系统与各种符号系统;以及在每一个领域中都存在的历时性与同时性问题等)。强调独立性划界的皮亚杰给人文科学绘出的前景是:"一切创新趋向事实上都是力求在纵向上使其边界后退,在横向上使其边界成为问题。因此,跨学科研究的真正目的,就是通过实际上是建构性重新组合的一些交流,改造或改组知识的各个领域。"②与此同时,皮亚杰又十分清醒地指出,"诚然,近年来科学运动的最突出事实之一是新知识分支的增多。这些新分支正是产生于邻近学科的组合,但事实上都有自己的新目的,这些目的又反射到母学科并丰富了母学科"。③

皮亚杰上述一系列有关人文科学发展的论述,始于"前学科"怎样才能成为"学科",止于独立的学科又如何围绕共同问题,形成新的综合、交叉式的观照,但其目的又是反射、丰富、而非"取消"母学科。他不仅形成了学科总体发展的环形螺旋结构,而且形成了每一个学科从混乱到清晰、独立,再到综合,并依此反哺母学科的环形螺旋结构。对于每一个具体学科来说,后一个形式化的环形结构给予的启发是:若要寻找发展,首先要搞清楚自己目前的发展处于环形中的什么阶段,而不是简单地随潮流而动。自然,没有一个学科会不受潮流的诱惑、裹挟和侵入,有的学科甚至需要主动介入,处于引领发展的潮头,但绝非每一个学科的发展任务都是如此。

四、当代"新潮":复杂学科群的兴起

半个世纪前,皮亚杰已经把我们对学科的认识,从对立带到沟通,从等级带到螺旋,从实体带到结构,从历时态带到共时态。除皮亚杰外,关于学科还会有什么呢?

① 参阅:[瑞士]皮亚杰. 人文科学认识论[M]. 郑文彬,译. 北京:中央编译出版社,2002:77—82.

② [瑞士]皮亚杰. 人文科学认识论[M]. 郑文彬,译. 北京:中央编译出版社,2002:231.

③ [瑞士]皮亚杰. 人文科学认识论[M]. 郑文彬,译. 北京:中央编译出版社,2002:231—232.

20 世纪 70 年代至今以来的学科发展回答了这个问题。一方面,学科的内分化、边缘交叉、围绕问题的综合研究蓬勃发展,形成了势不可挡的潮流,特别是新兴学科层出不穷,传统的分类已显不够和无法穷尽。但新学科的发展似乎还未能像皮亚杰所期望的同馈和丰富母学科,更多的结果是母学科的地位在众多"新贵"的光焰下,显得衰落和黯淡。另一方面,传统学科则普遍努力地反思、更新、重建,吸收现实世界新变局提出的种种问题,在相互和新的互动中求得时代的新生,其中尤为突出的是对认识论与研究方法论的更新。总之,在每个学科的内部和学科总体都出现空前的动荡、多元、丰富,带着混乱与无序。

华勒斯坦等人在 1996 年撰写的《开放社会科学》这本产生广泛影响的著作中,理性地、在与以往科学发挥作用对比的基础上,描述了这一变化,揭示了这一变化的意义与导向。古本根基金会撰写了概述前言,明确指出:"过去三四十年间所取得的巨大的学术成就业已导致了对生活的现代型研究,产生了注重研究复杂性的科学。学者们呼吁把普遍主义'置于具体背景中加以认识'。"[1] 全书批判了历史上形成的普遍主义、欧洲中心主义的局限与消极影响,特别是话语上的霸权和世界其他地区科学发展的殖民化状态。[2] 主张社会科学要打破局限实现开放,必须"对社会科学的理论前提进行检讨,以便揭露各种暗藏的、毫无根据的先验假定……它都构成了今日社会科学的当务之急"[3]。但若因此而否定"普遍性"则走向另一个极端,学术讨论需要共识和设定必要的条件。另一个重要走向则是人文、社会科学的各种研究要向日常生活和真实世界回归,向人性的整全丰富性回归。两个"回归"都可以看作对自然科学三百多年来力求超世脱俗"客观科学性"的批判与反思,尤其是对社会、人文科学研究致力于向自然科学水准靠拢的追求[4],以及技术理性对价值排斥的反思。全书最后在总体上提出"重建社会科学"的号召。其主要建议有:重新分类,包括与此相关的学术组织的重建与资源的再配置,"详细的分类则要依国家的不同而不同,甚至经常要依机构的不同而不同"[5],需要更大的灵活性;研究、组织等都要有更大的开放性,不只是学科意义上,还包括全球空间和专业与非专业意义上的全面开放。"总之,我们不相信有什么智慧能

① 华勒斯坦,等. 开放社会科学[M]. 刘锋,译. 北京:生活·读书·新知三联书店,1997:"前言",2.
② 参阅:华勒斯坦,等. 开放社会科学[M]. 刘锋,译. 北京:生活·读书·新知三联书店,1997:34—57. 第 60 页上明确提出"社会科学和人文科学本身必须要实现非殖民化"。
③ 华勒斯坦,等. 开放社会科学[M]. 刘锋,译. 北京:生活·读书·新知三联书店,1997:59.
④ 参阅:华勒斯坦,等. 开放社会科学[M]. 刘锋,译. 北京:生活·读书·新知三联书店,1997:80—82.
⑤ 华勒斯坦,等. 开放社会科学[M]. 刘锋,译. 北京:生活·读书·新知三联书店,1997:105.

够被垄断,也不相信有什么知识领域是专门保留给拥有特定学位的研究者的。"①以大的开放,创造、迎接人类认识史上的"知识大爆炸"和又一次新的"大转型"。

生活在今日世界的我们都不可避免和不同程度地参与、经历、观察和体悟到如此汹涌的大潮。昔日相对平静的书斋和头脑,被来自知识本身的革命所震撼。自然,它绝不仅仅是知识、科学、技术内部自发展的产物,它更是已经发展起来的人类自己创造的"世界3"对"世界1"、"世界2"的全面渗透、改变、甚至扭曲的产物。新科学、新技术还在以强劲的姿态伸向渺茫深邃的宇宙,渗透到每个人生活的一切领域,直至改变机体生命之遗传基因和机体组成。正是这些,使人类在兴奋的同时陷入深度反思:我们究竟需要怎样的世界,怎样的生存才是有意义和幸福的人生? 在有了丰富的创造物之后,在一个急剧变化、难以完全认识和把握的现实与未来面前,人的存在与生存之意义和价值,作为一个人文社会科学的聚焦式问题被重新提出。人类希望用自己的智慧和自觉,来实现自己的人生,解决自己制造出来的问题。一切都需要借助已有的经验,一切又都需要重新认识和策划,人只有把握好了复杂的自己,才能更好地把握这个复杂的世界。

复杂性科学正是在人对包括自己在内的世界万物,以及人与世界的互动方式,变化的内外复杂过程,历史与现实的关联,各种认识手段、工具、方式难以解惑的体验中,逐渐萌发、生长、强大起来。在我看来,这将是当代知识革命中最富有潜力和活力的新学科群,它不仅将改变人类与世界的关系,相互作用的方式,还为认识我们以前因其复杂性而难以成熟的学科,提供了新的认识图式,教育学就属此列。

在20世纪90年代出版的一本名为《复杂:诞生于秩序与混沌边缘的科学》的著作中,以这样一种富有智慧魅力的方式开始全书的概述:"这是一本关于复杂性科学的书——这门学科还如此之新,其范围又如此之广,以至于还无人完全知晓如何确切地定义它,甚至还不知道它的边界何在。然而,这正是它的全部意义之所在。如果说,复杂性科学的研究领域目前尚显得模糊不清,那便是因为这项研究正在试图解答的是一切常规学科范畴无法解答的问题。"②作者进一步的解释集中在"复杂系统"、"自组织"和"混沌边缘"等基本概念上,复杂系统"有许许多多独立的因素在许许多多方面进行

① 华勒斯坦,等. 开放社会科学[M]. 刘锋,译. 北京:生活·读书·新知三联书店,1997:106.
② [美]米歇尔·沃尔德罗普. 复杂:诞生于秩序与混沌边缘的科学[M]. 陈玲,译. 上海:上海三联书店,1997:1.

着相互作用"①。从量的角度看,无论是其构成的因素还是其相互作用都属巨型,且无穷无尽。在质上,最大的特征是系统内无穷无尽的相互作用,在此过程中"系统作为一个整体产生了自发性的自组织"②。自组织具有自发、内聚和超越的特性,其中包括着由不确定性和偶然性因素、事件的影响而生的自组织,"一组组单个的动因在寻求相互适应与自我延续中或这,或那样地超越了自己,从而获得了生命、思想、目的这些作为单个的动因永远不可能具有的集成的特征"③。

从这个意义上,自组织的优化是自我突破,是复杂系统的内动力。复杂性的自组织理论与皮亚杰的理论相比,最大的差异正是在此:皮亚杰将外在价值与系统结合、内化后的结果,指向自发的内在平衡;而自组织指向的则是原先平衡的突破和新机制的形成。复杂性研究指向的是更富有生气的内动力机制创生之研究。所以复杂系统的平衡内含着混沌与秩序的张力,它的平衡点在"混沌的边缘","是一个系统中的各种因素从无真正静止在某一个状态中,但也没有动荡至解体的那个地方。混沌的边缘就是生命有足够的稳定性来支撑自己的存在,又有足够的创造性使自己名副其实为生命的那个地方;……混沌的边缘是一个经常变换在停滞与无政府两种状态之间的战区,这便是复杂性系统能够自发地调整和存活的地带"④。复杂性研究就是要运用新的数学工具和当代认识论发展的理论成果,"使他们得以从过去无人知晓的角度和深度来认识这个自发、自组织的动力世界"⑤。这里的"他们",作者指的是美国 20 世纪 80 年代创建的圣塔菲研究所,他称它为"这场科学运动的神经中枢"。

尽管复杂理论研究还处在初始阶段,但在这面大旗下已经集合了各路英雄、神仙。法国最有影响的哲学家之一埃德加·莫兰,自 20 世纪 50 年代就开始研究,他是复杂性理论的创始人之一,1977 年始出版的《方法》系列在国际上有广泛影响,此后他笔耕

① [美]米歇尔·沃尔德罗普. 复杂:诞生于秩序与混沌边缘的科学[M]. 陈玲,译. 上海:上海三联书店,1997:"概述",3.
② [美]米歇尔·沃尔德罗普. 复杂:诞生于秩序与混沌边缘的科学[M]. 陈玲,译. 上海:上海三联书店,1997:"概述",4.
③ [美]米歇尔·沃尔德罗普. 复杂:诞生于秩序与混沌边缘的科学[M]. 陈玲,译. 上海:上海三联书店,1997:"概述",4.
④ [美]米歇尔·沃尔德罗普. 复杂:诞生于秩序与混沌边缘的科学[M]. 陈玲,译. 上海:上海三联书店,1997:"概述",5.
⑤ [美]米歇尔·沃尔德罗普. 复杂:诞生于秩序与混沌边缘的科学[M]. 陈玲,译. 上海:上海三联书店,1997:"概述",6.

不辍,还把复杂理论研究推广到人文、社会和教育研究领域①。有人还把复杂性研究追溯到 20 世纪 20 年代贝塔朗菲的研究。现在这一研究在欧、美都有自己的力量。我国著名科学家在 80 年代就开始研究复杂系统,1991 年中科院召开了"复杂性科学"的研讨会,90 年代末北京大学成立了"复杂性科学研究中心",国家自然科学基金会也设立了复杂性科学研究的专项基金。这些都标志着复杂性研究在中国已引起关注。从有关书籍和一些参加专题研讨会的成员来看,主要还局限于哲学、自然科学、技术科学和少数管理、经济学界人士,大量的社会科学、人文科学学科似还缺少关注。但不管如何,这次中国的复杂研究,没有和国际范围的研究在时间上差得太久。这是我们有可能参与到这一新学科群建设的良好开始。在我看来,至少复杂理论将为教育学的发展提供重要的方法论支持。② 复杂理论对生命体和复杂事态的研究方式和模式提炼,可能会以当代科学与认识理论发展的方式,补上培根提出的"人类事务"和"智慧"问题研究缺失的窟窿。

论述至此,我们至少可以得出一个新的结论:今后,学科分类可增加一个两分标准:经典常规学科和新兴复杂学科。两类学科并无高低之分,只存在方法论意义上的区别。两类学科都拥有发展的潜能,在一定程度和条件下会出现沟通与互补,而非绝对两分,更不是完全对立。

教育学在新兴复杂学科群中,会有自己的广阔天地。

---

① 莫兰的著作,大量由陈一壮先生译成中文译本,现已成系列。
② 有关复杂理论对"生命·实践"教育学研究的方法论意义,将放在后面相关章节论述。

第三章　提升学科独立性：当代教育学建设的奠基工程

关于西方"学科"观念三千年演变过程的再认识止于当代,再由此出发,我们进入到对当代教育学,首先是基于中国教育学发展历史与现状反思的、当代教育学建设的探究。反思后的聚焦点是提升教育学的学科独立性,并视其为当代教育学发展的奠基工程。我们的努力旨在使教育学不成为浅根,乃至被视为无根、无家园之学。目前就总体而言,无论是在中国还是世界,不仅教育学独立性的历史之问未完全破解,且又生出来一些当代学科发展背景下的新问题。用"提升"一词,意在表达我们并不是第一个,更不是从头开始,而是在前人为教育学独立性辩护和努力付出基础上的再探究,是当代与历史结合的再思考,也是以上一章重建的"学科观"为参照系,对以往有关教育学之学科独立性判断的再判断。期望我们的付出,能够提升对当代教育学学科发展根基性问题的重视,提升学科自信和加强学科基本理论研究的自觉。这首先对我们学派建设而言不可或缺,如果还能对在乎教育学发展的同仁有益,那无疑会增添我们发展教育学的学术力量和勇气。

第一节　否定教育学独立学科观的分类与评析

一、独立性问题的再提出(否定的依据)[1]

教育学作为独立学科的存在,尽管始终有争论,但从建制的角度看,当今无论在中国还是其他许多国家,在综合大学或师范大学中,教育学不仅有课程,还有系、学院。除本科外,还有学术性和专业性两类研究生学位的设置,其招生人数与拿到学位证书

---

[1] 有关教育学学科独立性问题辩论的意见,可简单分为"否定"与"肯定"两大类,为方便论述归纳,我们先集中呈现国内外不同时期的"否定"意见及其依据,他们也是事实上问题的提出方,肯定的意见则放到论证存在依据中,与本人观点结合阐述。特此说明。

的人数都不算少。从学科认定的角度看,教育学在我国现行学位系统中属一级学科,内含变化着但不少于 10 个的二级学科。① 在 2013 年发表的美国杰伊·迈克丹尼尔:《超越四十二个学科——关于跨学科问题的思考》②(以下简称"超越")一文中,"教育学"③也位列其中,占有一席之地。由此可见,反映在建制和高等教育实践系统内,教育学作为一门学科落地存在,虽然并不显赫。但当我们深入到关于教育学学科性质及其独立性的讨论中,发现的却是另一番景象:学术界尤其是教育学界内部人士,一次次发起关于教育学学科性质与地位的讨论,表明这并不是一个已取得共识和有明确答案的问题。为分析需要,在此先分列国内外有关否定教育学存在的主要观点。

(一)国内观点

争论总是围绕着这样一个基本问题:教育学是不是一门独立学科,教育学有没有必要作为一门独立学科存在,分为肯定与否定两派进行。在肯定其为独立学科的一派中,围绕着教育学学科性质与任务又有不同的看法。

20 世纪初,作为学科的教育学与其他多种人文、社会、自然科学等几乎同一时期引进中国。引进不久,在 20 年代到 40 年代,就发生了关于教育学独立性问题的争论。否定学科独立性的理由主要有:一是认为教育学的内容主要是一些教学方法,这些方法依据的是经验;教育要传授的知识来自其他各门学科;故专讲教育方法的学科成了无本之木,不必要也不足以成为学科。二是教育的有关知识都来自别的学科,如心理学、社会学、管理学,教育学没有自己的知识。三是教育主要是一种艺术,教育学不可能成为科学,等等。④

---

① 《中华人民共和国国家标准:学科分类与代码》(GB/T13745—92)在 1993 年开始实施。2012 年做了修订和一级学科简介。在两份文件中,教育学均为"一级学科"。在 2013 年的教育学学科简介中,列出了 15 个研究方向,亦可视为二级学科。

② 此文先发表于 2013 年 10 月 15 日《光明日报》第 11 版,译者吴伟斌,所列学科由维基百科排出。42 个学科分为:人文科学、社会科学、自然科学、形式科学、应用科学等。2014 年第 4 期《新华文摘》全文转载(第 141—142 页)。

③ 译文中写"教育",本人加"学",这是翻译的问题,英语"education"一词,可译为"教育"和"教育学"等。在全文谈学科的文中,本人认为译为"教育学"为妥,故加之。

④ 参阅:张斌贤、楼世洲. 当代中国教育学术思想研究(1949—2009)[M]. 北京:中国社会科学出版社,2011: 1—10. 对相关争论的概括式介绍。又见:张礼永. 教育学能否立足于大学之林[J]. 现代大学教育,2013 (5):36—43;周谷平、赵卫平、盛玲编的《孟宪承集》第一卷中《教育学科在大学课程上的地位》(参阅:周谷平,赵卫平,盛玲. 孟宪承集·第一卷[C]. 杭州:浙江大学出版社,2010:81—84. 此文发表于 1925 年《新教育评论》第一卷),是对胡先骕在"甲寅"第十四号上发表的《师范大学制平议》一文的回应。胡文对中国师范大学制和教育学专设学科,都持否定意见,其根据主要来自欧美大学情况。孟文对此给予驳斥,可见有关争论早在 20 世纪 20 年代就已开始出现。

中华人民共和国成立后的 20 世纪下半叶，从 50 年代到 70 年代末，相关争论并没有专门开展，一是因为"文化大革命"前，所有人文社会学科都遵照马克思主义和毛泽东思想，故不存在是不是学科和科学问题的讨论，当时学科发展的主要矛头集中在批判封建主义、资本主义和修正主义的教育学观，学科发展集中在建设马克思主义、毛泽东思想指导下的教育学。"文化大革命"中，教育学和其他学科一样被视为封、资、修的大杂烩而被彻底否定。那是一段政治、阶级斗争、意识形态问题取代学科发展的时期。

改革开放后，中国人文、社会学科经历了一段重新吸收西方学科发展的阶段，教育学也不例外。此后，90 年代末《教育研究》杂志上又有过关于教育学是否终结的讨论。① 21 世纪以来，国内相关争论进入到认为无须再讨论教育学的学科独立性问题，较有代表性的观点有："领域说"②，即教育学是一个研究领域，哪一个学科都可进入讨论，我们可称之为"无边界说"；第二种观点认为教育学过时了，应该用课程论来代替，我们暂称之为"替代说"；还有一些学科表示他们不属于教育学领域，而应独立成为"一级学科"，如"高等教育学"，这可称为"脱离说"③。此外，有相当一些人士认为，现在学科发展的总体趋势是加强学科间的交叉和综合，如若还要提出、研究教育学的独立，是一种不合时代发展的保守表示，我们简称之为"保守说"④。尽管众说纷纭，但对中国教育学界来说，当代"教育学"建设要不要研究和提升其独立性，成为一个仍需讨论的问题，则一目了然。

除了教育学界内部关于独立性的争论以外，长期以来，尤其当前对于"教育学"的批评也颇多。一方面较多集中在对教育学研究成果缺乏理论水平和实证研究的科学

---

① 吴钢. 论教育学的终结[J]. 教育研究，1995(7)；郑金洲. 教育学终结了吗？[J]. 教育研究，1996(3)；周浩波. 论教育学的命运[J]. 教育研究，1997(2).

　　在讨论中持否定观的论点，在认为教育学要依靠其他学科，没有自立的可能这一点上，与前辈反对者无大不同，只是更强调当代学科的发展使对教育活动的研究无需教育学，多学科都有对教育的洞见。提出了教育理论的发展不是体现在"教育学"或称之为教育基本理论的那些内容上，而应体现在理论根基的伸展。因此在当代，教育学走向终结。我们称之为"终结论"。

② 参阅：劳凯声. 中国教育学研究的问题转向[J]. 教育研究，2004(4)：17—21；王洪才. 教育学：学科还是领域[J]. 厦门大学学报(哲社版)，2006(1)：72—78.

③ 张应强、郭卉在《教育研究》2010 年第 1 期发表的《论高等教育学的学科定位》一文而突显，并在高等教育学研究界内引起争论；李均. 作为一级学科的高等教育学[J]. 高等教育研究，2011(11)：32—37. 文中提出了高等教育学发展要"去教育学化"的观点。

④ 上述论点散见于不同杂志的文章中，一次较集中的反映是在 2005 年 8 月 20—21 日，中国教育学会教育基本理论专业委员会，以"教育学的学科立场"为主题的第 10 届年会上。具体内容可参见内部资料：会议简报(二)、(三)。会议综述发表在《教育研究》2006 年第一期。另外，这些观点在教育学界内，凡谈及教育学的学科性质及其独立性，几乎都知道，已成为熟悉的观点，故不作一一详细列举。

性：如以全国教育科学规划领导小组办公室名义发表的《全国教育科学"十一五"规划学科发展调查》①一文，在叙述研究成果及重要影响时，主要以专题方式表达；在涉及问题时，则集中到学科发展，认为主要问题是低水平重复现象突出；除了表现为申报、立项重复外，还包括重复"移植""西方发达国家的教育观点、教育思想、教育理论和教育流派，甚至一些具体的教育做法等"，"这种'媚外'与'移植'造成了我国科研缺乏自主创新性"②；此外还有"研究主题不系统"、"研究内容不深入"、"研究成果理论脱离实践"和"研究结论缺乏数据支撑"（在这一点中，又突出了"实证研究不足"）等问题，指出"国外一流科学杂志，90％的研究都是实证研究。而我国的研究者更重视理论思辨和逻辑演绎，往往忽视反映事物变化进展的数据和事实"③。另一方面是指出，教育学在整个国内社会科学研究中缺乏地位和影响力：无论是在学术界还是在教育实践界，从宏观到微观，常处于"劣势"和"失语"状态④。究其原因有多说，"一是教育学者本身的学术功夫不够"⑤，曾有人作过分析，在科研项目的立项上，较之其他社科领域，教育学框内官员立项、得奖的比例最高。在中国社会无论是官场还是民间，甚至教育学界内，不区分教育研究与教育学研究，不区分教育官员、教育家、教育学家者甚多。而这些人发表的论文，都列入教育学这个大类中，在有的文献综述中，我们还常看到这种不作基本区分的状态。"二是教育学者'独立之精神，自由之思想'的欠缺"⑥，喜欢拉"大师"撑市面。三是教育学还不够开放，"因为教育本身就是一个开放的领域，只有多学科共同研究才能窥见其堂奥"⑦，这里我们又见到了"领域论"的身影。

就我本人而言，也不止一次听到过一些"高级"教育官员和"大牌"研究者的类似言说：研究教育问题，就是要找教育学以外的人！在教育学面前，其他学科的学者，更易摆出轻慢或救世主的姿态。这是其他人文、社会科学要少得多的"待遇"。值得深思的

① 全国教育科学规划领导小组办公室. 全国教育科学"十一五"规划学科发展调查[J]. 教育研究,2010(9)：17—36.
② 全国教育科学规划领导小组办公室. 全国教育科学"十一五"规划学科发展调查[J]. 教育研究,2010(9)：29.
③ 全国教育科学规划领导小组办公室. 全国教育科学"十一五"规划学科发展调查[J]. 教育研究,2010(9)：29.
④ 参阅:曾天山、滕瀚. 改革开放后我国教育学科在社会科学中的影响力分析——以《中国社会科学》刊发的教育学术论文为例[J]. 教育研究,2013(4)：11—21.
⑤ 王雪锋. "教育学的尊严"与教育学的"失语"[N]. 中华读书报,2012-12-28.
⑥ 王雪锋. "教育学的尊严"与教育学的"失语"[N]. 中华读书报,2012-12-28.
⑦ 王雪锋. "教育学的尊严"与教育学的"失语"[N]. 中华读书报,2012-12-28. 此类观点并不陌生,集中引此文,是因其在发表时间上相对接近于现在。说明否定式的观点基本无大突破。

是,教育学不但不敢去轻视其他学科,大多还是努力吸收其他学科的"优势",还有教育学界内的一些伶俐秀慧者,纷纷跳出没有地位的教育学界,甚至还加上转身后的冷嘲热讽。然而,教育学并没有因这些而更坏或得救,这不由地让我想起《国际歌》的歌词:"从来就没有什么救世主……全靠我们自己。"

(二) 国外观点

如果我们把视野延伸到国外,关于教育学能否成为一门独立学科的讨论也没有完全停息过,更进一步说,国内持否定观点者的基本观点,实质上与国外同论者相近为多,还有不少是从国际"引进"的。

19世纪末20世纪初,由社会学与实验心理学的发展开始了对教育学(Pedagogy)的挑战。国外最有影响的否认教育学作为独立学科存在者,恰恰是被教育学界认为是教育家的杜威。他在1929年美国出版的《教育科学的资料来源》①(以下简称"资源")一文中,明确宣称:"教育科学不是独立的","教育的实践供给提出教育科学的问题的资料,而已发展到成熟状态的各种科学,乃是取得理智地处理这些问题的资料的来源。我们没有一门特别独立的桥梁建筑学,同样也没有一门特别独立的教育科学","从其他科学抽取出来的资料,如果集中在教育上的问题,就成为教育科学的内容"②。在作了一段阐述后,同文又一次强调:"教育科学没有属于自己的内容,认识不到这一点,另一方面会导致隔离的无效研究。既使是默许的,教育科学有属于自己的特殊题材的假定也会导致孤立,致使自身成为'神秘的事物'。"③尽管早在1896年杜威担任芝加哥大学哲学系(包括哲学、心理学、教育学三大学科)主任时,在《芝加哥学报》上发表过题为《作为一门大学学科的教育学》④的文章,但"资源"一文的影响力却远远超过后文,成为国内不少否定教育学作为独立学科的权威性依据。不难看出,这种观点与当今"领域论"的相关性,他们都把"解决问题"看作是有关教育研究或教育的科学知识的产生

---

① 该著作的中译全本,1932年、1935年先后出过两次,1981年又被节译收录于赵祥麟、王承绪编译的《杜威教育论著选》中。张永于2007年重译该文,并撰写了《对〈教育科学的资料来源〉一文的解释性细读》,重译本以附录形式和该文一起,均辑录于:叶澜.立场("生命·实践"教育学论丛第二辑)[C].桂林:广西师范大学出版社,2008,256—298.本著作涉及杜威该著作的中译本均指张永的译本。

② 张永.对《教育科学的资料来源》一文的解释性细读[C]//叶澜.立场("生命·实践"教育学论丛第二辑).桂林:广西师范大学出版社,2008:283.

③ 张永.对《教育科学的资料来源》一文的解释性细读[C]//叶澜.立场("生命·实践"教育学论丛第二辑).桂林:广西师范大学出版社,2008:288.

④ 中译本收录于:刘放桐.杜威全集(早期著作(1895—1898))第五卷[C].上海:华东师范大学出版社,2010:216—222.

与构成。杜威的这一立场是与他的实用主义哲学立场一致的。只是杜威比"领域论"者更彻底,完全否定在运用了其他学科的理论回答教育问题后,还有独立的教育学。他在这里所指的其他学科主要是教育哲学、伦理学、心理学、生理学等,这些可解释教育中出现问题的理论学科,对它们如何在研究教育问题上的正确运用作了阐述,还指出这些学科本身并不完善,尚需继续积累和完善后,才能对教育有好的作用。杜威文中所言的教育科学(science of education)中,education 一词的明确所指是"教育",不是指"教育学"①(pedagogy)。这样的"教育科学"主要是为老师解决教育实践中产生的问题所用的,分析、认识的理智工具,并通过老师的头脑转化,使教育变得更理性、明智、富有人性。只有当"老师成了探索者"后才能发挥作用。故杜威毫不含糊地断言"教育科学的最终的现实性,不在书本上,不在实验室中,也不在教授教育科学的教室中,而是在那些从事指导教育活动的人的心中。……没有这种作用,它们就不是教育(educational)科学。它们是心理学、社会学、统计学,或诸如此类的东西"②。他指出当时存在着对教师贡献的相对忽视,然而"教师是直接与学生接触的人,……他们是教育理论的结果进入学生们的学校生活的通道"③。

还需要补充的是,仔细阅读"资源"一文可以看出,杜威从多方面指出了当时美国教育科学及其在实践中应用的错误观点与行为:一是对教育科学的期望有误,"在学校中存在着一种寻求直接结果,寻求快捷、短期效用的示范的压力,且存在着一种趋向,即把统计学探究和实验室实验的结果转变成学校管理和教学行为的指示和规则。"④二是主张教育是艺术者,把出色教师的教育成功当作天赋,将其"神秘化",强调每个具体情境的不可通约性,从而通常蔑视科学的价值,不承认科学在教育活动中有用武之地,通常让"传统、偏见、片面的个人兴趣和怪念头"支配着实际的教育过程⑤。三是对

---

① 张永在《对〈教育科学的资料来源〉一文的解释性细读》一文中,详细分析了杜威在此文中 education 一词的用法。而英语中的 education 有两义,这是众所周知的,故中文翻译有时会带来误译。该词与 pedagogy 的区别,有关词源学问题,将在辨析中再作论述。详见:叶澜. 立场("生命·实践"教育学论丛第二辑) [C].桂林:广西师范大学出版社,2008:257—258.
② 张永. 对《教育科学的资料来源》一文的解释性细读[C]//叶澜. 立场("生命·实践"教育学论丛第二辑). 桂林:广西师范大学出版社,2008:281.
③ 张永. 对《教育科学的资料来源》一文的解释性细读[C]//叶澜. 立场("生命·实践"教育学论丛第二辑). 桂林:广西师范大学出版社,2008:287.
④ 张永. 对《教育科学的资料来源》一文的解释性细读[C]//叶澜. 立场("生命·实践"教育学论丛第二辑). 桂林:广西师范大学出版社,2008:276.
⑤ 张永. 对《教育科学的资料来源》一文的解释性细读[C]//叶澜. 立场("生命·实践"教育学论丛第二辑). 桂林:广西师范大学出版社,2008:291.

教育中技术与模式的迷信,对量化的盲目信任。杜威指出,如果对手段与题材、心理与社会这些"必须协同地相互作用"的关系,"作出硬性区别就充满了危险"①,不幸的是,由于这种偏向,教育会造成"一个人能够有效地学习阅读,却仍然没有形成对阅读优秀作品的爱好,或者没有引起好奇心来引导他使用自己的阅读能力去探究习惯认为有益的阅读材料之外的领域,这些都是可悲的经验事实"②。四是过多地强调档案、报道、定性和定量的形式方法的重要性,杜威认为"必须为改变留有弹性空间,否则伴随着浇筑资料的模式过于僵硬的定型,就会带来科学的停滞"③。

　　本人之所以较详细地归纳了杜威在"资源"一文中,所指出的当时美国教育研究中实际存在的问题,主要是希望引起大家对杜威得出"教育科学不是独立的"、"没有一门独立的教育科学"这一结论所针对的实存问题④,以及想要阐述、强调的观点旨在什么等重要的背景性资料的关注,而不是只简单地引用这个"结论"来判事。虽然我并不认同杜威的结论,但深感他对当时美国教育研究状态批判的深刻性。更令我惊讶的是,杜威文中所批判的种种观点,在过了八十五年后的当今中国教育学界依然广有市场,还将能否提供学校教育改进"模式"、促其"有效"、是否"定量"等,作为衡量教育理论是否有价值的、不可或缺甚至首要的标准,作为教育学缺乏科学理论或应该终结的依据,不免引出无限感慨。我们今天究竟应该怎样认识杜威? 看来并不是一个不值得细究的问题。

　　教育学是不是一门独立的科学,在西方也并没有因杜威斩钉截铁的结论而停息。20 世纪 50 年代末始、持续到 70 年代,最有影响的争论是英国奥康纳和赫斯特的争论⑤。持否定观的奥康纳的思路和论点,基本上并没有超出杜威的结论,只是在突出自然科学的科学性标准,强调人文、社会科学中杜威所提到的学科,如心理学等(尤其

① 张永. 对《教育科学的资料来源》一文的解释性细读[C]//叶澜. 立场("生命·实践"教育学论丛第二辑). 桂林:广西师范大学出版社,2008:292.

② 张永. 对《教育科学的资料来源》一文的解释性细读[C]//叶澜. 立场("生命·实践"教育学论丛第二辑). 桂林:广西师范大学出版社,2008:293.

③ 张永. 对《教育科学的资料来源》一文的解释性细读[C]//叶澜. 立场("生命·实践"教育学论丛第二辑). 桂林:广西师范大学出版社,2008:287.

④ 杜威该文发表的时代,正值美国在教育研究上大兴调查、测量等定量实证研究,以促使教育学向科学化方向发展的时期。关于这一现象,本人在《教育研究方法论初探》(上海教育出版社 1999 年版)中有概要论述,参阅该著作第 71—84 页。

⑤ 辑录于:瞿葆奎,沈剑平选编. 教育与教育学(教育学文集第一卷)[C]. 北京:人民教育出版社,1993:441—484.

肯定了心理学中学习理论的发展)虽然有了新的发展,但仍未达到自然科学的"完全发展了的科学的阶段"①。教育理论则更糟糕,除了远未摆脱形而上学的影响,充满着形而上学的判断之外,就是由"化石化"的价值判断,经验性的对教育实践的建议或新的教学方法构成。显然,这些都不是自然科学标准可认同的理论,当然更谈不上是成熟的科学。② 奥康纳的一句极富英国式嘲讽的结论:"'理论'一词在教育方面的使用一般是一个尊称"③,则成了国内持否定论者十分赞赏和经常引用的"箴言"。奥康纳踩着杜威的脚印,强调"只有在我们把心理学或社会学上充分确立了的实验发现应用于教育实践的地方才有根据称得上理论"④。即使如此,他还不放心,继而要求提高这两门学科的科学性。⑤ 可以说,在英美所谓教育理论的发展主流,基本上是以心理学、社会学应用为基础的,在这方面,又可看出杜威思想权威对英美教育研究发展的实际影响力。

同一主题的争论在 20 世纪 60、70 年代的德国,乃至世界教育学界范围内都发生过多次。在此不再一一详述,仅以《教育展望》(1990 年第 23 期,总第 71 期(中文版))上发表的两篇带有综合性的文章为代表,窥其一斑⑥。

德博韦作为比较教育专家对"教育科学"性质的国际范围讨论的概括,首先是认为"有关教育科学的辩论却甚至令人感到已强调得有些过分了"⑦。这种感觉的产生,一般是在讨论无大进展却被反复提出时方会产生。德博韦将此后发展的一系列争论概括为三大问题:"(a)词汇和从一种语言翻译为另一种语言的问题;(b)与科学的基本原理有关的认识论问题;(c)利害攸关的社会问题和机构问题。"⑧作者虽未把中国的辩论纳入其论述范围,但他所列的三大问题在中国都被关注并有讨论。三个问题的概括

---

① 瞿葆奎,沈剑平选编. 教育与教育学(教育学文集第一卷)[C]. 北京:人民教育出版社,1993:477.
② 参阅:瞿葆奎,沈剑平选编. 教育与教育学(教育学文集第一卷)[C]. 北京:人民教育出版社,1993:478—482.
③ 瞿葆奎,沈剑平选编. 教育与教育学(教育学文集第一卷)[C]. 北京:人民教育出版社,1993:484.
④ 瞿葆奎,沈剑平选编. 教育与教育学(教育学文集第一卷)[C]. 北京:人民教育出版社,1993:484.
⑤ 瞿葆奎,沈剑平选编. 教育与教育学(教育学文集第一卷)[C]. 北京:人民教育出版社,1993:484.
⑥ 两篇论文的作者与论文题目分别是:托斯顿·胡森的《教育研究正处在十字路口吗? 试以此文作自我批评》(以下简称"胡森文");米歇尔·德博韦的《关于教育科学性质的国际范围大辩论:一种比较研究的方法》(以下简称"德博韦文")。
⑦ 米歇尔·德博韦. 关于教育科学性质的国际范围大辩论:一种比较研究的方法[J]. 教育展望,1990(5):67.
⑧ 米歇尔·德博韦. 关于教育科学性质的国际范围大辩论:一种比较研究的方法[J]. 教育展望,1990(5):67.

实际上已不停留在辩论双方论点的阐述或评论,而是在概括引起争辩的原因,这正是此文的价值所在。我们先从第二个问题入手,它与本章前面所述的否定意见有更多直接连接。

"认识论"上的否定意见主要来自 20 世纪初的两个方面:一是涂尔干的观点,他认为教育学属社会学关于社会职能的研究,原先的教育学承担不了这个责任;二是来自实验心理学及比奈的智力量表的创建,使心理学比传统教育学看起来要科学得多,也对教学方法改进的研究提供了似科学的道路,对传统教育学构成了否定的又一击。这是以实证科学的方法为核心标准,对教育学作为科学的独立学科的否定,在此,我们看到了杜威观点的部分"前身"。

60 年代末到 70 年代,争论的新指向由多学科参与教育研究引起:"在这类辩论过程中,被视同科学发展以前的学科的教育学被置于一系列采用多学科方法探讨教育现象的人类社会科学的对立面"[1],这些争辩逐渐产生了两种主要观点,其中对教育学的学科独立性持否定观的即"领域论":教育学的知识发展,由各门社会、人文科学从不同方面对教育领域(包括制度、内容、方法和过程等)研究方能实现,无须强调教育学的专门化问题。它在英语国家还引出了实证方法论内部的定量与定性之争[2]。在德博韦看来,"把教育纳入行动的范畴以及不可能使其处于进行严密控制的实验室实验时那种必要的状态,都是经常引起关于教育科学的科学性的辩论的推动因素"[3]。这个判断基本上符合当时的实情。

以教育心理学作为其学科背景,后又在国际教育规划、国际教育成就评价,以及《国际教育百科全书》担任主编的著名教育研究专家胡森,以回顾、反思自己丰富的教育研究 50 年生涯的方式,对教育研究的性质作出了自己的回答。胡森的文章认为,从实证科学的要求来看,教育研究的结果不可能被认为是科学的,并认为这也正是教育学缺乏学科地位的重要原因。除此以外,他还补充了两个在他看来十分重要的变化,也就是教育研究正处在"生死存亡"十字路口的原因:

一是从 19 世纪末开始兴盛起来的教育研究,至 20 世纪 90 年代已经不局限于与

---

① 米歇尔·德博韦.关于教育科学性质的国际范围大辩论:一种比较研究的方法[J].教育展望,1990(5):70.
② 参阅米歇尔·德博韦.关于教育科学性质的国际范围大辩论:一种比较研究的方法[J].教育展望,1990(5):70—71.
③ 米歇尔·德博韦.关于教育科学性质的国际范围大辩论:一种比较研究的方法[J].教育展望,1990(5):72.

心理学的联系,与教育学有关的学科范围及对教育问题的研究视野都已扩大,几乎所有的社会、人文学科都参与到教育研究中来,"因此,教育研究和学术工作正处于许多学术努力的十字路口,我们不能把它看作一个界限分明的单独学科"①。有关教育、教学包括指导青年人和成年人的实践活动,是这些学科之间的"联合剂"。我们可以将此视为"领域论"的一种表达方式。

二是,教育研究的对象至少应分为两大类问题,不同类的问题因其问题性质和研究目的方面的区别,应有不同的研究范式。与政策和体制有关的问题,"实证的、以经验为依据的数量型范例适合于寻求普遍性答案的决案与规划问题";一类与一定时期、一定课堂教与学的过程有关,即学校内的教学问题,胡森认为,"几十年来大部分以经验为依据的调查研究一直在寻求普遍性,试图建立普遍适用的理论并用经验论据来检验其正确性。建立普及于各个家庭和各人课堂的原则一直是人们所企望的"②。但实践似表明这种可能难以实现。"教学法"似乎是因其有助于教师的教育实践而被当作教师培训学院的重要教育学课程内容。胡森则赞成卡斯洛·奥利韦拉1988年提出的建议,"用'教学理论研究(educology)'全面代替'教学法(pedagogy)'和'教育科学(pedagogical sciences)'"③,并强调"教学法(pedagogy)"不能自命为一门科学,而是(而且一直是)一门"规范的艺术"。这段话清晰地表达了胡森在研究传统上的立场。至于"一门单独的如历史或物理的教学法科学,同烹饪科学或家具制作科学一样,是不可想象的"④。在此前提下,胡森进而指出,不应该用通则性研究的方法研究教学类问题,而应采用"质量性、解释性、认识性和偏重于实际技能知识的范例适用于处理某个儿童的实际问题的工作和情形。"这样的研究"最多只能给在很大程度上还须依赖于他或她的'实际技能知识'的实践人员以启发"⑤。胡森以区分宏观意义上的政策、规划、评价研究和学校工作意义上的教学理论研究(educology),分解并取代了欧洲传统意义上的教育学(pedagogy),完成了作为一门独立学科的教育学的解构。当然,他未用"终结",而是认为唯有做到了上述两点,即不要有界限分明的单独的"教育学",区分客观科学

① 托斯顿·胡森. 教育研究正处在十字路口吗? 试以此文作自我批评[J]. 教育展望,1990(5):43.
② 托斯顿·胡森. 教育研究正处在十字路口吗? 试以此文作自我批评[J]. 教育展望,1990(5):44.
③ 托斯顿·胡森. 教育研究正处在十字路口吗? 试以此文作自我批评[J]. 教育展望,1990(5):42. 在此涉及了西方两大教育研究范式(日耳曼式与盎格鲁式)在词源学术语上的区别,和由此引起的争论。这将在"认识论问题"讨论之后再作展开论及。
④ 托斯顿·胡森. 教育研究正处在十字路口吗? 试以此文作自我批评[J]. 教育展望,1990(5):45.
⑤ 托斯顿·胡森. 教育研究正处在十字路口吗? 试以此文作自我批评[J]. 教育展望,1990(5):47.

范式研究和学校的仅具有启发意义的教学研究,方能用 educology 代替 pedagogy,才能使教育学走出惨遭失败的困境,走向繁荣昌盛的新路径。

(三) 关于术语与研究传统的争辩①

否定教育学作为学科独立性依据列出的最后一点是:关于"教育学"作为一门学科术语是否还能继续存在的争辩,这是比较教育、语言学、文化哲学方面的专家敏感的问题,但实质上涉及西方教育研究传统和发展趋势的判断。

我国比较教育研究专家黄志成教授,就"教育学"术语的演变及其与西方教育研究中的两大传统的关系问题作过系统研究,发表了多篇论文。② 一般认为教育学在西方作为一门学科在大学中授课,始于 1770 年代的德国。康德 1776—1787 年期间在哥尼斯堡大学担任教育学讲座,其讲座内容后由学生林克整理成书,于 1803 年出版,名为《论教育学》③。康德之后,此教席曾由赫尔巴特接任。1806 年赫尔巴特出版了《普通教育学》,该著作被后世公认是作为一门学科的教育学代表作的诞生。以上两本著作书名上的"教育学"一词用的都是 Pädagogik,译为英语用 pedagogy 一词。此后在很长的一段时间里,pedagogy 成为一个泛欧词汇,是表达"教育学"的通用术语。就其词源而言,该词产生于古希腊,并在东罗马帝国时期保持了下来,在 15—16 世纪,教育学一词已运用于欧洲的所有语言中(除英语外)。故运用该词来称"教育学",并与德国研究传统接续的研究,被称为"日耳曼式教育学"④。

对于日耳曼式教育学传统的理解,黄志成从理论构建方法的角度,认为赫尔巴特的教育学"建立的基础和准则是在逻辑思维的证明之上,而不是经验证明之上的。在这种意义上来说,其方法是理性思辨的,是哲学的"⑤这个传统产生于德国文化、语

---

① 在这部分,不再按"国内"与"国外"分两大点阐述,而是按观点作有分有合的说明。
② 这些论文主要有:黄志成. "教育学"与"教育科学"之争——访拉美学者录不同观点[J]. 外国教育资料,1998(5)(以下简称"之争");黄志成. 教育研究中的两大范式比较:"日耳曼式教育学"与"盎格鲁式教育科学"[J]. 教育学报,2007(4)(以下简称"两大范式");黄志成. 对于若干教育术语的再认识[J]. 教育学报,2008(2)(以下简称"再认识");黄志成. 西方教育思想的轨迹——国际教育思潮纵览[M]. 上海:华东师范大学出版社,2008.(以下简称"纵览",有专章论述)。为材料组织的方便,随后我们以黄志成的论述为线索开展叙述。
③ 康德《论教育学》的中译本,最早由瞿菊农 1925 年译出,1930 年出版,书名为《康德论教育》,2001 年台湾贾馥茗等人合译出版,以上两个中译本均由英译本转译。最新由上海世纪出版社 2005 年出版的《论教育学》,由赵鹏直接从德文版译出,以上说明均采自该译本的"译者说明",第 152—154 页。
④ 参阅:黄志成. 西方教育思想的轨迹——国际教育思潮纵览[M]. 上海:华东师范大学出版社,2007:5.
⑤ 黄志成. 西方教育思想的轨迹——国际教育思潮纵览[M]. 上海:华东师范大学出版社,2007:6.

言的内部,"具有德国文化的某种特色"①。否定"教育学"作为独立学科存在,往往与否定这个术语存在的现实性、清晰性和必要性,否定这一教育学传统的存在价值联系在一起。如吴钢"终结"一文就是把此列为第一个理由。当然,这不是他的创造,国内也不是只有他一人持此观点。大量赞成用英语"education"这一既指"教育"又能指"教育学"的单词,来代替已"泛欧化"的"pedagogy"指代"教育学"的人,不是不清楚这两个词的内涵所指之区别者,就是赞同"终结论"者。

与日耳曼研究传统相对立,或者说发展起来后在 20 世纪随美国的崛起而广泛传播,并逐渐占优势,且有取代日耳曼教育学术语和传统的,即是黄志成所称的"盎格鲁式教育科学"。在术语上,该传统除了用 education 代替 pedagogy 之外,还用了"教育科学"(science of education)和"教育理论"(theory of education)两种表达方式。足以构成传统的还不止是用词的问题,而是"英语中没有德语中所指的教育学含义的词语"②,英语的教育(education)被看作是一种"实践"(practice),如前所述,在美国,尤其是认同以实用主义杜威为代表的知识形成观,强调从问题、假设、实验到结果、反思的研究过程,并以结果是否解决问题作为真理的判断标准,导致英语中所言的"教育理论",实际上是指一种"关于教育实践的理论","是从实践出发的,目的是要改善教育的实践。这是与传统的教育学的最大区别"③。

除此以外,盎格鲁式教育研究,在方法上强调实证,以自然科学的研究方法为标的改进教育研究,以提高教育科学的科学性。正因为把教育学视作只是为改进教育实践的力量,再加上二战以后各门社会学科都有相当积累,并因为社会复苏、科技竞争对教育发展的愿望迫切,各门社会科学都越来越多地介入教育领域和教育问题的研究,逐渐形成了各门以本学科为母学科,将教育作为应用领域的交叉学科,使有关教育的研究构成了该学科的应用学科,如教育社会学、教育经济学等等,并以此作为否认"教育学"作为学科存在的根据。如作为学科的法国社会学奠基人之一迪尔凯姆·涂尔干明确表示:"教育学没有科学地研究教育体系,但是它反映了教育体系的情况,以向教育工作者提供建议和指导。教育学(pedagogics)是教育的'实用理论'(practical theory)。它借用了心理学和社会学的概念"④。而心理学在盎格鲁式教育研究中,尤其成为替

① 黄志成. 西方教育思想的轨迹——国际教育思潮纵览[M]. 上海:华东师范大学出版社,2007:11—12.
② 黄志成. 西方教育思想的轨迹——国际教育思潮纵览[M]. 上海:华东师范大学出版社,2007:12.
③ 黄志成. 西方教育思想的轨迹——国际教育思潮纵览[M]. 上海:华东师范大学出版社,2007:13.
④ 转引自[法]G·米阿拉雷. 教育科学导论[M]. 郑军,张志远,译. 北京:光明日报出版社,1989:2—3.

代教育学研究的重要代表,如发展心理学、教育心理学,直至当今风行的学习理论。在教育界相当部分的人士中,把这些研究就认作教育研究,直接搬来用在教育学著作中或用在实践中。在如此发展势态下,整体式认识、研究、形成教育学学科自身内容的传统研究方式被肢解,被认为没有必要,被嘲笑为过时。盎格鲁式教育研究具有了否定教育学作为独立学科的特殊功能,并引出了1971年法国由米阿拉雷再次有针对性地明确提出的、以复数的"教育科学"(sciences of education)代替传统"教育学"(pedagogy)的"领域论"的术语式表达①。

在米阿拉雷看来,法国早在19世纪末20世纪初,就指出了传统教育学存在缺乏科学方法和含义不清的问题。如1898年康佩尔(坎贝尔)指出"教育是唯一一个科学方法还没有渗透进去的学科领域"②,1915年拉皮则强调"教育科学尽力借用一些精密科学的方法。而以前的教育理论,不是来源于先验的假设、文学小说,就是来源于政治计划。而现在,它是心理学和社会学规律的必然结果"③。至二战后,发展的状态是:"这些科学就已经存在了,并有了自己确定的名称,并且,人们总是以复数形式使用这一名称。"④米阿拉雷早就关注了这些事实与概念的变化,他在国际教育局的邀请下,正式提出了"教育科学(复数)"的名词,他认为,"1945年以后,教育现象的范围发生了变化,从'国内'转向'国际';从局限在纯教育方面,扩展到教育的历史、社会和政治等相关部分。从某种意义上说,教育现象已经爆炸了,不再是教育工作者的专有财产"⑤。另外,信息技术的出现与介入,"将会迫使教育工作者使用新术语(特别是通讯方面的术语),以便系统地阐述问题和开展教育研究"⑥。

米阿拉雷在《教育科学导论》"引言"中为自己所言的"教育科学(复数)"的构成作了界定:"本书所讲的教育科学,是从历史、社会、经济、技术和政治的角度论述教育事实和情境的一些科学的总称。"⑦在此特别提醒读者,注意这句话的句式,即是"从……角度论述……的一些科学的总称",在这里,强调的是从除了教育学之外的其他学科出

① "1912年,瑞士心理学家克拉帕雷德(É Claparède)在日内瓦指导一个教育心理学研讨班时,明确提出了复数'教育科学'(la sciences de l'éducation)概念"转引自瞿葆奎、郑金洲、程亮2006年为"二十世纪中国教育名著丛编"所作的"代序",第7页,注①。
② 转引自[法]G·米阿拉雷. 教育科学导论[M]. 郑军,张志远,译. 北京:光明日报出版社,1989:2.
③ 转引自[法]G·米阿拉雷. 教育科学导论[M]. 郑军,张志远,译. 北京:光明日报出版社,1989:3.
④ [法]G·米阿拉雷. 教育科学导论[M]. 5. 引语中的"这些科学",指心理学、社会学等——引者注。
⑤ [法]G·米阿拉雷. 教育科学导论[M]. 郑军,张志远,译. 北京:光明日报出版社,1989:8.
⑥ [法]G·米阿拉雷. 教育科学导论[M]. 郑军,张志远,译. 北京:光明日报出版社,1989:9.
⑦ [法]G·米阿拉雷. 教育科学导论[M]. 郑军,张志远,译. 北京:光明日报出版社,1989:3.

发,论述作为"事实和情境"的教育而得出的结论,所共同构成的"教育科学(复数)",十分清楚地区别了构成复数的教育科学,与传统教育学进入第二阶段发生的由教育学内裂变而生的"教育学原理"、"教学论(德语 Didaktik,英语 didactics)"(美国无此名称,只有"课程论")、"德育论"、"学校管理论"①(是在管理学作为一门学科诞生前就有的)所构成的教育学分支学科(复数)完全不一样。米阿拉雷的"教育科学"是无教育学的教育科学群,是站在教育活动之外看教育的立场。在全书的"结论"部分,米阿拉雷又从方法论的角度对"教育科学(复数)"的特征作了说明:即"通过现在教育科学学科这个'棱镜',我们已把教育问题分解了"②。在完成教育研究从常规"转向一种分析,从真正的本质讲,这种分析必须运用跨学科的研究方法。因此,这是一种新的探讨、新的方法论"③。他在 20 世纪 70 年代初满怀信心地宣称,在教育科学领域正在出现知识的"广泛重建",出现当代发展的三种特征:"新的科学学科的诞生将使我们能够更好地分析和解释教育事实;十分彻底地更新教育科学的某些常规学科;和为分析技术进步的最新成果和实际情况准备和使用某些方法。换句话说,2000 年或 2020 年展示的教育科学的图象,将与我们现在所描述的大不相同。"④如今,米阿拉雷所言的大不相同的情境确实出现了,但这样的繁荣并没有解决教育学作为一门独立学科存在的"危机"。这并不奇怪,因为米阿拉雷们本来只是想要用"教育科学(复数)"来代替作为独立学科的教育学。

不难看出,米阿拉雷所言的"教育科学(复数)"基本上属于盎格鲁研究范式,还不足以形成一种新传统。他的贡献是在提出了一个可概括领域论观点的术语,逐渐改变了法国以及一些法语国家表达"教育学"原先用 pedagogy 的习惯。与此同时,我们也可更清晰地看到,二战以后有关教育研究的发展主要受美国实证主义研究观的指导。他们要改变的日耳曼研究传统的特征,除了上述提到的研究方法上的思辨之外,还包括研究教育的内立场,对教育的整体、综合性的研究方式,以及关注教育中以人为目的(而非手段),而非仅仅以知识传授的有效,或把知识传授过程、方法的研究与人的品格相分裂的研究价值取向。在我看来,意识到后者,更为重要。

① 德国教育学自赫尔巴特之后的内部演变阶段,不少论文或著作论述过,在此列出的四门学科以及演化的简单描述,可参阅:黄志成.西方教育思想的轨迹——国际教育思潮纵览[M].上海:华东师范大学出版社,2007:7—8.20 世纪 50 年代—60 年代深刻影响过中国教育系教育学类课程开设的学科,最早是"教育学"、"教育史"、"学科教学法",改革开放后,80 年代初"教育学"由一门课程的"四分"与文章所列同。

② [法]G·米阿拉雷.教育科学导论[M].郑军,张志远,译.北京:光明日报出版社,1989:131.

③ [法]G·米阿拉雷.教育科学导论[M].郑军,张志远,译.北京:光明日报出版社,1989:132.

④ [法]G·米阿拉雷.教育科学导论[M].郑军,张志远,译.北京:光明日报出版社,1989:132.

在梳理和阐述有关"教育学"术语的材料，以及整个否定教育学作为一门独立学科存在依据的过程中，对于我，作为一个中国的教育学研究者而言，在心灵上带来的震撼最大的有两点：一是在有关"教育学"术语的讨论中，为什么没有提出一个从中国文化传统对教育的认识和追求的"教育学"概念？如果在20世纪初刚引入"教育学"这门学科时，我们还可以"心安理得"，在教育学引入已一个多世纪后，今日之中国学者还能"心安理得"吗？二是即使是国内的有关否定教育学作为一门独立学科存在可能与必要的理由、依据，也几乎都是从国外引进的，并无太多独创。在今日的中国，对于相当一批教育学或教育研究者来说，无论是从发展，还是从否定的角度，我们都要靠"引进"，难道这就是我们要的国际化、全球化视野吗？就如没有教育学的教育科学一样，我们要的是没有中国的国际化视野吗？

中国的教育研究、教育学研究，何日才能走出摆脱国外依赖的又一个"软骨病"？这是我心中挥之不去的阴影，也是自惭醒得太迟、决心奋起的一个直接动力。

二、有关否定观点的评析

德博韦在"辩论"一文中指出："术语和翻译问题在系统进行讨论时具有重要意义。然而，这类问题如果不从认识论的高度上加以考虑，它们的意义也仍然有局限性。"①这是一个高明的判断。在我看来，要分辨"教育学"存亡争论的实质，还需要增加"内外立场"的视角与研究"价值取向"的维度；增加学科观念和教育学作为一门学科产生与发展史的视角；增加教育学发展轨迹与其他学科发展轨迹比较的视角……如此，才可能更清楚地辨析否定教育学独立存在（以下简称"否方"）的各种观点的价值与立论偏差。

（一）"否方"的贡献

基于上述有关否方多种观点的相对具体的阐述，现可把这些观点概括为"三论"：不合格终结论、内分裂替代论和无边界领域论。

"三论"尽管都以否定的方式面对教育学的存在，但态度略有不同："不合格终结论"是鄙而弃之，"内分裂替代论"是细而代之，"无边界领域论"是富而解之。他们都让传统教育学处在受审视的地位，且正因其态度和立论依据的差异，促使认为应努力使教育学作为一门独立学科者，不仅因有危机感而清醒，而且可以从多角度去反思、辨别问题，不只是浑浑噩噩地过自足的日子。这无疑是对当今教育学发展的动力式贡献。

---

① 米歇尔·德博韦.关于教育科学性质的国际范围大辩论：一种比较研究的方法[J].教育展望,1990(5):69.

贡献之二是打开了教育学研究者的视野。持否定观点者大多是对新鲜事物和信息敏感者。在中国,大多是现有的教育学一级学科下新兴学科的创建和参与其中者。不管他是否在乎教育学的存在,事实上都为研究教育问题提供了新的视角、方法和结论。因为他们尽管否定教育学作为一级学科存在的资格、可能与必要,但都没有否认教育的存在,否认教育研究的必要。所以,这些研究都为教育学作为一门独立学科的发展提供了新的研究资源,尽管这并不是他们的主观愿望,但确实产生了这样的客观效果。

贡献之三是否定观点的立论依据,深藏着教育学元研究的一系列问题,促进了教育学元研究,或者说促进了作为一门学科的自我意识之构建。就我个人而言,这一促进至少包括了:追问"学科"究竟是什么? 这个观念是怎么产生的? 其本身有无发展史等前提性问题,通过研究与思考,形成了新的而不是否定"学科"观念的认识,有了新的关于"学科"的参照系;加强了对教育学作为一门独立学科必要条件和现存问题的思考;对在知识爆炸、新兴学科飞速发展、新研究方法方式和范式层出不穷、新技术强势登场的当代学术生态大变局下,教育学的传统与更新、发展之可能及必要作了探究,对教育学存在价值与功能进行新背景下的再思考;在全球化与本土化相互促进和抗衡的张力中,思考处于本土弱势,却有丰富资源的、以中国文化为基质的中国教育学的发展问题,以及如何在自立的前提下,创造与国内其他学界和世界范围内同界之间互惠式对话的可能;努力逐步改变教育学界强于内部争执,弱于与外界积极、平等对话的学术交往心态。自然,我的感受和思考不足以代表所有的人,但上述几个方面至少是"生命·实践"学派内部讨论时经常会涉及的一些问题。我也能在自己的阅读范围内看到不少相关论述。令人欣喜的是新世纪以来的相关论文中,建设性地讨论教育学重建的论文,与20世纪90年代相比已呈增长趋势。

由此可见,本人之所以细列否方观点,并不是只为了争个是非,更是为了自我清醒和作为独立学科教育学的再认识。是的,不断地挑起相关争论,又了无新见或无助于发展的争论,已经开始令人生厌了。本来世界大得很,可以各走各的路,互不相干,能走多远就走多远。然而,即使为了再认识,对否方观点在承认其贡献基础上的辨析依然是必要的,这也是自我清思的需要。

(二) 否方"三论"的辨析①

否方观点确实不止是"三论",其立论的依据也颇多且具体,对这些观点的深入辨

---

① 有关"三论"的辨析,有些在本节第一部分阐述时,实际上已提及,在此只是作集中回应。

析和辨析后形成的建设性认识，我将在第二节中有渗透性的表达，这也是为何把否方观点列为本章第一节的原因。在此，仅先对"三论"所涉及的显性立论作出辨析，以此作为第一节的结束部分。事实上，"三论"之间是有内在联系的，但为表述清晰起见，还是采用分别评析，在每一论中，着重辨明其核心问题而非全部。最后达至三者相关性的认识。①

1. "不合格终结论"（以下简称"终结论"）析

"终结论"可以说是三论中相对早出现的一论。其总背景是在学科发展史中，自然科学已从哲学中分化出来，形成了一批经典学科和研究范式、关于科学的信念、态度与方法，科学因促进工业革命和社会发展的实际效应，呈现出强大的力量和信誉，直至影响到社会、人文科学的发展。社会和人文科学发展产生两种倾向：一种以狄尔泰为代表，强调社会、人文科学（他称之为精神科学）因其对象性质的独特性，同样需要摆脱形而上学束缚，这是自然科学独立过程给予的启发；主张形成研究独特对象的方法，形成核心概念、研究范式等，而不是依自然科学的一套做，这实际上是自然科学如何形成独立学科群的路径启发。另一种则直接移植自然科学形成概念的路径与研究定量化的方法，形成对本领域内一般规律的、有自然科学式依据和方法为支持的普遍定律与体系性构建。上述两种倾向在19世纪末20世纪初以来的学科发展过程中，第二种倾向占了优势。其中相对突出、取得成绩和被认同的是实验心理学、社会学、经济学，乃至后起的人类学。必须指出的是，这些学科在模仿、移植中，并不是简单套用经典科学的概念与方法，而是在遵循实证主义方法论的原则下，对具体研究方法作出更能适合研究对象的改造，如实验心理学的实验法，社会学的调查法，人类学的质性研究等，这些方法的探索和创造，为方法总库提供了新的"武器"，确实对人文、社会研究，向自然科学所追求的科学目标挺进产生了积极的影响，因而也先后被学术界认同，确认其为具有科学性质的学科。而以狄尔泰为首创者和代表的道路则走得比较艰难，因为他们太清楚社会、人文研究对象与自然科学研究对象之间质的差异，想走出一条没有人走过的路。摆脱双重（形而上学和自然科学）规范的追求，使他们在泥泞无路的路上行走的步伐更为艰难。狄尔泰之后，有关精神科学发展方向的研究，事实上取得成就的主要是在哲学和文化研究方面。

---

① 以下有关几位哲学家"学科观"的具体论述，在第二章中都已有引文的呈现，在此不再重引，有需要者可查阅第二章相关部分。

正是这样的总背景，当时社会、人文科学中的新贵，其研究领域又与教育学研究领域有着相关性的学科，对产生于其先、在19世纪初形成的、由赫尔巴特代表的教育学体系表示否定与轻蔑就不足为怪了。但到20世纪下半叶，直至新世纪初，还以这样的标准来衡量，且否定作为独立学科的教育学存在的资格，就未免显得在前提性问题上认识的停滞了。

我在这里说的前提性问题，主要是指两个方面：

一是在有关"学科"的观念上，把学科门类分为等级构成金字塔形的总结构，自亚里士多德始，到中世纪极盛，而从培根时期就开始发生变化，他主张采用知识类型区分，知识整体结构则为球形，并认为各门知识都是重要的。培根关注的重点恰恰是那些还没有发展起来，尚未被人们充分关注的部分。这种开放的心态和全局性的观念，依然令我们后世之人钦佩、为之动容。我们可以设想，如果没有培根的气度，等级式的学科关系坚不可破，那么，自然科学就不可能在17世纪的基础上破土而出、迅速发展。用老爷式的姿态嘲讽尚未充分发展的学科，不是近代、更别说是现代科学家应有的态度。到了皮亚杰时代，尽管他的方法论是实证、结构主义的，但他的学科分类，已经不只是从研究对象的角度，而且从学科研究的目的去区别，提出寻找规律、复原事实、确定规范等不同于传统分类的新标准。他在学科间的关系上，并不是强调等级，自然科学与人文、社会科学的不可同日而语，或以前者来否定后者，而是强调两者在结构意义上的可相通性，强调社会、人文科学是知识螺旋上升链中形成连续性的、不可或缺的最后一环。这些重要的学科观的变化，似乎都未入以实证主义科学观为标准、否定教育学学科性者之眼。

二是在有关研究方法及方法论发展的意义上。实证研究的方法论与方法确实是一种研究自然对象的重要创造，但其本身也存在限度而非万能，更不能因有科学方法而认为哲学方法、艺术方法对于教育研究都没有意义，应该丢弃。自然科学发展本身就带动着自然科学方法论与方法的反思，认识到实证主义方法论的局限，认识到方法的价值取决于与研究对象的适切性，以及对形成某种认识、解决某些问题的重要性。方法重要，但不是学科有无可能发展的唯一保证，方法只有在与对象、问题、目的的相互关系和相互作用中，才能呈现其价值与水平。这些观点在当代科学哲学中几乎已成为常识，包括对实证研究方法局限性的透析，都无需在此赘言。在20世纪中叶迅速发展起来的新、旧三论，以及复杂性研究方法的兴起和巨大潜力的存在，正是对以还原、分析、确定性判断为主的自然科学实证研究方法缺陷的重要弥补，何况实证研究方法论也处在不断突破与完善之中。由量性研究发展到质性研究,就是这种变化的表现。在此,我并不想判断或选出什么是最优方法。意在突破的只是固定的方法与方法论思想,或某种意义上的方法决定主义。如果我们阅读一下最初努力用实验方法去改造教育学的拉伊和梅伊曼的实验教育学的著作,就可具体看到这一方法在教育学研究中可能且明显的局限性。

2.“内分裂替代论”(以下简称“替代论”)析

唯有整合性学科内部的某一局部,因研究的发展、丰富,逐渐成为由内部分化产生的二级学科诞生之后,替代论才有可能产生。在我国,教育学的整体分化由于多种非学术的原因,迟于其他国家,直到20世纪80年代才逐渐出现,目前已形成多个二级学科。二级学科中还可以因分类标准不同,再分成几大类。自改革开放始,我国教育学向国外学术引入的主要指向是英美等英语国家,在此过程中,认为美国没有教育学或教育基本理论,没有教学论只有课程论①等观点,成为一种新思潮引入国内。随着20世纪末21世纪初国内课程改革的需要,课程即教育;国外没有教育基本理论研究,我国也不应再设这个学科;要想把“教育基本理论”从二级学科中取消的观点,也时强时弱地呈现。以美国为代表的几乎是一整套的课程理论和课程研究的方法等,借助国家行政推进的力量强势引进,并以此来代替被认为已落后的教育学和教学论。在大学的相关学院建制上,也反映了强烈的学、跟美国趋势:一些师范大学纷纷仿效美国,成立“教师教育学院”;师范大学不少教育系取消本科生培养;公共教育学课程的改革,以削弱整体性的教育学课程,增加小型、模块化的短期课程,由多名教师分段承担,成了新潮。

教育学的内分化之另一类是:以不同学段教育为研究对象的分支学科的产生。这些学科在强调其独特性的同时,也分出新的系科、专业,有的如高等教育学研究群体中,则出现了高等教育学不属教育学一级学科的观点。在国内,更为普遍的情况是:我称之为内分化以后的二级分支学科,无论是教学论、德育论还是学校管理论,都出现了程度不一的两种倾向:一种是主要经营自己的“小天地”,忽视对教育的整体性认识与基本理论更新的关注和联系。另一种是努力加强与教育学之外其他学科的关联,甚至直接从这些学科中移植研究结论与方法,作为自己这一分支学科的内容,如教学论强

---

① 有关美国这一状态存在原因,包括词源学上的主要原因,可参阅:黄志成. 西方教育思想的轨迹——国际教育思潮纵览[M]. 上海:华东师范大学出版社,2007:11—15.

调心理学的学习理论,德育论强调伦理学与社会学;学校管理论看重管理学一般理论,乃至企业管理学的搬用。两个不同走向中呈现的一个"忽视"、一个"加强",事实上构成了削弱教育学整体和教育基本理论研究的力量,形成了子学科的发展削弱母学科发展的反常趋势。

这种情况自进入21世纪后在我国越来越突出。一份可以说明问题的基于"中国知网"的教育学文献检索分析表明:"普通教育学"与"教育学原理"的研究数量各只有600篇左右,在所列的19个学科中倒数第7、8位,而教育心理学、教学论和教育技术学却高居前三,其数量分别是"普通教育学"与"教育学原理"的7倍、5倍和4倍。这至少反映了本人所言反常趋势的一种实际状态。① 在一定程度上,这也重复了教育学在发展中成为其他学科"殖民地"的老路。

我们只要与其他学科发展史作粗略的比较,就能更清楚地看出其反常。如,自然科学中物理学的分支学科发展得再多,也没有说要取消或取代普通物理学的存在。心理学、社会学分支学科发展得再多,也没有出现普通心理学无用论的思潮。为什么唯独教育学的学科群中会有如此怪象?

皮亚杰在《人文科学认识论》这一著作中,对有关母学科和子学科(含交叉学科)的关系作过专门论述。学科发展必然会从一走向多,这本身并不是坏事,不必也不可阻挡。但发展了的子学科与子学科之间、子学科与母学科之间,应发生相互促进丰富的良性、有助于多层与多元关联式发展的互动,而不是用子学科的发展去抽空母学科,使其贫乏。这最后对子学科的发展同样带来消极的影响。更加不能把子学科发展的目标定为取消母学科。"替代论"的问题还在于:以为壮大了的局部因自身已成整体,就可以取代原先自己作为其部分的母体。其错判从逻辑上来说,就像不能因为有了各种各样的树的名称,我们就可以取消"树"这一名词,或用"树枝"来代替"整棵树"一样。这种观点不仅混淆了特殊与一般、局部与整体的层次关系,在理论上站不住脚,而且在实际上造成了损伤教育学科群内生态的消极影响,忘记了每一分支学科在发展教育整体认识上承担的责任。在道理上看来很直白的事,在实际上却出现相反的现象,其原因是复杂的,相信并不是、甚至主要不是认识上的原因,这往往与研究者的价值取向有关。如若这般,就不是用辨析可以解决的问题了。

---

① 焦倩,田金华,陈中原.失衡的教育科研——基于"中国知网"教育学文献的检索分析[N].中国教育报,2014-03-01(3).

3. "无边界领域论"（简称"领域论"）析

教育学在赫尔巴特创立之时，事实上已存在着领域问题，不然就不会出现"赫尔巴特之问"。只是当时还没有以很有理由的"论"的形式，来否定"教育学"作为独立学科存在的必要。随着越来越多已有自己独立存在"资格"的学科的介入，问题似乎不但没有解决，而且越来越盛。

"领域论"在20世纪可以分为前、后两期，前后两期在取消或不在乎"教育学"存在——这一否定倾向上是一致的，但在各自陈述的理由上却有不同。

如前所言，"领域论"前期极有影响的代表人物是杜威。他的观点实际上得出三个结论：其一，教育学是一些基础性学科的应用学科，犹如建筑学，只需要从物理学、数学中拿来原理应用即可，并没有作为独立学科的建筑学。作为其他学科应用领域的知识，主要是解决领域中提出问题所得的结果之集合。其二，支撑解决教育实践领域问题的主要学科知识是心理学、社会学和教育哲学。但十分注意的是不能直接把这些知识拿到实践中做规则套用。教师在教学中创造的一些方法，也不能固化，因为这与情境等多方面因素相关。如果把这些技能、方法性质的经验固化，当做教育学的内容，那么，教育学只会有害于经验，这样的"教育学"不能要。除此之外，似乎也不可能有其他的教育学。故而杜威断言，教育学没有自己的内容。其三，作为支撑教育学的学科，如心理学、社会学等，与经典学科相比还远未成熟，教育学的成熟则将更为缓慢。

时至今日，我们再看杜威的这些结论，其局限性是不难发现的。

第一，杜威对他作为比喻的建筑学的理解是片面的。首先，建筑学本身不只是物理学和数学等自然科学的运用，建筑本身的多样性，表明其还有满足人类对建筑多种功能和审美需要等多方面因素的介入，且随时代的发展而变化，建筑学有大师创造的范例，有自己的发展史，数学、物理学的知识只在解决建筑设计技术问题上起到工具的作用。故而杜威的比喻是粗疏的。其次，即使建筑学运用了其他学科的知识来建立自己的学科体系，并不表明它不是一门独立学科，只是应用性学科。建筑学是属综合性学科，不是经典自然科学式的分析性学科。它不是其他学科知识的堆积的杂乱之地。此时的杜威，一方面受科学立场的影响，一方面受时代的局限，还不能认识到"综合性"的学科也是独立的学科。如若这个比喻本身被"解喻"，那么对比喻之所喻对象判断的理由之不成立也就成立了。

第二，由上述认识偏差，杜威引出的第二个结论之误已很明显了。本人还想指出的是，杜威尚未区分作为支撑一个学科形成的、来自他学科的"理论基础"，与任何学科、哪怕是应用性学科也需要的"基础理论"(这在亚里士多德的学科观中已有确认)。正因为这种无区分,杜威得出:教育学只有借助其他学科理论,而无需去建设本学科的"基础理论",进而导出了"教育学无自身内容"的结论。也许,正是这样大师级人物言论的导向和传播,使不少人放弃了对教育学自身"基础理论"的思考,只期待着心理学、社会学等早早成熟;也增强了这些支撑性学科对教育学的傲慢。

其实,哪个学科在形成和发展的过程中,不借用其他学科和先有知识的认识资源?当今的哲学难道无有?数学、物理学难道无有?心理学、社会学难道无有?为什么这些学科就不被认为无独立性?用综合的立场和方式建立起来的学科,如人类学等同样涉及多学科,为什么就不被指称为非独立学科?从认识的角度看,可能问题还是出在传统的"学科观",及自然科学范例式的"学科观"未被打破,对学科观的封闭性认识以及对学科间关系的简单化图式,带来对教育学学科独立性的"死刑"判决。

20世纪"领域论"的后期代表人物是米阿拉雷,他为此论贡献了一个名称:复数的没有教育学的"教育科学",或者说这样的"教育科学"可代替"教育学"。他让那些由其他学科从外面看教育实践领域"家门"的研究者,有了一个共同的名字:"教育科学"研究者。米阿拉雷对"教育科学"的定义是清楚的,但其逻辑上和事实上的不合理也是清晰的。法国前任教育学研究所长弗朗茜恩·贝丝特在1988年发表的《"教育学"一词的演变》中指出了这一点。她认为米阿拉雷用这个词造成了这样的后果:"它将原来属于欧洲传统的'教育学'这个词剥离出来了,使其几乎丧失了原意,还可以这么说,它使有关教育的知识互相割裂起来。"在现实中"尽管从事这类研究的欧洲院校名义上是专搞教育学的,但教育学研究变成了仿效(或解释?)'教育研究'的'对教育的研究'"①。

这确实是一个奇怪的现象,在中国也有类似的境况:这些被统称为复数的"教育科学",其实都属于其母学科的应用学科。但在学科分类中,却都列在"教育学"的一级学科之下!这是"教育学"的发展与荣耀,还是教育学的衰落与悲哀?莫非教育学真的像"大观园"了,表面上的花团锦簇(借来的),掩不住骨子里的衰败!

(三)余论

以上辨析,并不是为了说明"教育学"自身已很完善,无须认真研究。如果真是这样,也就不会有那么多的人来推。我只是想说明这些指责、否定,本身的立论并不都是合理的。关于为什么要将"教育学"建设成一个独立学科,以及建设必须解决的主要问

---

① 弗朗茜斯·贝丝特."教育学"一词的演变[J].教育展望(中文版),1988(18):11.

题,我将在第二节中展开论述。在此还需补充的是:教育学之所以被看弱,还与教育事业本身在社会中的地位有关,因其经济贡献不明显,因其不能直接服务于政治利益,因其从业人员尤其是中小学的教师,长期以来社会地位低,以及入门的专业要求不高,而被忽视、轻视和往低处放。这几乎已成一种社会积习,在中国尤甚,其他国家也同样存在,包括像美国这样的发达国家。故而,"教育学"学科独立性的问题,不只是纯学术的问题,在一定意义上,与整个社会的发展、教育事业的发展、整个民族的文化素养的提升等多种非教育学人努力可解决的社会整体性的问题相关。这是事实,但不应成为教育学者可以不作为的理由。

第二节 提升中国教育学人的学术自信与建设自觉

对教育学独立性否定意见的辨析,只是从理论上清理了这些观点本身的局限性,但并没有在认识上回答教育学独立性建设以及当代中国教育学发展使命,必须直面的基本问题。其中首先要论及的基本问题是教育学者的学术自信与自觉的提升,这是学科建设中人的因素,需要列在首位的因素。

在学界普遍认为要打破学科界限、加强学科的交叉性和跨界研究的当代,还强调要提升教育学的独立性;在学界普遍认为要加强学术交流的国际化、全球化、科学无国界的今日,还强调要建设中国教育学;这是不是一种保守、封闭和逆潮流而动的选择?是不是一种注定没有出路和希望的盲目追求?我相信有不少人会这样认为,有更多人则表示怀疑,但确实还有不少人与我们持同样的立场:提升当代中国教育学独立性,是教育学在21世纪的中国能否发展的奠基性任务,是中国教育学者要承担此重任须确立的自信。否则,我们将举步维艰。倘若学科研究的主体对学科独立性都无信心,建设与发展又从何谈起呢?令人欣喜的是自本世纪初以来,教育学界中有更多同仁,以积极的取向探讨教育学的发展。①

---

① 除了在"导论"中所列的21世纪初以来本学派所作的努力、发表的著作与论文之外,在本人的阅读范围内,已经发表的一些论文大致有以下几类:

1. 历史的梳理。如:侯怀银. 20世纪上半叶教育学在中国引进的回顾与反思[J]. 教育研究,2001 (12);侯怀银,张小丽. 论"教育学"概念在中国的早期形成[J]. 教育研究,2013(11);柳海民,王澍,等. 新中国成立以来教育基本理论的发展与贡献[J]. 教育研究,2013(2);等。此外,还有教育学各分支学科发展的历史研究。

(转下页)

从学术的意义上提升教育学的独立学科品质,是教育学者不可推卸的责任,认识和论证这一提升的必要与可能,则是确认这一提升之意义,树立非盲目的学科自信的重要依据。具体地说,至少可以从以下三方面来阐明:

一、当代中国社会多重转型的迫切需要

(一) 从人类社会维度看

学术的发展永远与时代的变化连在一起,教育学更是如此。

康有为曾在19世纪末惊呼:数千年未遇的大变局到来了![①] 他之惊呼所指是当时中国的境遇。今天我们要惊呼的首先是就人类全局而言,一个几千年未遇的大变局已经到来。

当代人类社会正处于的大转型时期,以信息技术作为推进转型的关键技术力量为特征。与17世纪由西方肇始的、从农业社会向工业社会转化的过程相比,有三大不同:

一则,工业革命变革的技术实质是,用机器使人的体力和手的操作能力延伸、放大与替代;信息技术的实质是对人脑——这一对人各种行为起决策和指挥作用的大脑功

(接上页)

2. 学科发展动态。如:程天君,吴康宁. 当前教育学研究的三个悖论[J]. 教育研究,2006(8);靖国平. 从"学科立场"到"学派立场"[J]. 高等教育研究,2006(1);卢红. 教育学发展中的继承与创新[J]. 教育研究,2007(7);周彬. 教育学的出路:目标人性化还是过程理性化[J]. 教育学报,2009(2);姜勇军. 论文化自觉与中国教育学之建构[J]. 当代教育与文化,2011(11);和学新,田尊道. 教育理论中国化的文化困境与出路[J]. 高等教育研究,2012(8);等。

3. 学科性质判断。如:谭维智. 教学论的玄学之维[J]. 教育研究,2012(5);彭虹斌. 论教育理论的文化意蕴[J]. 湖南师范大学教育科学学报,2011(5);余小茅. 论"人—文化—哲学"相统整的教育学[J]. 教育发展研究,2011(21);劳凯声. 追寻"人"的制度教育学[J]. 河北师范大学学报(教育科学版),2012(5);王鉴,姜振军. 教育学属于人学社会科学[J]. 教育研究,2013(4);等。

4. 教育学的知识性质与建构。如:石中英. 本质主义、反本质主义与中国教育学研究. [J]. 教育研究,2004(1);何宗齐. 教育学的内容体系:问题、构想与尝试[J]. 江西师范大学学报(哲学社会科学版),2006(4);等。

5. 方法与方法论研究等(略)。

此外,还有一批新的教育学专著和教育学研究的专著出版。在此不一一列举。

① 李鸿章早在1874年的"筹议海防折"中就明确提出了"数千年来未有之变局"的说法,亦较常为后人所引用。但康有为在1888—1898年的"上清帝书"(第一书—第七书)系列中(七次上书分别为:1888年"第一书",1895年第二、三、四书,1898年第五、六、七书。其中,1895年的"上清帝第二书"即众所周知的"公车上书"),多次提到"千年变局",陆续作了有深度的多次阐发,并产生了广泛影响,故此处以康有为作为"千年变局"提出者的代表人物。特此说明。

能之模仿、延伸与放大。两种技术的能量及其对社会、人类行为和思想的影响性质极不相当。

二则，工业化转换首先从生产领域开始，再逐步对社会的经济结构与社会组织，阶级与阶层重组，价值观念、文化领域、消费领域和生活方式与质量发生深刻影响。然后再由强大了的西方，通过多种途径，包括武力征服的方式，推向亚、非、拉等以自然经济为主的农业国家。这一过程前后经历了近一个半世纪，直至今日还在延续。信息社会的到来，却不只是停留在以信息技术作为一个新产业的诞生和壮大，而是作为一种处理任何信息的技术手段，同时被运用、渗透到人类社会的各个领域。故其影响力的蔓延、扩张极为迅速且具有全覆盖性，呈现出超强大的克服时空障碍的力量，几乎可达到无处不在、无时不有的状态。故而，信息化的全球过程与工业化的过程相比，呈现出高速发展的不同。以我国为例，我们的工业化进程，从 19 世纪下半叶开始至今，已近一个半世纪，但尚未在整体意义上完成转型，中国至今还是一个以农业人口为主，农业生产领域内机械化程度不高的国家。但信息技术的渗透则大不同。中国对信息技术开始了解，比西方国家约迟不到半个世纪，信息技术的运用至今不过 30 年，但其间发生了巨大变化：如手机，在大中小城市都已普及，对于打工者来说也同样重要且可能拥有。尤其在中青年人群中，手机已成为不可或缺的工具。在农村，除个别边远、大山深处和贫困之极地外，手机也已不是稀贵之物（自然，信息技术不只是以手机为标示）。所以，以"大潮"来比信息技术对人类社会变化的影响，并非夸张之词。

三则，信息化带来了自工业社会就开始的，以西方发达国家之利益为风向标的全球化过程极快提速。无论在物质、经济生产领域，科学、学术领域，还是在文化、精神领域，连同西方的生活、娱乐方式等与每个人的日常生活密切相关的诸多方面，包括衣、食、住、行，几乎都无例外。当前中国社会的存在与发展，与世界的关系格局也因此发生了深刻变化，不仅中国在世界中，世界也在中国中，作为全球"互联网"式国际关系中的中国，处于与不同国家不同性质和强度的相互影响中，这与中国近代社会所面临的中西关系，具有相关但很不相同的关系性质，在任何一个领域里都存在着全球境遇下的本土发展问题。教育实践和教育学领域都不例外。

（二）从人类认识维度看

当代人类社会大转型，还深刻体现在人类认识世界、社会和自我的价值取向、认识方式等方面，体现在科学、文化内结构的大转型之中。一方面人类认识世界的范围已超越了地球，达到宇宙级水平，科学借助技术的力量可发射各种人造卫星，可登上月球,可寻找类地球的新星体等,使以往的神话、童话有了"现实版"。与此同时,人类认识世界的能力还指向万物的微观世界,如对原子内结构的不断分解与捕捉,各种不同性质的粒子及其运动轨迹的发现。更令人震惊的是生命科学的微观研究直指人类生命结构的深层内核——基因图式,指向人体最复杂的大脑神经结构功能的产生机制、脑细胞的内结构等。

这些科学研究的成果及其应用,冲击、改变了近代以来形成的,以中观世界的物质与运动认识为基础的,平面的和可捉摸的世界图式,为人类提供了一个层次丰富、变化无穷、充满奇异与惊险,不确定性和可能性剧增的新世界图景。它同时深刻地改变着人认识世界的思维方式,并把认识的触角伸向人之生命奥秘的深处、人脑幽深的大海。这些改变,对包括教育学在内的任何学科的当代发展,既提出了挑战,又提供了新的思路、资源和广阔的可能空间。

科学认识内结构的转型除了在第一章已经提到的、发生在对"学科"本身规范的巨大变化以外,还集中表现在人类开始对近代以来科学的发展及其应用所带来的后果,对人自身的生存状态,以及当代人类社会存在的一系列因长期积淀而成的问题,进行批判性的反思。反思成为决定今后人类社会向何处走的重要思想力量。科学反思人与自然的关系是否应走出占有、征服型,走向和谐、共生型,反思"发展"的代价与意义,反思人的存在价值与生存方式,反思理性主义的局限和人的丰富性,反思不同文化间差异存在的意义、文化的传承与更新的关系……可以说,当今这个时代是人类认识空前地将反思指向人类自身的时期。古希腊神庙中的箴言:"人啊,认识你自己!"在今世,成为充分发展起来的科学、哲学和艺术的视野聚焦点。学科结构中马克思曾预言过的一个新的学科——"人的学科",已经以"群"的方式出现,并正在奋力生长、蓬勃发展。诞生于19世纪初的教育学可在这个中心领域"安家落户",获取学科当代发展的厚实支撑和丰富给养。有关"人"的学科群的发展,对教育学的当代发展既意味着责任,又意味着新的前景。

(三)从中国社会的特殊境遇看

当代中国社会转型的多重性,集中表现为国内社会转型与人类社会整体转型的叠加,由此使社会转型出现了超乎寻常的激烈、复杂和丰富,用中国的俗话说,生活在其中的人,十年"恍若隔世",第一次让人产生了日常生活的变化比人还"老得快"的感觉。熟悉的生活世界迅速陌生化,在经过了30多年改革开放的时间历练之后,人们对"变"不再惊慌,已习惯于把它当作新常态。

中国社会自20世纪70年代末至今并还将持续相当长时间的,以"改革开放"为变革核心词的社会大转型,之所以让人感到如此强大的冲击,除了因开放带来的中国与世界关系格局的重大变化之外,还在于其变革的深度、社会变革内部各领域的多重叠加、历史与未来在现实中的加速转换。一方面,中国要完成农业大国向现代工业的转换,这是历史意义上欠下的"落后挨打"的老账,以新标准在加速还清;与此紧密关联的是,西方工业化过程旧病在中国"复发"的加速:各种不同程度的环境污染,从河水、大气到垃圾猛增;各种不同程度的城市病,新贫民区、道路拥堵、犯罪率上升、安全系数降低等;流动人口猛增,其流向一般沿着从农村到城镇,从城镇到大中小城市,从国内到国外的路线推进。各地区的人口、各领域的人才,"漂流"成了常态,替代了以往的稳定。外出打工的大量农村青年背井离乡,带来原住地的空心化与老龄化,整体上呈现活力衰退的趋势。农村劳动力的迅速减少,农耕田因修高速公路、城市广场和房地产开发而大幅度迅速减少,失地农民增多,传统农业生产模式面临挑战。这些都是繁荣背后的问题、工业化的代价,成为当今中国社会治理必须解决的新问题。除此以外,中国还面临着信息化和全球化的挑战,由"强"本土和"入"全球的叠加所造成的独特挑战。

然而,更为艰难与深度的变革是经济体制的改革。用30多年时间形成的计划经济的稳定、强控体制,要向以多元、竞争为特征的市场经济体制转换。这一过程在激发了经济活力的同时,也唤醒了中国社会几千年缺失的个体独立意识。对物质财富、闲适、体面生活的追求,个人权利与尊严的维护意识增强,构成了中国社会当今发展的重要基础,人以及人的生存质量变化的基础。与此同时,观念与价值观的变化带来了一系列问题:各阶层不同利益的强烈诉求引起冲突,贫富差距的骤然拉大,利益、金钱至上价值观的漫延,贪污腐化猛增,暴发户不择手段敛财的丑行,诚信体系建制的滞后等,造成了社会公信度降低,道德意识衰退,乃至一些人连底线都毫无顾忌地突破等,凸显了在完善市场经济管理的同时,精神文明和核心价值观的建设,中国文化中优良传统的继承与在当代社会的活力更新,社会治理和政治体制改革等要求都不可再继续滞后。目前中国社会所呈现的状态,无论是积极的还是消极的,归根结底,都指向了当代中国"人"的进一步解放与健康发展这一核心问题。这是传统文化在代际的传承与更新,在各个领域中的健康发展,在东西方文明的交汇、冲撞中,中华民族的时代再生问题。这些问题,都成为当代中国教育学发展的生境与必须直面的问题。当代中国教育学也只有在回答这些问题的过程中,才能长出自身的与时代和本民族关联的新血脉。

二、当代中国教育改革实践的需要[1]

教育总是时代的教育，一定社会中的教育。时代、社会的各种状态，总是或强或弱，或快或慢，或深或浅，或局部或全面地对教育产生影响，并提出以社会需要为立场的对教育的要求。处于多重复杂转型期的当代中国社会，更是强烈地要求教育改革。自1985年中共中央发表第一份《关于教育体制改革的决定》，以自上而下为基本方式拉开当代中国教育改革的帷幕，至今已过了近30年。这30年的教育变局，一方面可以说风起云涌，社会变革的潮从四面八方涌入教育领域：从宏观领域的体制改革始，到素质教育、普及义务教育、课程改革、教育考试制度改革，以及近年来的教育结构调整、加强思想品德教育、实现教育均衡与平等，直至制定"教育发展（中长期）纲要"等，无一不是出自政府决策，要求下面贯彻落实。教育改革反映了政府强烈期望教育适应当今社会变革和发展的需求，达到了加速扩展教育的规模，从义务教育不断上升直至高等教育的本科、研究生教育扩招。此外，政府还用大量项目竞争的方式引导高校发展：如"211工程"、"985工程"、"2011工程"；有关人才选拔和引进的"千人计划"、"万人计划"、"长江学者"，以及地方行政效仿的各"江"、各"河"、各"山"计划。这是竞争机制在教育改革中的体现。所有这些都使我国跻身于世界"教育大国"的地位。

信息技术也以越来越迅猛的势头向教育各领域"进军"，包括进学校、进课堂，从最早的电视课堂、制作PPT，到现在大张旗鼓地宣传"翻转课堂"，中小学生用电子书包，大学生用网络查资料，林林总总，不一而足。全球化在教育领域同样越来越盛，从最初恢复选派高校教师出国访学，到现在自费留学低龄化，中小学生都可成为自费留学的选择者；国家级、省级、校级的国际交流都在加强，高校外教、外国留学生数量不断扩大；直至当今已把国际交流合作项目的数量、质量作为评估高校的指标，上海市的基础教育还参加了学生成绩国际评估体系的测试（PISA），因排名连续两次第一而引起国外热议，教育部领导刮目相看；大城市的中小学校中以"外国语"命名的学校依然增加并被格外重视，学校内办国际"班"或"部"，除香港、台湾等地区的大学和国外大学到中国大陆办学，或国外大学招生受宠之外，还带动了出国留学中介和培训产业的兴旺；不

[1] 参阅：叶澜."新基础教育"论——关于当代中国学校变革的探究与认识[M].北京：教育科学出版社，2006:99—167.本人在该书中，用三章的篇幅论述了这一方面的内容。故本书主要做一些概括性的表述和近十年发展状况的提要式补充，增加了由此引出的对教育学重建问题的思考。

少原处地区高端的高中整套引进国际课程,初中小学也创造条件,请外教、开双语课、国际理解课程等。总之,似乎与"外"、"国际"沾上了边,就有了光明的前途或"钱途"。在学术领域也呈现类似趋势:中国自然科学、技术学科的发展目标大多是对国外发达国家的追赶;社会科学、人文学科基本上还是搬运、移植,包括教育改革的理论和依据也大体如此。

这些改革开放给教育带来的多元扩展、发展与变化之加速,可以说史无前例,远远超过上世纪清末民初的办新学之势。无疑,它确有让人欣喜的实绩。然而一个最核心的问题,当代教育究竟要培养怎样的人,围绕着改变应试教育的近 30 年的素质教育虽有推进,为什么却无根本变化,在某种意义上应试教育反而愈演愈烈。在教育领域中大量存在无序竞争、无新规则制约的状态,使教育的公信度降低;民众对教育改革、学校现状所持的否定评价之众多,若与官方的歌颂成绩相比,显得格外不协调。这究竟说明了什么? 是喜还是忧?

在我们看来至少不是全"喜",亦非全"忧",更重要的是要"思"。面对变化过程中的矛盾冲突、成就与问题,作为教育学者不能无动于衷。

复杂的现实要求教育学回答一系列理论问题,诸如:

处于社会不同发展势态(平衡发展期和转型期)的教育,与社会的关系,哪些是相同的,哪些是不同的? 从这些同与不同之间,是否可找到教育与社会发展之间更为根本和全面的关系性质?

农耕社会、工业社会、信息社会的教育形态、性质、特质之区别在哪里? 共性是什么?

社会发展对教育的要求是否应由教育学甄别? 即使是合理的要求进入到教育领域必须作怎样的教育学转换,才是符合教育特殊性的要求?

教育与社会之间关系的双向性,怎样更深刻与全面地揭示? 不同发展水平的社会,是否具有不同性质与状态的关系形态[①]?

教育系统内部宏观、中观、微观之间的关系是什么? 不同层次主体之间的关系是什么? 怎么使宏观变革的决策有助于、至少不干扰、不损害学校和学生的成长、教师的

---

① 关于这一点,本学派通过内部讨论形成了"我国当代社会的教育责任"这一研究主题。目前已发表的论文主要有:李政涛. 中国社会发展的"教育尺度"与教育基础[J]. 教育研究,2012(2);徐冬青. 当代中国社会的教育基础之变革初探[J]. 基础教育,2008(3);卜玉华. 我国当代社会发展的教育责任[J]. 探索与争鸣,2014(5);等。

发展？怎样才能促进三个层次之间的共赢、互成式发展关系的形成？

怎样使学生、青少年和人的终身发展成为教育活动的核心追求，贯穿于教育系统的各个层面？

……

所有这些"问"，都要求当代中国教育学者投入到教育学发展的研究之中。

我们的研究优势是身处大潮之中，对当代社会变革与教育变革的密切关系有切身体验，而非只是旁观。我们确实碰上了千年难逢的大机遇。然而，挑战也正在于此：我们身在其中，除了要看清与变革相关的一切，还须要看清自己；看清已有的教育学，包括已呈现为著作的作为理论或学科存在的，与在自己头脑中有关教育与教育学的信念、观念和理论的局限，我们需要回溯教育的本源，深入到改革的实践之中，在参与改变当代中国教育的实践中，体验、认清教育内在的关系与逻辑；在各种观念的碰撞、现实成就与问题等实存现象的拷问下，深化对一系列教育命题的思考，乃至重新认识。这是作为教育学者和教育学，需要也可能作出本学科认识更新的时代，是以教育学者的教育学观和对教育认识的更新，作为必要前提条件的交互更新过程。在一个变化激烈的时代，人的观念和行为自我更新到什么程度，某一领域（包括学科在内）的变革与发展方能达到什么程度。这就是我们所言的"学术自觉"的重要构成。

三、当代教育学自身发展的需求[①]

本章第一节中，我们主要从否定教育学作为独立学科存在必要与可能的观点中，看出了中国教育学自身存在的问题，这些问题并不能构成可否定教育学独立性的理由，而是指出了当代中国教育学发展的状态，以及要提升学科独立性所必须面对的任务。世界上任何学科的发展都有一个从前学科到学科，再到成熟学科的过程；都有从思想、知识积累到形成相对系统的理论体系，再继续生长、产生不同内生学科群，且因与其他学科交叉而构成外生交叉学科群等多性质的相关学科群的过程。研究对象越是复杂的学科达到成熟所需要的时间相对更长，但却并不妨碍这些学科内分化和外交叉生长的速度。教育学经历了两百年后，中国特别在近 30 年来的教育学，由一门学科发展到多学科群的过程，是一个例证。

---

① 有关这一问题，本人已有系列专题论文谈及（参阅本书导论中列出的相关参考资料），在此只作概括和补充性的个人观点阐述。

（一）教育学科内外结构现状分析

目前中国教育学科作为一个群的结构状态,可用下面两图简单表示:

图 3.2.1　教育学科群内结构图

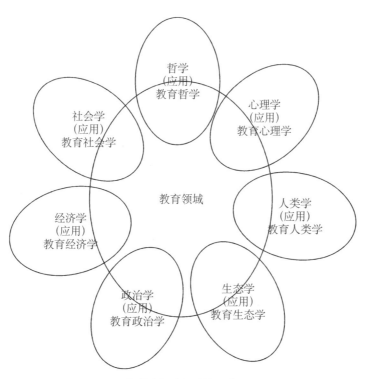

图 3.2.2　与教育领域相关的外学科群结构图

两图的分列表明,在中国当前的学科分类中,教育学一级学科名下的学科(非全部,取有代表性的)应分为两种大不同的学科群:其一,简称为"内学科群",它是由原单一学科的教育学之分化与具体研究对象的特殊化,以及从时空两个维度作研究而生成的。这对熟悉教育学科的人而言,不必多作解释。其二,可简称为"外学科群",其中"外"字含义有二:一指它们的名称中虽都有"教育"一词,但其实质是教育学外的其他学科以本学科的立场、原理和方法,对"教育"(而非"教育学")这一领域进行研究的系统化理论表达。该学科性质是其学科的应用学科。但因其都涉及到教育领域的研究,可把它们组合成与教育领域相关的外学科群,以区别于用教育学立场和视角,对教育领域进行研究的内学科群。"外"的第二个含义是要强调,这些学科与教育学内学科群的关系,并非交叉关系,因为在这些学科对教育的研究中,基本未涉及教育学知识。这一方面有教育学自身相对薄弱的原因,更重要的是,正如第一个"外"所指出的那样,它们在创建这些学科时,其目的就是把本学科运用到教育领域,以形成本学科的应用层的构成,丰富其母学科的发展,并非旨在与教育学形成交叉学科。

可以预见,随着更多学科的诞生和不同学科对教育领域研究兴趣与需求的提升,还会有更多的此类学科诞生,不可穷尽。但在这点上,教育学不要"自作多情",或想着"借光"、"撑市面"。"光"是借不到的,"市面"也是撑不起的。相反,这类学科越多,教育学却不去关注自身的发展,那么,教育学无用、消亡的呼声就会越多、越高。指出这一点并非认为,外学科群对认识教育现象和发展教育学没有意义,这是问题的另一个方面。我在此提醒的是一个一贯被混淆的认识,给教育学研究一个警示。这些外学科群是与以教育学为母体的教育学应用学科群并列的学科群,而教育学是与"外学科群"的"母学科"并列的学科。指出这一点,不是为区别学科地位的高低之辨析,而是明确分类标准的辨析。尽管这个分类还是粗疏的,但纠正了一个以往重要的分类标准误置。不过,如若这些学科都以教育学为母学科开展相关研究,则其性质就有两种变化可能:或成为教育学的应用学科,或成为名副其实的教育学与其他学科的交叉学科。遗憾的是,这样两种可能在目前的中国教育学科群中均尚未变成现实。由此可见,目前的教育学学科群中,缺乏以教育学为母学科的外学科群。即使有也尚薄弱。如原先的各类学科教学法,现在努力想把这些学科提升为学科教育学,但就现状来看,与"教学论"之间还未形成有机结合,离成熟的不同学科教学论群的构成尚有距离,更难说达到期望的学科教育学目标。究其原因,首先是教育学作为整体的一门学科的建设滞后,或在"消解"声中被忽视。这里涉及对图3.2.1的进一步研究。

图3.2.1表明教育学内学科群已构成。它由四种不同维度组合:一是原先统一的教育学分化成几门学科;二是原先统一的教育学因教育系统内不同学段教育及与普通

教育不同的职业教育之特殊性要求而细化的、各学段教育学与职业教育学,在此可以看出"学制"是贯穿这一分类的主线。三是原先统一的教育学因教育活动开展的场域不同而分别研究形成的分支学科,如学校教育学、家庭教育学,还可以有校外教育机构教育学及社会教育学等。以上三组都是以教育对象总体的内分解为基础的分支学科研究,是长在教育这棵大树上,且以教育学整体研究为基础而开展的。第四个维度是从超越当代中国教育学时空维度的教育研究。以时间为维度的有教育史研究,这是指向过去之教育的史之研究,其中包括中国和外国(还可以国别区分),若是时间维度指向未来,还可以有未来教育学。这两种以时间维度划分的学科,其性质还有两类,一类是以其他学科为母学科的研究,应列入图3.2.2之中;另一类是以教育学为母学科的研究,应列入图3.2.1之中,如在"文革"前已形成的教育史研究传统,是以教育学的研究框架为主,运用史学方法形成各种教育史。这一情况还可以从教育学系本科的课程开设之先后排列为佐证:一般都要求在大学一年级先开教育学,二年级才开教育史。理由是教育学是基础学科,有了教育学理论认识,学习教育史容易。① 从这个意义上,我们也可将教育史当作是教育学与史学的交叉学科。在空间维度上,可构成比较教育学的学科群(近年来又发展出国际教育学这一新学科),其特征是以比较研究的方法研究不同国家或地区(如亚洲、欧洲等)之间的教育发展问题等。比较方法在教育学分支学科和总学科研究对象内的任何一个领域都能运用,构成了与教育和教育学有密切关系的学科群,在一定意义上是教育学对不同社会环境空间的教育之比较研究的特殊发展。

如此的内、外结构状态分析,可以得出的结论是:今日之教育学不存在开放不够、缺乏分化的问题。真正的问题是"三个缺乏":教育学作为学科的边界太过宽泛,甚至有人视之为"领域",故而缺乏内立场的、对教育领域整体式的教育学研究;缺乏教育学基本概念与理论的深度研究和基础性共识,继续把其他相关学科的理论直接作为教育学的理论,或停留于把这些理论层次不作教育学视角的转化、整合与深化;缺乏教育学研究因对象与目标特殊性的方法论研究和方法论原则。

---

① 本人对此有两次切身体会。一次是在1958年进教育学系当本科生时,课程就是这样排列的。二是20世纪80年代初,我担任"教育概论"的本科生教学任务时,曾向系主任提出要求,建议本科先开教育史,再学教育概论,理由是教育史会对教育不同历史时期的展开作相对具体、生动的阐述,有助于"教育概论"学习时对理论的理解。但这个建议到华东师范大学上世纪末取消教育学系本科生为止,一直未被采纳。可见相关认识在制度上确认之稳定。

以上都是基于当今教育学科结构现状的分析。三个缺乏归结起来的核心问题是：教育学应以提升学科独立性和具有当代性的转型发展为当务之急。唯有母学科和基本理论的建设提升并做强了，教育学才可能形成以教育学为本的应用学科群。教育学要培养自身进入其他领域研究的意识和能力，而不是把"别人园地里的菜"拿来当自己的"果"。唯有母学科和基本理论的建设提升并做强了，教育学才可能与其他学科形成交叉学科，而不是误把其他学科与教育领域相关的应用学科当作交叉学科。

（二）教育学科与其他学科关系性质的澄清[①]

以上讨论实际上已涉及这方面的认识误区，在此需要进一步明确的是：

1. 什么是教育学研究的内立场[②]

所谓内立场，显然不是指政治意义上的，阶级、阶层、政党、国家等意义上的立场，也不是经济利益意义上的企业、集团等立场，而是指一个学科自身具有的立场。任何一个学科，即使再开放，也不能没有学科边界，有边界就有内、外立场之别。如前章所述，皮亚杰在讨论学科与前学科或不成熟的学科形态之区别时，首先强调的是划界，再开放也不能无边界。学科没有划界就没有内外之别，也无所谓学科的交叉与综合。学科的划界犹如生命体的细胞必须有细胞膜，但这并不妨碍它与外界交换和与其他细胞联合，构成更大的整体，同时在整体中依然保存着自己，发挥自己的独特功能。事实上，当代科学再成熟，拥有再多交叉学科，都不会取消各科学的界线与内立场，无论是自然科学还是社会、人文科学。所以，把提出教育学的划界，确立内立场的研究与封闭、保守划等号，缺乏理论和实际依据。

学科内立场是由该学科的研究主体为建构和发展学科而确立的。就教育学发展过程中出现过的形态来看，不同的研究主体在内立场的选取上有区别，如：赫尔巴特的《普通教育学》，是以学校教育为核心的建构，他把需求教育学的对象定为教师，是为学校教育和教师而建构教育学。杜威与教育相关的多本著作[③]，主要是从社会需求和儿童状态两头出发，汇聚到对教育是什么，教育目的、学校中的主要课程与价值，经验与教育的多重关系，反思性思维的培养与教育目的之关系，以及如何在教学中开展思维

---

① 参阅：叶澜. 教育研究方法论初探[M]. 上海：上海教育出版社，1999：128—304. 与此相关的内容，本人在《教育研究方法论初探》一书中，曾分三个层次、用三章作过相对系统的论述。

② 有关这一问题的详细研究，参阅：叶澜. 当代中国教育学研究"学科立场"的寻问与探究[C]//叶澜. 立场（"生命·实践"教育学论丛第二辑）. 桂林：广西师范大学出版社，2008：1—38.

③ 杜威没有写过以"教育学"命名的著作，但在他的著作中有集中讨论教育问题的内容。其中较有代表性的是：《民主主义与教育》、《经验与教育》和《学校与社会·明日之学校》等。

训练等。其关注的核心也在学校，但是把社会与个体联接起来研究，而不是像卢梭那样，完全以个体生命成长为主线的对个体教育的思考（以小说体的方式表达）。自 20 世纪 50 年代始，对中国教育学界影响较大的凯洛夫主编的苏联《教育学》，也把自己的核心研究领域定位在学校教育活动的整体范围内。由此可见，只要有学校这样专施教育职责的机构存在，研究学校教育的内在活动之诸多构成与过程，对其作出理论的提升与概括，是教育学内立场不可或缺的构成。

突破将教育局限于人生某一阶段和正规学校的局限，从人的一生发展与教育的关系出发，以教育整体为研究对象，并产生世界性影响的教育学论著是法国朗格朗的《终身教育引论》①，作者尽管也是以人的发展与教育的关系为探讨核心，但与 18 世纪卢梭的最大不同是，朗格朗将人的发展与教育的关系延伸至终身，以当代社会与传统社会的区别为背景，提出人的发展的终身性与教育的终身性，并关注到了基础教育的状态与人成年后的发展之密切关系。近年来较受我国教育学界关注的德国底特利希·本纳所著的《普通教育学》②，尽管沿用了与赫尔巴特教育学同样的名称，但就其内容与结构而言已大不同，在一定意义上，我们可将其视为以教育基本原理为主的，包含着教育学元研究层面的著作。③

以上十分简单的列举只是想说明，"内立场"并非是凭空设想，它实存于历史和当今的教育学研究之中。在国内也是如此。④ 还可以进一步看出：今日之教育学内立场的形成和教育学、教育基本理论的研究，需要有对教育学本身的元研究作基础，使其形成在学科建设意义上的当代发展。同时也表明要求确立教育学的内立场，只是与外立场作区别而已，并不是也没有必要和可能，限制教育学研究者选择各自的研究视角与核心领域。现在的主要问题是外立场强劲、内立场模糊，迫切需要研究者提升相关的学科建设"自觉"。

最后，教育学的内立场对于中国教育学者而言，还包括以本土文化资源、学术积淀、实践发展为基源的教育学研究，这是教育学在中国近百年来相对薄弱的一个方面。对国外教育学研究问题与成果，包括方法与范式的大量、追赶式的引进，乃至直接搬

① ［法］保尔·朗格朗. 终身教育引论［M］. 周南照、陈树清，译. 北京：中国对外翻译出版社，1985.
② ［德］底特利希·本纳. 普通教育学［M］. 彭正梅、徐小青，等，译. 上海：华东师范大学出版社，2006.
③ 从该著作的副标题"教育思想和行动基本结构的系统的和问题史的引论"，就可看出其研究倾向。
④ 国内较早且持续对教育学问题、学科独立性问题等开展研究的，仅在华东师范大学就有：瞿葆奎. 教育学的探究［C］. 北京：人民教育出版社，2004；陈桂生. 教育学的建构（增订版）［M］. 上海：华东师范大学出版社，2009；等.

用,事实上已成为近百年中国教育学发展的惯习。21 世纪始对此的反思与突破有进展,但未根本改变,在建树上更需化大力气推进①。

2. 教育学与其他作为理论基础的学科之关系性质

教育学要有自己的内立场和母学科,但它不可避免地需要许多其他学科的支持,历史的发展越来越清晰地表明了这一点。这种结构形成的根本原因在于:教育本身构成与过程的全部复杂性。越是追求从整体上阐明教育是什么,越是追求教育基本理论的明晰与深度,就越是需要有更多的其他学科作为形成教育理论的基础,这对从事这一研究的教育学者来说极具挑战性,当然其本人也会因此而获得自身精神世界的丰富和认识视野的拓展。

最初被认识到的学科是哲学和心理学,至今教育学的发展还始终与这两个学科的发展密切相关。近代以来被提到较显要地位的是伦理学和社会学,这在赫尔巴特时期已表现出来,而后社会学的影响因其自身的发展而加强。就当代而言,相关的学科又增加了其他社会科学、人文科学和自然科学,其中人类学、文化学和生命科学、脑科学、数量工具方面的学科更为突出,还有关于文化、生态、系统科学等多类综合性(或内容,或结构,或方法)学科,几乎达到各类学科与教育学全相关的程度。因此,我们有必要从另外两个维度,来区分或建构教育学与这些学科的关系性质。

一个维度是从与教育活动本身及其最基础的构成,如"人"、"社会"、"活动"等研究相关的学科。然而,这些相关学科的集合方式,并不是以形成的"学科"为单位,而是需要教育学者分别围绕上述主题词,经过对不同学科在不同层次和角度上提供的相关认识,作出分析、综合,形成自身关于该主题词的丰富的、非从某一学科中直接引出的理论作为基础。如关于"人",哲学、心理学、生理学、人类学、文化学、脑科学,包括文学中的主题和文学评论、各种艺术,都在研究和表达人的各个方面,乃至在揭示人性的本质。对于教育学来说,一般都认同:人既是教育的对象,又是教育的目的,所以教育学

---

① 有关这一问题,本人已在多篇论文中涉及,在中国教育学各门学科的百年发展回溯中,都能看到对这一现象的论述。尽管在 20 世纪初引进西方教育学是一个重要的开始,此后的持续关注和译介也不可缺少,但成为一种惯习和依赖就成问题了。这是由中国社会近代化的后发性决定的过程,但不应是一百年后还不努力改变的局面。中国有自己悠久的教育历史和思想,现实中有丰富的教育实践和问题。中国教育学的建设只有在本土内立场的前提下才有可能。详细参阅:叶澜. 中国社会科学·教育学卷[C]. 上海:上海人民出版社,2005. 其他学者的相关著作有:郑金洲、瞿葆奎,等. 中国教育学百年[M]. 北京:教育科学出版社,2002;等。关于教育学在走向本土过程中出现的问题与生成性研究,可参阅:吴黛舒. 生成中的中国教育学研究[M]. 北京:中国社会科学出版社,2012;等。

者不能在对"人的问题"没有认识的基础上,深入思考教育领域和教育学里的"人的问题"。除非你直接认同、甚至搬用某一种人学观点,或从已有的教育学中选择有关人的认识。即使是用最后一种方法,教育学者还要回到你所认同的教育学中有关人的认识是什么的问题上,以清晰成为教育学构筑自己理论的人学基础。对"社会"、"活动"的认识也是如此。

由此可见,教育学的理论基础,不是由现有其他学科直接相加组成的"团",而是需要教育学研究者从不同学科中,作出与研究主题相关认识的重组与整合,这是本学派与以往观点的一个重要区别,它意味着,教育学科的独立性在学科理论基础的构建时就需要体现,而不仅仅是在学科内研究中体现。这很难,但在我们看来,必须开始。

就知识性质而言,从作为学科理论基础的确立始,教育学就是一门伫立在八方知识汇集点上的学科。没有任何一门学科能直接成为或穷尽教育学所需要的理论基础。教育学理论基础本身,是在教育学者对教育活动的基本构成作出辨析和基本判断后,对相关领域的知识进行主题式重新整合的结果。这是一个类似蜜蜂"酿蜜"的复杂过程。一旦教育学对教育本身基本构成的认识或者构成关系的认识发生变化,一旦相关领域的学科知识发生更新换代式变化,教育学理论基础的构成与内涵必然要发生新变化。由此亦可进一步说明,教育学不可能通过哪一门学科的应用来组成,连它的理论基础都不可能用这样的方式来构建,何况是基本理论本身。

另一个维度是由形成教育学的研究过程所决定需借鉴的:包括哲学、自然科学和社会、人文科学等学科研究的方法论,系统、复杂科学的方法论;学科发展的关键性转折、跃迁等特殊阶段的特征,如何形成范式的转换等;还包括如何形成研究对象、构建命题系统的逻辑等。此外还有与各种发现、突破、形成风格等创造性活动相关的研究,不只是思维方法的,还包括创造的精神和特质。显然,这几乎可以从任何一个学科中抽绎获得,还可从任何成功的出色的科学家、艺术家、学者的研究史和成长史中获得启示。这一维度的理论基础与前一维度相比,更具形式、结构、方法论的抽象特质,对教育学的发展具有更深层次的影响力,尤其当教育学面临着范式重建的历史性任务之时,更是如此。它的构成同样需要教育学研究者去建构,同样随时代、人类认识和不同学科的发展而变化。

上述两个维度对教育学与其他学科关系性质的分析,使我们意识到:停留在八方汇聚中心点上的教育学,只有建立了自己的中心点,才能与各种学科建立起真正有助于学科独立性形成的,有意义的、内在的、多层次的关系,意识到当代教育学建设的内涵之丰富与任务之艰巨；意识到真正建设起来的、作为独立学科的教育学，正由于其处于各类学科的交汇点上，故不仅能从不同学科汲取资源，且完全有可能因对教育的深度研究，达到对人类有关自身、社会和活动的认识，作出教育学意义的贡献。这需要几代教育学者持续、有方向的努力。

四、行进中的当代中国教育学及我们的追求

教育学是一门时代学，每个时代的教育学人都处在对本时代教育学理论重建的时空中，重建不是推倒重来，而是让历史继续，让学术呈现出时代风貌，用时代的精神、创造、发展使传统呈现出新的活力。当代中国教育学人需自觉地承担起这份时代责任。

（一）当代①中国教育学人重建教育学的进展历程概述

通过对上世纪 80 年代中国教育学发展的整体反思，我们看到历史遗留下来的教育学发展的一些根本性问题，如教育学的独立性所涉及到的一系列问题，尚未得到充分的展开式研究，更难说取得了学科进一步发展所必须的基本共识。但是，回望近 40 年的历史，在一批执着和有追求的中国教育学人努力下，当代中国教育学已打破了禁锢思想和学术的坚冰，一步步地从各自不同的方向、维度和关注重点，进行着当代中国教育学的重建。依本人关注和阅读的范围，在此期间，中国教育学的发展可分为三个阶段②：

第一阶段：20 世纪 70 年代末到 80 年代上叶，这是中国当代教育学的初创阶段。基本特征为：对"四人帮"在教育学领域中毁灭性破坏的批判，对中华人民共和国建立以来"极左"思潮在教育学领域中的初步反思，以及学界不同观点的讨论，开始重新建设师范大学所用的新的《教育学》教材。其中率先推出并立即被广泛使用的是刘佛年主编的《教育学》。③

---

① 关于时代的划分和定名（全球性的和中国的），历史学家有不同的观点，教育学中也是如此。本人参阅了各种观点，按社会发展的性质判断，将中国社会发展分为远古时代（指史前时期）、古代（中国有朝代记载始到清朝结束）、近代（清末酝酿，以民国正式建立始，到 1949 年）、现代（1949—1976）和当代（1976—），不同于大量教育学著作把改革开放后的中国也称为"现代"，旨在标示新中国建立后两个历史时期的重要区别。特此说明。

② 本人关注和阅读的范围因精力和关注点的局限，肯定不会全面，但大致可形成一个有关改革开放以来教育学发展的脉络和阶段。较为详细的论述相关问题的专著，可参阅：郑金洲，瞿葆奎，等. 中国教育学百年[M]. 北京：教育科学出版社，2002；叶澜. 中国社会科学·教育学卷[C]. 上海：上海人民出版社，2005；张斌贤，楼世洲. 当代中国教育学术思想研究（1949—2009）[C]. 北京：中国社会科学出版社，2011；等。从几本书的材料比较、观点梳理和不同编著者的观点异同，亦可略见，故都只能作一家之言的参考。

③ 上海师范大学（这是文化大革命期间华东师范大学与上海师范学院等几所学校合并后的名称，不是指现在的"上海师范大学"，特此说明）《教育学》编写组. 教育学[M]. 北京：人民教育出版社，1979.

该《教育学》以 1963 年完成的《教育学（讨论稿）》为原本,呈现出上世纪 60 年代条件下探索"社会主义教育规律",总结教育经验,力求包容古今中外优秀教育思想的努力。尽管编写者在 70 年代末已清楚 60 年代的局限与不足①,但因师范大学恢复教育系和教育学课程的教学急需可用教材,只能以正文不做修改,用"前言"说明文本诞生的背景,就当时来看存在的立场、观点与论证等方面的不足,再加上分别标为"教育与经济发展"、"电化教育"、"美育"等三个附录,以补充编写组已意识到的在现形势下全书不该缺少的部分。这本著作今日再打开重读,确实会明显看到理论上的问题:意识形态对中国教育学编写的渗透,学理、概念等方面不够严密,以及 50 年代苏联教育学影响的深痕。但这是一段不可抹去的历史,也许正是实际需要造成的仓促,让这份封存了近 20 年,花去了我们老一辈不少心血的、对教育的觉悟与认知的结晶终于面世,成为一份"遗产",让我们后人可从中汲取思想、经验,包括深刻的教训。然而,这本著作更让人感动的是作者坦荡的胸怀和追随时代进步的自觉努力精神。他们毫不遮掩地坦言自己的不足,他们以最快的速度补充了当时的新认识,一个前言、三个附录,就是这种胸怀与精神的具体表现。它让我们对老一辈学者的人格保持敬意。② 今天,这本已不大能从书店和图书馆找到的著作,记录了历史的沧桑,也让我们看到了当代中国教育学建设历程启航的起点。

随后的 80 年代初,出版了两本《教育学》著作。一本是由华中师范学院、河南大学等五所师范院校教育系共同编写的《教育学》③(以下简称"五校本"),此教材反映了粉碎"四人帮"后,相关师范院校为教育学教科书尽早更新,以满足师范大学公共课教育学需要而作出的合作努力。王汉澜、王道俊、郭文安等教授为此书的成形和出版作出了大的贡献。本书正式出版后短短三年就印了一百万册。五校本已将上海师大本中的附录部分列为正式章节,突出了对教育本质和目的的阐述,将学校领导与管理专列一章,根据师范生毕业后要承担中小学教育的需要,增加或增强了有关不同年龄段学生年龄特征与教育、教学的相关内容(共三章,占全书近 1/3 篇幅),形成了公共课教育学教材的基本框架。这是一本被当时各地方院校、师范大学广泛使用的读本。

---

① 参阅:上海师范大学《教育学》编写组.教育学[M].北京:人民教育出版社,1979:"前言"1—4.
② 2014 年是刘佛年教授百年诞辰之年,仅借此段论述,表达本人作为后人的诚挚敬意和深切怀念。
③ 华中师范学院教育系,河南大学教育系,甘肃师范大学教育系,湖南师范大学教育系,武汉师范学院教育教研室.教育学[M].北京:人民教育出版社,1980.1982 年即修订出第二版。

1984年,南京师范大学《教育学》编写组完成了一本新的《教育学》的编写与出版①(以下简称"南师本"),该书在80年代编写的试用本基础上作了较大幅度的修改,历时四年,其追求的目标是提高科学性、逻辑性、理论与实际的联系,"力求反映教育实践和教育理论方面出现的新情况、新问题和取得的新进展",并将其定位于供高等师范院校教育系的专业基础课使用。② 此书与前两本相比,明显增强了教育学教材作为专业基础课的理论含量,突出体现在专设一章论述"教育学的对象与方法",在教育的本质之后,紧接着分别论述了教育学中被称为两大规律的"教育与社会发展的关系"和"教育与人的身心发展的关系";把"教师与学生"合列在一章中,再次体现了关注"关系"研究的理论特征。此外,还增设了"智育"和"劳动技术教育"两章,与德育、体育、美育并列为"五育",形成了教育学中"五育"并列的分析框架。然后,该著作又再从学校工作的维度,分设了"教学工作"(将前两本教材中的"电化教学"专章去掉,改称"现代教学技术",列为"教学工作"中的一节)、"课外教育工作"、"学校教育制度"、"学校管理",共计七章。从上述全书框架的简析中,除了可以看出其加强理论的意图外,还可以看到有意识地将理论研究与学校实际工作领域分别阐述的策划。这也是一种突破苏联"教育学"四大块结构的努力,由此我们看到以鲁洁教授为代表的南京师范大学教育系编写组令人敬佩的理论勇气,他们至少让大家意识到:教育学还有许多理论问题要探讨,新的重建还只是开始。

　　本人较为详细地介绍了当代中国教育学开创期较有代表性的三本著作,意在让我们都记住,这些为新时期"教育学"重建的破冰式团队和团队代表人物的精神风貌与探索勇气,不忘记中国新时期初生"教育学"的不同样态与共有底色。只有记住了这些,我们才会看到今天走到了多远,明晰继续远行的方向和增添勇气。

　　第二阶段:自80年代下半叶始,主要集中于90年代的发展阶段。

　　80年代下半叶,新时期教育学经历一段发展的酝酿。一方面,内学科分化已普遍化,所谓的交叉学科开始了大量创生的阶段。国外教育学及其相关学科的译介,尤其是以美国、日本为主要来源的著作开始不断进入教育学者视野,联合国教科文组织的一些相关教育和教育思想的著作,也开始成为学者关注的国际学术资源。此后,这样的发展趋势渐成常态,不断增加与更新,持续至今。另一方面,作为一门学科的教育学之发展,也处在酝酿期,除各师范院校联合或自编教育学教材的热情持续发酵之外,学

① 南京师范大学教育系. 教育学[M]. 北京:人民教育出版社,1984.
② 参阅:南京师范大学教育系. 教育学[M]. 北京:人民教育出版社,1984;"前言".

者们的研究在加强专题和从不同角度探究教育学发展的共同目标下,出现了不同的取向。一部分将重点指向按专题选编大型《教育学文集》①,一部分指向按专题深化研究,一部分转向教育学的当代研究,一部分转向对教育学本身,包括历史、方法论、理论逻辑、学科性质、概念命题等,被称为元教育学及教育学的元研究。② 这些研究都为上世纪 90 年代教育学理论的发展作了酝酿。

与 1980 年代相比,1990 年代中国教育学的发展出现了十分不同的景象,上述酝酿都逐渐以成果的方式呈现出来。如:关于现代教育的研究,1992 年河南教育出版社出版了成有信主编的《现代教育引论——现代社会·现代教育·现代人》③,"现代"成为该书名副其实的主题词,体现出清晰的专题研究色彩。由黄济、王策三主编的《现代教育论》④则从现代教育的基础、基本问题、研究方法和展望四大方面,对教育理论作了现代性意义上的系统探讨。1991 年刘佛年主编了《回顾与探索——论若干教育理论问题》⑤,这实际上是华东师范大学老、中、青三代学者,各自在这阶段重点深入研究的专题成果之汇集。文集在时空上涉及到古、今、中、外的教育,在内容上有许多在当时来说国内十分前沿的论题与论点。如:教育与人口、文化的关系,我国传统教育与文化的关系,教育观念、学习理论、认知策略、学制改革、课程改革、评价理论的研究与实践等,确实体现了"回顾",尤其是新的"探索"的特点。这些主题现在已成为研究重点、热点的事实,证明了相关研究在当时的前沿性,以及对打开当代中国教育学研究新观点与新领域的引领价值。在此期间还出版了一批"教育概论"、"教育原理"等方面的著作⑥,

---

① 该文集由瞿葆奎主编,共计 26 卷,是中华人民共和国成立后第一部教育学大型文集。文集编选自 1985 年始,自 1988 年始陆续出版。现已成为国内从事教育学研究的重要参考文献。

② 元教育学和教育学的元研究,尽管都以教育学本身为研究对象,但在取向的重点上有区别,前者更重概念、命题性质和理论的科学性意义上的提高,旨在确立评价教育理论的一套科学标准;后者更重对教育学发展过程中的一些重要问题,从理论和历史结合的维度,作批判性反思和建设性探索。本人在这方面的研究属教育学的元研究一类。

③ 成有信主编. 现代教育引论——现代社会·现代教育·现代人[M].郑州:河南教育出版社,1992.

④ 黄济,王策三. 现代教育论[M].北京:人民教育出版社,1996.

⑤ 刘佛年. 回顾与探索——论若干教育理论问题[C].上海:华东师范大学出版社,1991.

⑥ 除本人在 1991 年分别由人民教育出版社和华东师范大学出版社出版的《教育概论》(该著作 2006 年由人民教育出版社出修订新版)、《新编教育学教程》(该著作由本人主编,本人与丁证霖编写)外,还有:安文铸. 教育科学与系统科学[M].长春:吉林教育出版社,1990;刁培萼. 教育文化学[M].南京:江苏教育出版社,1992;陈桂生. 教育原理[M].上海:华东师范大学出版社,1993;金一鸣. 教育原理[M].合肥:安徽教育出版社,1995(该著作 2002 年由高等教育出版社出修订版 2 版);胡德海. 教育学原理[M].兰州:甘肃教育出版社,1998;王道俊,王汉澜. 教育学(新编本)[M].北京:人民教育出版社,1999(该著作 2009 年由人民教育出版社出版了王道俊、郭文安主编的第四版新编本);等。

在视野、方法论、理论逻辑等方面都有不同程度的突破与重建,并普遍加强了对教育学的元研究。在"教育学"著作中,大多增加了关于教育学是什么的章节,其中最为突出的是胡德海著的《教育学原理》,用一编四章、占全书近 1/3 篇幅写了"教育学概论"①。元教育学研究②和教育学的元研究③方面,也出版了不少重要的著作,这些著作使对中国教育学本身的研究,成为教育学整体研究中新的、十分重要的构成。纵观 1990 年代中国教育学研究,我们看到的是多靶式、探索性的突破与发展。国内几所重点师范大学的教育学研究,逐渐形成了自己的关注点与特色。

第三阶段:2000 年始至今还在延续的深化、重建阶段。

新世纪伊始,中国教育学人的研究出现了新的气象,其生长式的表现,不在枝叶的繁茂,而在研究意识增强后研究主题的不同方向的深化。

"深化"在我看来主要表现在如下几个方面:

第一,沿着 1990 年代开辟的领域深化。如:教育与文化关系的研究④;对一系列重要教育理论问题不同意见的辨析,开始在教育学著作中得到聚集和讨论⑤;教育研究的方法与方法论也成为不少教育学著作的构成,并汲取了当代新的方法论资源,如复杂性研究⑥;

---

① 参阅:胡德海.教育学原理[M].兰州:甘肃教育出版社,1998:1—172.

② 如:瞿葆奎主编.元教育学研究[C].杭州:浙江教育出版社,1999;陈桂生."教育学视界"辨析[M].上海:华东师范大学出版社,1997;陈桂生."教育学"辨:"元教育学"的探索[M].福州:福建教育出版社,1998;陈桂生.教育学的建构[M].长沙:湖南教育出版社,1998(该著作 2009 年由华东师范大学出版社出增订版);等。

③ 如:安文铸.教育科学引论[M].南昌:江西教育出版社,1997;陈桂生.历史的"教育学现象"透视——近代教育学史探索[M].北京:人民教育出版社,1997;叶澜.教育科学元研究丛书(自 1999 年开始出版,至 2001 年完成,共计 5 本,均由上海教育出版社出版);叶澜.教育研究方法论初探[M].上海:上海教育出版社,1999;王坤庆.20 世纪西方教育学科的发展与反思[M].上海:上海教育出版社,2000;金林祥主编.20世纪中国教育学科的发展与反思[M].上海:上海教育出版社,2000;夏正江.教育理论哲学基础的反思——关于"人"的问题[M].上海:上海教育出版社,2001;李政涛.教育学科与相关学科的"对话"[M].上海:上海教育出版社,2001。

④ 如:石中英.教育学的文化性格[M].太原:山西教育出版社,1999.

⑤ 如:郑金洲.教育通论[M].上海:华东师范大学出版社,2000.该著作在每一章中,若对同一问题有不同观点,都加以整理和提出作者自己的评析,构成了本书的风格。此外,还专列一章"中西教育传统",这是关注本土文化、教育思想资源,将其纳入教育学中的尝试。

⑥ 如:王北生.当代教育基本理论论纲[M].北京:人民教育出版社,2012.该书在关注有关基本问题不同观点的同时,还注意吸收新的观点、知识与方法论,如将教育学的立场,本质主义与反本质主义的争论,教育价值的冲击,教育与生活结合,后现代主义、复杂理论、现象学、解释学等与教育研究的关系都纳入其中,较集中地反映了当代中国教育学研究的前沿性问题与观点。这是一大特点,也构成其风格。

元教育学和教育学元研究等都在继续发展①。其中，于述胜从学术史的视角，提出了"重塑中国教育学的自我意识"的命题，认为唯有开展教育学术史，而非"教育学史"的研究，方有可能将中国古代的传统教育学术，纳入到现代教育学研究的视野中，"从而在传统教育学术与现代教育学之间，建立起一种互动对话机制和思想交流平台"②，努力为古代中国与近代中国教育学术研究之间的直接连接打开通道。

第二，教育学研究逐渐突显关注生命与作为主体的个人。2000年在本人和郑金洲、卜玉华合著的《教育理论与学校实践》中，就专列了一章"教育的生命基础"③。2004年，刘志军等出版了"生命教育丛书"④。此外，还有冯建军的《生命与教育》⑤。

2001年，冯建军著的《当代主体教育论》由江苏教育出版社出版，将20世纪80年代以来有关人的主体问题的研究，集中到教育学领域之中。2005年，王道俊、郭文安主编的《主体教育论》出版⑥，文集汇编了自1989年起至2005年华中师范大学发表的相关论文，涉及教育学相当广泛的领域，体现出华中师大作为主体教育论研究重镇的地位。郭文安在前言中道明了主体教育论研究的重点，指出"主体教育理论具有范畴和方法论性质，这个问题的变革将会深刻地影响教育理论与实践的方方面面的变化与革新"⑦。此外，还有以"教育人学"为书名的著作问世⑧。

第三，教育学理论研究与当代中国教育改革实践研究的多层面沟通。表现在有的

① 如：瞿葆奎.教育学的探究[M].北京：人民教育出版社，2004；此外，瞿葆奎、郑金洲还主编了《20世纪中国教育名著丛编》，共计50本。这套丛书为研究中国教育学研究20世纪的历史提纲了上半世纪文本系列资源。

② 于述胜.中国现代教育学术史论[M].北京：中国社会科学出版社，2012：36.书中同页，对"教育学术"的表述是："所谓'教育学术'，简单地说，就是关于教育的学问和治学之道。我们可以说中国古代没有教育学，却不能说那时没有关于教育的学问和治学之道；我们可以说古代教育学术没有独立化和专门化，却不能说那时没有关于教育的学问和治学之道，没有自己独特的学术理念、治学方式和知识统系，尽管它与其他学问处于未分化的状态之中。"

③ 叶澜，郑金洲，卜玉华.教育理论与学校实践[M].北京：高等教育出版社，2000：135—164.

④ 2004年，刘志军等由中国社会科学出版社出版了"生命教育丛书"，共3册：刘济良，等.生命的沉思[M]；王北生，等.生命的畅想[M]；刘志军，等.生命的律动[M].

⑤ 冯建军.生命与教育[M].北京：教育科学出版社，2004.

⑥ 王道俊，郭文安.主体教育论[C].北京：人民教育出版社，2005.

⑦ 王道俊，郭文安.主体教育论[C].4.说明：书中的教育主体主要指学生主体。此外，华中师范大学人的相关著作，还有：王坤庆.精神与教育[M].上海：上海教育出版社，2002；涂艳国.走向自由——教育与人的发展问题研究[M].武汉：华中师范大学出版社，1999；等。

⑧ 王啸.教育人学[M].南京：江苏教育出版社，2003.

教育学著作增加了相关专章①，出现了一些有关教育改革专题的论著②。与此相关的是增强和加深了教师研究，从教师角色到教师发展等，成为这一阶段教育学研究中的新热点之一。③ 此外，还有从观念的角度研究教育学的理论与实践关系的专著出版④。

第四，以创建学派的方式，探讨教育学的时代重建。因在本书"导论"中已对"生命·实践"教育学派作了详述，在此不再重复。这一研究教育学的方式，虽然尚未成为具有代表性的方式，但我相信，随着教育学人自身的发展、不同研究取向和风格的逐渐形成与自觉，学派研究的方式会有更大的生长空间和精彩。

以上对改革开放以来中国教育学者研究三大阶段进程的大略概述，至少表明经30多年的共同艰难跋涉和探索，尤其是从新世纪开始的中国教育学研究，已经基本上摆脱了左倾政治思潮的强控制，转向教育学自身发展历史的研究；转向教育学问题的研究，积极地构建教育学的自我意识，清晰教育学的研究领域与基本理论；提升着教育学研究的学术性与专业性，突破着原先已呈僵化形态的学科研究整体框架，关注着多种不同认识的差异与价值，从而开始呈现出不同学者的研究价值取向与视野、关注重心及研究风格，呈现出多元的新气象，蕴含着产生认识跃迁等多种可能的未来。

(二) 我们的追求

我们庆幸生活在当代中国这个百年难遇的大时代，我们庆幸一直汇集在中国教育学人重建当代中国教育学的洪流之中，我们庆幸在这汇集过程中，在相互激荡、学习、比较和研究实践中，越来越清晰了自己的追求，形成了"生命·实践"教育学派的理想自我，并清醒、自觉地迈出了坚实的第一步。

清醒首先来自自问：为什么要建学派？这种需要因何而生？也就是在问：我们究竟想要什么？可以说，产生学派建设的愿望，一则来自对当今中国所处时代之丰富、复杂的体验；二则来自对教育学发展历史，尤其是中国教育学一百多年的辗转反复，至今学科意识和独立于学术之林的地位，尚需加强努力的深切认识与体验，尤其是对加强

---

① 如：柳海民. 教育原理[M].哈尔滨：东北师范大学出版社,1998 年版就列了"教育实践的理论透析"专章；扈中平,李方,张俊洪. 现代教育学[M].北京：高等教育出版社,2000,专列第五章"教育改革"；叶澜,杨小微. 教育学原理[M].北京：人民教育出版社,2007,设有"当代社会转型与教育改革"专章。

② 如：石中英. 知识转型与教育改革[M].北京：教育科学出版社,2000；叶澜."新基础教育"论——关于当代中国学校变革的探究与认识[M].北京：教育科学出版社,2006；叶澜,等. 基础教育改革与中国教育学理论重建[M].北京：经济科学出版社,2009；等。

③ 如：冯文全. 现代教育学新论[M].成都：电子科技大学出版社,2007.以四章 100 页的篇幅专论教师主题。

④ 如：程亮. 教育学的"理论—实践"观[M].福州：福建教育出版社,2009.

作为一门独立学科的教育学,加深教育基本理论的当代研究之必要与艰巨的体悟;三则来自近30多年来一直行进在这支教育学重建大军之中,逐渐有了一些积累,面对同一问题形成了一些与别人不同或不完全相同的观点,发现了一些过去或至今尚未被广泛意识到的新问题,并开始了深究,发现了自己的研究,在价值取向、基本假设、概念界定、基本命题和研究方法、路径等方面,与他人的差别或称独特。这些差别和独特并非从天而降,而是在深化研究的过程中逐渐发现、积累而形成的。这些差别和独特并不以排斥他人研究为前提,并无也不可能定为一尊。但它确实存在,且需进一步发展。为此,我们需要以相当时间的共同研究,通过学习、探索、创造而形成的共识,合作意向和经验为基础,以相互的了解与信任为纽带,组成一支志同道合的队伍,用创建学派的方式,作绵延的努力:既继承已有的传统,又不断开辟新的领域和开掘研究的深度,逐渐从信仰和理念到理论与方法,形成相对整全而丰满的学派形态,并因此打开更大的发展空间,创造与其他学者交流互动的可能,从而对当代中国教育学的重建,作出惟有通过形成学派才能作出的贡献。

我赞同这样的观点:"没有自己思想体系的学派是没有资格与重大的文化对话的,因为它缺乏独特的立场,无法以不可替代的方式发言。"[1]当然,思想体系的建设本身需要学派成员的合作与创造,因此,"现代学派实际上是由价值观、研究兴趣、游戏规则大体上相同的人所组成的对话小组"[2]。这里的"对话"不只是指学派内或与学派外的对话,也包括跨学科的对话,还包括学派间的对话。"学派的重要意义在于提供独特的思想生态,使成员在思想研究的起点处就相对个性化。"[3]共同性是合力的基础,但不是对学派内个体自由、独立思考的束缚,如果没有个体的独立思考与创造,学派必归于死寂。有了每个参与者个体的个性化奉献,学派内部才会有碰撞,有涌动,有活力,有新的因素生成。学派才能呈现出思想汇聚的生命活力和生长力。

清醒的第二个方面在于意识到:在创建学派过程中,每个成员要努力、自觉实现自身的学术自我更新。学派建设若无每个成员的自觉投入与更新,不会持续和产生大的成效。同时,成员的学术自我更新,只有在构建学派的研究实践过程中才能实现。这是我们在20年"新基础教育"研究实践、创建新型学校过程中深切体悟和形成的研究传统:在改革的实践中成就新型教师,在改变了观念的教师的新实践中,完成学校教育

---

① 王晓华. 学派化与思想创新[J]. 深圳大学学报(人文社会科学版),2003(1).
② 王晓华. 学派化与思想创新[J]. 深圳大学学报(人文社会科学版),2003(1).
③ 王晓华. 学派化与思想创新[J]. 深圳大学学报(人文社会科学版),2003(1).

改革之事业。这一教师职业生命发展与学校改革实践的双向互成,我们简称为"成人·成事"。在"生命·实践"教育学派的建设过程中,继承并发扬"成人·成事"的传统,将此作为信念和追求目标,作为每个成员发展的内动力之重要构成。为创建学派的多年共同研究实践,使我们逐渐清晰并从未停止自我更新的脚步。

打开视野、洞察前沿,使我们意识到必须拓展和持续地丰富自己的学术素养与精神生命,唯有如此,才有可能用百年、千年的文化来读懂教育,来重建当代中国的教育学。

在深入开展当今中国学校教育转型性变革的研究实践中,我们深切地感受到现实教育中的物质在场、技术在场、事物在场,但生命缺位、精神缺位、理念缺位的普遍性;深切体验到教师与学生在教育内外种种因素交织构成的高压下,生命活力与创造力消减,由重复性的模式化操练所带来的教学机械运作特征存在之普遍性;深切体验到教育改革即使在学校层面,也必须以整体的方式策划、推进,学校不是机器,而是一个有机的整体,其本身的实践与发展,需要生命的滋养、文化的培育。为了改变现实状态和实现新型学校的创建,我们必须在实践研究中,提高对当代整体世界和师生生命世界的内在感受力,提高自我心灵世界的悟性,用全部身心去感受教育内在的生命性,提升自我洞察问题、发现新的创造的敏感性,并在实践中学会与教师合作、对话,学会怎样直面真实问题,怎样从不同学校的现实基础出发,共同走出通向理想教育的道路。这一切,使我们逐渐改变了认识学校的视角和思想方法,改变了解读课堂的常规教条,努力研究从理念到实践直至教师与学生发展全过程之内涵的丰富转化。下苦功夫读懂学校实践这本变化万千的无字大书,在发展自己问寻并解决融贯于活动中的、生成性问题之研究智慧的同时,提升直面复杂变局和各种意想不到的困难的勇气,坚持改革发展的意志。唯有如此,才能使平凡的教育再显其神圣与博大,使每个课堂再露出生命的阳光、诗意的微笑。

在逐渐形成新的教育认识和理论的过程中,我们日益意识到:从理论到实践需要自我更新;从改变了的实践中汲取真源,形成新的观念、概念、命题,或改变、充实、丰富原有的观念,构建理论体系,同样需要自我更新。其中包括:提升抽绎能力;建设性反思能力和在理论水平上呈现复杂变革实践的综合、动态变化之内在逻辑的能力;还需要学习、善用不同语言方式表达教育的全部丰富性,传递我们用自己的生命实践获得的珍贵直觉与体悟。唯有如此,才能使当代中国教育学不仅增强理性的力量,而且使构成理论的概念不再苍白,体系不再固化,成为有温度的理论,有灵性的体系,是关于人的教育学,不是类似建造桥梁的建筑学、驯服动物的驯兽学。

我们决心用自己生命实践的更新实现自我更新,以此为学派内在的生命活力,打造出"生命·实践"教育学。也许我们难以完成这一十分富有挑战性的任务,但至少可以因此而获得研究中的自我发展,从而具有新的影响他人发展的教育力量,并在研究的积淀和成果中,体现因研究主体的自我更新和全身心投入研究方能呈现的独特的教育学之生命实践气质。我们决心用自己的行动证明:在教育学的当代重建中,教育学人的发展,包括信心、勇气、智慧及其对教育改革的投入,是谁也不能代替的重要力量。

也许,我们追求和形成的认识,离达到业内、社会共识还有相当距离。但如果不从形成"自我"开始,不坚持走出自己的路,那就无资格谈论参与建设、走向共识。

第三节　明晰教育学的研究对象、学科性质与方法论

研究对象、学科性质与方法论,是一个学科形成与发展性重建时必须深入思考和作出回答的问题。恰如皮亚杰所言,列出问题、限定问题的范围、确定方法和改进方法是从前学科走向学科要完成的四个方面,前两个方面与研究对象相关,后两个与方法相关。对于教育学的当代重建来说,方法论的讨论似比方法更为根本。我们在此还增加了一个方面——学科性质的讨论,它与研究对象相关,为方法论的选择提供了来自学科性质确认的依据。由此可见,三方面密切相关,可作为一节分别论述。[①]

一、研究对象
(一) 关于"研究对象"本身规定性之辨析

"完全彻底地弄清楚你所谈论的东西是最重要的。"[②]怀特海的这个判断强调了两个方面,一是要"完全彻底地弄清楚",而不是自己也搞不清、道不明。二是"你所谈论的东西",这个东西也许别人也在谈论,但你和他谈论的不是同一个方面,哪怕说的是同一个词,如:"人"、"幸福"、"自由",不仅普通人,就是哲学家、伦理学家各人谈的都不一样。你若加入进去,却不清晰其中的差别,也不明白自己要谈论什么,那就纠缠不清了。这个观点并不是排斥他人的观点,你可以有与别人相同之处,但重要的是,必须彻

① 教育学作为学科的建构,还包括基本概念、命题、体系等与学科内结构直接相关的问题,我们在第一编中不作论述,部分将在第二编中"'生命·实践'教育学的教育观"中涉及。

② 〔英〕A·N·怀特海. 观念的冒险[M]. 周邦宪,译. 贵阳:贵州人民出版社,2000:47.

底地清楚自己所谈论的是什么。这表明概念的确定是研究主体根据"对象"建构的结果。

由此，我们至少得到两个启发：一是"教育学"的概念，包括"研究对象"之判定，会遭到其他概念同样的命运，各言其是并不奇怪。二是"研究对象"的概念由研究主体建构而成，并不是对实存对象本身的完整、全部表达，也不是实存对象本身。因为人的认识会相对进步、但难以穷尽，当实存对象是变化的事物时尤其如此。这种"对象界定"与"对象存在"本身之间的差异，不仅与主体的视角、关注重点有关，而且与时代发展、人类认识的整体发展，与研究领域内的知识积淀、深化和变换有关。因此可以说，概念不仅有客观性、主观建构性，还有时代历史性。每个概念自诞生以后，就开始了其自身多元发展的概念史。

了解、研究概念变化的历史，会有助于丰富对存在对象的认识，有助于认识不同人、不同时代的不同观点，同时也会发现相互之间的交集，它往往集中在基本区域内。所有的"异"则会促使自己思考与辨析，这是在形成自己对同一概念的界定时需要用力之处，它有助于明确自己的界定究竟要说什么，与别人在什么意义上有别，所以是必须的。但是若想从众多的界定中，找出其中的某一个判断式界定，定为标准去衡量、判定其他说法的是非，那就失去了了解概念演变的意义。

我们可以在不同学科中看到有关同一学科研究对象的多种不同建构。哲学是最为突出的一个学科，一则因其有悠长的历史，一则是哲学家们从不同的侧面研究世界，使哲学界流派纷呈。伦理学以研究规范为己任，但对规范的界定也各不相同。科学界因对外部世界不同侧面和深度的研究对象的界定，以最古老的物理学为例，在总体中至少有宏观、中观和微观三个不同层次的研究。艺术界更是如此，一种对美的新视角的关注，就带来一种对自然、人类新的理解和表现。如印象派莫奈的绘画，对光之变动、闪烁的关注，突破了绘画界对静物、块、面、线的关注，让我们看到了平时不易捕捉的光，被评论家誉为"是一个为自然说出自己语言的人"[①]。正是由于不同学科对人类和自然及其关系的存在，有多元多层、流派纷呈的研究，使人类对世界的认识一代比一代走向丰富和深刻。人类认识发展的过程就是对研究对象不断重新建构，通过一次次地进入构成存在的最核心、基本的领域，重新面对原始问题；通过批判性反思和新剖面、层面的发现与综合，实现再认识的过程。表面上看，后者对前者，同时代不同研究

---

① 王咏.让自然说自己的语言——莫奈一瞥[N].中华读书报,2010 - 07 - 21.

者之间处于纷争和相互否定的状态,已有的看来完美的认识之网一次次被撕开,但每一次的撕开,都预示着新的更好的网将要出现。这也是学派建设中首先要明晰研究对象的性质的重要原因。当然,并不是所有的撕裂都能织出更新的网,无理据、无深化、不符合事实、凭空捏造的批判,表面看来气势汹汹,但最终可能连撕裂都不能做到,更谈不上重建。在人类认识历史的长河中,在学科发展史上他们不会留下印记。还有一类只是鹦鹉学舌或随风飘荡,即不清楚自己在说什么的人,也难留下印记。

研究对象的建构性和历史性,并不等于人类的学科认识缺乏共同性和客观性,更不能用来否定外在于认识的对象之存在。这是必须区分清楚的。如果没有外在于认识的对象之存在,认识就不可能发生和深化。因此,这是认识客观性的基石,也是有可能不断深化的基石。学科认识的客观性还表现为共同认识领域的确认、思想的可沟通性和认识传统的延伸性,已有认识结论的可发展与可完善性。既有的认识及其丰富本身,已成为一种客观存在,故可再认识、再研究,即使得出的是完全不同的结论,但已有的认识,已经用对立面的方式,化到了新认识的产生过程之中,以改变了的方式内存于新的认识之中。最终,总是能深入揭示对象内在逻辑的认识,会有更强、更持久的生命力,在改变人类生活和实践中发挥重要、积极作用的认识,会更具有生命力。这是认识客观性及其价值判断的标准。谁都不能自命为真理的掌握者,历史和实践才是最终的判决者。而历史和实践本身就是一种客观存在。认识到研究对象的建构性和历史性,其实也是研究主体对研究对象之实际存在与变化状态作出研究后得出的结论。

除此以外,建构某学科研究对象,不等同于在回答某学科是什么的问题,尽管两者相关,且常联系起来论述。其区别在于前者是指把什么作为学科(自己)的研究对象,后者在于说明学科(自己)将要形成有关对象哪些方面的认识。从这个意义上来看,前者是对资源的选择,后者是对结论的期许。但因其相关,并具一致的指向,人们又可以此、彼交互的方式达到有关对方的认识。

最后要指出的是,不同著作研究对象的选择,还与著作所面向的读者定位有关。如写教育学教材与写专著、科普读物不一样,即使是写教育学教材,为师范生用和为教师继续学习用也不全一样,自学读本和教学用书的区别同样如此。

以上关于研究对象本身规定性的辨析,是我们确定教育学研究对象的认识论前提。

(二)教育学的研究对象析

一种最常见、甚至可脱口而出的表达是:教育学是以教育为研究对象的学科。这是一个通俗且涵盖面广的回答，并无大错。如若追问，第一个问题就是：教育学研究教育的什么？不同的回答就会呈现出来。

如世界教育学史上被大家公认的，最初形成教育学形态的著作——夸美纽斯的《大教学论》，在扉页上就写着："《大教学论》它阐明把一切事物教给一切人们的全部艺术。"①这句话本身是阐明大教学论研究什么，但我们可以看出，其研究对象的规定是教的艺术，是一种有关"把一切事物"的认识（或称为知识）传递给"一切人们"的艺术。在进一步的阐述中，夸美纽斯表明："我们这本《大教学论》的主要目的在于：寻求并找出一种教学的方法，使教员因此可以少教，但是学生可以多学；使学校因此可以少些喧器、厌恶和无益的劳苦，多具闲暇、快乐和坚实的进步；并使基督教的社会因此可以减少黑暗、烦恼、倾轧，增加光明、整饬、和平与宁静。"②这段话进一步表明了该著作的直接目的是在寻求"教"的"方法"，而且主要是学校中教师教学生的有效方法。其他所述都在说明这种方法找到以后的意义。因此，《大教学论》的研究对象可更具体地表述为"学校教学中教的方法或称为艺术"。这可以视为被后人认为有教育学形态（非学科、狭义科学意义上的）的第一本著作中关于"研究对象"的实际选择。

联系前面提到的培根教育思想与夸美纽斯教学理论的关系，注意到夸美纽斯时代学校已经有了存在的长期历史，但却缺乏研究、存在众多乱象的现实，夸美纽斯以在学校把知识教给儿童的方法作为研究对象，是合逻辑，也合历史与当时现实发展需要的。这一研究对象的确定，实际上又是与长期以来人们对"教"的认识，集中在知识或技术的传递上，即如何教的技术上有关。西方教育史中经常提到的苏格拉底产婆术、西塞罗的演讲术修辞学等，中国教育史上的"教"字内含"施"与"效"的关系，故在教的方法上主张要因材施教、启发诱导，以及强调教、学双方之要义的为师之道与为学之方。而《学记》中的"教学为先"则是古之王者"建国君民"的政治策略，全文中所述的"教学相长"，是针对教师在"教"中要"学"，要知困，而后能成长。③要知学的次序、"教之所由兴"、"教之所由废"，以及如何才能足以为人师，都是作为好老师的教之道。所以尽管篇名"学记"，但其实际内容都在谈如何才是好的"教"，如何才能成为好的"师"④。这

---

① ［捷］夸美纽斯. 大教学论[M]. 傅任敢，译. 北京：教育科学出版社，1999：1.
② ［捷］夸美纽斯. 大教学论[M]. 傅任敢，译. 北京：教育科学出版社，1999：2.
③ 这是"教学相长"的原意，而非目前广为宣传的解释：教学相长是指教师与学生在教学中要相互学习，共同成长。作为引申义，今日新意可这样说，但不要把此定为原意之解。
④ 礼记·学记；参阅：孟宪承编. 中国古代教育文选[C]. 北京：人民教育出版社，1979：95—98.

些中国处在源头的"教"之思想,与西方古希腊、罗马相比,从广义上来说,都在谈论"教"的问题与方法,但切入点和重心不同。中国原初的"教"之思想,更重教者与学者的关系性质,是有施有效,更关注"教"要认识"学"的成败原因,来思考如何教。呈现出在人与人之间的教与学的关系上的特殊性。研究"为学之道"是为明白"为师之道"服务的。就此而言,与中国古代哲学中的关系思维是相关的。这是中国"教"之思想在源头处、在研究对象取向上,与西方的不同之处和珍贵之处。他将方法背后的"人—人"关系拉到"前台",成为关注和论述的重要议题。

再如赫尔巴特的《普通教育学》,没有明确列出教育学的研究对象,但在《普通教育学》"绪论"中,他首先对当时已被西方公认的教育思想家——卢梭和洛克的教育观作了评析,指出前者是想在与社会对抗的意义上培养自然人,这是劳苦而无功的;后者则希望教育能培养出适应社会需要的人,如果仅此而已,生活本身就能完成世俗教育的任务,也无须专门的学校教育。在日常教育中赫尔巴特看到很多人以经验作为教育人的依据,但经验发展缓慢,且难以广为传播应用,其本身就是脆弱的。在已经处于自然科学形成并呈现其现实力量的 18 世纪下半叶到 19 世纪中叶的赫尔巴特,以构建普遍的、具有科学性的教育系统理论为目标,他以学校教育中教育目的的理想,构建管理、教学、训育等一系列活动的依据、可能性及方法,以及为认识上述对象所必须的实践哲学与心理学的理论,作为研究对象,力图形成关于教育目的和教育何以可能及主要途径的科学理论的说明。在"绪论"一开始,赫尔巴特就表明:"通过教育要想得到什么,教育要求达到什么目的,这是由人们对问题的见解决定的。"[1]他用《普通教育学》表达了自己对教育与教育学的见解。

从赫尔巴特的《教育学讲授纲要》可以看出,他还把教育学分为两个不同层次的理论,一是"放在一切论述之前"的"论述教育学的基本概念"[2],及其作为科学教育学基础的"实践哲学和心理学"[3]。另外一种是"按年龄阶段来论述教育学的形式","从一般论述过渡到专门探讨时才能恰到好处地采用这种形式"[4]。

正因为赫尔巴特同时是一位哲学家和心理学家,所以在他的《普通教育学》中,我们可以看到:他以学校教育合理性为核心研究对象;以对已有的有影响力的教育思想

---

[1] [德]赫尔巴特.普通教育学·教育学讲授纲要[M].李其龙,译.杭州:浙江教育出版社,2002:6.
[2] [德]赫尔巴特.普通教育学·教育学讲授纲要[M].李其龙,译.杭州:浙江教育出版社,2002:192.
[3] [德]赫尔巴特.普通教育学·教育学讲授纲要[M].李其龙,译.杭州:浙江教育出版社,2002:190.
[4] [德]赫尔巴特.普通教育学·教育学讲授纲要[M].李其龙,译.杭州:浙江教育出版社,2002:208.

和理论作为批判性研究的对象;以实践哲学和心理学中,能说明教育目的和方法确定之科学依据的内容,为教育学选择性的研究对象。他在三类对象的交互作用中形成了《普通教育学》,呈现出教育学研究对象在核心确定后的复合性:并非单一的教育实践,也非单一的教育理论。与夸美纽斯相比,从中可以清晰地看到教育学研究对象构建的主体影响和时代性。

有关中国教育学发展过程中对研究对象的探究,已有不少著作作过论述,在此,我们只提出几个关键转折时期的代表性观点,一则了解演变的大略,二则明了学界已进行过的讨论和一些基本结论。

第一时期:20世纪上半叶。

在最初从日本引进的、由王国维所译的《教育学》中,没有关于教育学研究对象的论述。王国维本人编著的《教育学》,在第一编"绪论"第七章"教育学所当究之事项"中,只写了两句话:"教育学者,以科学的方法,研究一切关教育之事项者也。此学之材料,一取诸他科学,一取诸实际之经验。"①话虽不多,但明确了两个方面:一是教育学的研究对象是"一切关教育之事项",是对"事"之研究;二是构成的材料,取自其他科学和经验。尽管作者用的词是"构成的材料",但因是"取"来的,所以实际上也是研究的对象之构成。从全书的目录和内容来说,王国维都简要区分了所取学科的一般意义及其与教育的关系,表明这些实际上是王国维在研究教育学时的对象。在第三编"教育方法学"中,大量的材料也取自已有的相关学说,及教育学和教学法的国外著作,看不出太多取之于经验的材料,也少提及中国教育史上的有关资料。表现出中国教育学因后发引进、而非本土自然生长带来的"快捷"与"局限"。

在张子和1914年编写出版的《大教育学》"绪论"中,以三章分别论述了"教育学之起源"、"教育学与术之关系"、"教育学之范围及与他科学之关系"。他认为,作为教育学的理论,都以实行而生,"凡事必先有实行,而后乃有理论"②,从教育认识转化成为科学,是"以博学、真知为重,并力求教授上极显易之法以教人"③,是近二、三百年来,

---

① 王国维. 教育学(瞿葆奎,郑金洲主编. 二十世纪中国教育名著丛编)[M]. 福州:福建教育出版社,2008:10.

② 张子和. 大教育学(瞿葆奎,郑金洲主编. 二十世纪中国教育名著丛编)[M]. 福州:福建教育出版社,2009:3.

③ 张子和. 大教育学(瞿葆奎,郑金洲主编. 二十世纪中国教育名著丛编)[M]. 福州:福建教育出版社,2009:3.

愈来愈精细、寻求普遍之真理，"而后教育上关于学问组织之目的及方法乃大成矣"①。其中展开论述都属西方教育学发展之历程简介。在另外两章中，张子和确定教育学属规范性学科②，且"教育一科，兼容并包，非从种种方面研究，不足穷其内蕴"③。他还把教育学与其他科学的关系，按其与教育的关系分为历史、理论、实现（即指实施）和哲学四方面，指出"兹四者，教育学之范围所当攻究者也"④。由此可见，张子和关于教育学研究对象的构建，较之王国维初建时，已更为详细和展开，它不仅指关于教育的目的与方法的研究，还包括与认识教育内蕴所必须的四大方面科学的研究，更具体地体现了教育学研究对象的多面性。

1922年孟宪承在《教育哲学之一解》一文结束时论道："至于'教育学'，是一个混合的名词。它的内容如其是探究教育在人生上的机能，而表列它所用教材和方法的标准，这可以说是'教育原理'。教育原理和教育科学，没有严格的界畔。如果用精密的科学方法来分析这教育事实的原素，寻求它怎样增进效能的通则，就不止于记载和表列，而进为'教育科学'。若用统合的眼光超越这教育事实之外，而对于它，作人生经验全体上的思考，就侵入'教育哲学'了。"⑤至于教育哲学，孟宪承认为是应用哲学⑥，教育哲学与教育科学虽不同，但并无冲突。在同一文中，孟宪承还介绍了英国教育学者的观点："实际上几部最好的著作，都是专门教育者以外的人做的。"⑦孟宪承1920年获美国华盛顿大学教育学硕士学位，1921年赴英国伦敦大学继续深造，同年年底回国，上述文章可以看出他受到的美国教育学研究及其观点的影响。对"教育原理"、"教育哲学"、"教育科学"同样都面对教育事实，却从不同角度和在不同层面上开展研究，把各学科虽知识性质有差异，但并不冲突的关系性质说得很清楚。这一观点在他1935年出版的《教育通论》中依然保持，并更明确了教育哲学和教育科学就是教育学的主要

---

① 张子和.大教育学（瞿葆奎，郑金洲主编.二十世纪中国教育名著丛编）[M].福州：福建教育出版社，2009：3.

② 张子和.大教育学（瞿葆奎，郑金洲主编.二十世纪中国教育名著丛编）[M].福州：福建教育出版社，2009：14.

③ 张子和.大教育学（瞿葆奎，郑金洲主编.二十世纪中国教育名著丛编）[M].福州：福建教育出版社，2009：16.

④ 张子和.大教育学（瞿葆奎，郑金洲主编.二十世纪中国教育名著丛编）[M].福州：福建教育出版社，2009：17.

⑤ 周谷平，赵卫平，盛玲编.孟宪承集（第一卷）[C].杭州：浙江大学出版社，2010：15.

⑥ 参阅：周谷平，赵卫平，盛玲编.孟宪承集（第一卷）[C].杭州：浙江大学出版社，2010：12.

⑦ 周谷平，赵卫平，盛玲编.孟宪承集（第一卷）[C].杭州：浙江大学出版社，2010：12.

组成。

1935年孟宪承以《教育学所不能解答的教育问题》为题发表论文,再次表达了自己关于教育学任务的看法:"教育学是积集整理了一部分正确的事实,归纳了若干证明的原则,又制定了若干试验过而有效的方法,以为实际行动的指导的。教育学的任务,概括地说,不外乎(1)求得关于个人心智行为与社会文化的事实,从而觅取其发展或变化的原则;(2)试探关于鉴别心智差异、编制课程教材、实行教学、测量结果的有效的方法,以及关于学校行政、教学辅导的适用的技术。"①从内容和形式两方面得出了结论,用"任务"的方式表达了他此时对教育研究的看法。文中通过当时国内讨论的几个热点问题——社会教育、生产教育、普及教育等方面的现状分析,明确指出:"凡比较重大而复杂的教育问题,与政治、经济、文化诸问题密切相关联的,教育学只能解答其中关于教育事实、原则与方法的部分,而不能解答这些问题的全部。"②他尖锐地表示,这一专业划界的承认,"或者使教育学的光彩黯淡了许多,可是教育专业者如果长是纷骛于自己所解答不了的繁复的问题、远大的计划,反而忽略了切近平实的方法、鞭辟入里的功夫,则中国教育学的前途,可真黯淡了"③。明确表达了他对确定教育学研究专业范围之必要性的重视,对国内教育学独立研究的关注,对中国教育学发展方向的冷静而清醒的思考。实际上关涉到了教育理论与本国实际研究的关系和中国教育学生长的大问题。

就总体而言,20世纪上半叶国内有影响的教育学著作较少,有的根本不论及教育学研究对象的建构问题,大量的著作是直接讨论教育中的理论、原则与方法,学校教育制度、行政管理,以及教育发展的历史,也有简述西方教育学的发展史。这表明了中国教育学发展第一大时段的重心,以及教育学元研究的意识尚未清晰,这是完全符合发展逻辑的现象。由此可见,关于教育学研究对象的认识,有直接体现在专设的章节中,大量则是通过教育学著作的内容所涉来说明。比如,在原理方面,大多涉及到儿童、个体发展,社会、文化发展与教育的关系;在教育自身的构成方面,广泛涉及的是教育目的与意义、学校教育中内容的选择、课程与教材、教学过程、方法与原则,学生的管理和道德、人格的养成,学校行政管理、教师的职责与素养提升等方面;在社会教育系统方面,则主要涉及学制、青少年以及成人的教育等等。各书的区别在观点和重点上,反映

---

① 周谷平,赵卫平,盛玲编.孟宪承集(第一卷)[C].杭州:浙江大学出版社,2010:268.
② 周谷平,赵卫平,盛玲编.孟宪承集(第一卷)[C].杭州:浙江大学出版社,2010:277.
③ 周谷平,赵卫平,盛玲编.孟宪承集(第一卷)[C].杭州:浙江大学出版社,2010:278.

了当时教育学者对教育研究对象范围的共识，与西方教育学研究的总范围基本一致。这是 20 世纪教育学在中国建立、发展中，一批执着的教育学者作出的历史贡献。

第二时期：20 世纪下半叶至今。

这一时期，中国社会发展的三大阶段：简称为新中国第一时期的"17 年"、"文革""10 年"、改革开放至今近"40 年"，对中国教育学研究都产生了直接影响。

第一时期以介绍苏联教育学为主，其中凯洛夫教育学影响尤深。关于教育学研究对象与任务的规定，基本定为：研究共产主义教育规律，总结苏维埃教育的先进经验和批判资产阶级的反动教育思想，具有明显的意识形态特征。国内的教育学研究在此阶段也基本如此，愈往后，左的倾向，以政治观点、政策阐述，代替教育学研究的现象愈烈，直至"文革"的全面批判"封、资、修"教育学，已经完全走向了非教育学的一面，故在此不作多议。凯洛夫教育学在教育理论和实践工作者中还留下印象的，可能主要是教学方面的研究和学生品德教育的要求与方法，包括班集体与班主任工作，这些内含着教育理论、包括着操作方法、甚至框框式规定、有学者称之为"操作手册"的内容，却在学校实践中留下了根。可见这些方面是属于教育学研究的基本方面，故还留得下来，尽管里面不乏错误和僵化的认识。历史往往用时间的积淀和淘汰，为我们提供了又一种认识教育学研究对象的方式。

改革开放以来的近 40 年，在我看来，是中国教育学研究的自我意识逐渐增强，并走向自觉和进入系统化研究的时代，这是中国教育学当代研究的重要贡献，也是中国教育学未来发展不可缺少的重要基础和内动力的形成过程。

关于教育学研究对象方面的认识演变路线大致可归纳如下：

刘佛年主编的《教育学》提出："教育学的研究对象是教育现象及其规律"[①]，并指出了"教育学所研究的问题有：教育的本质、教育目的、方针，教育制度，教育中各项工作的任务、过程、内容、方法和组织形式，教师以及学校管理与领导等"[②]，这就是后来被概括为教育学研究对象的"现象、规律"说。

南京师范大学主编的《教育学》，则强调要把教育学的研究集中到"学校教育"这一特定领域。

1984 年，日本大河内一男等人著的《教育学的理论问题》一书在中国出版，此书可

① 上海师范大学《教育学》编写组.教育学［M］.北京：人民教育出版社,1979：1.
② 上海师范大学《教育学》编写组.教育学［M］.北京：人民教育出版社,1979：1.

看作改革开放后较早译出的国外关于教育学元研究的著作。书中从多维度讨论了教育学研究对象，集中表现在由村井实撰写的第一章中。他指出教育学要成为独立科学，就不能把研究对象定位在事实上，因为任何事实都可以从不同的观点去研究，其结果成为不同学科的组成部分。教育学需要考虑的是人们自觉研究后提升出的"教育问题"，包括教育"要培养什么样的人"、"用什么方法去培养人"等。这就"开辟了'教育问题'的一门科学——教育学的领域"①。他认为"只有在把事实作为一个问题提出来的时候，科学才能开始。……正是在这种意义上，我们没有把教育学的对象称作现象，而是特地采用'教育问题'一词来表示并把教育学称作是以'教育问题'为研究对象的科学，总之，也就是'教育问题的科学'"②。在该书末章之"教育学应研究什么"中，有人认为"教育学依然是一种技术学"，有人提出了应研究"明确需要为将来培养什么人"的问题等不同观点。③ 在增补版中，村井实还指出，现在应"把对'善'、'使之善'的研究重新置于教育学的中心地位"，这样"教育学将成为一门不可缺少的学科而发挥其作用"④。该著作对国内学界思考、讨论教育学研究对象具有启发与推进作用。如有学者在主编的《教育学问题研究概述》中，对教育学研究对象的"现象、规律"说提出了不同观点，主张教育学的对象应是以教育事实为基础的教育中的一般问题⑤。也有学者认为在"现象、规律"说的提法上，规律应除在外，规律应该是研究的结果，而非研究对象。还有学者对教育现象作了规定性表述：教育现象是已经存在或正存在于现实中的存在物；是教育实践的表现物，包含教育事实、活动、问题及理论研究等；是以教与学为主体形式的客观存在⑥。陈桂生在1998年初版、2009年修订的《教育学的建构》中，则将教育学的研究对象分为"实质对象"与"形式对象"，前者为"客观现象"，后者为从实质对象中提炼的"教育问题"，并提出要认清教育学研究的虚构对象与真实对象⑦。凡

① ［日］大河内一男，海后宗臣，等. 教育学的理论问题［M］. 曲程，迟凤年，译. 北京：教育科学出版社，1984：29.
② ［日］大河内一男，海后宗臣，等. 教育学的理论问题［M］. 曲程，迟凤年，译. 北京：教育科学出版社，1984：32.
③ ［日］大河内一男，海后宗臣，等. 教育学的理论问题［M］. 曲程，迟凤年，译. 北京：教育科学出版社，1984：310.
④ ［日］大河内一男，海后宗臣，等. 教育学的理论问题［M］. 曲程，迟凤年，译. 北京：教育科学出版社，1984：322.
⑤ 参阅：孙喜亭. 教育学问题研究概述［M］. 天津：天津教育出版社，1989：13—15.
⑥ 参阅：柳海民. 教育原理［M］. 哈尔滨：东北师范大学出版社，1998：2—3.
⑦ 陈桂生. 教育学的建构（增订版）［M］. 上海：华东师范大学出版社，2009：3—11.

主张教育学是科学的研究者,还往往提出要将教育学中规范性研究的方面,去除于教育科学之外。

(三)"生命·实践"教育学研究对象观的构建

在旷日持久但进展并不十分明显的有关"教育学研究对象"的相近、相似、但并不相同的论述中,1991 年本人在《教育研究及其方法》一书中,首次提出了"教育存在"的观点,并把"教育存在"分为"理论形态的存在"和"实践形态的存在"两大类①。这是在受到学界讨论启发下思考的产物,对村井实的观点,觉得有启发,但并不完全赞同。因为他所述的"教育问题"存在两个缺乏:第一,被他所批判的"教育事实说"中的事实,本身已是内含着教育学立场(或称眼光)而构建的与教育相关的事实,非完全客观外在的教育活动之全部;其二,他所言的"教育问题",已是教育学研究者"自觉研究后提出的'教育问题'",这实际上已开始了教育研究,将其视作教育研究过程的起点——形成教育问题,似比称其为"教育学研究对象"更为贴切。至于他具体提到的一些问题,实际上都是教育学理论的构成之问题方式的表达。所以,很难说"教育问题说"与"教育事实说"有多大差异。此外,对于当代教育学者来说,研究教育学不可能不研究各种,尤其是历史和现实中产生广泛影响的教育学理论。于是,我提出了上述"教育存在"的观念。

1998 年,在本人撰写的《教育研究方法论初探》中,再次提出了教育研究对象的"教育存在"说,并作了解释与说明:

1. 教育存在是对教育研究对象范围的总称,其中的"存在"一词是指"有"之意,相对于"无"而言。并主张要说清楚什么是、什么不是"教育存在",主要针对将教育研究对象"窄化"和"泛化"两种倾向。

2. 将"教育存在"的形态分为三大类:一类是"教育活动型"存在,这里的界定关键是对"教育"的界定:"一切以影响人的身心发展为直接目标的人类实践活动",其中内含着教育学的立场,不会滑到无边界的泛化方向;二类是"教育观念型"存在,指各种在教育的认识活动中形成的有关教育的认识;三类是指"教育研究反思型"存在,尽管它也是认识的产物,是理论性的教育存在,但认识对象是教育研究本身和达成的系统化成果。它们各自对应的是三类研究:教育活动研究、教育观念研究和教育学科元研究②。

---

① 参阅:叶澜.教育研究及其方法[M].北京:中国科学技术出版社,1991:1—4.

② 参阅:叶澜.教育研究方法论初探[M].上海:上海教育出版社,1999:306—313.

3. 教育研究对象具有结构性,它们分为三层,在层内和层间都有相互作用,其内容还有时、空区别。三个层次功能上的相互作用和对象具有逐层衍生的相互关系。

"教育存在"对象观的提出,虽不明确,但实际上已蕴含了"生命·实践"教育学对象观的基本因素。这一观点将教育研究对象总体构建成了一个具有内发展、内生长机制(教育学元研究的加入,是这种内生长机制的关键的),能够生存发展的有机系统,改变了点状、平面式、局部认识教育研究对象的认知模式,这是研究方法论改变的产物,故而在教育研究方法论的著作中表述。

经过此后十数年时间,阅读了大量有关元教育学和教育学著作中关于教育学研究对象的相关论述,本人再次反思自己关于"教育存在"的提法,依然认同这一观点,并认为它基本上能表达"生命·实践"教育学派的教育研究对象观。只是十多年来,在更全面地创建学派的过程中,对教育学研究更多方面的较之本人以前的深化研究,使我意识到关于"教育存在"的解释尚需增加以下四点:

1. 对"教育存在"的界定,是以确立教育学立场和对"教育"活动性质认识为前提的。无教育学立场意识,不可能将"教育存在"限定在教育学研究的领域之内;对教育活动性质认识的不同,将直接影响对"教育存在"的理解。因此,不同学派或个人对教育学研究对象认识不同是不可避免的,多元的界定有助于比较和深化对问题的理解。不必也不可能强求统一。相对一致而又具有开放性的共识,只有在认真阅读他人和反思自己观点的基础上开展讨论,经历史积淀才能逐渐形成。

2. "教育存在"只是一个概括性的表达,其内涵的丰富性由教育学著作的内容具体呈现。这并不是说每一位教育学研究者都必须研究教育存在的全部,或每一本著作都应体现教育存在三种形态的研究。但就教育学著作的总体来看,就目前来说,内容都在上述三种形态的范围内,只是各自的重心、结构、观点不同,而对教育活动型存在的研究则是最具普遍性的内容,这在一定程度上表明了这一概括的合理性。

3. "教育存在"的提出,不只是概括了教育学科研究对象的总体,而且还意在表明与杜威不同的、可称为"教育学内资源"的观点。即强调教育学不仅要如杜威所说,从与教育学相关学科的"外资源"中汲取观点、方法等"营养",更根本的是要树立"内资源"的研究对象观,深入研究"教育存在"中包含的内资源,且要对"外资源"作出符合教育学建构所需的选择与综合重组,形成教育学意义上的理论基础,而不是现成拿来就用。唯有如此,教育学作为独立学科才能有自己的根据。

4. "教育存在"是作为教育学科研究对象总称提出的,在今天学科内分化和内外交叉并存,且还在不断发展的背景下,需要在此基础上,明确反映作为教育研究整体性的"教育学"(或在认同其对认识教育的各方面具有一般和普遍意义上,称其为"普通教育学")研究对象和教育学原理(或称教育基本理论)的具体研究对象。我认为前者的研究对象应涵盖"教育存在"的各个层面,但只能作概括性强的、体现整体结构与内外关系的论述,突出教育与教育学发展的核心问题及其相互关系。各种形态的深入研究可通过有内在一致性的系列专著来完成。可以设想,将来表达研究教育学整体的著作,可用多卷本或书系的方式。教育学原理是指教育学中的原理部分,并不是指关于教育学的原理,它是学科分化背景下,相对于整体式的教育学而言的分支学科。但因其阐明的是有关教育学研究中教育的原理部分,所以在分支学科群中具有基础性地位。一种达到教育原理要求的教育学著作,是对其他教育学内学科具有渗透力,对教育实践认识具有穿透力的著作,也是从事教育和教育学专业的人,不可缺少的专业基本素养的重要构成。

"生命·实践"教育学的建设,目前着力做的研究属"教育学原理"类,即教育基本理论的研究。我们认为形成教育学总体的观念,在基本理论研究上作深化并有所突破的研究,是当前中国教育学科总体建设需先行的任务。

二、学科性质

有关教育学研究对象的讨论,通常会与教育学的研究内容或任务联系在一起,它们在一定意义上是有关研究对象的主要方面的表达。另外,还会涉及对教育学的学科性质的判断。对研究对象性质的判断还受其他因素的影响,尤其是受对"学科"本身认识的影响,因此有必要作专门论述。

(一) 教育学学科性质判断的主要分歧

1. 最大的分歧在于教育学是一门独立的学科,还是其他学科的应用学科,而且是其他多门学科的应用学科综合形成的应用学科。其中居重要位置的其他学科最早是哲学、心理学、伦理学,后又加上社会学、人类学、文化学、经济学等。如若确认后者的观点,教育学自然就没有独立的地位。把教育学视作本身无理论,最多只是应用学科者,往往强调其依附性,故教育学最多是一门二等学科。这种观点,在教育学界,过去有、国外有、现在有、国内有,是一个长期存在的基本观点,我们已在前章第一节从"学科"认识的角度作了专门分析,在此不再重复。

需要补充的是德国当代教育学家底特利希·本纳的观点。他从人类社会实践与学科地位关系的角度,论述了教育学成为独立学科所需要的社会条件:"当对于教育思想和行动的反思逐渐从它们对既有社会秩序的直接依赖中脱离,教育学开始在人类总体实践和对人类生命的思考中争取与其他实践平等的,它们无法替代的位置时,才被认识。"①这样的条件是近代西方社会首先呈现,并在近代思想家和教育学家从卢梭到赫尔巴特的著作中得到体现:"在这些论著中,一种教育实践与其他人类生存基本实践形式非等级的、非目的论的关系第一次被思考,同时教育理论与针对其他社会必需活动的理论的一种非等级的、非目的论的关系第一次被提出。这里不是简单地在原有的问题和固有的理论传统之外补充了关于教育思想和行动基本结构的问题,确切地说是首先必须在人类实践重新划分的情况下为教育学创造和开辟它所要求的空间。"②本纳把自己有关教育学独立性的论述,建立在两个维度的研究基础上:一是对教育学史的反思,二是人类行为学的理念,"这种理念以各种实践之间非等级—非目的论关系的标准来衡量人类总体实践秩序的合理性,以实践理性的概念来揭示总体实践的逻辑,坚决排除形而上地假定和武断地坚持各种实践之间的等级关系。"③

这一观点是富有启发性的,但在一定意义上又使对教育学独立性的形成之认识,受制于社会实践内在关系性质的变化。在两者之间建立起直接的关联,又可能形成一种新的教育学的被决定论。对社会总体实践关系重建的决定性影响的重视,是我们与本纳实践观的区分之一。但本纳的这一思想是值得重视和研究的。

2. 教育学属人文学科还是属社会学科? 主张属人文学科者,主要是从教育学是研究人、人的精神发展以及文化与人的关系等方面作出的学科性质判断;主张属社会学科者,主要是从教育学研究教育活动,而教育活动是人类社会活动的组成,具有社会性这样的维度作出的判断。两种不同观点就其所同而言,都是从对教育的理解出发,都以社会和人文两分法为前提对教育学的学科性质作出判断。由此可见,对教育学科性质的判断涉及到教育是什么的理解,也与学科分类中的两分法思维相关。

3. 教育学是规范性学科还是说明、解释性学科。前者以教育学中包含着价值判断和由此而生的规范要求为由,认定教育学属规范性学科,不属科学,至少不能达到纯科学的水平。后者强调的是教育中也存在客观规律,教育学存在着揭示教育客观规律的任务,因此,它属于科学类,是对客观规律的揭示、说明和阐述。更严格的属科学主

① [德]底特利希·本纳. 普通教育学[M]. 彭正梅,徐小青,等,译. 上海:华东师范大学出版社,2006:6.
② [德]底特利希·本纳. 普通教育学[M]. 彭正梅,徐小青,等,译. 上海:华东师范大学出版社,2006:6.
③ [德]底特利希·本纳. 普通教育学[M]. 彭正梅,徐小青,等,译. 上海:华东师范大学出版社,2006:7.

张者,则认为教育是有大量事实的存在,应该也可以用自然科学的方法去研究,并形成科学教育学。这里产生分歧的更内在的原因与上述第2点同,不再赘述。

4. 教育学是科学,还是艺术,抑或技术?这几乎回到亚里士多德关于学科的分类上去了,但有当代变化。主张属科学者,还有广义和狭义之分。广义者包含了人文、社会科学;狭义者如第3点中所述的后者,是指只对教育作事实性研究,而不涉价值判断。主张艺术者,关注到教育由人来进行,是在一定情境中开展的,各种特殊性乃至个别性,都无法用普遍、一般等概括的方法来揭示规律,甚至连原则的规定,在实践中也难以贯彻和有效表达。故而理论应以叙事、反思等方式表达,这是不同于科学的、近于艺术的表述,是与个人的经验、体验表达直接相关的。主张技术者,有两类,一类是把教育学主要看作是研究知识传授的方法、技术之学,故属方法、技术类,这种观点古已有之,今日依存,并且对教育实践人员影响甚广且深。许多实践者最期望从教育学的课程或著作中得到的,就是有关方法的知识乃至操作程序的规定。这种观点似乎走到了与艺术观完全相反的一端。技术类的另一部分主张者,是当今信息技术信奉者在教育学学科性质上的表现,属于前卫型。其核心认识是:信息技术将成为教育的最重要构成,它将彻底改变前信息社会的教育形态、观念和行为方式,改变教与学。学校消亡论是其中突出的代表。

不难看出,第4点中的三类观点,都是因从不同视角对教育学的研究对象——教育存在的性质,作出不同判断而带来对学科性质判断的差异,差异背后的原因与2、3点有异曲同工之处。

实际上,上述判断都在一定程度和意义上,反映了教育学知识性质和学科性质的特点,但又造成了认识结论分裂的格局。似乎都有道理,但都还不足以形成对教育学性质相对完整的认识。我们认为要突破这样的认识格局,一方面需从多方面认识教育本身,并建立起多方面认识之间符合教育内在逻辑的联系;另一方面要改变传统学科性质分类的两分或多分标准,以新的分类方式来看教育学的学科性质。我们形成的观点是:教育学是复杂/综合性学科。

(二)复杂/综合性学科:教育学学科性质的再认识

1. 再认识之必要

用综合的观念判断学科性质,相对的是历史上早期就出现并形成巩固形态的、以分析/演绎为建构学科的基本方式,再以其研究对象的基本性质、理论达到的普遍化程度、研究方法等来评定学科性质的学科观而言的。但这一观念并不以否定分析学科群的存在为前提,而是承认在其外还有一批如教育学那样,无法用分析方法形成学科的学科群。这类学科必须以综合的观念和方式建构,才可能揭示其内在逻辑。这类学科不只是教育学,还有环境学、生态学等等。今后,也许会有更多的传统学科将走向复杂/综合学科。作为一个发展的转折点,用分析/演绎和复杂/综合作为对举的分类之一,至少是可以成立的。它提供了一个新的思考学科性质分类的维度,可能比前面列举的分类具有更大的包容性。但至今为止,不少界内学者对此种分类尚不熟悉。

关于教育学学科性质的复杂/综合性问题,在我国 20 世纪 90 年代下半叶的争论中已被提出。[①] 当时有论者认为:若综合只是想把已有分支学科内容实现综合是不可能的,因为分支学科的逻辑是分析逻辑,而综合的可能性只能靠洞察力和教育哲学,只能走元教育学的路。[②] 对此观点,我认同第一方面的结论,但对第二个方面的判断并不完全同意。元教育学研究是一条道路,但不是唯一道路,也不能作为教育学的学科性质是综合性的判断依据,因为任何学科都可建立"元研究"层次。但并不能因此而认为任何学科都属综合学科。因此,我们有必要对教育学的复杂/综合性,作出进一步阐明,作为对已有教育学学科性质讨论的继续。

2. 教育学复杂/综合性的界定

教育学的"复杂/综合性"不是将原来认为的两极观点调和为中,也不是分支学科内容的提要式集合,而是根据教育自身构成的内在关系逻辑(以下简称"关系逻辑")和发展变化过程的转化逻辑(以下简称"转化逻辑"),构建出的教育学的理论形态之性质。这两种逻辑都是教育这一事物自身具有的,不是外在赋予的。教育理论只是将其揭示出来,形成理论形态的存在。所以,它本身还随着教育实践和对实践的认识与理论提升能力而发展。不是凭空而起,亦非依葫芦画瓢。

最早的教育思想也呈综合态,但它是一种原始、直观的综合。人类分析能力的提升,具有将现实中存在的综合对象解析、归纳、作出抽象,并在抽象的确定的意义上形成反映确定性认识的一面。这是认识史上的重要突破与发展,但付出的代价却是忽略了关系、交互作用、过程演化中确定性与非确定性之间的相互作用。本人曾在 1998 年《教育研究方法论初探》中提出"综合抽象"是教育学的概念特征,且作了具体阐述。现

① 参阅:吴钢. 论教育学的终结[J]. 教育研究,1995(7);郑金洲. 教育学终结了吗?[J]. 教育研究,1996(3);
周浩波. 论教育学的命运[J]. 教育研究,1997(2).
② 参阅:周浩波. 论教育学的命运[J]. 教育研究,1997(2).

在我们提出的复杂/综合性,是由分析抽象走向整体、动态抽象的产物。① 说到底,只有认识世界的方法论发生变化,才可能实现,所以这是当代教育复杂性本身更充分的展现,认识论发生深刻变化的产物,并非是要退回到原始的综合去。怀特海对发现方法的描述,生动地表达了两种认识的区别:"真正的发现方法宛如飞机的飞行:它开始于具体的观察基地;继而飞行于想像的普遍性之稀薄空气中;最后,重新降落在由理性解释所严格地提供的那种被更新了的观察基地之上。"②

3. 教育中内含着丰富复杂的不同类型关系列举

其中首先要指出的是对教育事实的性质判断:是价值规范性的还是客观事实性的? 这一问题又直接对应于对教育学学科性质的判断。显然,教育事实不是如自然界那样,存在于人类之先和人类自身之外,不是人类可用各种方法直接沟通的世界,故可称之为客观事实。但不可否认教育是一种存在的事实,只是其事实本身是人为的,是因人的需要而创生的,是具有价值内含的事实,并总是在价值的作用、指导下进行的一种活动性的实践存在。这就是教育事实内在的主观与客观的关系。我们可以把这样的事实称作"人为事实"或"价值性事实",与自然事实区别开来。如果要把价值从教育中剥离出去,那就不存在真实的教育事实,如再溯其源,连教育的产生都不可能。教育事实的复杂性恰恰是与价值的多元、变化、相互冲突与调和相关,并且还有事与愿违的情况。因此,研究教育事实不能完全按照自然科学的模式进行,尤其是经典自然科学的研究模式。因为当代自然科学研究也已走出了绝对两分的思维模式。

教育事实的内在关系还表现在要素间互为存在前提且交互影响的性质。"教学"活动中的教与学的关系是一个典型,如果我们一定要把教与学分作两个独立的方面,并作出谁为主、谁为次,或列出谁在先、谁在后,谁决定谁等关系判断,并想将其当作规律来确认,那势必不符合教育中实存的更为根本的内在关系,而且会产生永无止境的争论。只有认识到"各种对立要素在相互需要中对峙。在它们的统一中,它们展示自身或对比"③,"每一方面只能通过另一方面而得到解释"④,教育学才能从两者内在关系的角度阐述清楚"教学是什么"的问题。教与学都须以对方的存在为前提,才能构成"教学"。

---

① 叶澜.教育研究方法论初探[M].上海:上海教育出版社,1999:342.

② [英]怀特海.过程与实在:宇宙论研究[M].杨富斌,译.北京:中国城市出版社,2003:7.

③ [英]怀特海.过程与实在:宇宙论研究[M].杨富斌,译.北京:中国城市出版社,2003:633.

④ [英]怀特海.过程与实在:宇宙论研究[M].杨富斌,译.北京:中国城市出版社,2003:630.

教育事实的第三类重要关系是:教育作为人类社会活动构成的社会性活动本身则直接指向个体的身心发展。尽管历史上、现实中各种教育活动的目的、内容、方法都有很大差异,但最终都指向教育中的个体变化与发展,这是共同的。这是教育活动的外在属性与内在属性之间不可剥离的相互关系,在不同层次由外而内的活动中呈现出渗透的特殊影响方式。在社会·教育·人的历史长河中,教育居中,连着"社会与人"的两头,既是"两头"不同需求之间的聚合点,还是相互渗透的中转站,如此复杂的内外关系,同样不能用割裂、分析的方法道明白。用复杂/综合的观点,可以把教育学的学科性质称为育人的社会学科,以区别于其他性质的社会学科,使其内含的育人价值成为根本性的限定。

最后还要指出,"教育存在"中最基本的活动性形态,决定了教育学的研究带有事理研究的复杂性和综合性①,因此教育学的学科性质在一定意义上可称为"事理学"。它不同于自然科学,也不同于精神科学。事理的复杂性和动态性,决定了学科的知识特征是关于事之发生、发展与结果及事效的研究,其内在的理论核心由关于该事的"转化"性质、过程与机制的揭示构成。其中还要分为常态下的事理与系统整体转型中的事理两大类。尽管教育中的事是具体的,需要技术性的方法,但事理却具有普遍性,其中包含了关于事理演化过程确定性与不确定性之间的关系和相互转化。

正是从这个意义上可以说,教育学是事理性的复杂/综合性学科,其中包含了与教育事理相关的科学、艺术与技术。其中,"艺术"看起来似与科学、技术不太能合拢,但教育活动不仅就内容而言包含艺术,其过程也因人之性情参与其中而具艺术的特质,使教育学的事理成为一种有性情的学术。有时,恰恰是艺术使我们产生整体通化的体验。

三、方法论

我们把方法论最概括地表述为关于研究对象与方法适切性的理论。自然,适切的目的是为了认识的发展。当一门学科面临着重建或转型性发展,要求重新认识对象的性质与研究认识对象的思想方法时,就必然会提出方法论更新的问题。研究对象性质的区别决定方法论的不同,且对象的变化不是只由研究者所控制的,故而认识对象的

---

① 关于"事理研究",本人最早作出的判断和阐述,参阅:叶澜.教育研究方法论初探[M].上海:上海教育出版社,1999:322—325.

思想方法也需发生变化。或者出现相反的状态:学术界的思想、方法在总体上发生变化,怎样重新认识对象就成为必须。但方法论更新不会自动产生,而是研究主体意识到上述问题与势态时自觉研究的结果。本人对教育研究方法论更新之重要性的醒悟与集中探究之表述,留存在《教育研究方法论初探》中。[①]

关于方法论的表述,有两种方式。一是渗透在相关研究过程、结论的表述上。可以说,本书已有的论述和以下的论述,都体现和依然体现我们对教育研究方法论的选择与运用。方法论主要不是用来说的,而是用来指导认识和研究本身的。二是作专门的表述,这是讨论学科本身的重建时常常需要的一种表述方式。

在此,本人将在原有对方法论探讨的基础上,着重讨论两个问题:教育研究方法论中的系统复杂性研究,教育研究中理论与实践的关系问题。第一个方面是新问题,第二个是老问题。这两个问题的深入认识对于教育学研究,具有全局性的至关重要的意义。

(一)系统复杂性研究对于教育研究的方法论价值

从人类认识发展史的长河来看,属于认识世界的方法论主要经历了四程:经过思辨、逻辑学的建立(对思辨之正确性的规范性保证),实现了从常识到哲学思维转化的第一程;自然科学方法论的形成,将认识对象客观化和定量化是第二程;狄尔泰开先河的精神科学方法论之出现,以及随后发展起来的解释学、现象学等,都把研究对象转向对精神、人的内心世界和相互理解与发展的认识可能性,作为与自然科学不同的研究对象,探讨新的方法论,构成了第三程;系统科学的诞生,从老三论到新三论,直至现在复杂性思维的提出,则是目前还在行进中的第四程。四程间的相互关系,并非不断以后者取代前者,而是使人们对作为研究对象的世界整体内各种事物的异质性有了更清晰的辨认,从而不断发展出新的研究方法论。新的方法论又会丰富或改变人们已形成的世界图式,使世界在人类的眼中变得更真实、清晰、生动、缤纷多彩、变化无穷,让人类对未来的可能性充满理性的希望。

系统复杂性研究指向的是常规科学无法回答的问题,指向系统本身的复杂性和内外交互作用的复杂性。它不是用排除差异、偶然、异常,来表达对世界事物稳定不变、具有普遍性的本质或规律的认识,而是把上述常规科学排除的因素,都纳入到对系统的认识中,揭示事物运动本来就存在着的内在多种力量复杂的互动、生成式变动过程。

———————————————

① 参阅:叶澜.教育研究方法论初探[M].上海:上海教育出版社,1999.

复杂性研究赋予系统认识更深刻的真实性和内在的生命有机性,呈现出生命变化的复杂生成机制。

由此可见,系统复杂性研究的指向,对研究人类社会的教育存在特别重要。它为我们指出了一个新的研究方向和提供了新的思维方式:不是用"削足适履"的方式,使教育学研究进入常规科学的行列,而是与系统复杂性研究同行,直面复杂丰富的实际存在的教育现实,走出认识教育系统内在复杂性的研究之路;若研究深入而有成效,还完全可能为正处于成长时期的系统复杂研究,作出来自教育学的贡献,创造在这个研究范式中与其他人文社会科学,诸如经济学、社会学、人类学、文化学和脑科学等相互交流与互惠互启的对话资格。目前,有些学科如经济学、脑科学等已开始积极投入研究,如有经济学者指出:"不可阻挡、不可回避地逐步接受和探讨经济复杂性,是理论建设和学科发展的必然趋势……基于单一假定、演绎推理构建的通用模式日趋退守,而考虑人的主动因素的人文经验驱动的个性化模式和假定将取而代之"①。

系统复杂性的研究以对事物结构系统性的认同为起点。在教育学研究中我们已跨出了这一步,本人自 1984 年开始研究、1991 年初版的《教育概论》,就已以系统论作为方法论指导,对教育系统的整体作了分析,开篇第一章的标题就是:"教育——复杂、开放的社会系统",从要素、层次、结构到功能,作出了与以往关于教育完全不同视角的认识。随着系统复杂性研究成果的不断介绍和学习研究,结合直接进入学校教育实践、持续 20 年逐步深化的"新基础教育"研究实践之开展,并有意识地在研究过程中,运用我们理解的系统复杂性理论来指导、推进、预测该研究的开展,使我们有了运用系统复杂性研究的方法论切身体验,坚定了运用系统复杂性理论作为方法论,创建"生命·实践"教育学的信心。② 具体地说,我们目前达到的有关系统复杂性理论对于教育学研究的方法论价值,主要集中在以下五个方面:

1. 教育活动内外因素的复杂互动。只有用动态、交互生成的观念,并关注具有积极价值的不同因素的聚合生成的涌现,才能有利于教育活动朝着期望的方向发展。尤其要强调的是,发现、聚合有利因素的能力,是教育实践者和教师必须具备的能力。指出"有利因素",就意味着系统内外存在着且会不断生成相对于目标而言的"无关"、"消极"、"不利",甚至是"破坏"性因素。因此,正确判断(避免误判)、善于整合,把消极因

---

① 王国成.人文复杂性分析与经济政策模拟——基于行为内生化的视角[J].学术月刊,2014(6).
② 参阅:叶澜.略论"新基础教育"研究之路的若干特征[J].基础教育,2011(2);人大复印资料(中小学教育)转载,2011(9).

素的影响降到最低程度(非无视,亦非任其发展,而是究其原因、适度干预),是在实现系统目标过程中人的主动性的重要用武之地。

2. 承认差异、辨认差异、利用差异、转化差异,而不是试图消除差异,无视差异。差异是复杂系统生长的资源,也是复杂系统发展的内在动力。差异生成互动,互动产生出新的差异。① 差异及其相互作用是教育系统和教育理论复杂性研究的重要组成。

3. 复杂系统的整体性转型,是系统内外互动,即环境激烈变化对系统产生作用,外因素经与内因素互动,内系统主体将部分外因素纳入系统内运作,产生新生长点。这种新生长点具有突破系统原有内部运作的性质。加速新生长点的自组织与扩展过程,是复杂系统在旧中出新、由小变大的转型机制启动的关键。复杂理论中的自组织原理,为系统转型的内外转化机制提供了理论与方法论的依据和启发。

4. 复杂系统转型由众多因素相互作用,在系统内不同层面开展,层面间的相互作用与因素相互作用同样有积极和消极之分;转型是一个过程,既有累积性,又有因积聚达到临界而产生关节点上剧变涌现的突变性;系统内的变化过程和速度并不一致,善于放大积极变化的关节点效应,善于将某些局部、某一层次发生变化的机制和效应放大,对其他部分和层次产生示范、辐射影响,是加速系统转型的方法论策略。

5. 系统转型的全程充满着变化和有诸多不确定因素,有时甚至会以强烈的方式介入。但系统的转型需要有目标和过程设计,包括阶段与策略、路径与方法、分工与协同等全方位的顶层设计,需要用系统复杂性的方法论,作出高质量的顶层设计,并在转型过程中不断根据实际,作出更符合发展需要和有效的适时调控。转型过程中的系统跟踪观察、分析和调整,是转型成功必不可少的保证。系统整体转型,是一个打破原有系统的确定与稳定性,由系统内生长出新因素,在不完全确定的多种因素作用下,创建更新后的、具有新质和新秩序的初成新型,再逐步走向新的确定性、产生新的价值与功能的新系统。这个过程充满风险与博弈,尽管不能完全预测,但可认识、可设计。不然,人在系统转型过程中就不可能成为主动的创造者。

以上只是我们在"新基础教育"研究中,逐步体验和形成的、有关系统复杂性方法论之特质,及其对研究教育活动型存在的贴切性和适应性的认识,它并没有穷尽系统复杂性研究对于教育学研究的全部价值。但可以相信,在一定意义上,用复杂性思维方式研究教育行为,比研究经济学行为更为适切。因为,经济学研究方法论的复杂性

---

① 参阅:叶澜."新基础教育"发展性研究报告集[R].北京:中国轻工业出版社,2004:22—24.

转换,需"基于内生化的视角",聚焦微观行为分析,才有更深广的前景,体会到"自组织理论为解释复杂性形成和演变的深层机制提供了理论依据,……只有认识经济中的个体行为及相互作用的结构特性,才能把握整个复杂经济系统的动力学特性"①。教育活动的直接对象就是有生命的个体,故而,与复杂研究的方法论更具适切性。

在我看来,今后教育学的发展水平,与方法论的这一转换相关性极为直接且重大。

(二)全面认识理论与实践交互生成的方法论价值

"理论联系实践"作为一个工作作风和研究问题、解决问题的原则或方法,对于大家来说并不是一个陌生的结论。然而,仔细辨来,却是一个不全面的结论。它意味着理论与实践是分别的已存在之物,背后由不同的主体把持着,联系的指向性是"理论"要去联系"实践",并未有明确的双向关系表达,而且暗含着理论高于实践,所谓的"联系",是指对实践作指导。当然,作为一般号召还是有其存在价值的。

再进一步的说法是:理论从实践中来,又要回到实践中去。这是从理论的生成和运用过程来讲理论与实践的关系。两者二分,首先指理论对于实践应持的态度,依然主要是单向式的表达。此后,还有从马克思主义的观点中引出的:理论只要深刻,就能说服人,就能成为改变实践的真实力量。马克思主义把哲学的任务定为不只是说明世界,而是改变世界,更深入地说明了理论的实践价值,并对怎样的理论才能具有实践价值作了限定,指出应把"改变世界"作为马克思主义哲学理论观的特质来理解。而"实践是检验一切真理的标准"的定论,又从探讨真理的意义上,突出了实践对于理论的重要意义,但似乎依然尚未深入到双向互动的层面。

显然,理论与实践的关系是一个普遍的认识论、方法论和现实中存在的问题。上述认识并非是学术界关于理论与实践关系的全部认识,但却是对于学界,尤其是对中国的学界、教育学界,具有广泛影响的、几近常识性的认识。尽管在研究行为中做到这一点的并不多。正是有了这样相当普及化的认识,我们很少认真细究这样一个重要的问题:究竟可以从多少角度去认识理论与实践的关系,它对于教育学研究具有什么意义?

本人的研究是从1987年对教育研究进行反思、提出教育学发展"自我意识"问题开始的,此后随着研究实践的发展,尤其是"新基础教育"深度介入式实践研究的不断深化,以及复杂研究方法论的运用,先后用了近30年的时间,在双向交互作用和相互构建的意义上,突破了上述、包括我们自己在内的原有认识,意识到必须在教育研究方

---

① 王国成.人文复杂性分析与经济政策模拟——基于行为内生化的视角[J].学术月刊,2014(6).

法论意义上,形成"理论与实践"关系的系统新认识,进而自觉地用新的认识指导教育研究和教育学理论构建①。与此同时,中国教育学界约在 20 世纪 90 年代下半叶,开始译介波兰尼关于个人知识的著作,引进、介绍和应用教育行动研究。与之相关,逐渐加强了教育研究中理论与实践之间的关系研究②。这些,包括许多不同的认识、意见与研究实践,也成为我们形成新认识的资源。

现将我们目前形成的"理论·实践"交互生成的方法论观表述如下:

1. 教育学研究中教育理论与教育实践的关系是内在关系,不是两个独立领域外在关系之可能构建。如前所述,我们将教育学研究对象称之为"教育存在",其构成中包含教育实践、教育理论和教育学元研究;我们又将教育学学科性质概括为事理研究,它是理论,但不可能是与教育之事无关的理论,而是揭示教育之事的理论。以上两个关于教育学研究对象和学科性质的界定与论证,在保持相关认识逻辑一致性上,决定了教育学研究方法论的选择,以教育实践与教育理论的内在一致性为基点展开探讨。

然而,在现实中,我们经常听到、看到或体验到:作为理论工作者提倡的、主张的,或在教育学著作中阐述的理论与教育实践有很大差别,甚至是冲突。两大领域的成员之间,除了存在不同方面和不同程度的沟通、合作,乃至共同成长的关系之外,确实还存在着互不信任、理解、甚至相互轻视、责怪的状况,如何认识这种现象,它是不是对教育理论与教育实践关系的内在性的否定?

首先,两者关系的内在性,强调的是两者之间内在的不可分割性,而不是完全的一致性。理论与实践之间的一致性是关系内在性的一种表达,但不是唯一的表现形式。不同性质和程度的冲突、矛盾、不一致,是理论与实践发展过程中必然会出现和存在的现象,这恰恰是两者通过双向的反思、批判、参照、互鉴、转换而实现相互生成的资源,并由此而形成内生长力和内动力。所以,两者的差异、甚至对立的存在,并不是否定两者关系内在性的依据。

还有人以实践遵循规范逻辑、理论遵循实证逻辑为由,认为教育理论与教育实践存在着无法跨越的逻辑鸿沟,并由此认定教育理论与实践的分裂是必然的、合理的、无法改变的。这一看似合理的认识,其主要偏差在于忽视了教育学的理论是"事理"这一特殊性,而是以一般意义上的两种逻辑之分割与对峙为前提,将其运用到教育

---

① 参阅:本书"第一章"中的表 1.2.2、1.2.3.

② 参阅:程亮.教育学的"理论—实践"观[M].福州:福建教育出版社,2009:"导言",4—7.其中有关于教育学中理论与实践关系研究的简要概括。

研究中来。事理要探索的恰恰在于价值、意义、规范与事实之间的内在关系。演绎推理的合理性，以大前提确定，小前提在大前提的规定之内为条件。如果某一学科的特殊性已超越了大前提的限定，结论的偏差就出现了。伽达默尔讨论精神科学和自然科学的区别时指出："它们与自然科学的区别不仅在于其运作方式，而且在于其与对象的事件性联系。"①事件性联系是不能用自然科学的方式去说明的。

从正面来说，教育理论与教育实践关系的内在性，首先表现在相互依存和促进上，除冲突、差异外，还存在着内生的一致性：两者都是因满足人类社会的延续和个体的发展需要而生，教育实践专业性需求的提升，要求教育理论提高对实践的支持、构建等专业水平。理论对实践问题的透析和批判，对影响人的发展之教育力量的深度揭示，对人类个体发展未来可能理想的有依据的理论构建，都能成为推进教育实践发展的不可替代的理论力量，且可能有条件地逐渐转化为真实的实践。两者的内在一致性，还表现在每个实践者、理论者，就主体自身而言，理论与实践在个体内在意义上一致。②故而，要改变教育实践者的行为，恰恰不能只从行为的意义上，还必须在理论、观念的意义上促使实践者的头脑——思想和价值观等发生变化，形成新的参照系，从而使实践者能用新的理论眼光反思已有实践，重新认识自己的行为，并尝试将自己认同的新理论、观念，转化为自己新的行为。这是实践工作者在完成自身专业发展的意义上，理论与实践由旧的内在一致性向新的内在一致性转化的过程。这一过程虽然漫长，但它是所有追求专业生命和自我发展的教师都会去努力实现的过程。从理论研究者来说，自身理论认识的发展，也需要因受到实践问题困扰，已有思维方式和理论框架淤塞、难破，在理论视野打开的同时，再回到实践的源头，重新认识丰富实践的原始形态，或回到现实、进入实践内部，读懂新的情况，看到新的资源和思考新的问题，方能开辟出理论认识的新天地。一旦新的认识初步成型，又须再到实践中去，在研究新实践的过程中实现认识的丰富、完善，在与实践可能性相一致的意义上作系统化，最终以实践的真实改变作为理论是否有现实意义的检验。

由此可见，就实践者和理论者个体而言，都存在着日常式的理论与实践的个人内在统一，还存在着个体专业与人生发展转换时期，经理论与实践由外而内的交互作用，最终达到内核更新意义上的理论与实践的个人内在统一。这是理论与实践内在关系

---

① ［德］伽达默尔. 真理与方法［M］. 王才勇，译. 辽宁人民出版社，1987：8.
② 关于这一点，是我在《思维在断裂处穿行》的一个重要认识，但似乎不太被阅读或引用此文观点者关注，也许是自我表述的问题，在此重申。详阅：叶澜. 思维在断裂处穿行［J］. 中国教育学刊，2001(4).

与发展机制的十分重要的基础。没有两类主体个人意义上的理论与实践的内在统一,群体意义上的进一步沟通之可能将被极大削弱或沦为空谈。

2. 教育理论与教育实践内在关系的存在,使两者积极的相互沟通与转化,有可能在不同层级上发生。但无论处于哪个层级上,都以两类群体,或个体的相互接触、了解,以内在需要为前提条件。

大致上,我们可按接触与转化的深度把沟通分为以下三级。

初级:通过倾听、观察等实现沟通。这样的沟通可以是随机的,也可以是有意识组织的;可以是通过间接沟通实现,如阅读、上网、看录像或电视等,也可以是直接的,面对面的、现场式的,如听报告、参观学校、参加学校邀请的活动等。由于这些活动带来的启发、反思与改变是可能存在的,虽然分散和点滴,但可能因此而进入更多的交往与沟通,双方互信互需逐渐积累。

二级:主动而有意识的沟通,能合作,但双方出于不同的内在需要而目标不同。或者其中一方的内在需要强烈度不足,形成结构与结果非对称性的变化与收效。

三级:双方具有共同目标的合作研究,合作者共同参与变革研究实践全程,在改变原有实践和创造新的实践形态中形成了共生经验、共同话语和交互生成的双赢共长之深度、持续效应,并具有较合作前更大的开放性和更强的教育学研究专业性,教育的内在逻辑在更深的层面和更广的意义上得到揭示。

三个级别的区分是为了说明:两者内在的关联只表明交互作用产生的可能性;但交互作用的真实发生,是研究者双方以内在目的或需要,即为教育实践和教育理论的改进、发展为目的,而非以工具性的外在目的为基础,通过真实进行的交往、沟通与合作才可能实现。双方合作目的的一致性程度,交往沟通的深度,有无共生经验和共生经验的质量,以及在推进理论与实践发展中的双向生成效应,是理论与实践合作质量与效益的决定性因素,也是可衡量的指标。教育理论与教育实践的结合,不是通过理论说明、行政命令或外在刺激能完成的,它只有在合作的过程中,才能呈现其价值,创造出唯有深度合作才能创造的成果。

除此以外,也有研究者以英国学者卡尔关于教育学的理论取向为基本分析框架,对不同理论取向与实践的不同关系作出了分析,并以不同的关系性质之集合,作为教育学的"理论—实践"观。[①] 可见,不同的教育学观都可能得出教育理论—实践相关的

---

① 参阅:程亮. 教育学的"理论—实践"观[M]. 福州:福建教育出版社,2009.

不同观念,十分不同的思维方式,得出并不相同的结论。这表明教育学的对象观、学科性质观和方法论是具有相关性的认识。前提不同,研究的路径就不同。同时也表明了这是一个可以从多侧面去深入研究的问题。我们的观点只是从"生命·实践"教育学观引出的结论,并不是唯一的解释。

3. 教育理论与教育实践的关系状态,除与教育学研究内部质量相关外,还受已形成的学术传统、社会学术环境与风气、行政权力对教育研究的干预、控制强弱程度等多方面影响。如:把教育学理论研究看作是高档的,蔑视实践研究;或相反,认为教育学理论研究没有价值,只有操作性的或行政性的指令才是有用而重要的;政府相关官员和政策制定中,忽视甚至无视教育理论的价值,区分不清教育学与教育的不同,或只把教育当作社会工具。这时,教育理论与教育实践的关系都会出现人为的、背离其内在本真关系性质的状态。目前在我国,这三种状态都存在,教育学发展的生态并不令人乐观。因此,教育学研究人员认清教育理论与实践的内在关联显得尤为重要。我们需要在正视现实的同时,创造有利于教育学研究的小生态,努力结成志同道合者联盟,不断扩大良好生态的范围,用真实的研究和现实的改变,拓展教育学研究的生存与发展空间。埋怨或消极等待,抑或只是纸上高谈、无济于事。"成功的机体将改变它的环境。能改变环境进行互助的机体就是成功的机体。"[1]重要的是有思想地行动和在行动中生成新的思想。

四、余论

若从历史的长时段来看教育学的命运,可清楚地看到:这个学科的建设者,一代代艰难而又坚定地行走在学科独立性建设的道路上,相关的认识也从混沌到逐渐清晰,信心随之而日益增强,尽管时常有人讥嘲笑骂,但知道任何一个学科的成长,都会经历这样不可避免的、为独立而奋斗的时期,只是教育学因其研究对象的复杂性,及其与人类社会、科学、知识等多层面的关联性,其独立性的成长尤为漫长而艰难。以上所有论述,若用一句话来表达,那就是:寻找当代中国教育学发展的方向感和坚实的理论与实践依据。有了方向和依据,就会增强继续前行的信心和力量。

我们深信:学术观点不会从天而降,唯孜孜探寻才有可能出现火花。学术是有情怀的事业,教育学更是如此。

---

① [英]A. N. 怀特海. 科学与近代世界[M]. 何钦,译. 北京:商务印书馆,1959:197.

我们认同：学问与人通，恰如孟子所言，人知自尊，然后有所不为、有所为。

我们期望："教育学——研究人的全面生长和发展、形成和塑造的科学，可能成为未来社会的最主要的中心学科"①这一李泽厚之"世纪新梦"，能成为现实，我们会为此而努力不懈！

---

① 李泽厚. 世纪新梦[C]. 合肥：安徽文艺出版社，1998：44. 李泽厚在多本著作中发表过类似观点。出于对人性和世道的关怀，李泽厚对教育学和教育问题有过不少很有见地的观点，依本人观之，可称其为"教育学"的学术知己。

下 编 "生命·实践"学派的教育观

上编围绕着"教育学的学科独立性"问题作了展开论述，勾勒了当前中国教育学的发展，正沿着从依附到独立、从单一到多元、从线性到非线性、从封闭到开放、从异乡到本土的发展路线与图景，就一系列与当代中国教育学建设相关的基础性问题作出讨论，力图使之从问题到回答都逐渐清晰化，且在各种不同回答的交织中逐渐走向认识的深化。教育学元研究的发展在相当程度上，最终是以教育学原理对教育本身的再认识来呈现其价值。如果不走到这一步，教育学元研究就有陷入书斋里的学者思维享受之局限。下编是我们想用经过元研究擦拭、较前澄明的眼光，再认识似乎十分熟悉的教育事实，努力达到新的深度，面对重要难题，形成基于丰富教育世界、运用复杂研究方法论而得出的，关于教育原理的新认识。这就是标题所示的——"生命·实践"学派的教育观。

我们清楚这并非易事，但值得也应该去做。把阐述的重心限于教育学原理，意在形成认识教育世界的基本框架，并着力于揭示其内在规定性和内在逻辑。尽管这是有点类本质主义和构建体系等现在并不时尚的研究路向，但是在我们看来，后现代以及许多新的主义和研究方式，对那些认为现象之外有着独立的本质存在：它或是神，或是形式等永恒不变和无实之质的本质观，是一种有价值的批判和反叛。然而，事物与事物之间规定性差异的存在，正是因事物除了呈现在人眼前直接可观察、可感知的区别之外，还有其内在规定性，差异是内在规定性的比较式呈现。如果事物没有内在规定性，我们就不可能谈论"成为你自己"的话题，教育不在例外。有人用"剥洋葱"（一层层剥下去，到最后还是洋葱）来比喻现象、本质之无区别。这似有些随意，我们生活中就经常能看到由皮层、肉质和核组成的许多不同果实，当然，不能把核说成是果的本质，但至少这些有核的果实，不同于洋葱的构成。若真要拿洋葱说事，真要用"本质"来表示与"现象"的不同，那么，用科学的眼光，至少是洋葱的分子结构与其他蔬果不同。至于内在逻辑，是就事物过程演变而言，过去用"规律"来表示，强调其变化的必然性，忽视或无视大量存在于变化过程中的偶然因素，使变化未必沿着事先以必然性认识为基础的轨迹行进的这些起作用的偶然因素。这个问题的揭示，正是复杂科学研究的重要结论。达尔文的进化论对物种变化的研究，已在生物进化史领域里用许多事实说明了这一点，复杂科学则进一步揭示了偶然与必然在系统演化过程中的交互影响及转化机制。后现代主义的问题是再向前走了一步：强化偶然性的作用，试图用偶然性的汪洋淹没必然性的航标，并把偶然性与相对原先预设而言的突发性及与已有状态之间的无关联性，当作了该偶然事物或事件本身就是不可捉摸的误判。其目的意在证明人无法认识外在世界，包括自己的命运，只有当下是最重要的。然而，事物的发展因其内在规定性，因其内、外构成因素的相互作用而具有内在逻辑。内在逻辑不等同于排除偶然性的前述对规律性的理解，内在逻辑是事物复杂演化的机理。在此，本人无意纠缠于本质与反本质主义的争辩，要说明的只是为何要把"内在规定性"与"内在逻辑"作为教育学原理研究的对象。若无这些研究，恐怕很难形成对学科对象的基本认识。

具体来说，下编的论述将涉及：教育作为人为的事实存在，它是什么，价值与事实如何合为一体？教育内部以及与环境之间交互作用的生态特质是什么等教育基本理论问题。本编以"教育是什么"为核心问题，通过"概念"与"基因"式的解读，对中国文化教育传统内在特质的解读，以及其历史变迁与接续的讨论，综合呈现"生命·实践"教育学在回答"教育是什么"这个根本问题时，对上述系列问题的基本理解，呈现本学派的中国文化内蕴，并以此为全书的结束。

第四章　教育——点化生命的人间大事

　　对有记载的人类史上已存在了数千年的教育,且被阐述了无数次,至今依然众说纷纭的"教育"一词作出界定,业内皆知并非易事。康德早就提出:"能够对人提出的最大、最难的问题就是教育。""人们可以把两种发明看作是对人类来说最困难的东西,这就是统治艺术和教育艺术,而且人们对它们的理念还处在争论之中。"①然而,作为教育学研究的起点,最基本的概念——教育的界定,却是不能不为之事。也许,对于"教育学"总体而言,多一个少一个界定无关大局,但对我们来说,除因其是起点而必须之外,还因起点的明晰有助于清思和阐明自己的观点而尤为必要。

　　本章循着如何界定"教育"、本学派对教育内在规定性的深解、教育与人的生命全程即人生的关系这样一条思路展开,具体阐明我们对"教育"这一价值性存在是什么的基本观点。

第一节　"教育是什么"的概念式多重界定

　　正因为教育存在着多种界定,并由这些界定而引出很不相同、甚至完全相反的观点、理论与争论,有人还因此而认为教育学无法成学:一个学科若连基本概念都说不清,怎么可能成立呢? 所以,语言学家、分析哲学家在讨论教育之定义前,首先对定义本身作分析。看来,这是必要的一步。尽管一词多解是普遍现象,但就"教育"一词来说,特别需要辨析的是:不同的人们按什么去定义它,或者说各自从什么意义上在谈论它,否则,不同观点难以产生真实对话。

---

① ［德］康德. 论教育学［M］. 赵鹏,何兆武,译. 上海:上海世纪出版集团,2005:7

一、"教育"定义的类型辨

（一）索尔蒂斯关于如何定义"教育"的观点①

美国分析哲学家索尔蒂斯 1978 年发表的"教育的定义"一文,得出了想为教育作出唯一定义,或寻找唯一定义本身是不可能的结论。他转述了谢弗勒 1960 年提出的教育的三种定义方式,并作了具体例证式阐述。第一类是"规定性定义",它由作者创制,为作者论述自己的观点服务,任何人若要表达自己与他人不同的想法,都有权创制定义,所以它本身可能是无限的。重要的是,创制者必须在论述中坚守这一定义,不然,这一创制自身因其论述就变得无意义。第二类称作"描述性定义",这是一种基本上被规定的、一个词在不同语境中的不同用法,如词典中的一词多解。它虽多解,但每一解基本上是已成规和通用的。若非如此,就必须作出可以改变和实际上是否存在的解释。不然,人们之间就难以达到用语言沟通的效果。这样的描述性定义可视作是大多数人公认的定义,或称其为"符合公众的观念"②。最后一类定义被称作"纲领性定义",它明确或隐含着"事物应该怎样","教育一词的纲领性定义,往往包含是和应当两种成分"③。索尔蒂斯指出,这本身不应当引起惊奇,因为"教育毕竟是人类的一项事业,在这项事业中,人们试图有目的、有见地、谨慎地做些什么"④。不过,大量的不同定义和争论恰恰是由纲领性定义引起的。索尔蒂斯的最后结论是:规定性定义的多样不可避免,但若未被坚持,不会有大的影响;描述性定义可能有,但引起普遍概括的简单性,似乎不大可能非常有用;更值得探讨的是"纲领性定义",因为在教育方面必须作出价值判断。然而,他又认为"通过下定义来作出决断,很难说是最理智的方法。对重要的价值问题,要有中肯而审慎的判断,是不能单靠下定义来解决的"⑤。

索尔蒂斯的上述讨论,看起来主要是阐述、区别了"教育定义"的几种类型及其性质,最后并没有给出怎样给"教育"下定义才是合理的明确结论。但在多类型的分析中,实际上强调了最后一种带有价值判断、包含"是"与"应该"的定义对于认识教育的重要性和不可避免性。只是对教育价值问题的审慎不能只依靠下定义。这实际上是

① 以下有关索尔蒂斯的观点,参阅:[美]索尔蒂斯.教育的定义[C]//瞿葆奎主编,瞿葆奎,沈剑平选编.教育与教育学(教育学文集第一卷).沈剑平,唐晓杰,译.北京:人民教育出版社,1993:31—37.本文以索尔蒂斯一文为例,因其分析清晰并在国内影响较广。
② 瞿葆奎,沈剑平选编.教育与教育学(教育学文集第一卷)[C].北京:人民教育出版社,1993:34.
③ 瞿葆奎,沈剑平选编.教育与教育学(教育学文集第一卷)[C].北京:人民教育出版社,1993:34.
④ 瞿葆奎,沈剑平选编.教育与教育学(教育学文集第一卷)[C].北京:人民教育出版社,1993:35.
⑤ 瞿葆奎,沈剑平选编.教育与教育学(教育学文集第一卷)[C].北京:人民教育出版社,1993:37.

从"定义"的一角,揭开了教育存在是价值性事实的内在规定。

教育定义的不同类型也被分为"描述"与"规范"两类,实际上,"规范"基本上是与"纲领性"中的"价值"相关。价值的事实性表现之描述,就成了"纲领性"定义。

以上分析的背后,依然是自然科学与人文社会科学概念性质的差异,只是语言分析哲学家认同了教育的概念存在着事实与价值不可剥离的特征。

(二)"教育"概念的多层界定

我们认为,关于"教育"一词的界定,还可以从研究所必须的、说明"是什么"本身所具有的不同层次来区别,本人将其分为三个层次。

第一层次:划界式界定。这一界定主要是区分教育与非教育活动,也可以说是确定教育学所研究的教育活动之范围最起码的要求。本人早在 1991 年出版的《教育概论》中,就作出了这一层次的定义:"教育是有意识的以影响人的身心发展为直接目标的社会活动。"①

这一定义提出时是作为个人"创制"的,但至今未作修改。在 2001 年修订版的《新华词典》"教育"这一词条的解释中也采用了这一界定②。所以,这个界定已由最初的个人提出,转换成了索尔蒂斯所述的一种"描述性定义",当然,还只是"一种",而非"唯一"。

最初作出这一界定是经过一番比较和斟酌的③。针对当时有关"教育"的几种不同界定的分析,认识到其主要的问题是过分宽泛:一种是把教育活动扩大到动物界,包括动物界中的一些"亲子"行为和模仿式的学习行为,从而模糊了人类社会活动与动物活动的区别,这一观点至今在国外强调人类动物性的哲学家、人类学家、社会学家和心理学家,包括教育家中还有存在,国内也有赞同、支持和阐发者。另一种认为"凡是增进人们的知识和技能,影响人们的思想品德的活动,都是教育"④(以下简称"凡是论")。或者认为教育就是个人获得知识或见解的过程;教育是对人从生到死的全部影响的总和,包括有计划的和偶然的、有组织的和无组织的、自觉的和自发的,来自自然环境和社会环境的总和(以下简称"总和论")。本人认为,"凡是论"、"总和论"的主要

---

① 叶澜. 教育概论[M]. 北京:人民教育出版社,1991:8.

② 商务印书馆辞书研究中心修订. 新华字典[K]. 北京:商务印书馆,2001:493.

③ 有关这一概念的形成过程和针对当时已有"教育"概念的展开分析,参阅:叶澜. 教育概论[M]. 北京:人民教育出版社,1991:2—10.

④ 中国大百科全书·教育卷[K]. 北京:中国大百科全书出版社,1985:1.

问题在于:模糊了教育活动与其他人类社会活动的区别,使其涵盖了全部人类活动。因为只要是人参加的社会活动,都会对人产生某些方面或大或小的影响。所以,这样的界定使关于"教育"的研究范围无边界,显然失去了定义的界定性作用。为此,本人主要是从增加"有意识"和以什么为活动的"直接目标"来加以限定,从而区别了"教育活动"和具有"教育影响"的活动,突显了教育活动与其他政治、经济、文化等有目的的社会活动之区别,即教育活动的特殊性。

在撰写本书的过程中,本人意外地读到了王国维 1905 年编著的《教育学》"绪论"中关于教育的定义:"教育者,成人欲未成人之完全发育,而所施之有意之动作也。"①在随后的解释中,作者进一步阐明:"父母欲其子为良人时所施之训诫,及教师启发生徒时之教授,皆教育之作用也。然无心于教育之作用,虽于冥冥之中,助良童之发育,不得谓之真正之教育。例如因自己之便宜,而使役儿童,儿童虽可因之而得某种之技能,然不可谓之教育其儿童也。"②让我获释的是,并不是只有我意识到了:对"有意识"的关注具有区别教育活动与非教育活动的重要性,好像忽然发现了 100 年前的知音。自然,因时代与教育本身的发展水平不同,两个定义之间的主要区别是在王国维明确把教育者确定为"成人",受教育者确定为"未成人";本人的定义却只表明了"人"。这主要是因今日教育已发展到贯穿于人的终身,教育者与受教育者之间的区别不限于年龄之差,它在不同的年龄层和同一年龄层之间都有发生的可能。

也有论者认为,关于教育的界定应有"向善"或积极的价值规定,这确有道理。但我认为,关于教育的价值抉择属于另一个层次的界定,它不必在第一层界定中就呈现。第一层界定的作用,只在区分人类活动中的教育与非教育活动,而不在于区分好教育与坏教育、积极的教育与消极的教育、人性的教育与反人性的教育,上述的各种教育在历史上、现实中都存在,都以"教育"相称。因此,这是在"教育"这个范围划定后的内部,以价值评价为标准的区分,我们将在下面论及。

关于本人第一层的定义,还需要指出的是:在论及教育的直接目标时,实际上指出了教育活动的直接对象是人的身心,作用的性质在影响其发展。教育与社会的关系在定义中只限于活动性质的所属上,而非在活动的直接对象上,这实际上蕴含了对教育

---

① 王国维.教育学(瞿葆奎,郑金洲主编.二十世纪中国教育名著丛编,原著 1905 年由教育世界出版社初版)[M].福州:福建教育出版社,2008:"正文"1.(指的是非编者序中的第一页)

② 王国维.教育学(瞿葆奎,郑金洲主编.二十世纪中国教育名著丛编)[M].福州:福建教育出版社,2008:"正文"1.

功能的认识与判定。

第二层次:结构性界定。从第二层次始,界定进入到对教育活动内部的清晰化。教育作为一种人类的社会活动,是有内在结构的。尤其在当代社会,教育的内在结构已极度系统化和复杂化。我们主要从两个维度来分析其结构:一是构成性,二是过程性。

先从构成性来讨论。在第一层定义的前提规定下,我们首先可将教育分为机构性的正规教育(不同层次正规教育活动的组织之间的性质与相互关系,构成学校教育制度)和机构外的家庭与社会教育。两类教育活动对人的影响之区别,主要不在时间分布,而在空间和作用的方面与方式上。用定义的方式表达,即是"教育由正规的机构性和非正规的机构外两大形态组成",由此产生了以学校教育为代表的狭义教育和广义教育的定义之别。①

其次,还需要对构成教育活动的基本要素作出界定。界定的难处和产生分歧的原因,主要是对"基本"的理解之宽与窄。窄者认为三要素,即教育者、受教育者和教育内容;宽者还要加上方法(称四要素)、技术手段(五要素)、教育设施(六要素)等,或者更多,构成大于三的多要素论。本人认同的是以教育活动中的人(含教者与学者)、内容和物资所组成的三要素。其理由,一是三要素缺一不可,并在教育活动中形成不同于其他活动的复合主客体关系。② 教育活动的其他构成因素,都是由上述三要素派生或支持教育活动开展的因素,不属"基本"之列。至此,我们可以给出教育结构性的第二个限定:教育活动构成的基本要素是教者与学者、教育内容和教育物质。

上述要素主要是从系统构成静态角度所作的分析,而教育只有在活动开展过程中才真实存在,所以,还必须补充活动过程的动态构成要素。其主要指教育目的与策略、内容、组织方式、方法与手段、成效检测等一系列活动的构成要素之选择与组合,这些要素是教育活动"有意识"的具体表现。它们贯穿于教育活动的策划、实施及反馈等全过程之中。用定义式表达教育活动过程的结构性界定为:教育活动过程由贯穿于教育活动全程的一系列基本要素构成。它们是:教育之目的与策略、内容与组织方式、方法

---

① 参阅:叶澜. 教育概论[M]. 北京:人民教育出版社,2006:9—10.
② 教育要素"复合主客体"关系论,是本人在《教育概论》中首次提出的观点,主要指在教育中,主体是由教者与学者复合组成,是教育活动的共同承担者;教育中的客体具有相对性,就学者而言,教学内容与教师构成复合客体;就教者而言,教学内容与学生构成复合客体;教者与学者各自又都具有个体身份意义上的主体与客体的双重复合性。详细参阅:叶澜. 教育概论(修订版)[M]. 北京:人民教育出版社,2006:12—23.

与手段、成效检测与调整。这是结构性界定的第三个定义。

本人以往有关教育的结构性分析中，没有列入过程性基本要素的结构分析，这一意识的清晰是在"新基础教育"研究实践中完成的。我看到这些要素在学校各式教育活动的全程中都存在。即使是列为最后的"成效检测"，看似在活动结束时才必须，其实在教育活动展开的互动中时时存在。只是意识清晰的教学双方会有较自觉和显著的表现；意识不到的教师、领导，则往往会想当然地以为他的言说、要求说清楚了，就是达到成效了，即可进入到下一个程序了。其区别不是有与无，而是高与低，自觉与自发。因此，教育学对教育活动过程要素的清晰界定与阐述是必需的，它对于教师形成教育活动中过程要素意识的整体性与全程性，提高教育质量具有积极意义。

有关第二层次结构性限定中，还要补充说明两点：

第一，如何理解构成中基本与变化的关系。在结构性限定的三个定义中，强调的都是基本，它是抽象的、形式意义上的整体性关系表达。唯有如此，才能说明基本的不可或缺性和内在规定性。但基本不是凝固，不排斥变化。相反，变化恰恰是基本的具体表现和存在方式，基本存在于变化中。教育的变化呈现在不同历史时期，也呈现在不同的国家、地域，乃至呈现在每一个学校和家庭，不同教者与学者的具体教育活动中，呈现在每一个人的不同生命时期。这是每个人都能感受和体验到的千变万化。它们对于我们认识和处理现实情境中的问题具有经验价值。但是如果没有基本的结构性认识，我们就难以认识这千变万化的同与异，缺乏把握事物构成的基本认识框架，其结果往往是留下了"一地鸡毛"式的印象。我们也许能看到每一片鸡毛的独特，却不可能通过这一地鸡毛看到鲜蹦活跳的鸡。基本与变化之间的关系并非对立，它们是人类认识自我和世界必不可少的两个维度，这是形成教育构成性认识的不可忽视的方面。不然，我们就会落入用一种必要的认识方式否认另一种必要的认识方式的陷阱；落入无休止且不带来认识进步的无谓争论之中。

第二，我们主张，教育学原理对教育活动的研究重点，放在更能体现教育内在规定性的学校教育中。这与教育学原理的研究目标和服务对象以教师为主相关。这一选择涉及的只是研究单位的选取，并不意味着对其他非机构性教育活动的价值和特殊性，以及开展研究之必要的否定。这一选择，在教育领域大力强调信息技术、虚拟学校、翻转课堂等作用的当今时代，似有些不合时宜。然而，几千年学校教育的存在与发展本身，已经表明它内含的生命力与价值，目前的一些新形态并未改变教育的内在规定性，或达到无法用教育学原理解读的地步。如若发展到改变上述的结构性界定，那事实上活动已溢出教育，走向其他的规定领域，例如，从教育变为学习，从学习变为娱乐或其他。现实中，即使在学校教育内，也常有人用学习来代替教学，用教学来代替教育，这种代替除了受国外理论影响之外，还因头脑中对概念界定不清晰，带来对事实的误解与误读，或者说混淆了对两种不同性质活动的认识。这将不利于教育的价值与功能之实现。

第一、二两个层次都体现了一个原则：将变化无穷、复杂的教育事实，变为有限度和有相对清晰的可认识的研究对象，而非泛化无边、茫茫无绪的研究对象。这正是研究对象并不等于现实本身，而是研究主体构建的一种规定。定义本身也具有取舍作用。所以任何一个研究都有局限，但这一局限的目的却是为了认识的清晰，并使其具有可推理的、形成新认识的前提价值。

第三层次：功能性界定。教育的功能性界定是教育价值的效应式界定，其构成来自两个方面：一个方面是人（个体、群体、类）对教育有期望价值，并按此价值构建或参与教育活动，经教育活动后呈现出价值的实现状况。显然，这方面的构成，因从价值抉择开始就存在多因素起作用，故其结果十分多样且不一致，甚至会出现与所愿南辕北辙，但它确实是形成教育功能的重要内在推动力。另一方面是几千年人类教育实践中反复呈现出来的、教育客观上承担和实现的存在功能。

在国内，关于教育功能的界定主要集中在两个方面：教育的社会功能和教育的个体发展功能。也有大量论者把两大功能用教育的两大规律来表达，即教育与社会发展的规律性联系、教育与人的发展的规律性联系。在此，我们用"功能"一词，主要是因为采用系统观点认识教育，结构与功能是一对范畴。规律则是相对于现象而言的。另外，用"功能"来表达具有较"规律"更大的适切性和展现多种可能性的空间。

与自然界呈现的事物结构决定功能的关系性质相反，教育作为人为事物，恰恰是功能需求在先，因满足功能而创建出活动的基本结构在后。自然物之结构演变是外界变化和选择起决定作用的漫长过程的结果，人为事物则是人类意识到外界变化和自我生存与发展需求之关系后，所采取的主动改变的结果。较之前者，人类历史中生活变化速度与强度都高出许多，并随着人类整体能力的增强呈加速趋势。自 19 世纪西方工业革命基本完成后，近两百年的变化，远远超过以往两千年的总和，原始社会亿万年的历史则更不能比。

由此可见，教育的功能问题，在一定意义上是教育学的第一问题。它实际上问的是：人们为什么需要教育，或者说，教育对于人类究竟具有什么意义？教育为什么在人类社会诞生,并成为必须?

国内学界关于教育功能的认识,大致经历了这样的过程:

在把教育局限于成人与儿童的一种特殊关系上,大多强调的是教育传递人类社会文化,使之代际延续的功能。教育用文化、知识、技术的传授促使儿童成长,以适应未来社会生活与责任的承担。前述王国维关于教育的界定已含有此意。20世纪上半叶,大部分教育家的论述都会涉及教育的两大功能。主要的侧重、区别甚至争论,都围绕着教育应以社会为本位还是儿童为本位展开。在社会本位中,又有政治、经济本位(例如教育救国论、强国论),还是文化、科学、知识等不同选择的争论。在教育对儿童发展的功能上,也有主知、主智、主德、主体、主美和主精神等不同的选择或争论。但纵观所有的不同和争论,都未超出两大功能的范畴。

20世纪下半叶以来,可以说70年代末之前,中国受政治意识形态和苏联教育学的影响,强调教育的社会本位,其中尤以教育是阶段斗争工具的观点占主流、绝对优势。在这样的思想指导下,对学生成长的要求必然是作革命事业的接班人。80年代始,学界关于"教育本质"的讨论,实际上是冲破上述定论的过程。在社会本位上面,逐渐出现了以经济功能(包括为市场经济发展服务等)为主,随后以文化继承与发展为主等观点。约在90年代中期,则开始有较前更多的学者,关注和强调教育应以人的发展为本位,出现了关于教育人学的论文与专著。但并没有出现以一种功能否定另一种功能的倾向。讨论主要是在哪一种功能更为根本,或主要功能是什么的范围内开展。

需要指出的是,1980年代末,已有学者试图在不否定教育存在社会功能的前提下,使两大功能在培养人的意义上形成内在联系,认为"人是教育的出发点"[①],"培养人是教育促进社会发展的唯一途径"[②],"教育就是社会对儿童的个性化进行调节和控制的一种最有效的工具。……教育对儿童个性化的引导和促进总是以适应社会发展的需要与促进个性发展的统一为价值取向的。"[③]"引导、促进儿童的个性化是对教育本质的规定,正是这个规定,使教育有了产生社会功能的内在依据"[④]。这是对教育功

---

① 扈中平.人是教育的出发点[J].教育研究,1989(8).转引自:王道俊,郭文安.主体教育论[C].133.

② 扈中平.人是教育的出发点[J].教育研究,1989(8).转引自:王道俊,郭文安.主体教育论[C].

③ 许邦官.引导和促进儿童的个性化是对教育本质的规定[J].教育研究,1989(9);转引自:王道俊,郭文安.主体教育论[C].153.

④ 许邦官.引导和促进儿童的个性化是对教育本质的规定[J].教育研究,1989(9).转引自:王道俊,郭文安.主体教育论[C].

能的认识由平行论、为主论,向关系论转化的一个表现。在此期间,本人也发表了关于教育两大功能关系研究的专题论文①,旨在突破对教育功能认识的片面化,力图改变在教育两大功能认识上的简单化倾向。有关认识的进展在本人1991年撰写的《教育概论》最后一章,作了以教育为立足点的集中阐述②。在对教育两大功能的关系作了历史及宏观、中观、微观等层面的性质区别分析基础上,明确提出"教育两大功能的实现最终是通过教育对象,每个个体的真实的发展来实现的。……在其他的社会生产活动中,人可能既是目的,又是手段,而在教育活动中,特别是在直接面对受教育者的教育活动中,人就是目的。……教育两大功能的实现最终应落实到各级各类学校和其他教育机构培养人的活动中去"③。

除此以外,教育两大功能的认识还要关注以下几点:

第一,教育的两大功能在客观上都存在正向和负向的区别,这在历史和现实中都存在并有典型表现。

第二,教育两大功能之间在不同的具体历史条件下,存在着一致协调、相互促进的关系,也存在着各自内部和相互之间复杂的矛盾、冲突、甚至对立的相互关系,因此,不能简单同一化。

第三,从教育内部规定性的角度看,教育两大功能之间在性质上最大的区别在于:教育影响个体发展的功能是其内功能和直接功能,影响社会发展的功能是其外功能和间接功能。若以后者取代前者,教育的内在规定性必然被扭曲;反之,忽视社会对教育功能的制约,脱离社会发展需求的教育,自身也会因萎缩而妨碍内功能的实现。

详细展开关于教育两大功能的研究不是本小节的主题,以上阐述之所以必要,是为了使我们能从教育功能的维度来认识教育作为价值性事实的内在规定性,同时有助于形成相对完整的有关教育功能的限定。具体表述如下:

"教育是具有直接影响个体多方面发展的内功能和间接影响社会多方面发展的外功能的独特社会活动。"

在此使用"影响"一词,内含着正、负两种方向的可能性。在"功能"的界定上,我们

---

① 参阅:叶澜.试论当代中国教育价值取向之偏差[J].教育研究,1989(8);叶澜.教育两大功能之探究[J].教育研究,1990(1).

② 叶澜.教育概论[M].北京:人民教育出版社,2006:318—335.

③ 叶澜.教育概论[M].北京:人民教育出版社,2006:333.

不涉及多种不同组合的两大功能关系性质,因为这超出了功能限定的要求。

总之,在同一个时代中,教育与每一个人一生的发展相伴,发挥着其他活动不能代替的作用;从人类漫长的历史来看,教育起着将历代创造、积淀的文明财富,转化为滋养下一代生命成长的甘露,促其成长为承前启后、当代多重意义上创造历史的新人。教育的内外功能就这样一体两面地发挥着贯通人类与个体全部发展变化的历史,源远流长,万世生生不息。

二、"教育"概念多重界定的意义

行文至此,我们已就"教育"这一概念作了多层次的界定,形成了五个有层次的多重定义,使我们对"教育"这一概念有了层次分明、动静结合、界限清晰、核心聚焦、功能内外区别与联系的,较之以往单一定义相对丰富而全面的认识。如此多重界定的主要意义有:

(一)以描述性定义界说教育的内在规定之特殊性

五个定义都没有将研究者对教育的价值抉择植入其内,只是从不同层次描述和界定了作为价值性事实的内在关系。如果用索尔蒂斯的定义分类来比照,五个定义还都属描述性定义,并非本学派的纲领性定义。这些定义具有公共性和普遍价值,也是本学派在进一步阐述自己的教育观时所须遵守的研究意义上的限定。

描述性定义往往会因其力求基本涵盖所定义对象的各种不同状态而显得一般,但这样的一般是必不可少的,至少对于研究者的探讨、对话来说是必不可少的。然而,我们这次所形成的多重定义,并不满足于"涵盖",还着重于教育与非教育的区别,在区别中显现教育的内在规定性。在我看来,对这一内在规定性的确认,即确认教育是以影响人的身心发展为直接目标的社会活动,是进一步研究的共同起点。但就是这样一个最为一般性的划界定义,在教育界事实上还未引起应有的足够重视。教育学的普及,似要从普及这一定义对教育内在规定性的认识开始。很多现实教育中的怪象,根子正出在无视教育的内在规定性。

定义的简单表述,常常在研究伊始就需明晰,但它的形成过程并不简单。它需要研究者具有两方面的条件:一是对定义的对象(在这里是指教育)有较丰富的历史演化过程的认识,熟悉教育学著作中相关的定义及其论证方式,还要对现实中形形色色的关于教育的说法和行为,以及自己作为受教育者或教育者对教育活动所具有的切身体验之思考。只有建立在大量丰富和不同意义资源上的教育定义,才可能有普遍性,或最终被证明有普遍性。二是要具备认识教育这一复杂对象的方法论,它决定了你能否看明白:教育这个作为对象构建基础的存在,你能否以重建性的形成定义为目标,批判吸收已有定义、结论或称各种观点,找出它们的依据,看出其局限,并能明白局限或错误发生的各种不同或相似的原因,包括思想方法和逻辑上的问题。只有经过这番"历练"之后,才有可能有根据地形成一个看似简单的定义;也只有经过这番"历练",定义才会在你的心中生根,不致一遇到各种现实问题或不同观点,就不知道走到哪里去了,才会在你自己的研究过程中始终如一地坚持,并深入探究定义所揭示的内在规定之全部丰富性。

定义表述虽在研究的开篇,但实际上它是凝聚了研究者多年、一个阶段,甚至是毕生的研究所得。我深深地体会:不要轻易下定义,不要不认真研究别人的定义。如果我们把定义与研究者当时所处的时代和教育、教育学的状态联系起来,可以看到的是生成定义的一个时代和时代的教育。

这是我和索尔蒂斯认为描述性定义意义不大的判断之区别,我认为,不要小看表示一般的描述性定义,否则,我们会以轻率的态度对待描述性定义。

(二) 多重定义有助于认识教育在不同层面上体现内在规定性的核心载体和形态

在以往的认识中,往往在最一般的定义"教育是什么"确定后,就进入到教育的其他研究,且会出现忽视与一般定义及相关定义之间的内在一致性和区别性的情况。多重定义是关注到上述情况后作出的策略。一方面教育的复杂性决定了需要用系统方法论作出辨析,用结构与功能、静态要素与动态过程为架构,作出内外划界、内部多层结构,以及结构与功能关系、功能的内外之别等方面的分析。多重定义实际上已从定义的角度,涉及到了教育活动中的一些基本理论问题,实际上形成了我们开展教育基本理论研究的逻辑框架。

(三) 多重定义有助于辨析现实社会中教育的偏差与问题

多重定义不只是对开展研究具有价值,它同时也是从学术的视角,评析教育现实的一把最简明的教育学尺子。我们常常会遇到和发现,现实中不少人往往不是用教育学的尺子来要求教育,而是用许多别的尺子,如经济的、政治的或其他的标准来要求教育,甚至教育界内的人也会这样做。孟宪承早在1935年发表的论文《教育学所不能解答的教育问题》[①],就是针对这种情况而言的,可见这也可算是一个老问题了。如此错

---

① 参阅:周谷平,赵卫平,盛玲,编.孟宪承集(第一卷)[C].杭州:浙江大学出版社,2010:268—278.

位的后果,不只是人们期望解决的问题无法解决,还带来对教育学无理的非议和教育学者无奈的沮丧。更多的现实状态是:社会常常用其现实的功利需求,来要求、改变甚至破坏教育的内在规定性与内功能。当今社会的诸多"教育病":家长焦躁不安、学校偏狂的应试追求、教育行政政策中对学校教育内在规定性的无视、商业或企业管理的学校移植、培训浪潮的不断翻新、信息技术无孔不入的介入等等,都与不识教育真面目相关。至于社会对教育的态度,被强化的是要求教育紧跟与适应形势需要,这种紧跟与适应,恰恰不是以长远的、新人形成为本的眼光,而是立即可以兑现的功利式、短效式要求。一切都以马上可用为重要标准,被忽视甚至根本没有意识到的是社会应尽的教育责任,没有意识到社会发展也必须有教育标准。对这个问题的思考,大量还只是停留在经济和物质的提供层面。被党和政府列为战略重点的教育,到落实时却只体现在"公共事业"范围之内的一小角。

当然,辨析并不等于实践中的改变,只是我们现在的状态是:连要用教育的内在规定性,去辨析现实教育问题的意识都还缺乏。所以,不能不从强调定义的现实意义说起。

第二节 "教育是什么"的基因式解读

恰如索尔蒂斯所言,重要价值问题的判断仅靠定义是不够的。

我们对"教育是什么"的深化研究,同教育学原理的根基之再认识直接相关。为此,在着力于深度介入式研究当代中国教育改革实践的同时,研究教育学作为学科在发展过程中对教育认识的变化发展,追寻人类产生教育实践的源头和变化发展的历史过程。如此"三管齐下"作出清思,通过交互比照、深度辨析,逐渐形成了我们对教育根基的新认识。

一、解读作为教育根基比喻的教育学选择——基因
(一)为何选择"基因"比喻教育学的根基

中国 20 世纪教育学的表述史所呈现的基本认识多为机械式,实质上蕴含着把教育当作物质加工的机械之事,其中的人也成了物,从思维方式到语言表达,颇多物理学的色彩。就当时而言,出现这样的局面并不奇怪,20 世纪初教育学与数学、物理、化学等一系列科学在同一时期引进中国,在科学发展的版图中,数学与物理是最为成熟且

已成经典的部分,西方在教育学科学化过程中,其参照系也是这些硬科学的思维方法。当时的生理学主流多处在中观人体生理研究层面,生物学等则更"软"一些,故并不受人文社会科学的青睐。只有"进化论"作为一种认识生物世界变异与进化的方法论而广受关注。

但自20世纪末,随着中国改革开放的大格局之形成,以及对教育认识的变化和教育学反思的深入,学界已深感不能把人当物,不能用经典机械力学的物理学思维方式作为参照系来看教育。教师和学生首先是人,是生命体,这是一个不可否认的事实。教育学的科学参照系至少要发生从物理学到生物学、生命科学这一大类的转化,这是走出传统的必要的第一步。与此同时,仍需保持对各种科学前沿进展的关注,它们对于研究者来说,不只是结论,而且是突破已有结论、形成新结论的过程,具有方法论的价值。教育学需善于从一切有助于改变自己思维定势的人类创造性思维中,汲取认识复杂教育世界的智慧。

20世纪下半叶,尤其在世纪之交,生物学和人类生命研究开始了突破性的加速发展。宏观意义上的生态学研究,微观意义上的基因研究,人体中具有整合、聚焦意义的脑科学研究,无论在基本理论的突破、方法论的突破,还是研究方法手段与应用技术等方面,都产生了令人目不暇接和值得深省的变化。科学界看到生物科学、生命科学,在认识人与自然环境的关系以及人本身的意义上,在调节人类自己的行为,以维护人类生存与发展的意义上的理性指导价值。有人将21世纪称为生物学的世纪、生命科学的世纪。从趋势来看并不偶然。

于是,我们首先在研究教育学思想方法的意义上,关注生态学、生命科学和脑科学。同时也力图从这些学科研究成果的意义上,更新、补充教育学理论的科学基础。其中,作为学派在对教育根基的探寻中,首先关注到"基因",只因基因是人类生命世代维系和生长发展的内根据,它与教育在维系世代精神传递和个体生命发展之不可或缺的作用方面,具有可比性。

(二)读懂"基因"本身的启发

对"基因"本身指什么的进一步了解,使本人坚定了选择这一比喻之可行的信心,且从中获得了许多重要启发。

"基因"一词,出自生物遗传学。我们可从《辞海》中找到最简要的说明:基因"指生物体携带和传递遗传信息的基本单位。……一个基因是一段核苷酸序列编码蛋白质,也就是说决定特定蛋白质一级结构的是结构基因。生物的一切性状几乎都是许多基因以及周围环境的相互作用的结果。"①

结合一些相关资料,可以了解基因在生物学意义上的一些基本性质及其对于一切生命的意义②。

第一,基因是一切生命实现代际遗传信息传递的基本单位,是生命世代延续和发展的内在、根基性保障。

第二,基因遗传信息的基本物质载体是染色体(DNA),故亦可称染色体基因。染色体是储藏、复制和传递遗传信息的主要物质基础,其形态通常是双倍体,相互成螺旋交叉状。它让我们联想到基因物质内在的复合性和结构性。

第三,基因具有稳定性和变异性的双重特征。其中易发生变异的是物质载体,但物质载体中的遗传信息却是稳定的。物质载体本身的生命是有限的,贮存、复制和传递的是生生不息的信息。基因体现了生命体最基始层面上信息与物质的特殊关系,体现了生命生成性的基本特征。

第四,基因对于具体生命体产生作用,还要以它与周围发生相互作用为前提,这也是基因之所以会发生变异的原因和生命性的特征之一。

由此可见,基因是解读生命之所以生生不息秘密的最基本单位,是生命之本原基始。我们以"基因"来类比教育学理论的内核,首先就是取其"本原基始"之意。其二,基因内含着生命遗传的基本信息,规定了生命的基本性质、生理特征、代谢类型、行为本能及生长序列等。代际信息的传递性,也是教育的基本规定性之一,区别在于教育信息的"源"和"质"、传递的路径和方式,是人类社会活动所特有的。从功能的代际性和机制的生成性上借用"基因"一词,表明我们对教育学理论内核的选择与构建,要求具有基因的功能、机制等特征。其三,基因物质载体 DNA 的双体性,也启发了我们对理论内核组成的要求,即不是单一的,而是复合的。这是从形态上选择"基因"作类比的原因。

实际上,用"基因"作比喻,意味着我们对教育学理论内核质的规定性的清晰和寻求。即它应该是本原基始的;是具有代际功能和生成机制的;是内在复合而非单一的。总之,其本身是与生命相关且具有生命性的。

---

① 《辞海》(上)[K].上海:上海辞书出版社,1999:1551.
② 以下四个论点和阐述转引自:叶澜."生命·实践"教育学引论(上)[A].叶澜主编.基因("生命·实践"教育学论丛第三辑)[C].桂林:广西师范大学出版社,2009:4.个别词语略作修改。

2009年以后，对基因研究前沿的关注①，使本人又增加了一些基因认识对教育学研究启发的新收获。最主要的有：

1. 人类基因研究在遗传学中已成为"显学"。至今，人类基因组超过90％的部分已得到测定，基本理论研究、应用研究和技术研究呈交互推进之势。应用需要则成为推进研究的巨大动力。如基因指纹识别、确定身份等在法学中的应用；合成基因、转基因等广阔的，尤其是在医学领域中的应用；人群遗传结构研究对人类学的研究，为认识东西方人的差异性与基因的关系，提供了物质性状证明；心理学中也进行着基因与记忆、性格等方面微观层面的研究。有学者称：生物学将从分析时代走向合成时代，合成生物学将"领跑"生命科学最前沿。不仅如此，它还影响许多其他科学的研究，包括伦理学。合成生物学在造福人类的同时，也提出了一系列伦理学问题。今天已经到了人类自己的智慧创造进入到直接以人的生命为模本、直接影响人的生命发展的层次，这是以往科学发展中从未出现过的现象，也是21世纪可称为人类世的一个重要根据。教育学不能不关注这一史无前例的变化，与人类生命息息相关的研究之变化。

2. 表观遗传学作为分子遗传学的一门新兴学科，尤其值得教育学关注。

一是它揭示了基因组内含信息的双层性。1987年美国科学家指出：可在两个层面上研究高等生物的基因属性。第一个层面是基因的世代间传递规律。这是传统意义上的遗传信息，即DNA序列所提供的遗传信息，也就是我们通常所说的人的生长

① 这里本人的"关注"完全是业余随机式的。有幸的是一次偶然的机会，本人在与现任华东师范大学副校长、生物遗传学博士梅兵教授的闲聊中，谈到了"基因"，她热情地向我推荐了关于表观遗传学的研究，并发给我一批有关研究的中外文资源，我认真阅读后十分欣喜，在此特向梅兵教授致谢。现将梅兵教授推荐的有关论文按发表时间列出如下（后文中有关表观遗学学的说明，是本人阅读这些文章后作的概述，不再一一列出。若有误读，本人负责）：

I. 黄庆，郭颖，付伟灵. 人类表观基因组计划[J]. 生命的化学，2004(2)；

II. 董玉玮，侯进慧，朱必才，李培青，庞永红. 表观遗传学的相关概念和研究进展[J]. 生物学杂志，2005(1)；

III. 杨慧蓉，赵寿元. 表观遗传学的形成和发展[J]. 解剖学杂志，2007(4)；

IV. 崔涛涛，李昌琪，张建一. 表观遗传学在神经可塑性中的作用[J]. 神经解剖学杂志，2008(6)；

V. 李婷，朱熊兆. 早期经历影响个体成年后行为的表观遗传学机制[J]. 心理科学进展，2009(6)；

VI. 李光雷，喻树迅，范术丽，宋美珍，庞朝友. 表观遗传学研究进展[J]. 生物技术通讯，2011(1)；

VII. Stephanie A. Tammen, Simmonetta Friso, etc. , 2013. Epigenetics：The link between nature and nurture. *Molecular Aspects of Medicine*，34，753 - 764.（［美］斯蒂芬妮·塔门，［意］西蒙尼塔·弗利所，［美］崔桑文. 表观遗传学：天性与培养[J]. 分子医学，2013,(34)：753—764.）

VIII. Robert H. Lipsky, 2013. Epigenetics mechanisms regulating learning and long-term memory. *International Journal of Developmental Neuroscience* 31,353 - 358.（［美］罗伯特·李普斯基. 调节学习与长时记忆的表观遗传学机制[J]. 国际发展神经科学杂志，2013,(31)：353—358.）

187

发育的序列由遗传基因规定。第二个层面是生物从受精卵到成体发育过程的基因表达活性的变化。这类变化是在基因 DNA 序列没有发生改变的情况下，基因功能发生了可遗传的变化，它提供了何时、何地、以何种方式去应用遗传信息的指令，提供了基因表达水平的变化。这就是所谓表观遗传学。它改变了孟德尔的经典遗传学认识，出现了两个层次：即代际层次和个体发育层次中不同的基因呈现方式，并且个体表观基因之所成也具有可遗传性①。代际和个体发育遗传表达机制的区分，使我们改变了遗传基因对于个体而言不可改变的原有认识，使我们认识到即使在遗传机制上，也为个体变化的可能性与独特性留下了空间。代际基因所载的信息，在个体发育过程中，有可能被"激活"，也有可能被"失活"，还有可能被"增强"，发生"变异"。这一研究之发现，突破了我们以往对基因遗传性能的刻板印象。使我们看到在活的个体中，绝对不变的因素几绝无有。

二是表观基因的形成机制十分复杂，我们不可能在此详论，可以且必须指出的是基因的表现型变化与内外环境的变化直接相关。细胞独特的表现型可以被机体环境所改变，并构成复杂的网络，调控着 DNA，它们是生活经验和表现型之间重要的中介桥梁。表观遗传学是基因与环境交互作用的重要分子机制，且具有可遗传性和可传递性②。这一机制从分子水平上揭示了生命体与环境的交互作用，特别指出了：环境影响能在基因表达上发挥作用，且可遗传。这为认识遗传与环境的相互作用关系，提供了更基础性的科学依据，同时也提醒教育者更应关注早期经历对个体一生的影响，关注人的神经组织基因的可塑性，以提高人的机体内质水平，通过有意识改变环境，预防某种精神性、生理性疾病的发生，寻找矫治的药物与路径③。此外，表观基因形成机制的丰富、复杂性，为我们提供了某种如何认识转化的思想方法。

本人对表观基因遗传学的认识和应用情况的了解是十分浅表和普及性的。即使如此，它已使我看到这一分支研究，对于我们更新以往认识和改变思考问题的思想方法之重要；看到了作为个体的人之存在，即使在基因层面，也有主动调节的机制，存在对环境应答的能力。这一令人惊异的科学发现，增强了对选择"基因"作教育学根基比

---

① 参阅前页脚注①中的 I、II 两文。
② 参阅前页脚注①中的 III、IV、V、VI、VII 五篇文章。
③ 2014 年 7 月 31 日，《光明日报》"新知"版发表了胡轩逸：《环境影响基因表达》一文，介绍了近几年来国外的表观遗传学研究情况，生动、具体地举例说明了社会交往、个人心境如何影响基因表达，得出了生命中产生表观基因的原因，"最可能的答案是，对变化迅速的社会环境做出最快速回应的个体，将更有可能让自己活下去，并且个体不会——事实上也的确如此，傻傻地去等其物种层面进化出更好的基因。"

喻合理性的确认,并意外地发现了"基因"研究本身,对加深、增强教育学理论的科学基础之必不可少。

总之,学科的理论建构,无疑需要以关于研究对象的认识作基础。但理论建构并不能直接从对象中得出,也不是关于对象的经验之概括,更不是对象的直接描摹,尽管这一切都不能没有。理论建构是关于研究对象的理性再造,需要说出对象的内在规定性和机理;需要把握住对象的魂及其丰富的表现;需要勾勒出对象生成发展的演化路径与轨迹。如果理论不能就这些方面作出哪怕是片面的回答,理论就没有存在的价值。想要实现如此要求的理论构建,就不能没有对建构理论之内核的清醒把握。不然,理论体系就不可能有内在的有机关联,气质上的浑然一体。正是对教育学中生命问题的关注把我引向"基因",而"基因"又启发了我们对理论内核质的规定性、丰富性和内在相互作用复杂性的深入思考,让我们读出了"基因"本意之外的、教育学理论需要的"基因"之意。

二、西方教育学史代表性人物对"教育是什么"的根基式解读

从西方教育学形成和发展历史的角度,认识有关"教育是什么"之已存在、并对我产生过深刻影响的根基式观点,对于我们形成学派的基因式认识,无疑是需要的。我们可以从中既看到前人相关认识的基本观点,又看到运思的基本路线,在比较中发现不可或缺的组成部分,以及这些部分的具体关注与表达上的各自差别。对西方教育学史上大家著作的阅读,本人并非第一次,但从寻找根基和"基因"的意义上去阅读,则是第一次[①]。

(一)夸美纽斯与《大教学论》

循着历史的顺序,解读从夸美纽斯开始。

夸美纽斯的《大教学论》围绕着"人"是什么和"教"应该如何进行展开,他确认两方面所必须遵循的共同原则是"自然"。"自然"是理解"教育是什么"的原型,是其"魂"。它不可违背,应体现在对教育的一切理解和实施之中,违背了"自然"的教育就是坏的教育。"自然"是夸美纽斯教育理论的"基因式"构成,它包含着对人为何要受教育和如何进行教育之认识的全部根基。

---

① 有关这一方面相对展开的论述,参阅:叶澜."生命·实践"教育学引论(上)[A].叶澜主编.基因("生命·实践"教育学论丛第三辑)[C].桂林:广西师范大学出版社,2009:5—33.

读懂夸美纽斯的"自然"指什么,是深入认识其教育思想的重要一环。有人看到他书中充满着宗教气息,有人读到的是真实而鲜活的实存自然之生动清新,这看似矛盾的两个方面,在夸美纽斯那里都是真实的。因为在他那里,人与自然界的万物都是上帝的创造,其中人是按上帝意志创造的"最崇高、最完善、最美好的"作品,人"超出一切有形与无形的造物"。他构建了人高于万物、万物服务于人的人与自然界之关系。但上帝让万物都有一个生长变化的过程,"一切生存的事物都有它的生存的目的",人并不例外,只不过"人的终极的目标是超于现世的人生"。因此,"死亡"并不是生存的终结,而是进入永生的天堂。现世的人生是为永生的天堂作准备。在确立了现世人生这一目标后,夸美纽斯把教育与此目标相联系。他指出,上帝在人的心中播下了"学问、德行、虔信的种子",但人的"种种能力都只潜伏地存在着,需要加以发展"。教育就是帮助人让天生在内的种子生长,形成实际的知识、德行与虔信的工作。夸美纽斯认同:"人是一个'可教的动物',……实际上,只有受过恰当的教育之后,人才能成为一个人。"①我们在此看到了上帝与自然界、现世与来生、存在与目的、天生与教育在人身上奇妙的统一。这种对"人"的认识是夸美纽斯教育理论基因式内核——"自然"之独特规定的具体体现,也是这一核心理念发挥构建教育理论奇力的典型一例。

关于夸美纽斯还要提及的是,他的教育理论尽管有浓厚的宗教气息,但他本人并不出世。正是对他所见的现实世界中学校教育的强烈不满,对现实教育改革的理论与实践之不足的洞见,对好的教育可以促进青少年更好成长的真切愿望与信心,构成了他研究教育和创建新的教育理论的内在动力。夸美纽斯研究的重心放在学校改革上,《大教学论》成为以学校教育为中心构建教育理论的第一个范本。夸美纽斯的一系列著作,包括他为母育学校编写的图文并茂的读本,被广泛采用,发挥了影响当时学校教育的重要作用,获得了作为教育理论影响实践的强大生命力,也使他成为教育研究史上由中世纪走向近代的标志性人物。

(二) 卢梭与《爱弥儿》

法国 18 世纪著名的启蒙哲学家、资产阶级革命的思想旗手卢梭宣称:"在所有一切有益人类的事业中,首要的一件,即教育人的事业"②,他以小说体教育论著《爱弥儿》(1762 年)走进了教育学发展史,成为后人讨论教育学问题不能绕过的重要人物。

---

① 以上引用,参阅《大教学论》,第 1—6 章。
② [法]卢梭. 爱弥儿(上)[M]. 李平沤,译. 北京:商务印书馆,1978:2.

有不少学者，包括本人也曾如此，把卢梭归入到提倡自然主义的教育家之列。但我认为区分他与夸美纽斯的自然主义十分重要，正是对这些区别的深究，使我们发现，决定卢梭对教育根基式的理解是"自由"，而不是表现显明突出的"自然"。细观他的"自然"观，有以下两个突出的与他人不同的特点：

其一，卢梭对教育的思考，集中于作为个体的自然人从出生到成人过程中的教育问题。与夸美纽斯不同，他关注的是作为个体的人的成长与教育的关系问题，不是学校教育问题。这是卢梭与夸美纽斯在研究对象所取的分析单位之最大不同。这一不同使他们关于教育问题的关注重心和具体展开有重要区别。可以说，卢梭是研究个体生命成长与教育关系这一问题且具有持续、强烈影响的开创者。

尽管在卢梭之前，也有一些以儿童个体教育问题为主题的论著，其中最具历史影响和代表的是英国哲学家洛克的《教育漫话》①（1693年）。但洛克的重心是放在如何把出身于上层家庭的儿童培养成绅士。他对现存的社会道德规范等都持保守传统的立场，他的教育研究重点在家庭教育，目的是为不懂如何培养儿童的家长提供帮助和支持，并不关涉到整个社会问题。洛克关于儿童与教育的论述，建立在自己有关人类认识的哲学思考和观察之上，并结合自己接触儿童所形成的经验，故而有更多的局限性。卢梭显然读过《教育漫话》，认为自己是继洛克之后重提儿童教育的人，但在《爱弥儿》一书中，凡提到洛克言论之处，卢梭都持批判观点，直到最后一章，卢梭更明确表示："我可没有培养什么绅士的荣幸，所以，我在这方面决不学洛克的样子"②。确实，卢梭与洛克在教育上的看法大不相同。其中最大的区别在于：卢梭的"自然人"，是为反对当时他所处的法国封建王朝对人的压抑和剥夺而创造出的"爱弥儿"。他要培养的是一个面向尚未出现、但却是理想中"自由、平等、博爱"的社会所需要的新人，恰与洛克维持传统的取向完全不同；卢梭持人可以向善的人性论假设，提出了教育要顺应人的自然发展的最基础性的原则和培养"自然人"的目标，反对用各种社会的规范去约束儿童。在卢梭的教育计划系列中，发展感觉、情感能力是第一位的，并将以理性为依据的道德置于首位；洛克则认为使儿童成为社会人——"人格者"的过程，必然要与儿童趋乐避苦、不愿受束缚等天生倾向冲突，社会的规范和信仰等的灌输不但不可缺少，且越早越好。卢梭按照个体儿童生长的阶段来撰写《爱弥儿》，从个体不同年龄阶段成

---

① 这是洛克该著作译入中国时的早期译名，并收入《辞海》条目。2005年由熊春文译，上海世纪出版集团、上海人民出版社出版新译本的译名为《教育片论》，鉴于目前尚未通行，故在此仍用原译名。

② ［法］卢梭. 爱弥儿(下)［M］. 李平沤，译. 北京：商务印书馆，1978：526.

长所面临的问题与需要(卢梭式的独特理解)出发,引出并讨论相关的教育问题,他还将爱弥儿置于乡村的大自然中,强调儿童自己的生活与实践对于其成长的决定性意义;洛克则是以与教育相关的主题词为核心作论述,虽然也涉及到对不同年龄儿童的不同教育建议,但并不成为行文线索。上述卢梭与洛克的区别,突现了卢梭以"儿童成长"为中心研究教育问题的理论特征。我们还可以看到,在卢梭的"自然人"外衣下的真相,实际上是要培养一个他所理想社会中的新社会人。尽管"爱弥儿"是虚拟的人物,但文中的批判却十分现实:卢梭宣称要摆脱"人的手",但他一手策划的"爱弥儿",实际上依然出自"人的手",只不过是一只指向其理想社会的"人的手"。

此外,卢梭强调"自然"与夸美纽斯强调"自然"的目的也不同。夸美纽斯关注自然是为教育学理论的建构,主要是从中得出教育秩序和教育方法的依据,自然作为教育的参照系起作用。卢梭所言的自然指向人的天性,就成长主体——儿童天赋性情与权利的意义上而言。前者的自然在教育学理论建构中具有方法论意义,后者则具有本体论意义。

卢梭《爱弥儿》更为突出的教育思想在于强烈地批判现实、倡导自由。他的批判指向来自社会和成人对儿童自然天性发展与成长的破坏。他设计出一套并无实践基础的,与现实截然相反的教育观念与方法,充分表现出作为思想家,对社会发展必须在教育儿童上打破现实社会制度束缚、追求自由的强烈愿望。显然这与卢梭的政治追求一脉相承。也表明,当处于社会变革时期,教育思想的价值与对社会发展的把握相关联。观其全书,虽然他强调了关于教育问题,不能只是批判没有建设,但《爱弥儿》的价值依然主要在批判的透彻,而不在建设的正确与可行。

具体地讲,卢梭提倡的自然人的教育,以人的自然生长不受束缚为第一要义,即无论是人的教育还是事物的教育,都要服从人的自然生长需要。

卢梭认为,教育是与生活、生命连在一起的:"我们一开始生活,我们就开始教育我们自己了;我们的教育是同我们的生命一起开始的。"①教育不只是保护儿童,更重要的是教他身处困境时能保护自己和经受住打击。"生活,并不就是呼吸,而是活动,那就是要使用我们的器官,使用我们的感觉、我们的才能,以及一切使我们感到我们的存在的本身的各部分。生活的最有意义的人,并不就是年岁活得最大的人,而是对生活

---

① [法]卢梭.爱弥儿(上)[M].李平沤,译.北京:商务印书馆,1978:13—14.

最有感受的人"①。卢梭关注的是教育对于个体现实人生的自主和自由的意义,他是提出教育要培养个体解决人生必遇的各种问题能力的第一位重要思想家。在一定意义上,可以称其为"个体教育学"的创始人。

卢梭主张不人为束缚天性的自然生成的教育,有否定和提倡两个方面,它们相辅相成。否定,指向传统。诸如:对孩子身体的过度保护和束缚;以成人为标准的道德灌输;要求儿童服从他人的意志;用一系列的课程去塞满还没有准备的孩子的头脑等等。提倡,包括一系列新方法。诸如:确认肢体只有在活动和运动中才能强健;培养学生的感觉能力和情感体验应早于对智力的关注;知识可以通过联系和关系去教,因为"对整体有很好的了解的人,就能了解每一个部分应有的位置"②;人需要"取得的不是知识,而是判断的能力"③,因此应该教儿童学会如何在需要时能取得知识、评判知识的价值和热爱真理④;让儿童积极认识世界的动力是"确实的利益"等等。由此可见,卢梭并非如一般人所认为的那样否定一切的教、提倡以儿童为中心。他只是在否定传统的教育思想、方法与制度体系,提倡他所期望的教育。新人是通过他所提倡的新教育才能实现自由的人。

将上述卢梭教育思想两大特点再作一次整合,我们可以发现卢梭教育思想的"自然"一面是其表,其基因式内核的价值取向实质上是"自由",他的教育思想的特质、历史贡献和摧枯拉朽的力量都出自对"自由"的追求。

"自由"之所以可看作卢梭教育思想的基因式内核,还必须读懂他对自由的独特理解。在卢梭看来:"只有自己实现自己意志的人,才不需要借用他人之手来实现自己的意志;由此可见,在所有一切的财富中最可贵的不是权威而是自由。"紧接着,卢梭进一步阐述了怎样才能实现自由:"真正自由的人,只想他能够得到的东西,只做他喜欢做的事情。这是我的第一个基本原理。"如此第一原理并非与教育无关,"只要把这个原理应用于儿童,就可源源得出各种教育的法则。"⑤可见,这个原理就是卢梭形成自己教育"爱弥儿"的教育法则之第一依据。

从这段引文中我们还可以进一步得出卢梭对"自然"和"自由"之间关系的理解,有

---

① [法]卢梭.爱弥儿(上)[M].李平沤,译.北京:商务印书馆,1978:15.

② [法]卢梭.爱弥儿(上)[M].李平沤,译.北京:商务印书馆,1978:257.

③ [法]卢梭.爱弥儿(上)[M].李平沤,译.北京:商务印书馆,1978:257.

④ 参阅:[法]卢梭.爱弥儿(上)[M].李平沤,译.北京:商务印书馆,1978:283.

⑤ [法]卢梭.爱弥儿(上)[M].李平沤,译.北京:商务印书馆,1978:80—81.

助于我们深入认识《爱弥儿》中的第一句话:为何卢梭判定出自造物主之手的东西都是好的。因为"自然"在赋予人的能力的同时,也对人的欲望的实现可能作出了限制。进一步的说明是:"我们的自然的欲念是很有限的,它们是我们达到自由的工具,它们使我们能够达到保持生存的目的。"①卢梭认为人的许多欲望都是外部刺激出来的过度、多余的欲念。超出了自然可能的欲念,就必然要借助他人之手才能实现,其结果必然丧失了自由。这样的欲念"不仅对我们没有好处,而且还有害处;它们改变了最初的目的,违反了它们的原理。人就是这样脱离自然,同自己相矛盾的。"②引文至此已充分说明了"自然"之所以被卢梭看重,完全是因为它的不可改变性,是其达到自由的工具价值。又因自然的欲望普遍存在于每个人身上,它在自然中就能获得满足,因而人只要远避人世的诱惑,只要将欲望保持在自然的生存需求中,就能寻求这一无须更多条件的满足。因而每个人都能因接受卢梭式自然教育的同时成为自由的个人。

有了"自然"与"自由"在卢梭处的相关性认识,我们还可以读懂,为何卢梭强调最初的教育必须在大自然中进行。因为他要培养的是独立的个人,根据自己的可能、不依赖他人而自食其力的个人。这样的个人只能在大自然中形成:"在自然秩序中,所有的人都是平等的,他们共同的天职,是取得人品;……从我的门下出去,我承认,他既不是文官,也不是武人,也不是僧侣;他首先是个人:一个人应该怎样做人,他就知道怎样做人,他在紧急关头,而且不论对谁,都能尽到做人的本分;命运无法使他改变地位,他始终将处在他的地位上。"③可见,从第一目标、第一原理,到一系列方法原则的确立,卢梭都基于实现"自由"的理想,"自由"是弥漫渗透在卢梭全部教育思想中的"魂"。

然而在我看来,卢梭在关于"教育是什么"的全部论述中,最大的历史贡献和带给人们的启发,还是在于关注个体的生命和尊重每个人自由、平等的成长权利。尽管他的方法是想象而生,尽管"天赋人权"不是现实中人权形成的根据,然而却唤醒了对人之生命尊重的意识,包括儿童的生命同样在列。这是重要的突破。故有学者认为"儿童的世纪"应从卢梭算起,并非没有根据。教育首先使人成为人,而不只是成为一个社会职业的承担者。这样的观念,直到今日之中国,还需要大声疾呼!

(三) 康德与《论教育学》

18 世纪尚须提到的另一位与教育学相关的哲学家是康德,尤其是 1776—1787 年

---

① [法]卢梭.爱弥儿(上)[M].李平沤,译.北京:商务印书馆,1978:288.
② [法]卢梭.爱弥儿(上)[M].李平沤,译.北京:商务印书馆,1978:289.
③ [法]卢梭.爱弥儿(上)[M].李平沤,译.北京:商务印书馆,1978:13.

期间,他在哥尼斯堡大学四次讲授教育学(而后被收集、整理为以《论教育学》为题发表的著作)中关于教育的理解。

康德自称被卢梭的思想震动,但与激情迸发、以社会改革思想切入教育思考的卢梭不同,他对教育的思考明显是以理性和哲学为支撑的。他把教育学看作是"关于教育的学说"①,亦称"教育的艺术",是以人类的教育作为研究对象的学说。

"人是唯一必须受教育的被造物。我们所理解的教育,指的是保育(养育、维系)、规训(训诫)以及连同塑造在内的教导。"②这是康德以人性为依据,关于"教育是什么"的定义式回答。与动物不同,人之所以必须受教育,是因为"动物通过其本能已经是其全部,一个外在的理性已经把一切都为它安排好了。人却要运用自己的理性"③。但理性在人身上不是生而具有的,"人只有通过教育才能成为人,……人只有通过人,通过同样是受过教育的人,才能被教育。"④故而,"教育是由前一代对下一代进行的"⑤。"而且每一代都向着人性的完满实现更进一步;因为在教育背后,存在着关于人类天性之完满性的伟大秘密。"⑥康德认为,现在人们开始对一种良好的教育究竟是什么,有了正确的判断和清楚的认识。"这种设想令人陶醉:人的天性将通过教育而越来越好地得到发展,而且人们可以使教育具有一种合乎人性的形式。这为我们展示了一种未来的、更加幸福的人类的前景"⑦,是一种"庄严的理想"。康德凸显了教育在人类文化传递、每一代的人通过教育让天性更美好的关于教育价值的理解。

康德把教育的理念确定为"把人的所有自然禀赋发展出来"。康德的哲学对人之天性所能达到完满性已经完成。在教育学中,康德对人的探讨,由认识论转向个体的人,在现实中如何随着年龄的变化和教育的影响,逐渐实现人性本质的过程研究。他试图通过教育学的研究,使哲学上的人性研究,转化为一种使人性得以实现的理论和现实力量。人性本质的实现本身,恰是人性本质存在的最有力证明。所以,教育学在康德那里并非无足轻重。

正确的"教育方式"的理论,是康德论教育学具体内容的主体构成。如果说教育学

① [德]康德. 论教育学[M]. 赵鹏,何兆武,译. 上海:上海人民出版社,2005:15.
② [德]康德. 论教育学[M]. 赵鹏,何兆武,译. 上海:上海人民出版社,2005:3.
③ [德]康德. 论教育学[M]. 赵鹏,何兆武,译. 上海:上海人民出版社,2005:3.
④ [德]康德. 论教育学[M]. 赵鹏,何兆武,译. 上海:上海人民出版社,2005:5.
⑤ [德]康德. 论教育学[M]. 赵鹏,何兆武,译. 上海:上海人民出版社,2005:3.
⑥ [德]康德. 论教育学[M]. 赵鹏,何兆武,译. 上海:上海人民出版社,2005:5—6.
⑦ [德]康德. 论教育学[M]. 赵鹏,何兆武,译. 上海:上海人民出版社,2005:6.

的"正确理念"可从哲学中选取,那么"教育方式"的正确理论则是属于教育学自身要回答的问题。

首先康德认为,"教育是一门艺术,它的运用必须经由许多世代才能逐步完善"①。没有一个单独的人能对学童完成全部塑造,这里需要的是"人类"。这显然不同于卢梭对"自然"的强调。正因为如此,"教育方式"的概念"以伟大的文化和经验为前提,因此很晚才得以出现"②。"而且人们对于它们的理念还处在争论之中"③。特别要注意的是,与卢梭不同,康德十分重视人类和人类文明在教育中的作用。他强调"自然禀赋的发展在人这里不是自行发生的,……自然没有为此给人设置任何本能"④。正是从这个意义上,康德把教育看作是人的"发明",这是对教育"人为性"的突出强调。

康德的重要贡献,在于他在教育的时间取向上,提出了"面向未来"的原理:"孩子们应该不是以人类的当前状况,而是以人类将来可能的更佳状况,即合乎人性的理念及其完整规定——为准进行教育"⑤。他强调,教育方面要进行实验,"在设立标准学校之前,人们必须先设立实验学校"⑥。他坚信:"教育中的一切成功与否,取决于人们是否能在各个领域确立正确的根据,并使得它们能为儿童所理解和接受"⑦。

在"教育方式"的框架内,康德把教育主要分为规训(抑制野性)、培养(形成能力)、文明化(社会交往)和道德教化(实现人性本质)。这四个方面在顺序上是依次进行的,其中前三项又称为自然性的教育,分消极限止和积极培养两大方面,最后一项则被称为实践性的,即道德性的,是指把人塑造成生活中的自由行动者的教育。

以上简要阐述表明,康德不同于夸美纽斯、卢梭的共同方面,在于他强调教育的人为性、理性和指向理想社会的完美性。我们可以把康德关于"教育是什么"的基因式认识定位为"理性"。无论是他所言的正确的"教育理念",还是正确的"教育方式",都是以"理性"作为根本力量。理性是教育目的能否实现的保证。尽管康德也强调教育的目的是培养能自由行动的个人,但支撑人的自由行动能力之最根本的力量,依然是人的"理性"。故"教育中最重大的问题之一是,人们怎样才能把服从于法则的强制和运

① [德]康德. 论教育学[M]. 赵鹏,何兆武,译. 上海:上海人民出版社,2005:7.
② [德]康德. 论教育学[M]. 赵鹏,何兆武,译. 上海:上海人民出版社,2005:7.
③ [德]康德. 论教育学[M]. 赵鹏,何兆武,译. 上海:上海人民出版社,2005:7.
④ [德]康德. 论教育学[M]. 赵鹏,何兆武,译. 上海:上海人民出版社,2005:8.
⑤ [德]康德. 论教育学[M]. 赵鹏,何兆武,译. 上海:上海人民出版社,2005:8.
⑥ [德]康德. 论教育学[M]. 赵鹏,何兆武,译. 上海:上海人民出版社,2005:11.
⑦ [德]康德. 论教育学[M]. 赵鹏,何兆武,译. 上海:上海人民出版社,2005:46.

用自由的能力结合起来"①,如何用强制培养出自由来,康德的答案是培养习惯,使之成为第二天性。总之,教育在康德那里,是一个由外到内的塑造过程,其外在的标准就是由理性认同的人性要求。

综上所述,康德对教育学的论述是教育学走向理性主义的标志性起点,他使教育中对"自然人"的关注,向人之社会理性的培养转换。

(四)赫尔巴特与"普通教育学"

在对康德《论教育学》分析的基础上,我们不难看出赫尔巴特在教育认识上与康德的相关性,虽然他宣称不认同康德的先验主义自由论。

与康德相比,赫尔巴特在回答"教育是什么"的问题时,在两个方面向前推进了一步:

1. 赫尔巴特明确提出:"教育学以学生的可塑性作为其基本概念"②,并说明这里所言的"可塑性"是指:只有人身上才具有的"意志转化为道德的这种可塑性"。"可塑性"这一基本概念在赫尔巴特的教育学中,既成为教育何以可能,又是教育目的之规定的依据,还是包含着学生"由不定型向定型过渡"的概念③。从这个意义上,"可塑性"在赫尔巴特教育理论中,贯穿了目的和过程,且作为教育学寻求独立性、在形成核心概念上的第一尝试,将其作为"基因式"根基的选择是最易做到的了。

2. 心理学作为一门新的学科被赫尔巴特视作认识"教育是什么"的科学基础,意味着教育学应在一个新的、即人的心理活动内在过程的水平上,超越经验的具体和哲学的抽象,进入到科学的视野,实现关于教育对象的认识。这既不同于夸美纽斯,也不同于康德。更值得注意的是,赫尔巴特在提出心理学作为教育学基础之一的同时,还十分清醒地指出:"这门科学绝不能替代对儿童的观察,因为个性只能被发现,而不能由心理学推断出来。"④这样的认识,与我们当今不少认为掌握了学习心理学就是懂得了教学的人相比,还要清醒和高明一些。

3. 还必须指出的是,以"可塑性"作为基本概念的赫尔巴特教育学又回到了对教育以"教"为中心的研究。不同的是,他强调了"教学的教育性",即他不像康德那样把教育分为自然性的和道德性(也称"实践性")的两大类,而是把它们统一在学校的"教

① [德]康德. 论教育学[M]. 赵鹏,何兆武,译. 上海:上海人民出版社,2005:13.
② [德]赫尔巴特. 普通教育学·教育学讲授纲要[M]. 李其龙,译. 杭州:浙江教育出版社,2002:190.
③ [德]赫尔巴特. 普通教育学·教育学讲授纲要[M]. 李其龙,译. 杭州:浙江教育出版社,2002:191.
④ [德]赫尔巴特. 普通教育学·教育学讲授纲要[M]. 李其龙,译. 杭州:浙江教育出版社,2002:11.

学"之中，渗透到各门学科之中，认为不存在"无教育的教学"和"无教学的教育"。

赫尔巴特强调教育学需要形成对教育整体的认识，他把这种整体的认识比喻为一张提供给教师的"地图"，作用是帮助他们认识到为何和如何进行教育。其集中体现在整体性的广义"教学"范畴的确立，即"将某些事物作为学生观察思考对象的这一切工作都视为教学。我们使学生接受的训育本身也属于这个范畴"①。他批判了把知识仅当作满足博学要求来教给学生的观点，强调各种知识对于儿童精神世界、道德意志和独立自由人格形成的价值；强调各种知识教学的相互贯通："一种保持孤立的事物是微不足道的，而且也没有什么作用，必须把它置于一系列其他教育手段的中间或首位，这样才能通过普遍联系取得个别事物，并保持它的功效"②。赫尔巴特还主张教育影响的丰富、持续更新和日常性。认为不如此，再强烈的少数影响也会被磨灭。因为"人格是以每一句话，每一种目光在丰富自己的"。赫尔巴特把教学内容的统一构成，称为"人类不断地通过其自身产生的思想范围"："我们只有知道如何在青年人的心灵中培植起一种广阔的、其中各部分都紧密地联系在一起的思想范围，这一思想范围具有克服环境不利方面的能力，具有吸收环境有利方面并使之与其本身同一的能力，那么我们才能发挥教育的巨大威力。"③这里的"巨大威力"是指教育在形成人格中的巨大价值，突显了学生人格之形成是赫尔巴特追求的教育之核心价值。

正是上述对教育整体性的多侧面把握，使赫尔巴特的教育思想存在着内在的魂和外在的逻辑上的一致性。"可塑性"作为赫尔巴特教育学基因式的核心概念，除沟通了教育学对象、过程与目标之外，还意味着教育是需要用外在于儿童个体的人类"思想范围"去"塑"，即丰富、发展、形成儿童内在"思想范围"的一种活动。只是其"塑"的对象是有个性的儿童，因此，如何在教育中从对象的个性出发，实现"个性"④的改造，达到期望的"性格"、"道德素质"的形成，就成为赫尔巴特教育研究的核心问题，其回答构成了赫尔巴特教育学的三大部分——"管理"、"教学"与"训育"，他对每一部分都进行了概念的辨析、理论的判断与论证，形成了相对严整的、具有学科形态的教育学。

赫尔巴特明显不同于卢梭以儿童自然发展需要为依据的自由教育，使近代教育学

① ［德］赫尔巴特.普通教育学·教育学讲授纲要[M].李其龙，译.杭州：浙江教育出版社，2002：14.
② ［德］赫尔巴特.普通教育学·教育学讲授纲要[M].李其龙，译.杭州：浙江教育出版社，2002：17.
③ ［德］赫尔巴特.普通教育学·教育学讲授纲要[M].李其龙，译.杭州：浙江教育出版社，2002：20.
④ "个性"在赫尔巴特的教育观中，并非是一个完全积极的概念，而是一个必须承认、研究，但却需要在教育中通过"多方面兴趣"进行改造的对象，且"个性"、"性格"都与道德、意志等精神现象相关。参阅：［德］赫尔巴特.普通教育学·教育学讲授纲要[M].第二章第二、三、四、五、六等小节.

的研究,再次回到以"教"为中心、以学校教育为主要研究对象的轨道上。同时,他又以建立科学教育学为目标,通过概念和论证等知识的学科形态,超越了夸美纽斯。赫尔巴特表现出对人类知识教学在学生精神生活丰富、个体性格养成上的理性特征与意志力量的巨大关注;研究了学生在接受教育过程中,内在心理意义上的规律性演化;在教育活动统一性的意义上提出了"大教学"的概念;最终超越了教育中长期存在的知识与道德的对立。赫尔巴特的《普通教育学》标志着西方教育学走完了近三百年的近代创建过程,形成了作为一个学科的"教育学"。他在整体意义上对"教育是什么",从目标到对象、从内容到过程、从原理到方法,作出了概念化和理论性的回答。并在自己创办的研究班上有相关的实践研究。赫尔巴特为此后教育学的传播、发展和更新,奠定了当时可能有的最为坚实的学科基础。

(五) 杜威及其教育思想

继赫尔巴特之后,在理论和实践上,对教育具有全球性和持久影响的人物是美国教育家杜威。他在 1896 年创办了芝加哥实验学校后的第二年(即 1897 年),以《我的教育信条》纲领性论文的发表为先声,在 20 世纪初拉开了从教育研究到教育理论范式转型的序幕,并持续时强时弱、时远时近,却始终存在着的广泛影响。就杜威对传统教育和教育学的批判力而言,以及他对真理的相对性、认识的不确定性实存和不无重要的确认和重视而言,有人把他称为后现代教育学之先驱,并非强扯硬接。

赫尔巴特之后的 19 世纪下半叶,西方教育学经历了一个流派纷呈的时代。一方面是赫尔巴特学说的远播:在实践中影响日益扩大,包括 20 世纪初传入中国,成为中国对作为一个学科的"教育学"的了解与研究的起点,直接影响了中国师范教育和近代学校的建立与教育实践。有关教育学的这一传播过程使赫尔巴特教育学,事实上成为当时世界范围内的主流学派。另一方面是多维度对赫尔巴特教育学的批判和有关教育学的不同视角的新探索鹊起。然而,所有这些纷争和新学派在 19 世纪、包括 20 世纪初的教育实践中,所产生的影响都不及赫尔巴特的教育学说,且未能形成在核心理论意义上的批判效应,未能带来教育学研究新范式的诞生。这种力量的产生是 20 世纪初杜威的教育学说,他是促成 20 世纪教育学发生具有时代转换意义的先行者。杜威虽然未有过以"教育学"命名的著作,但他的研究对教育学和教育实践的影响之全面与深远,可以说 20 世纪无人可及。这首先要归功于作为哲学家的杜威,对传统哲学观的超越和反映时代精神的新哲学观的建构。

1. 强调哲学与教育的内在关系

作为哲学家的杜威，其哲学思想深入到哲学基本问题的原点和传统哲学大厦的全部地基，形成了认识世界和人类问题（自然包括教育在内）的新思想方法。他走出了以物理学机械运动为范本的世界图式，建立了以生命体与环境不可分割、交互作用、相互渗透与转换为范本的有机世界图式。在存在论的意义上，他将实体的恒定转换成流变的过程；在认识论的意义上，以行动为中介的经验的生成，改造消解了主客体二元对立的思维方式；在知识论的意义上，他改变了终极式的真理观，建立起以科学实验探究为范本、以解决问题为功能和判断合理性的相对真理观。杜威还以"现实"与"可能"的关系统一为前提，消解价值与事实的割裂，批判传统认识中将哲学与科学、道德与知识等关系视作二元对立的立场与观点，主张用科学的方法改造哲学、解决人类的一切问题，使哲学从脱离人世的抽象研究中走出，关注人类生存世界的真实问题及其发展可能，使改造了的哲学成为能改造世界的力量。

杜威看到了事物、世事、人所生存的世界之急剧变化，呈现出对人而言的生存环境不确定性之风险激增。在这种情况下，人不可能寻求绝对的确定性，只有通过行动和经验的不断完善，在解决问题的过程中，"靠调节条件的方法来寻求具有高度概率的安全性"，才能获得认识的确定性。"这样转变的结果也把判断的标准从依据前件转变为依据后果，从无生气地依赖于过去转变为有意识地创造未来。"[①]杜威认为这才称得上是哲学意义上真正的哥白尼革命，"在哲学解除了它保护实在、价值和理想的责任之后，它是会找到一个新的生命的。"[②]杜威的哲学本身就是这样一个直接面对现世、彻底反思过去和大胆创造未来的哲学，是有关人与直接生存其中的世界关系的哲学，它"涉及了人类经验的所有层面：艺术、知识、教育、道德、科学和宗教"[③]。在历史上开创了哲学"入世"的新传统。我们若不认识杜威哲学的基本性质，就难以读懂他对教育的认识及其教育观之真谛。

杜威哲学与教育研究的关系，已远远超出了"涉及"的程度。1930年杜威发表了《从绝对主义到实验主义》的"自传性提纲"。文中简述了自己学术思想发展中存在的四个明显特征。"教育实际和理论，特别是青年的教育对我所具有的重要性"被列为第一个特点，"因为当'高等'教育建立在歪斜的和脆弱的基础上时，我决不能对它的可能

---

① ［美］杜威.确定性的寻求：关于知行关系的研究[M].傅统先,译.上海：上海人民出版社,2004：292—293.

② ［美］杜威.确定性的寻求：关于知行关系的研究[M].傅统先,译.上海：上海人民出版社,2004：314.

③ ［美］罗伯特·B·塔利斯.杜威[M].彭国华,译.北京：中华书局,2002："序"5.

性感到很乐观"。他在批评那些常常是教师、但却不去利用具有十分重要意义的教育的哲学家时,进一步指出:"哲学研究可能集中在作为人类最高利益的教育上;而且,其他的一些问题(宇宙的、道德的和逻辑的问题)在教育中也达到了顶点"①。杜威把教育看作是哲学的实验场所,是哲学力量的展现,这让我们想起康德。当然,杜威比康德走得更远。

杜威关注的不只是教育理论的建立,而且看重它在实践中的贯彻,关注教育理论与实践的相互转化。他始终强调:"实践是第一位的,也是最终的,实践是开始,也是结局;是开始,因为它提出种种问题,只有这些问题能使研究具有教育的意义和性质;是结局,因为只有实践能检验、证实、修改和发展这些研究的结论。"②而且,"教育科学的最终的现实性,不在书本上,也不在实验室中,也不在讲授教育科学的教室中,而是在那些从事指导教育活动的人们的心中。……没有这种作用,它们就不是教育科学"③。针对现实中否定教育科学的价值,或仅把教育科学对实践的价值当作"处方"、保证实践成功的"担保书"一类的错误认识,杜威指出科学对于实践的价值来说,是"个人启蒙和解放的工具"④。因此,其"价值是间接的,它们的价值在于提供教育者所使用的理智工具"⑤。这种理智的工具"影响他的态度和他在做事过程中的反应方式",⑥教师从中获得的是对实践的理解力、判断力的提升,选择办法范围的拓展和行为的灵活性。⑦

2. 教育思想所涉基本领域

杜威的教育思想和相关著作之丰富,使我们只能选择他最富有整体性和代表性的著作——《我的教育信条》和《民主主义与教育》这两本间隔20年的文本⑧,说明其教育思想基因式构成的主要依据。

比较"信条"和"主义",首先我们可以看到杜威教育思想和涉及的基本领域的一贯性。在"信条"中提出的五大问题:什么是教育、什么是学校、教材、方法的性质、学校与

---

① [美]简·杜威.杜威传[M].单中惠,编译.合肥:安徽教育出版社,1987:66.
② [美]杜威.教育科学的资源[C]//赵祥麟、王承绪,编译.杜威教育论著选.上海:华东师范大学出版社,1981:281.
③ 参阅:赵祥麟、王承绪,编译.杜威教育论著选[C].上海:华东师范大学出版社,280.
④ [美]杜威.教育科学的资料来源(全译本)[C]//叶澜.立场("生命·实践"教育学论丛,第二辑).张永,译.桂林:广西师范大学出版社,2008:275.
⑤ 叶澜.立场[C].桂林:广西师范大学出版社,2008:280.
⑥ 叶澜.立场[C].桂林:广西师范大学出版社,2008:277.
⑦ 叶澜.立场[C].桂林:广西师范大学出版社,2008:276—278.
⑧ 以下两个文本分别简称为"信条"和"主义"。

社会进步,在"主义"中依然是核心问题。两个文本之间的差别不在基本问题、观念、立场上,而是在基本问题、观念论证的展开和充分性上,在具体问题讨论的时代性上,在论述重点的变化上。

先看杜威关于"教育是什么"的回答。他在《主义》一书中自称,该书前几章(1—6章)的讨论"把教育看作社会的需要和社会的职能。这几章的目的在于勾画教育的一般特征,把教育看作社会群体赖以维持其继续生存的过程"①。这可以看作是"信条"一文中,第一、第二和第五中三个问题的合议,重点在一般意义上阐明社会、个人(儿童)与教育的关系,学校教育之必要和不可或缺。展开式的论述包括对教育学发展史上相关人物、学说的批判性评析。与"信条"不同的是,"主义"直接从教育的社会职能切入讨论"什么是教育",由此再进入到教育与个人发展、个人发展与社会群体生存延续的关系。"信条"则是从"一切教育都是通过个人参与人类的社会意识而进行的"②这一判断切入,即从个人参与的角度,进入到有关上述三方面关系的讨论。两个文本有关三者关系的论述之差异主要在此。"信条"重点从儿童的生长需要与教育活动本身改造的意义上讨论,"主义"则从教育的社会职能改造的意义上讨论。但无论在哪个文本中,都贯彻着杜威反对把个人与社会两极对立的立场和思想方法。

可归入"教育"一般论述的内容,在"主义"中除最初几章外,还包括了最后几章(22—26章),它们从哲学的角度,深入分析了上述三者关系中涉及的精神与物质、身与心、心理与世界、个人与环境及他人的关系,以及对作为认识教育的方法论的哲学思考。

"主义"的重心与"信条"的明显区别,在第7、8、9章关于教育中民主概念与教育目的相关论述中表现得最为清晰。在这部分中,杜威关于教育问题的研究进入到他所处的时代和他理想的社会——美国的民主主义社会中。他从教育中民主概念的历史演化着手,论证了教育随着社会群体生活的变化而变化的必然。杜威认定当前的社会恰是"一个不仅进行着变革,而且有着改进社会的变革理想的社会,比之目的在于仅仅使社会本身的风俗习惯延续下去的社会,将有不同的教育标准和教育方法",因此,"必须详细研究一下目前社会生活的性质"。③研究得出的结论是:当今社会应该以民主社会的理想来改变和建设。杜威对于何为民主社会的回答是:"倘有一个社会,它的全体成员都能以同等条件,共同享受社会的利益,并通过各种形式的联合生活的相互影响,

---

① [美]杜威.民主主义与教育[M].王承绪,译.北京:人民教育出版社,1990:337.
② 赵祥麟,王承绪,编译.杜威教育论著选[C].上海:华东师范大学出版社,1981:1.
③ [美]杜威.民主主义与教育[M].王承绪,译.北京:人民教育出版社,1990:86.

使社会各种制度得到灵活机动的重新调整,在这个范围内,这个社会就是民主主义的社会"。民主社会要求与以往将个人与社会对立(或以要求个人的独立来反对社会的控制,或要求个人服从于社会、从属于制度,以满足社会的需要)不同的教育来促进其形成,以达到"使每个人都有对于社会关系和社会控制的个人兴趣,都有能促进社会的变化而不致引起社会混乱的心理习惯"①。正是在这个意义上,教育实现了个人发展与社会发展内在一致的职能,克服了历史上教育中个人与社会二元对立的矛盾,成为民主社会所需要的个人。杜威的教育最终落实到"个人",但他是"民主社会所需要的个人"。

在教育目的层面上,杜威重视区分从外部提出的目的与"属于教育过程内部的目的",将个人的发展与社会效率(社会效率作为目的是"指培养自由地和充分地参与共同活动的能力"②)统一作为原则,把此后阐述(第10—21章)的重心放到学校教育过程的内部,展开式地论述了教育过程中目的之实现过程,这一过程与儿童兴趣、经验、思维等的关系。还涉及教育中教材、方法的性质,课程的类型及其价值等方面的回答。这些内容与"信条"的第三、第四两个问题的回答对应。"主义"在此展开的部分是在课程,相关章节分别阐述了课程中的活动部分与知识部分,区别了教育中的游戏与工作,强调了知识学科与儿童日常生活、经验世界的关系,专门且更为精确地研究了科学课程在培养学生逻辑、形成经验与观念之间关联,形成个人经验与人类认识之间沟通的重要性。此外,杜威还特别指出课程中人文与科学的一致性,涉及了课程价值的评价方面。与赫尔巴特教育学研究的重心在教学中的心理过程和学科教学内含的教育性不同,杜威课程研究的重点是儿童经验与人类经验、知识与活动的关系。

3. 基本特征与"基因式"概念

以上简单分析,在勾勒杜威教育理论涉及的基本问题的同时,揭示了其特点。

首先,杜威对教育的认识以其哲学观为前提,这是杜威教育理论发生范式转型的主要思想力量。杜威哲学观的转变除了个人的旨趣、智慧、经历之外,还是他所处的时代、社会和科学发展趋势的产物。

其次,杜威的教育理论呈现了强烈的整合与过程意识。尽管当时尚未提出清晰的系统论认识观,但杜威实际上从宏观(社会)、中观(学校)、微观(心理)三个不同层次上开展了对教育的研究,同时又注意了其中的相互转换与内在关联。与此前历史上有重

---

① [美]杜威. 民主主义与教育[M]. 王承绪,译. 北京:人民教育出版社,1990:105.
② [美]杜威. 民主主义与教育[M]. 王承绪,译. 北京:人民教育出版社,1990:131.

要影响的教育家相比,杜威有关教育的论述达到了前所未有的丰富与完整。但也正因为杜威还未有清晰的系统意识,他用"方面"来代替"层次",故而常常使人产生杜威的教育理论存在着相互纠缠和自相矛盾的错觉。比如在社会中心还是儿童中心、教育究竟有无目的等问题上,引起后人争论不休。"过程"的意识不仅体现在杜威对教育学史上基本理论问题深入的历史分析上,还集中体现在将学生发展与教育的相互作用当作经验的生长与改造过程,并作出了由起点到终点的过程变化的论述(但他不同于卢梭以儿童生命成长不同年龄段为线索);体现在学校教育时间指向上,是对于过去、现在和未来的延续与变革的关联性研究,体现在有关知识的过程化理解上。强调"整合",关注"过程",把不确定因素引入到教育研究中,是杜威教育思想中明显的方法论特征。

第三,杜威教育理论对历史上教育理论的批判、超越与重建,是以其核心观念的转换为基础的。那就是从把教育主要看作是人类积累的"知识"之传递,转换成是一种为促进创造人类未来生活的儿童之能力生长而设计和进行的"生活"。这是一种真实而独特的社会生活,它需要由学校这样的社会组织来进行。杜威以"教育即生活"、"教育即经验改造"、"教育即生长"等方式,表达自己对教育的独特理解。"生活"、"经验"、"生长"三个概念有时是以相关、有时是在相近的意义上被杜威使用。尽管"经验"是杜威哲学中的核心概念,但我认为无论从形态上,还是从内涵的包容性上,可选作杜威教育学基因式核心概念的是"生活",经验在生活中形成,生长在生活中实现。

"生活"在杜威的教育理论中,有着基因式原始生长点的特征,包涵丰富的意义,成为沟通社会与个人的教育聚焦点。从社会角度看,"生活"是指"人类共同生活",这是他构建民主主义社会的原始出发点,即人不可能孤立于人群之外生活。教育的社会职能就是使个人能参与到人类的共同生活并推进其发展,为此,要关注儿童"个体生活"中最初的社会生活即"家庭生活",并以它为雏形设计学校最初的课程与活动,形成家庭与学校在儿童经验意义上的连接与改造。杜威强调学校教育本身即是学生的一种"现实生活",它对学生的成长具有直接意义,而不是如斯宾塞所言,仅为"未来生活"作准备,但确实也孕育着未来生活的希望。即使是知识在学校中的教学,杜威也要求它与学生的生活相联系。总之,"在学校里,儿童的生活就成为决定一切的目的,凡促进儿童成长的必要措施都集中在这里"。学习当然是要的,"但生活是主要的,学习是通过并联系这种生活进行的"[①]。杜威从"生活"这个核心概念及其时空、主体和相互关

---

① 赵祥麟,王承绪,编译. 杜威教育论著选[C]. 上海:华东师范大学出版社,1981:54.

系的变化中,引出了全部他所需要阐述和建构的教育理论与实践形态的设计。

杜威之所以要作出由"知识"向"生活"的转换,是因为他确认:"我们的社会生活正在经历着一个彻底的和根本的变化。如果我们的教育对于生活必须具有任何意义的话,那么它就必须经历一个相应的完全的变革"①,"我们的教育中将引起的改变是重心的转移。这是一种变革,这是一种革命,这是和哥白尼把天文学的中心从地球转到太阳一样的那种革命。这里,儿童变成了太阳,……儿童是中心,教育的措施围绕他而组织起来。"②

三、杜威之后:当代国外教育学例证式简析

我们把杜威的教育思想看作当代教育学理论建构的起点而不是终点,既因为他的丰富与超前;也因为他的缺陷和未完成;还因为由他引出了更多教育学理论的发展,无论是出自他的支持者、极端引申者还是坚决反对者。杜威之后的 20 世纪,西方在教育观整体或基本理论意义上的纷争,几乎没有和杜威不相干的③:改造主义是杜威有关教育与社会进步观点的激进化的产物;永恒主义则是对于人类人文主义精神中强调的人的价值永恒不变的维护,是杜威进步主义教育思想的坚决反对者;要素主义则处于两者之间,但可归于保守之列。它在承认社会变化的同时,认为人类文化中"精华"、"要素"对于任何社会的教育都是基本和不能丢失的。20 世纪第二次世界大战以后崛起的存在主义哲学思潮和教育观,在意识到社会急剧变化和不确定性上与杜威相近且更为强烈,但它主要是以个人的存在作为一切存在的基础。存在主义对个人与人类生存更强烈关注的是生存危机,是人的生存在本质上的孤独,不像杜威和进步主义教育那样,对社会和人类的发展充满信心,处处透出科学理性主义的余光。存在主义的思想散发出伤感、悲惨的人生气息,向死而生的人生思考。在教育上,存在主义主要关注的是人的生存,要求培养人的自我认识和对人生的自我选择、负责的意识与能力,并不太关涉社会的发展问题。分析主义哲学的实质是科学主义,但它走不同于杜威用"经验"使哲学科学化的道路,而是试图用数理逻辑分析的方法处理语言,使哲学语言通过

---

① 赵祥麟,王承绪,编译.杜威教育论著选[C].上海:华东师范大学出版社,1981:49.
② 赵祥麟,王承绪,编译.杜威教育论著选[C].上海:华东师范大学出版社,1981:53.
③ 展开论述这些教育流派的观点不是本文的任务。相关内容可参见:华东师范大学教育系、杭州大学教育系编译.现代西方资产阶级教育思想流派论著选[C].北京:人民教育出版社,1980;陆有铨.躁动的百年:20 世纪的教育历程[M].济南:山东教育出版社,1997.

形式化的逻辑检验走向完善、走向科学。分析哲学用语言分析的方法去分析教育学的基本概念,形成逻辑意义上保证科学性的教育理论,是这个学派构建教育理论的方式。它以教育理论本身作为研究对象这一特点,催生了元教育学的诞生,这是教育学知识学的研究。从开辟教育学研究一个层次的意义上看,分析哲学作出了独特的贡献,但就其方法论而言,至今还未能呈现出促进教育学发展的生命力。20世纪后半叶兴起、至今成为一种新的国际教育哲学思潮的,是被统称为后现代主义的多元组合。它们的共同特征是对现代性、理性主义、科学技术的坚决批判,但在建设性方面尚未形成和呈现出真正的积极力量。就人类而言,后现代主义的出现标示着一个新的转型时代的出现。它以多元、多变、不确定性、复杂性为特征,教育如何在这样一个时代中使人学会生存,就成为后现代教育思潮的主题,尽管至今尚未形成明晰、系统的回答。

在本人有限的视野中,当代尚在坚持教育学作为独立学科研究的著作,首先要提及的是德国底特利希·本纳著的《普通教育学——教育思想和行动基本结构的系统的和问题史的引论》[1];以及俄国具有代表性的著作,弗·弗·克拉耶夫斯基著的《教育学原理》[2]。加拿大的马克斯·范梅南也以其一系列著作,表达了不同于当代盛行的科学、技术主义教育观,强调德国传统与美国传统在教育学研究上的区别。这样说显然并不全面,但作为几位代表性人物及其著作,已足以看出国外当代另一种关于教育学的学科性质的主要观点[3]。第一、二两本著作的共同基点是:都主张有相对独立的教育学或教育科学,强调有属于教育学的普遍知识,或称之为原理。从两本著作的书名不难读出这一点。但是两者在立论的依据、批判的指向、理论构建的逻辑和阐述的重点方面都有所区别。

(一) 本纳与《普通教育学》

本纳在《引论》前言中就明确表示:"本书同样坚持这个观点。它有意识地拒绝把教育学基础理论问题交给其他学科,……拒绝教育学理论发展和研究衰减为其他科学

---

① [德]底特利希·本纳.普通教育学——教育思想和行动基本结构的系统的和问题史的引论[M].彭正梅,徐小青,等,译.上海:华东师范大学出版社,2006年第一版(以下引用该书简称《引论》,原版2001年)。作者是德国洪堡大学哲学四院院长、教授,当代著名教育学家,曾任德国教育学会主席。

② [俄]弗·弗·克拉耶夫斯基.教育学原理[M].张男星,曲程,等,译.北京:教育科学出版社,2007年版(以下引用该书简称《原理》)。作者是俄罗斯教育科学学院院士。该书是俄罗斯教科院推荐给我国中央教科所翻译的著作(原版2003年)。

③ 以上两本著作的原版都出版于21世纪初,且都有中译本,以它们为代表,既反映当代,也有利于国内同行的研究。

的应用科学。只有涉及教育过程和体制自身逻辑的基础理论讨论才能在教育学中研究教育问题。没有自己的基础理论问题教育学不可能成为科学"①。作者进一步的论述涉及到了教育学理论建立的可能性及其困难。他认为只有依据教育思想和行动的独特性这一具有丰富之问题存在的历史事实,才能证明建立普遍适用的教育基本思想的可能性和必要性。

以此为出发点,我们尚可看到本纳论证教育基本理论问题的特点:

第一,将普通教育学理论与教育的行动紧密结合起来的方式,论证普通教育学存在的可能性。研究教育的行动(或称实践),是本纳形成普通教育学的重要基础。与以往一涉及教育实践,就把教育学研究及其知识定位于其他科学的应用或教育技能、艺术的规定不同,本纳是从教育实践与人类实践的关系,并以人类实践的重新划分为前提,进而从教育实践性质与基本结构的特殊性的角度研究教育实践,试图以此来理出教育学的基本思路。这一点我们在第二章中已提及。关于"实践"的理论是本纳教育学理论的重要基点,也可看作是他的"教育学"理论的"基因式"构成。

第二,着重问题史的探讨。本纳在分析了不能期望直接从多种教育活动或各种教育理论中,直接寻求教育学的普遍性和同一性之后,期望"通过对教育思想和行动的问题史的探讨提出一种基本思想,揭示一种植根于人类思想和行动的教育学基本结构"②。这清楚地表明,本纳对教育思想的历史研究,也以植根于人类思想与行动的实践为核心展开。本纳在讨论中将当代德国有关教育学问题的重要争论,都纳入到自己的视野,且作出了自己的判断。他的这一论述显示了自己教育思想的命脉所在。

在此基础上,本纳对教育思想和行动的原则,系统教育科学中的教育理论、教养理论和教育机构理论三方面作了分析,进而又论述了教育实践的行动维度。他把教育看作是使未成熟者走向独立自主,使成熟的人从教育实践进入到人类总体实践之中的过程,即是使人从未成熟走向成熟、自主的过程。本纳把普通教育学定位在"对业已存在的、不允许简化教育过程的基本结构的构想进行分析方面,在于能从对新的观察方式和理论的发展的批判中引出可能的建议方面"③。"不是要求把每个理论当作唯一正

① [德]底特利希·本纳. 普通教育学——教育思想和行动基本结构的系统的和问题史的引论[M]. 彭正梅,徐小青,等,译. 上海:华东师范大学出版社,2006:"前言",1 页"注释②".
② [德]底特利希·本纳. 普通教育学——教育思想和行动基本结构的系统的和问题史的引论[M]. 彭正梅,徐小青,等,译. 上海:华东师范大学出版社,2006:4—5.
③ [德]底特利希·本纳. 普通教育学——教育思想和行动基本结构的系统的和问题史的引论[M]. 彭正梅,徐小青,等,译. 上海:华东师范大学出版社,2006:269.

确的,而是为了提出一个系统的、有意义的认识,以使教育理论不舍弃这里所提的任何问题"①。可见,本纳的普遍已不指"原理",而是指问题的普遍性和结构的普遍性。这一取向体现了他的理论的开放性,也成为本纳教育学研究的重建特性。

(二)克拉耶夫斯基与《教育学原理》

克拉耶夫斯基的《原理》一书是为大学生提供的教材,也是为教师及其他教育科学研究人员提供的基础读物。相对于本纳的《引论》要易读。但同样具有明确的立场,即强调"教育学是唯一专门研究教育的学科。只有教育学将自身的各个组成部分构成一个整体来研究教育。教育,也只有教育才是教育学自己专注的研究客体"②。克拉耶夫斯基着力于教育学作为一门科学的构建,着重于论述其客体和对象、研究任务、学科体系与范畴体系等。他对教育实践主要只是在教育科学与实践的相互联系上作了讨论,强调它们之间的区别与统一。在教育学与其他学科的联系上,克拉耶夫斯基明确表示:"教育学不是各门学科知识的拼凑",他批判了否定教育学科独立性的"跨学科领域说"、"应用学科说",确认"教育学是兼有基础和应用功能的相对独立的学科"③。

《原理》中把教育科学的任务定位在揭示"教育过程的客观规律"、把握教育过程中存在联系的普遍性特性,其中涉及到人类代际经验的沟通、教育的社会本质、教育过程中教育者与受教育者相互关系,以及教学内容与过程的统一等等。从中我们可以看出,《原理》的基本框架与上世纪苏联教育学依然有继承的一面,所不同的是去掉了一些教育过程、原则、方法及学校教育活动的规范性知识,关注了教育中的关系研究,少了绝对性的判断。在教育学的范畴中,克拉耶夫斯基强调将"教育"(Образование,以前译为"教养")作为中心概念,以表达教育既是社会现象,又是发展受教育者个性的过程,且是两者的统一④,教育的社会价值与个人价值的统一。

该书在一定意义上更属于教育学的元研究层次,对教育本身的研究并未充分展开论述,更多涉及到的是有关教育学发展的一系列反思;如何开展教育研究的论述;较系统地阐述了教育学与其相关学科的关系,批判了试图用哲学、心理学代替教育学的一些具有广泛影响的观点,这是原苏联教育学中不太被突出的方面。它让我们看到了当

---

① [德]底特利希·本纳. 普通教育学——教育思想和行动基本结构的系统的和问题史的引论[M]. 彭正梅,徐小青,等,译. 上海:华东师范大学出版社,2006:269.
② [俄]弗·弗·克拉耶夫斯基. 教育学原理[M]. 张男星,曲程,等,译. 北京:教育科学出版社,2007:5.
③ [俄]弗·弗·克拉耶夫斯基. 教育学原理[M]. 张男星,曲程,等,译. 北京:教育科学出版社,2007:94—97.
④ [俄]弗·弗·克拉耶夫斯基. 教育学原理[M]. 张男星,曲程,等,译. 北京:教育科学出版社,2007:27.

代俄罗斯教育学研究为明确其学科独立性所作的努力。它同样也是教育学科面临挑战和重建的一种反映。

（三）范梅南与《教学机智——教育智慧的意蕴》

除以上两本著作以外,西方有关研究尚须提及的另一本著作是加拿大马克斯·范梅南著的《教学机智——教育智慧的意蕴》①。《机智》一书的特点是从现象学的视角来看待当代儿童生存境遇的不确定性,从而将"成长、成人和成为受教育的人",看作"实际上就是将人的偶然性转换成责任感和义务感",把教育学的使命看作"就是从教育的意义上投入到儿童的工作,赋予孩子们权力,使他们积极塑造和改变自己生活中的各种偶然性"②。可见,范梅南研究教育学的取向,是从当代儿童成长及其生存环境关系的实存状态切入,即着眼于"儿童生活",反映了他的教育学理论对时代特性的独特把握。

范梅南呼吁"新型的教育学必须面对时代变化的挑战,同时时刻准备捍卫,或以新的形式来重建儿童成长过程中所需要的价值观和价值框架"③;他强调"教育的本质更主要是一项规范性活动,而不是一种技术或生产活动"④。因此"教育学的文本应当具备一种启发灵感的品质和某种叙述的结构来激发批判性的反思和产生顿悟的可能性,从而使人在道德直觉上形成个人品质"⑤。他明确反对将教育学科学化、技术化。"教育需要转向体验世界。体验可以开启我们的理解力,恢复一种具体化的认知感"⑥。这些论述表达了范梅南基于对教育性质的认识而选择的教育学研究方法论。强调了与认识"规律"不同的,以理解、直觉、体验、感悟为特征的方法系统,旨在呈现教育学独有的智慧特征。这一特征贯穿在范梅南对他所看重的一系列教育问题的阐述中,包括对教师的要求、教育学的理念、教育的时机、教育关爱、体验、理解、反思、机智等等。这是他在方法论和方法体系上重建教育学研究的尝试,也是范梅南在当代教育学重建中的独特贡献。

---

① 〔加〕马克斯·范梅南.教学机智——教育智慧的意蕴[M].李树英,译.北京:教育科学出版社,2001(原版1991年,以下简称《机智》)。作者是北美"现象学与教育学"的领袖人物之一。

② 〔加〕马克斯·范梅南.教学机智——教育智慧的意蕴[M].李树英,译.北京:教育科学出版社,2001:4—5.

③ 〔加〕马克斯·范梅南.教学机智——教育智慧的意蕴[M].李树英,译.北京:教育科学出版社,2001:6.

④ 〔加〕马克斯·范梅南.教学机智——教育智慧的意蕴[M].李树英,译.北京:教育科学出版社,2001:13—14.

⑤ 〔加〕马克斯·范梅南.教学机智——教育智慧的意蕴[M].李树英,译.北京:教育科学出版社,2001:14.

⑥ 〔加〕马克斯·范梅南.教学机智——教育智慧的意蕴[M].李树英,译.北京:教育科学出版社,2001:13.

范梅南要求人们进入儿童生活世界、进入教育世界研究教育学。正是在这个意义上,他主张用"教育学(pedagogy)"这个词,而不用"课程(curriculum)"、"教育(education)"、"教授(teaching)"、"教学(instruction)"来表达他的教育思想①。这在北美教育研究界是不多见的。范梅南将"理解与体验"、"反思与行动"作为其重构教育学理论的"基因式"核心概念,想用这样的方式来避开有关"教育问题的所有的一套陈见和标准"②。在这里我们可以看到他与杜威教育研究的关联性。但范梅南用现象学的方式打破了杜威教育科学的思想方式和理论框架。

以上三本出自不同国家教育学者且具有重建性质的教育学著作,打开了我们对国际上教育学研究重建的视野,对国际上教育学研究重建的不同指向有了认识,并使我们意识到教育学重建是当代各国教育学界面临的共同历史任务,看到了在回答"教育是什么"这一基本问题的价值取向上,社会与个人的关系从不同的视角都更关注其内在的统一。

四、不同"基因"面对共同问题回答的启示

上述近代以来西方教育思想的"基因式"解读,给了我们理解教育的一系列深刻启示:

第一,每一个研究教育问题的学者,都有一套自成体系的回答。这是我们以往教育学研究中较关注的方面,现从"基因"的角度去解读会进一步发现,在一套体系的背后,还有更具有统整性的观念存在,并使我们可以理解每个人回答问题的基本出发点,即我们所说的"基因"。基因本身不是直接从教育学的观念中选出,但它的生长进入到教育学层面,并转化、渗透到对教育学所有问题的回答,形成了每个教育学说在自身基质意义上的一致性。它在有的学说中较显明,有的学说中却隐得较深,但并非不可认识。识别不同学说在基因层面上的区别,有助于我们加深对该学说独特性与学术贡献

---

① 参阅:[加]马克斯·范梅南. 教学机智——教育智慧的意蕴[M]. 李树英,译. 北京:教育科学出版社,2001:38—42.需要提醒的是,范梅南在有关论述中,特别提到他不赞成用"课程"一词来代替"教育学",指出它与教育学的一个明显差异是"课程概念中有一种不可避免的实证主义的味道……课程这个术语容易使我们将我们的注意力从孩子那里转移到教育机构的结构及其各层面的研究中去"(第40页)。但本著作的中译本却被纳入《世界课程与教学新理论文库》,且把书名中"教育学智慧"译成"教育智慧",出现了违背作者本意的两大误区。本人在2014年4月曾赴加拿大,与范梅南先生作过直接交流,他也认为翻译有不确切之处,坚持认为pedagogy的内涵有其他词不可替代的方面。

② [加]马克斯·范梅南. 教学机智——教育智慧的意蕴[M]. 李树英,译. 北京:教育科学出版社,2001:38.

的理解。认识不同学说基质的存在,及其所具有的强化学说内在一致性的力量,加深了我们清晰意识自己学派"基因"重要性的认识。

第二,各学说"基因"虽不同,但所涉及的教育学问题却基本相同、反复出现,它从学术史上突现了教育基本理论问题的存在。再结合本人近三十年的教育和教育学研究之认识与体悟,至少可以提出教育学对教育本身研究的五个基本问题①。

1. 教育是什么?

这是教育学研究首先面临的问题,即关于研究对象总体性质的判断。尽管判断也许只是一句话,但对判断依据的论证,却要求判断者能对教育存在,作出从历史到现实的把握,作出对同类相关判断的评析。

"教育是什么"的研究可以从许多维度开展。最基础的是以教育存在的事实为依据,作出确定对象领域的定义式界定。这种判断不管研究者是否明晰地表达,事实上在各自的认识和理论中总是存在的。它可能会随着认识的变化有所改变,但不可能没有;它可能不清晰、不周密、不全面,但不可能没有。进一步的判断有可能从教育不同的角度去进行,如价值的、构成的、功能的、性质的、历史演化的等等。这些都可以包括在教育是什么这个大问题中,也可以分解为一系列相关又不相同的问题,甚至它本身就可以演化出一本教育学著作。

关于"教育是什么"的判断常常很不相同,甚至同一个研究者在同一本著作中都会有不同的表达。这有可能出自研究主体认识的不全面、不稳定、思维的不严密,但也不全然。这种现象表明关于教育是什么的判断,还受其他因素的影响,其中主要是三方面的影响:一是针对历史或现实教育中存在的问题、缺失和偏离,作出教育是什么的判断,这是一种应然判断,它涉及到教育的变化与发展。这类理想式判断,并非一定是正确或错误的。判断本身尚须论证。二是由于论述重点或视角的不同而有别。这是认识深入的需要,只要不逸出事实判断界定的领域都是可以理解的。三是对不同层面的教育作出是什么的判断。它是由认识对象的层面、研究者使用的"尺度"和"分析单位"不同带来的区别。

由此可见,教育是什么的判断中存在的差异,并非一定是教育学理论不成熟的表现,它往往是教育自身丰富性、复杂性、多样性、历史性、可变性和发展可能性的表达。

---

① 对教育学基本问题的思考,从学科发展史中提炼是重要的一面,但不是唯一的一面。能作为基本问题的问题,必然也会在与现实教育存在的联系中得到确认。

重要的是研究者要善于从各种不同的判断中,去综合、建构概念和理论意义上的"教育"是什么的答案。它肯定不会局限于一个定义。

2. 教育存在的依据是什么?

教育并非是自然界先于人类就存在之事,而是人界之事。这已经成为学界基本的共识,至少研究教育的重点不在自然界,而在人界。因此关于教育存在依据的认识,就成为教育学作为学科所必须研究的重要基本问题。这一依据的揭示同样可以,而且应该在不同的层次和维度展开,它需要阐明教育何以必然和必须存在。

教育存在依据的全面、深入认识,必然涉及到的相关问题有二:一是哪些因素是影响教育存在的最基本因素? 哪些条件是教育存在的必要条件? 它们在什么意义上影响教育存在? 二是这些因素、条件自身的性质和变化,如何影响教育存在? 为此,需要在广阔背景的意义上,把握教育与其生存环境的根本性关系。

只有当我们说明教育存在的必要与可能的时候,我们才在相对完整的意义上阐明了教育存在的依据。也只有明确了教育存在的依据,我们才能理解教育的根基及其变化与发展的缘由。

教育存在的依据从另一个角度看,与教育存在的功能和价值有关,它与教育的人为性直接相关。如果研究对象是自然物,问题就不能发生这样的转换。只因为教育本身是因人的需要而生,所以其根基中就包含了价值期望。自然,价值期望不等于价值现实。有关教育的问题,无论哪一个时代、哪一个国家和民族,都存在着期望与现实的差异,但却都不能没有期望、不顾现实。

进一步的研究必进入到教育内部。它由两个问题构成:

3. 教育的基本形态是什么?

这是对教育这种特殊人类活动的内部整体形态学意义上的研究。提出研究内部的需要,并不意味着与外部关系的分裂或割裂,它只是意味着教育学研究,必须进入到对构成教育活动内部的基本因素与结构是什么的确认,对其特殊性的把握,以及由要素、结构的构成,关系、功能的差异所造成的、整体形态上的特征认识。

4. 教育过程的内在机制与逻辑是什么?

这里要研究的是充满在教育过程中的丰富转化,需要把握教育活动的基本类型;研究包括从目的到结果动态全过程中的重要因素、环节之间的转换与过渡,生成与消长。揭示在此过程中所必须面对和解决的一系列基本矛盾与基本问题;需要形成对教育过程内在过程与逻辑的整体认识,辨别主要不同类型教育活动的过程机制与逻辑特征。

有关教育过程内在机制与逻辑的把握，是教育学研究中最深入和最丰富，也是最为艰难的研究。如果上述其他问题的研究都完成了，但不进入到这个问题领域，教育学依然没有达到对教育本身作为一种特殊的人类活动之特殊性的学科意义上的认识，它的学科独立性在学科意义上的建构也没有完成。教育学也就难以发挥对于教育实践，不可由其他学科取代的、具有本学科指导意义的作用。要形成与此相关的学术研究的有意义的成果，不能没有对实际进行着的教育过程的深度透析。可以说，教育内在过程机制与逻辑的揭示，是教育学的核心构成，也是衡量教育学作为独立学科存在的理论成熟度的标准。上述相关名著中都作过研究，都对相关认识有所贡献和程度不同的推进，但依然有许多方面需要深究。

5. 教育作为人类独特事业的发展机制是什么？

该问题是在上述与教育相关的内、外问题研究基础上的综合探讨。教育发展的机制显然不能单从外部或内部孤立地考察，而是需要从内外相互不可取代、又必须彼此结合的角度去研究。这是该问题研究的难度。内、外各自诸多不同性质与状态本身就已经足够复杂，更不用说是双方在不同条件下的不同组合、作用方式、力度与效应的综合思考，涉及到的因素是一个天文数字。因此，我们只能从机制的角度上来讨论作为教育事业的发展问题，使教育学能为教育事业的发展提供策略性思考的学术支持。

在简要阐明上述五个不同范围问题的过程中，也表达了我们对五个问题内在关联性的认识，呈现了我们研究教育问题的思路，提出了有关教育的内部与外部、价值与功能、整体与局部、结构与过程等一系列关系问题，形成了构建教育学基本理论的思想程序。这是"论纲"目前完成的任务，深入的、展开式的讨论，将在今后的论著中逐渐呈现。

第三节 "生命·实践"教育学派的"基因"解读

教育学建构选择基因式理论内核的重大差异，在总体上受时代哲学与科学发展水平、精神思想领域的开放程度和活跃状态影响，同时也与个体研究者在进入教育研究前的学术背景、对时代精神的敏感与把握、本人学术思想的中心问题、基本观念与思维方式、切入教育学研究的驱动力与视角，以及对教育实践本身的接触、了解程度相关。自然，前者是大局、前提性因素，研究者个体对时代性可以认识、把握和阐述，但难以在总体上对其产生影响。时代的因素也不可能直接变成教育学理论，转化要通过研究者本身及其研究实践来实现。因而在同一时代与社会中，研究者对于教育学及其基因的构建,对于教育学发展来说具有直接决定作用。

改革开放近四十年来,中国相当一批教育学家,都在探索、开辟着教育学理论重建的道路。尽管各自沿着不同的方向前行,尽管一切都尚在形成、生成之中,但禁锢已经打破,重要的是不算大的队伍正在扩大和加强。教育学研究新触角已伸向四方;地基正在清理和重整;新平台正在搭建;全景式的勾勒也在走向清晰①。我们能从所有可及的研究(无论是国外的,还是国内的)中获得营养,激发思考,努力与同仁一起,走出一条新历史时期中国教育学重建式发展的新路,努力对教育学基本理论问题,以中国学者的身份作出回答。

教育学在中国过去一百多年的发展历史告诉我们,"教育存在"不会自然地转化为教育学的学科形态。如何以学科的方式把握和阐述如此复杂的教育实践? 在方法论清晰的前提下,如何提炼本学派认识教育世界的"基因"成了关键的一步。

一、发现过程:理论直觉与研究实践的产物②

将正在共同创建的教育学学派称为"生命·实践"教育学派,标识着我们关于教育学的理论,以"生命·实践"作为基因式核心概念的形成。这是在构建学派过程中的重要抉择,它不仅是学派建设基点的选择,也是学派理论理想的确立,还是学派命脉的聚焦。正是在这个意义上,我们将自己的这一选择称作教育学学术研究"回到原点的思考"。

1. 理论直觉在批判反思中产生

为什么会作出这样的选择? "生命"与"实践"在日常生活中并不是陌生的两个词,因此,对它们最初的关注是由自己长期的研究积聚和体验,以及持续地对教育及教育学存在问题的批判与反思引起的,是一种理论直觉的产物③。其过程概而言之,首先是认识到我国现实教育中最大的缺失是对学生——作为教育对象的具体个人生命的关注。教育的任务变成完成学校一系列的工作、事务与上级要求,它们阻隔了对真实生命成长关注的目光。作为教育者的教师,在忽视学生真实生命成长需要的同时,自身生命在职业生涯中的成长价值也被忽视,强调的仅是其工具价值。正是这种双重忽

---

① 有关国内具体研究成果,在第二章中已有论述,在此不再重复。

② 以下论述根据:叶澜."生命·实践"教育学引论(下)[A]//叶澜主编. 命脉("生命·实践"教育学论丛第三辑)[C].桂林:广西师范大学出版社,2009:15—45.

③ 关于本人教育学思想的演化过程的详细论述,参阅:叶澜.从"冬虫"到"夏草"——"生命·实践"教育学派生成过程的个人式回望[A]//叶澜主编.回望("生命·实践"教育学论丛第一辑)[C].桂林:广西师范大学出版社,2007:212—246.在此不作展开说明。

视,使学校教育丧失了"生命性",丧失了"魂",造成了教育本真意义的异化。其次,这一状态是教育长期遵循的实践模式,转换成学校日常生活,进而转换成教师的教育习惯、师生在校日常生存方式的结果。要根本改变这种状态,不仅要有教育观念的系统更新,更需要学校教育的日常形态,教师的教育、教学实践发生真实意义上的变化。而这一切都要通过变革的"实践"才能实现。实践形成的事物,还必须通过实践来改变。其三,基于上述两点基本判断,反思教育学的状态,可以看到相关的缺失:教育学缺失对教育生命价值的关注(更多的是社会意义和个人知识、文化意义),缺失对教育实践整体性的深入研究,更缺失以生命价值为核心的教育实践的整体性研究。由此,教育学的重建任务聚焦到"生命"与"实践"上,即认识到:教育应以人的"生命"发展为第一价值,教育是点化人之生命发展的重要"实践"。

2. 在研究实践中体悟生命与实践的内在关联

重建在我们这里又以一种新的教育研究的方式推进:深入学校教育实践,开展基于当代中国现实、以实现学校整体转型为目标,即我们称之为"新基础教育"研究的、持续至今已有 20 年的学校教育变革实践,在持续的变革实践中重新认识教育,形成新的教育理论。这是一条教育理论与教育实践在研究性变革实践中交互生成的新路。正是在如此亲历的、创生式的研究实践中,我们不仅认识了教育实践对于学生、教师的生命发展价值,重新认识了理论与实践丰富、复杂的关系,更体悟到了教育研究之实践本身的变革,对于研究者的生命发展价值。实践的多重生命意义在我们这里产生的深刻体验,直接促使我们完成了从对"生命"的关注,到对"实践"的强调,最终走向将"生命"、"实践"建立起基因式双螺旋交互关系的文字表达形态——"生命·实践",确立了我们学派的命名,开始了系统重建当代中国教育学的新历程。

3. 自觉进入"生命·实践"内在关系的多维、深度研究

显然,理论的直觉并非随意、也非轻易产生。它是亲历之研究水到渠成、积聚升华的产物。但教育学重建的基因确立和重建本身不能停留于此直觉式判断,研究还必须作出关于"生命·实践"基本内涵的理论阐述,揭示关于"生命·实践"作为教育学理论基因式核心内涵的特殊意义。尤其是需要作出它对于教育学重建的价值与理论意义的阐述,揭示这一学派得以"安身立命"的学术根基与命脉。于是,我们进一步深入开展了教育学史的研究,以厘清教育学发展中呈现的教育学本身及其发展的基本问题,以及当今进一步发展必须面对的难题和可能的空间。我们重新进入马克思主义哲学的经典及其当代研究,关注当代西方科学哲学的发展趋势及其核心观念、思想方法的

演变,以寻找新的能够把握教育本真状态与本真问题的思维方式,从人类哲学智慧之海中汲取营养,深入探究"生命"、"实践"之本意。我们拾起因政治批判而被扭曲、鄙视,且陌生化到不太相识的中国古代经典,以发现被我们轻易抛弃的古代思想和传统之中存在着的,中华民族藉以生存、发展的顽强精神力量与智慧。从而意识到当代中国教育学的重建,除了认识社会的发展变化之外,还必须回归自己五千年的文化家园,扎根于中华民族的精神土壤之中。唯有如此,才能将中国近代教育学因"引进"而断裂的学术命脉,在当代中国教育学重建中重新连接,使中国传统文化的血液流淌在当代教育学的生命成长之中。所有这一切以及前面提及的教育变革实践研究,都成了我们称之为"生命·实践"教育学派"命脉"的基本构成。

由此可见,关于"生命·实践"作为教育学基因式核心概念的清晰认识,只有深入到上述五条(教育实践、学科发展史、马克思主义哲学、当代科学哲学、民族文化精神与传统)"命脉"之中才能实现,它与"命脉"的揭示是一个过程的两个不可分割、相互缠绕的方面。这在"导论"中已经表明,在以下有关"生命·实践"的论述中,这种内在关系将继续呈现。

生命与实践不仅是教育存在的依据,而且以其特殊的形态成为教育的构成与存在方式。从"生命·实践"出发开始教育学的重建研究,是为了深究人类及其社会的生存与发展之内在基质与基本形态,以明晰教育存在所依据的、具有根本和极限意义的规定性。以此为出发点开始教育学建构,使我们有可能在进入教育发展漫长历程的研究时,不至于被纷繁复杂的变化所迷眼,忘记其最本真的依据和规定。与此同时,又能把握不同社会背景下教育具体的丰富,在一般与特殊的沟通、转换中,实现对教育学基本问题的原理式构建。

"生命"与"实践"是在人类生命和社会形成过程中出现且关联,并随着人类历史而发展的,最为根本的、不可或缺的基本要素。就概念而言,是两个有着内在关联、相互缠绕和交叉生成关系,但并不同一的概念。在这里,首先要论述的是"生命",当"生命"的发展进入到人类时,才会涉及"实践"和"生命·实践"的关系。

二、关于"生命"一般的分层认识

(一) 活体与非活体的区别:生命的一般特征

生命是天体宇宙演化历程中产生的独特存在。它的出现使存在物有了活体与非活体、生物界与非生物界的两界区分,使宇宙中的一个星球——地球开始了生命史,直至出现了人类与文明,形成了关于地球、天体、人类自身的历史与记忆。生命无疑是天体演化中出现的具有惊天动地创世意义的存在。

存在物中的活体与非活体虽然从内在构成来看,有许多相同的化学元素。但活体构成中恰恰因有自己的独特而区别于非活体。活体是有生命的,生命是"由高分子的核酸蛋白体和其他物质组成的生物体所具有的特有现象。……能利用外界的物质形成自己的身体和繁殖后代,按照遗传的特点生长、发育运动,在环境变化时常表现出适应环境的能力"[①]。这一关于生命最为核心、一般和事实性的定义,为我们提供了关于生命体之所以成为活体的特殊物质构成,以及作为活体的独特的生命延续与发展的能力,即"代际遗传"和"应变环境"的认识。正是这两种功能的结合,使活体不仅在物质构成上,而且在存在方式上区别一切非活体。也正是在与遗传、环境交互作用中,活体形成了作为每个生命个体的独特。"世界上没有两片相同的叶子",是关于生命个体独特的文学式描述。

在最基础的构成与功能意义上区别活体与非活体后,我们需要从"生命体"存活机制的意义上,进一步认识所有生命体都具有的共同特征:

1. 生命总是存活在具体的个体之中,个体是生命体的最基本存活单位。没有无个体的生命存在。生命存在的群体方式是生命个体存活和相互之间不同层次的结合之产物。生命的基本单位是个体。个体也应是认识教育活动的基本点。

2. 任何生命个体都有从生到死的生命过程。这一过程是生命的存活过程,它有阶段区别与连续性特征。存活机制是生命维持活体的机制,是生命拥有的、内在的第一机制。其本质不是表现为外在作用下的空间位移,而是生命个体从外界吸收物质、能量和信息,继而在内部进行不息的"新陈代谢"的生存能力。死亡就是个体生命生存机制的彻底丧失、新陈代谢的完全停止。"新陈代谢"是我们称之为"生命活力"的最为原始本义的解释。

3. 生命第一生存机制反映了生命体与环境的复杂关系和生命主动性的特征。生命与环境的基本关系是双向交换关系,生命以摄入与排泄的双重关联方式作用于环境,不仅使环境以转换了的方式存在于生命之中,而且使生命本身成为环境的组成,并多方面地作用、影响环境的变化。理解新陈代谢,不仅要看到生命内在的将身外之物转化、组织为自身的奇异力量,还要看到"环境与生命"相互生成和转换、交互依存和组

---

① 辞海(下)[K].上海:上海辞书出版社,1999:4900.

成的互化关系。

生命的主动性在与环境的关系中有多种形态的表达。首先,它通过生命的组织选择来体现。不同类的生命体对环境中的物质与能量的摄入各不相同,这是生命以机体组织存活需要为据作出的选择。生命体虽不都具有选择的意识,但都有通过组织的特化,感受外界所需物质和定向摄取或作出回避选择的本能,故我们把这一生命与生俱有的主动选择能力称为"组织性自选择"。

奥地利著名的理论生物学家、一般系统论创始人冯·贝塔朗菲,从生命体内在的自主活动中,进一步阐发了生命主动性的高层次表达,即生命的自主性。他在批判把有机体看作本质上是被动的系统,它们仅仅受外界影响,即所谓由刺激而开始活动的"反应理论"时指出:"即使在外界条件不变和没有外界刺激的情况下,有机体也并不是被动的系统,而是本质上主动的系统。很明显,在基本的生命现象中,新陈代谢,组成物质连续的合成和分解,是有机体固有的,而不是外界条件强加的。……现代科学研究表明,我们必须把自主活动(例如表现为有节律的自动活动)而不是反射和反应活动,看作基本的生命现象。"①他进一步指出:"最终决定有机体反应的,不是这么多的外界影响、刺激,而是内部境况,……偏离生理平衡状态就会导致种种行动,直至最终恢复到正常状态。"②

4. 生命体具有内在、主动的转化生成机制。该机制的功能是使外界摄入的不同物质转化成生命体能吸收的物质,使新陈代谢有可能进行并实现生命自身成长。它通过一系列生命体内的特殊物质的参与(如人体中的酶等),经过一系列分解与合成的代谢得以实现。转化生成是新陈代谢的微观机制,是生命体内部实现外部物质由异己向自身转换的加工改造过程,也是生命自主和主动性的又一表现形态。从这个意义上,我们可以说,任何生命体无时不处在更新创生中,生命每一天都是新的。构成生命活体的基质——细胞,不是一个凝固的结构,而是一个"活结构"。"活结构不是存在,而是变易。它们是物质和能量不停流动的体现"③,"活的形态不是存在,而是发生"④。

---

① [奥]路德维希·冯·贝塔朗菲. 生命问题——现代生物学思想评价[M]. 吴晓江,译. 北京:商务印书馆,1999:22.

② [奥]路德维希·冯·贝塔朗菲. 生命问题——现代生物学思想评价[M]. 吴晓江,译. 北京:商务印书馆,1999:123.

③ [奥]路德维希·冯·贝塔朗菲. 生命问题——现代生物学思想评价[M]. 吴晓江,译. 北京:商务印书馆,1999:184.

④ [奥]路德维希·冯·贝塔朗菲. 生命问题——现代生物学思想评价[M]. 吴晓江,译. 北京:商务印书馆,1999:128.

贝塔朗菲把此作为生命的基本现象,并作了"活机体是一个开放系统的等级秩序,它依靠该系统的条件在诸组分的交换过程中保持其自身的存在"①的定义。与前面提到的《辞海》中关于"生命"的定义相比,不难看出贝塔朗菲的定义,是关于生命如何存在的内在机制性质的揭示,是对生命活动内在机理和形式结构意义上的概括。

5. 生命体具有保持自身内在协调运行的调控协同,形成整体性的机制。与物理机械的调控机制的差别在于:生命体的调控机制是一种复杂动态的活体调控,服务于机体正常的运行和生长,而不是简单恢复到设定状态——复原。生命体是一个生长变化着的活体,这是任何人造的机制所不能比拟的。这种调控不仅是维持机体正常协调、日常运行的需要,而且还是与"死亡"斗争的需要。生命体所具有的防御外敌和修复机体的能力,是这种调控机制与死亡的斗争,是生命体之"求生"本能的机制式体现。控制论的创始人维纳用这样的语言来描述这种斗争:"有机体是同混乱、瓦解和死亡相对立的,正象消息同噪音相对立一样。""生命是一个垂死世界中暂时的小岛,我们生命体对抗这个衰败和凋谢的总潮流的过程叫做稳态。"②

调控协同机制还是生命体保持"整体动态有序"的重要机制,贝塔朗菲对此作过深刻分析。他认为:不能用结构与过程分离的静态观念,来认识生命体中上层与下层的等级组织之间的关系。调控平衡的有序化过程依赖于整体系统进行。"在一个系统中,各种力互相平衡,因此,它们的共存导致了抵制破坏的相对稳定的结构。"组成整体的不同层级的小系统之间的关系,小系统与整体之间的关系,不是被动的"小"依附于主宰的"大","低"依附于"高"的从属关系,而是相互依存。"较低序列系统的某些活动在较高系统的整合中起作用。反过来,较高系统的某些活动共同决定着较低系统的活动。……相互作用在其中是最基本的;相互作用使所有部分过程整合为整体,并由系统规律支配这些过程的协同作用。"③

需要进一步说明的是,贝塔朗菲将生命体中上下层组织之间的关系,以不同运行时间"波的迭加"来描述,从而揭示了生命体内部运动奇妙的长时段与短时段之间的动态整合。他提出,当我们说生命的"活结构"是有机体高一层次的组成时,他就是指相

---

① [奥]路德维希·冯·贝塔朗菲.生命问题——现代生物学思想评价[M].吴晓江,译.北京:商务印书馆,1999:133.

② 马小兵.面对生命[C].成都:四川人民出版社,1997:118—119.

③ [奥]路德维希·冯·贝塔朗菲.生命问题——现代生物学思想评价[M].吴晓江,译.北京:商务印书馆,1999:200—201.

对"长久持续的缓慢过程"。在此,结构与功能的关系转化为两种不同速度波的运动。"如果我们说,功能(诸如肌肉收缩)是由结构完成的,那么这意味着,快速的和短暂的过程之波是迭加在长久持续地和缓慢地奔流之波上的。"①

生命体的调控协同机制是上述新陈代谢、转化生成机制,在整体与部分关系上如何实现动态整合的机制。从科学认识的角度看,这是现代生物学与经典物理学分界之处。在开放的生物系统中,描述封闭物理系统的热力学第二定律不适用。

6. 生命具有繁殖遗传机制。每一个生命个体的存活时间是有限的,但生命具有的繁殖遗传机制,不仅能保证生命在外界生存环境未出现急剧、巨大变化的常态下,实现代际延续、类群数量扩张和种族意义上的保存,而且能通过繁殖过程中的遗传基因变异,及新的个体生命之特殊性存在,使物种的进化可能实现:从遥远的生命起源、单细胞生物,一直走到人类的诞生;使世界因生命的存在而变得如此丰富多彩和富有活力;使人类不仅得以诞生而且得以延续和发展。繁殖遗传机制是生命绵延恒久、发展变化特有的内在机制,是生命力最持续顽强、自我再生、生生不息,独特而强大活力的、时间永恒态的表现。也是生命本义上自我超越个体存在的一种特有机制。

正是上述第二到第六组成的五大机制相互支撑和相互制约的复杂运作,构成了整体意义上,生命从个体到代际的存活发展机制。它让我们看到生命世界的神奇与丰富,不得不惊叹宇宙自然的精细与完美。更重要的是,它使我们认识到任何一个生命体,都是开放的活体。生命所具有的"活力",不是一个神秘的概念。它是实实在在地通过由细胞组成的不同层次的活体,以及一系列内在存活生长机制,积极主动与生存环境发生交换与相互影响而呈现出来的、独特的生命能量。新陈代谢的实质是生命内部的"自我创生"机制,因此可以说,在生命的自然物质构成与机制中,内含着原始的生物学意义上的"自由":"存活机制"并非由外力或按什么外在的意志在运作,它内在于生命的组织与结构中,并以自动的方式实现生命的内部生成和对外的定向反应,它们是生命体在环境中存活的内在理由。这一生物学意义上的自由及其最本真的生命存活的内在机制,是一切活体都具有的、最为基本的,即使生命发展到人类阶段,也同样是基础性的机制。

这种关于活体与非活体的原始区别,正是我们要求对教育对象的认识,不能仅仅

---

① [奥]路德维希·冯·贝塔朗菲.生命问题——现代生物学思想评价[M].吴晓江,译.北京:商务印书馆,1999:138—139.

回到人,而且要回到生命的重要原因。其意在为人具有自由的本质,但又必然在复杂的内外关系中实现生存这一认识,提供自然本身的依据和有关原初机制的科学认识。

(二) 个体生命的成长机制

这部分,我们着眼于以"个体"为单位,认识生命的发展过程之一般,包括其成长路线和成长方式。

成长机制是个体生命从萌生到死亡全过程中对成长起作用的内在机制。它至少表现在两个重要的方面:一是成长路线,一是成长方式。这里的"成长",是指生命在时间长度意义上发生的显著阶段性变化,不是指每一时刻持续不停的变化生成活动;成长不只是指动态变化过程中有"量"的变化,它主要反映在生命发展阶段性的"质"的变化上。

1. 个体生命成长路线的特性

首先,个体成长路线呈现出种族历史性与个体历史性的统一。

个体成长路线主要由基因控制,但生命成长的实现过程还要受到生命体生存于其中的外界环境因素的影响,所以生命真实成长的全程路线,由生命自控与他控相互作用的机制决定。生命体自身越处于高级、复杂水平,这种交互作用实现方式和可能的结果就越多样。但不管生命个体的差异有多大,同类生命体成长路线遵循的基本程序和组成阶段则相对稳定,只在一定的域限里震荡。所以在成长路线、程序方面,起决定作用的是遗传因素。以性成熟为标识,生命历程可大致分为未成熟期、成熟期和成熟后期。环境,则以外在条件变异的方式,影响生命成长各时期的长短、变化的速度及方向,影响遗传因素变异的显现和生命体的存活选择等。

生命体成长的自控与他控相互作用的机制,与新陈代谢相比更为复杂。

首先,遗传基因虽在个体生命之中,但并不由个体自身决定,它是经繁殖实现的代际传递之物,是个体诞生时体内携带的"记忆匣",其中内存着漫长的物种"历史性因素"[①],这一"历史性"又要通过个体性,并在个体生命的历程中逐渐依次展开,或在途中发生变异。若个体变异得以巩固,又会以变异了的状态,再传入下一代的种之中。"种族"的历史性规定了个体;"个体"的历史性继承并为丰富种的"历史性"提供了新的可能。

---

① 该概念引自美国进化生物学家迈尔,他在《生物学哲学》序中,在批判一些持科学主义思想方法认识生物的学者时指出:逻辑学家和实证论者的分析中完全没有提到生物所特有的本质,即以沿袭继承的基因型形式表现的历史性因素。他们完全忽视这一历史性程序在发育与行为中的作用。参见:马小兵,选编. 面对生命[C].成都:四川人民出版社,1997:207.

其二，众多因素的交互作用随着个体成长时空、环境的变化而变化。因而在基本确定的成长路线中，可能出现不可预测的因素和诸多不稳定性。生命历程越长，这种可能性就越大。成长机制是使机体在形态和功能上，由渐变转而为阶段性突变的机制。每一阶段的转换都是生命能量的集聚、迸发乃至因与死亡的搏斗而散尽。这些阶段转换时所呈现的状态，就是生命成长路线中阶段的标识性记录。成长路线的非线性、非匀速，在必然中包含着偶然，是成长过程中确定性与不确定性的具体统一。这是生命成长路线呈现的第二个特性。

生命成长路线的第三个特性，贝塔朗菲称之为"逐渐机械化"，它指个体生命随其成长过程，实现着生命发展的可能性从潜在走向现实；随着潜在可能变为现实成长，生命个体的确定性因素日益增长，可变性因素日渐减少。贝塔朗菲从两个不同的角度论证了它称之为生物"逐渐机械化原理"。第一个角度是胚胎发育。他指出，每一个个体的胚胎，"最初是具有均等潜能的系统，然后逐渐确定诸器官形成的区域，这些区域固定地具有一定的功能，并且只能产生出一个单一的器官。相似地，一定的反应弧也是从作为一个整体的躯体的原初运动中分化出来的"①，这是结构与功能，从整体中逐渐分化确定意义上的"逐渐机械化"。另一个角度是物种进化和个体发育史。"在原始物种中，有'多种潜在性'，即它们能利用不同的材料；在高度特化的物种中，只有'单一潜在性'，即只能利用一种特殊的建筑材料。同样地，就个体发育而言，起初有多种潜在性，在比较成熟的幼体逐渐特化为一种特殊结构的过程中，多种潜在性便变得逐渐受到限制。"②这是物种变化、生命成长意义上的"逐渐机械化"。

机械化，无论逐渐还是突然、天成还是人为，都意味着不可更改。对于生命来说，逐渐机械化不仅揭示了生命发展路线由综合而分化的一般路线，而且表明，外界影响生命个体发展的可能性，会随着成长路线的延伸、生长节点的跃迁而逐渐减少，生命潜能中可实现的方面也逐渐丧失。机不可失，时不再来，这是人，也是教育面对生命必须有的警觉与敏感。

2. 生命"成长方式"的特征

其一，跃迁与绵延的统一。它与成长路线密切相关。跃迁，是阶段性转型呈现的

---

① ［奥］路德维希·冯·贝塔朗菲. 生命问题——现代生物学思想评价［M］. 吴晓江,译. 北京:商务印书馆, 1999:120.

② ［奥］路德维希·冯·贝塔朗菲. 生命问题——现代生物学思想评价［M］. 吴晓江,译. 北京:商务印书馆, 1999:124.

成长方式,它以与日俱变、生死共存的生长积累为基础。但生命虽有令人震撼的跃迁,却并不存在断裂与中止,它依然保持连续。柏格森将生命的这种特征称为"绵延"。在生命的全程中,转型期总是相对短暂,呈现出生命力的勃发;生长积累期总是相对漫长,呈现出生命力之顽强。积累与勃发的交替,构成了生命长程中的基本成长节律。

其二,成长时间三态的不可逆转性、创生性和共存性。即生命中每一个实践都是具体且不可重复的。柏格森将其称为"具体时间"或"生命时间",与牛顿力学中的"物理时间"相区别。他强调,人类存在着两种时间意识,一种是"科学赋予一个物质对象或一个独立系统的抽象时间 t,⋯⋯t 永远表示同一个东西"①,这是"外在时间"。"生命时间"则是生命的内在时间:"它刚刚造成当前,便立即降落到过去"②,生命只能在时间中进展与延续。"过去作为一个整体,在每个瞬间都跟随着我们"③;现实,则处在不断的创生中,"对于我们生命的一个个瞬间,⋯⋯个个都如同创造出来的作品。⋯⋯我们连续不断地创造着我自己"④;至于未来,正因为生命的创生性而不可完全预测和确定。"生命时间"拥有了与"物理时间"不同的形态,它是具体的,而非抽象的;它是创新的,而非重复的;它是变化的,而非同一的。正是这些独一无二的变化过程,使生命成长方式呈现出个性和丰富性。

对生命时间的深入理解,还涉及时间的"过去"、"现在"和"未来"三态的独特关系。"过去"是生命时间的完成态,它已流过,不再复返,但并未完全消失。它不仅积淀在生命中,直接影响此后的生命历程,而且散发在环境中,通过环境的变化间接影响后续的生命进程。"现在"是生命时间的进行态,是即时创生着的生命态,它改变着过去,孕育着未来,只要生命存在,就不停止前行。"未来"是生命时间的潜在态,表示生命的走向和可能存在,并非全不可知,也绝非一目了然。这三个时态词中的"去"、"在"、"来"三字,生动地表达了生命流程的走向。

生命时间的三态之间除有持续承延的关系外,还有着共存性。三个时态也可以视作是每一生命瞬间同时具有的状态。以"现在"为例,除了表示当下时间以外,它又是未来的"过去"、是过去的"未来"。这是三态相干相渗、相互构建的独特表现,也是生命成长机制中继承与创生统一的独特表现。它呈现出个体生命由可能到现实再到超越,

① [法]柏格森.创造进化论[M].肖聿,译.北京:华夏出版社,1999:14—15.
② [法]柏格森.创造进化论[M].肖聿,译.北京:华夏出版社,1999:44.
③ [法]柏格森.创造进化论[M].肖聿,译.北京:华夏出版社,1999:11.
④ [法]柏格森.创造进化论[M].肖聿,译.北京:华夏出版社,1999:12—13.

这一不同于以维持生存持续的、体现成长形态的变化性持续的特殊性。

生命时间除了柏格森的界说外,还可以指"生命期",即每一个个体生命存活时间的总量,它的计算单位是通用的时间单位。生命时间是一个矢量,生与死是贯穿全程的主要线索。有限的时间,不同的时光,唯一的一次,这就是生命。不意识到这一点,实际上就是不认识生命的独特成长方式。尽管非生命物质也可能因外部条件的变化,造成物质内结构的解体,并在变动中形成新的组合。但生命的变化是一种"内创生",无论外部条件变不变,这种内创生都持续发生。美国当代广义综合进化论创始人 E·拉兹洛作出的、一切事物的"进化"都具有共性的结论,只有在抽象动态变化的形式机制层面上是合理的,但从中并不能得出生命与非生命无内在本质差别的结论。

生命时间的演进方式并非直线、匀速运动,它有节奏的快慢和路线的起伏,更像波浪式的涌动。生命体的成长也不是同心圆式的同一结构形态的不断放大,而是生命内部各子系统,具有同一与不同起步时间和速度差异的发展。它不仅有生成,也有消退。但就整体而言,能互补和协调发展。每个生命都有一幅属于自己的生命行程图景。

生命成长机制及其表现的分析,向我们展示了个体生命成长过程中,通过遗传实现的,与种、族乃至生命整体的传承与变异关系;呈现了生命系统的多层性和历代性,揭示了生命时间的独特性。这些生命内在的机制与特性,虽然不是生命能保持多样与进化的唯一条件,但却是多样与进化得以实现的,具有决定性的、来自生命自身的必要条件。唯因生命具有这些独特,才有可能逐渐发展到目前为止最高形态的生命体——人类。认识这一点的重要,还在于当我们思考和认识人类自己的一切(包括教育在内的)问题时,首先不能忘记的是:人是非物体,是生命体,人类属于生命体类。生命体所呈现的共同特性及其形式抽象意义上的生命机制,人都具有,也不可能丢失。相反,正是这些特征与机制,使人不仅能存在与成长,而且构成了可以称之为人性的底色,成了人之所以成为人的生命基础。

(三) 人的生命自然意义上的类特性

"人"的问题,既是世界、更是当前我国学术界十分热门的研究课题。它涉及到多种学科,且已出现了"人学研究中心"这样的机构。自 1997 年始,该机构持续召开人学研究年会和出版专著①。这种状态反映了当代社会中的人,更迫切需要,也可能比以往更清楚以整体的方式来认识自己,以实现在复杂的生境中更好地生存与发展。人,

---

① 参阅:韩庆祥,邹诗鹏. 人学:人的问题的当代阐释[M]. 昆明:云南人民出版社,2001.

这一古老而又常新的研究主题,是人类自我认识和寻找精神家园历程的记载,它将与人类共存亡。在此,我们从"类生命"[①]的视角探讨"人"的问题,意在延续着前面已讨论的"生命"主题,先从"类"的意义上,阐述人之生命的实践生成与类特性。形成教育学对人的问题研究的基础性认识。

1. 人类之"类"概念

"类"这个概念是将具有共同特征的事物聚合、同时又区别于其他事物的认识需要的产物,其上位概念是"界"。世界上的存在物,可分为非生命的无机界和有生命的有机界。要寻找界际的共通性,就必须进入元素的微观物质层次和"结构"、"组织"、"运动"等形式抽象层次。"类"是"界"的下位概念,在有机生物界中,可分为植物、动物和人三大类,也有人分为两类:植物与动物,并不将人列为一类,而是属于动物中,称人为高等动物。在持进化论观点的科学家,及一些心理学家乃至教育学家、社会学家中,存在此类观点的持有者。他们大多偏重于从人与动物共性的角度,或借助于动物性说明人,或强调人所具有的、包括心理的、社会的特性等在动物界都能找到。他们强调要重视人的动物性[②],进而重新认识人的天性和人类社会乃至整个人类的本质。细究上述两种分类区别的根本原因,在我看来,不在事实材料的选择与多少的把握上,而在认识"人"的视角和思维方式上。我们采取第一种分类,即把人看作既与动植物同属一界的生命界,又与动植物,尤其是动物有着内在区别的一大类。因此,有关人的"类特性"的阐述,须放在前面论述,且首先从人与动物作为生命体的比较开始。

2. 人类与动物在自然生命意义上的比较

人首先是作为生命体存在于世,因而前述有关生命体的"一般特征"和个体生命的"成长机制",在人类这里同样存在和遵循,这是自然生命内在的秩序,人并不例外,尤其在形式的意义上更是如此,它是人与所有生命最为原始层面上的一致性。人与所有的生命相通。

---

① 人作为"类生命",是马克思的观点。我国哲学家以高清海为代表,对这一主题作了哲学意义上的深刻探讨,其核心观点是突显马克思主义的实践观在转变人的认识和重建哲学主题与性质上重要的历史和现实意义,是立足于哲学的重建进行的研究。相关代表作有:高清海,胡海波,贺来. 人的"类生命"与"类哲学"[M]. 长春:吉林人民出版社,1998;高清海. 找回失去的"哲学自我"[M]. 北京:北京师范大学出版社,2004 年版,等。本文沿用了"类生命"的概念,但在视角、重心的选择和阐述逻辑上有区别,是立足于教育学重建所作的探讨。

② 人属动物类的观点,在西方是有传统的。当代社会生物学的典型代表作有:[美]E. O. 威尔逊. 论人的天性[M]. 林和生,等,译. 贵阳:贵州人民出版社,1987;[英]苔丝蒙德·莫里斯. 裸猿[M]. 余宁,等,译. 上海:学林出版社,1987;等。

然而，即使在自然生命的层次上，人之生命体的结构与功能，也已经有了与动物的重要区别。它构成了人跃出动物的局限，成为人类的自然生命基础。这是一个漫长的历史过程，恩格斯在其名著《劳动在从猿到人转变过程中的作用》①中，清晰地写出了关键的几步。人的动物祖先类人猿因生活方式的变化，渐渐习惯直立行走，使四肢中的前肢不再成为平地行走的必须器官，渐渐演化成灵活操作多种统称为"工具"的"手"，"这就完成了从猿转变到人的具有决定意义的一步"②。"手"这一自然器官的形成，使人有可能用自己的器官去利用自然物完成满足自然需要的活动，进而创造出自然界原本并不存在的劳动工具。与此同时，直立行走和手的完善及其各种功能的发挥，使人的机体在整体性和机能上产生一系列变化，其中尤为重要的是语言器官的发展。随着原始人眼界的扩大和劳动生活中社会协作的增加，"这些正在形成中的人，已经到了彼此间有些什么非说不可的地步了。需要产生了自己的器官"③。正是这两个器官和唯有人类才具有的生存方式——劳动，促进了猿的脑髓逐渐变成人的脑髓④。生命界最高复杂度的器官——人类大脑的形成，标志着超越动物界的人类的诞生。马克思在论及人与动物的差别时明确指出："吃、喝、生殖等等，固然也是真正的人的机能。但是如果加以抽象，使这些机能脱离人的其他活动并成为最后的和惟一的终极目的，那它们就是动物的机能"。⑤"动物和自己的生命活动是直接同一的。动物不把自己同自己的生命活动区别开来。它就是自己的生命活动。人则使自己的生命活动本身变成自己的意志的和自己意识的对象。……有意识的生命活动把人同动物的生命活动直接区别开来"⑥。

把人作为与动物有区别的另一大类，不只是马克思、恩格斯独有的认识，也是许多哲学家的共识。如英国十七世纪唯物主义哲学家洛克早期就以人能借助抽象概念进

① [德]恩格斯.劳动在从猿到人转变过程中的作用[M].中共中央马克思恩格斯列宁斯大林著作编译局，译.北京：人民出版社，1971.

② [德]恩格斯.劳动在从猿到人转变过程中的作用[M].中共中央马克思恩格斯列宁斯大林著作编译局，译.北京：人民出版社，1971：1.

③ [德]恩格斯.劳动在从猿到人转变过程中的作用[M].中共中央马克思恩格斯列宁斯大林著作编译局，译.北京：人民出版社，1971：4.

④ 参见：[德]恩格斯.劳动在从猿到人转变过程中的作用[M].中共中央马克思恩格斯列宁斯大林著作编译局，译.北京：人民出版社，1971：5.

⑤ [德]马克思.1844年经济学哲学手稿[M].中共中央马克思恩格斯列宁斯大林著作编译局，编译.北京：人民出版社，2000：55.

⑥ [德]马克思.1844年经济学哲学手稿[M].中共中央马克思恩格斯列宁斯大林著作编译局，编译.北京：人民出版社，2000：57.

行思考,作为人与动物的重要区别。英国著名人类学家泰勒在他的《人类学》中,论及人与动物的区别时,也有类似的阐述①。

三、人类生命与实践多重内在关系析

(一)"实践"概念界定的选择②

我们认同马克思哲学的实践观,而非以西方哲学中长期形成的、以人类意志支配的道德判断和行为作为"实践"概念的规定。"实践"在个体生命史中,可称作是个人的"生命实践",每个人的生命发展,都要通过其自身的实践完成。在社会发展史上,由不同个体形成的各种不同社会组织,开展着直接目的与对象各不相同的实践活动,如生产实践、财富创造的实践、科学研究实践、教育实践等等。这些活动相互关联、交叉,形成既有合力又有冲突的复杂社会实践总体,人类不同历史发展阶段,不同文化传统、发展水平的国家之社会实践总体的结构与特性都有差别。实践的丰富多样性是人类及其社会生存发展需要的产物,又深刻地影响、决定着其中生存的每一个参与不同社会实践的个体之生命发展。这是我们关于"实践"概念所指的基本确认。在此基础上,方可进入"生命·实践"关系的具体讨论。

(二)人之类生命和存在方式的实践生成

马克思、恩格斯在有关人与动物的区别的论述上,与持同类观点的哲学家的不同在于:指出了人与动物自然生命差异产生的关键在于人的生存方式——劳动——这一实践活动。劳动本身就是人、也唯有人才会以创造工具的方式(通过手与脑的合作,目的、对象、责任与行为的统一)开展的生命活动。这种生命活动改变了人与他所生存其中的环境的关系性质:"动物仅仅利用外部自然界,单纯地以自己的存在来使自然界改变;而人则通过他所作出的改变来使自然界为自己的目的服务,来支配自然界。这便是人同其他动物的最后的本质的区别,而造成这一区别的还是劳动。"③

由此可见,按马克思主义哲学的观点,实践是人所特有的一种有目的、对象、过程

---

① [英]爱德华·B·泰勒. 人类学——人及其文化研究[M]. 连树生,译. 上海:上海文艺出版社,1993:38、45、46.

② "实践"是一个十分复杂和具有以不同哲学观为依据和不同层次的多种界定,在此不可能作详细论述和辨析,我们只能用"选择"的方式表明自己的实践观,并在讨论生命与实践内在关系前先作一个简单的说明,以明确我们在文中使用"实践"一词的所指。

③ [德]恩格斯. 劳动在从猿到人转变过程中的作用[M]. 中共中央马克思恩格斯列宁斯大林著作编译局,译. 北京:人民出版社,1971:10.

与结果的生命活动,就人类生成与发展历史来看,实践中最基本的构成,即为维持人的生存而进行的生产活动。从人作为区别于动物的另一"类"之自然生命的生成时,就与人的生命存在直接联系,在一定意义上,实践内在于人的生命需要。这就是人的生命与人的实践之内在不可分割关系。同时也因此构成了人的类生命的本质特性:"一个种的全部特性、种的类特性就在于生命活动的性质,而人的类特性恰恰就是自由的自觉的活动。"①

马克思哲学关于人的生命与实践关系的观点,抓住了生命整体的生存方式,即生命体与他所生存的环境的关系性质,从整体和关系的意义上区分了动物与人。人在改变生命活动方式的过程中,形成了具有新功能的自然器官;这些新功能器官使人能创造和使用工具,能通过语言交往结成社会,能意识和思考他所面对的世界和自己的目的与行为,进而创造了与动物完全依存于自然世界不同的"属人的世界"(包括改变了的自然界和人的社会),开启了人类自身的发展历史,宣告了一个新的生命类——人类的诞生。恩格斯说:"有了人,我们就开始有了历史。动物也有一部历史,即动物的起源和逐渐发展到现在这个样子的历史。但是这部历史是人替它们创造的,如果说它们自己也参预了创造,这也不是它们所知道和希望的。"②人是自己生命实践的创造物。

以上阐述表达了我们把"生命·实践"联结在一起的第一义,即人的生命与人的实践,在人最原初的形成时期就具有内在关联、不可分割。同时也呈现了我们学派所根系的一个重要命脉——马克思主义哲学的实践命脉。

(三) 社会意义上的人之生命类特征及其实践生成

马克思不但指出了作为人的类生命活动的特征是自由自觉的活动,而且指出了人不仅是自然界的一部分,人在劳动中还组成社会,成为社会人,在社会生产和活动中,人把自然和自身都作为对象来认识和改变。"因此,正是在改造对象世界中,人才真正地证明自己是类存在物。这种生产是人的能动的类生活。……劳动的对象是人的类生活的对象化:人不仅像在意识中那样在精神上使自己二重化,而且能动地、现实地使自己二重化,从而在他所创造的世界中直观自身。"③这一论断揭示了人的意识、自我

---

① 〔德〕马克思,恩格斯. 马克思恩格斯全集(第42卷)[C]. 中共中央马克思恩格斯列宁斯大林著作编译局,译. 北京:人民出版社,1979:96.
② 〔德〕恩格斯. 劳动在从猿到人转变过程中的作用[M]. 中共中央马克思恩格斯列宁斯大林著作编译局,译. 北京:人民出版社,1971:16.
③ 〔德〕马克思. 1844年经济学哲学手稿[M]. 中共中央马克思恩格斯列宁斯大林著作编译局,编译. 北京:人民出版社,2000:58.

意识与人所从事的能动的创造性劳动的关系,即人的社会生活和人的高级意识活动的能动性,都具有现实的实践基础和以实存的自然生命为载体。人创造自己和人的世界,认识自己和生存的世界,改变自己和自己的世界。可以说,这是人的历史开始后,在人和人类社会发展的意义上,阐述了人的"生命与实践"的内在生成关系。

人的属人世界包括自然界和社会,他与外部世界的关系也就有了自然与社会的区别。在人的生命特性中,社会特性则是其类特性更具内在规定性的表现。哲学家把人称为社会存在,不只停留于人有群性,因为许多动物也有群性。人之社会存在与动物群体生活的区别,可概括为如下三点:

1. 人类在自己的生产和实践中,创造了与自然界不同的人为社会,不同于个体生命存在方式的生命的"类存在方式",可简称为"类生命"。这里的"人为"生成,是与"自然"生成相区别而言的。

早在 1844 年马克思就指出"人是类存在物"①。高清海对"类生命"作了专门的研究和阐述。他的观点是:"'人'应该是双重生命的存在,既内含了自然物种生命,在这一基础上又创造了支配生命的生命。"②他将后者称为"类生命",以此区别于自然给予的单一性的"种生命"。"'类生命'是在本性生命基础上由人自觉创立的赋有价值内涵的生命。"③由此可见,高清海主要是从人的生命的两重性和超越自然性的意义上来讨论"类生命"的。④

人类创造了自己生命的类存在形态。包括人类历史上创造的、不断变化的社会物质生产工具及其产品,这是类生命的物质存在形态;包括精神生产工具(各种符号,从文字到数字,从音符到图符,等等)及其文化产品,这是类生命的精神存在形态(哲学、科学、文学和艺术等);包括社会组织、制度等社会结构,这是类生命的群体结构形态;包括社会中不同人、不同群体和不同国家之间各种性质和类型的联系,这是类生命的人际关系形态。所有这些都由类生命的各种实践形态所创造,并构成了当时和后继时期的个体生命所生存的社会环境。可见,人的社会生命意义上的类特性,首先表现为:人创造了生命超越个体的类存在形态——社会,并在自己创造的社会中生存、发展。

---

① [德]马克思,恩格斯. 马克思恩格斯全集(第 42 卷)[C]. 中共中央马克思恩格斯列宁斯大林著作编译局,译. 北京:人民出版社,1979:95.
② 高清海,胡海波,贺来. 人的"类生命"与"类哲学"[M]. 长春:吉林人民出版社,1998:"序"9.
③ 高清海,胡海波,贺来. 人的"类生命"与"类哲学"[M]. 长春:吉林人民出版社,1998:"序"9—10.
④ 本人基本同意高清海关于人的生命两重性的观点,这将在下文有关人的生命之精神性的部分作阐述。

而所有的"类生命"的创造,都是在人的社会实践中完成的。人的"类生命"的存在、发展与人的社会实践具有内在关联,这是"生命·实践"观的第二义。

2. 人的社会使个体有获得超越自然性的社会性成长,动物却不会因群体生活而改变、超越其自然性。个体生命的这种社会性的获得和习得,对自身自然性的文明化和超越,是在个体通过与外界互动的全部生命活动过程中完成的。即使没有专门的学校教育实践,只要是身心正常的任何人都能完成社会化过程。正因为个体的生活环境和活动构成及其质量的差异,使每个人的社会性具有不同的个体状态。造成个体差别的主要因素是人的后天生存方式和活动性质,而不只是自然性的区别。"就天赋的才能和智慧来说,哲学家和搬运夫之间的差别比家犬和猎犬之间、猎犬和鹬猎犬之间、鹬猎犬和牧羊犬之间的差别要小得多"①。个体的社会性状态与个体生命实践的关系,是我们对"生命·实践"解释的第三义,是个体社会性生成意义上的"生命·实践"关系。它要求我们对个人发展的研究,必须关注个体生命实践的内容与品质。

3. 人的社会性内含着历史性的类特征。对于历史性有两个维度的理解:一是生命的类存在方式,因人类时间上的连续而形成积淀、更新与生长;二是每一个时代的人之社会性的水平与特征,又因受其具体时空范围内的社会,乃至更长时段的时代意义的局限而有区别。即人的社会性无论是"类生命"还是"个体生命",都具有历史性。这也是动物的群生活所无法形成的。人的历史由人类实践创造,是人自身发展水平的反照。正是在"类"的意义上,马克思根据人类与自己生存环境之间关系性质的变化,把人类发展历史分为三大阶段,提出了著名的人类社会三大相继变化的形态说:"人的依赖关系(起初完全是自然发生的),是最初的社会形态,在这种形态下,人的生产能力只是在狭窄的范围内和孤立的地点上发展着。以物的依赖性为基础的人的独立性,是第二大形态。在这种形态下,才形成普遍的社会物质交换、全面的关系、多方面的需求以及全面的能力体系。建立在个人全面发展和他们共同的社会生产能力成为他们的社会财富这一基础上的自由个性,是第三个阶段。"②三大形态的划分,不仅阐述了人类创造自身历史的过程,表明了人类历史进步阶段性的质的变化,同时将社会生产能力、人际关系性质以及个人发展水平等都关联起来,预见了人类社会发展的走向,这为我

---

① [德]马克思,恩格斯. 马克思恩格斯全集(第42卷)[C].中共中央马克思恩格斯列宁斯大林著作编译局,译. 北京:人民出版社,1979:145.

② [德]马克思,恩格斯. 马克思恩格斯全集(第46卷)[C].中共中央马克思恩格斯列宁斯大林著作编译局,译. 北京:人民出版社,1979:104.

们认识和判断当代社会中人类的"生命·实践"关系性质和发展趋势提供了思路。"生命·实践"在双重意义上具有历史具体性和时代性,是这一关系的第四义。

(四) 精神意义上的人之生命类特征及其实践生成

人的生命具有精神性。精神性的自然生理基础是人有感知外部世界的器官和处理、加工所有信息的神经系统与大脑。尽管自脊椎动物始,生命体就出现神经系统和脑,且高等动物也有意识,并具有对外部世界刺激作出反应的能力。但是,人的精神世界与动物相比,不仅在认识外部世界和改造外部世界水平上存在巨大差别,而且还有最为重要的、不同于动物的、认识自我与形成自我意识,从而实现精神意义上的自我超越的能力。人不断地将自己的需求转化为行为的目的,用自己的实践去改变满足需求的对象,将价值目标直接体现为对象所具有的新变化,成为具有新价值的实存。在此形成目标、策划活动、改变对象、创造价值的实践过程中,人也实现了自身的发展。这是价值与事实的统一在人的生命实践中的具体表现。正是在这个意义上,马克思称人的生存方式是"自由自觉"的存在。

人的感知、体验、形成及改变外部世界和内部世界的精神力量,依然与人的实践直接相关。实践是对人自然生命中超越自然局限之精神力量的生成之源与具体表现,在生理结构上则集中体现在人脑的独特性上。

美国当代著名神经科学家高德伯的专著《大脑总指挥:一位神经科学家的大脑之旅》①集中阐明了人类大脑结构及其功能的特殊性,为人类不同于动物的精神、意识能力提供了脑生理学依据。

高德伯认为,人类大脑是目前世界上已知自然系统中最为复杂的一个东西。其中的"额叶"是人类大脑演化史上最后发展起来,也是个体生命中大脑最后发育成熟的部分,它是整个人类大脑所有部件中最"特殊"的一个部分。它所具有的功能是"大脑总指挥",是人能从事整合信息、创造的关键功能。

概括地说,额叶具有的功能有:一是使人的认知具有面向未来的特点。它能形成关于未来的目标、计划、激励、野心和梦想的驱动,"这些认知功能依赖额叶而存在,并且与它一起演化。""额叶是有机体将自己从过去解放出来,然后投向未来的机制。额叶使有机体具备这项能力去创造神经模式来使事情发展",使人产生新的概念与新的

---

① [美]Elkhonon Goldberg. 大脑总指挥:一位神经科学家的大脑之旅[M]. 洪兰,译. 台北:远流出版事业股份有限公司,2004. 下文中有关脑科学的观点都源自此书。这是一本内容十分丰富且对人的自我认识有重要启发意义的著作。本文涉及的只是其中的一部分。

行为。因此,"额叶可以看成工具制造的先决条件"①。"而语言能力的出现在演化上与额叶的出现是平行的。"②其二,人的"目标形成"还意味着认识的另一种能力,即不是对外界"是什么"的认识,而是"我要什么"的认识,这是自我心智表征能力的出现。因此,额叶也是自我意识得以形成的物质构件③。进而,高德伯还揭示了额叶在自我觉知和他人觉知、自我控制和人际合作协调能力等方面的重要功能。其三,额叶与脑其他部分的关系(左右脑、前后脑)是将局部整合、聚焦、形成应对决策,并通过神经联系实行决策的扩散与执行。这表明大脑内部存在着整合、决策、应对复杂环境、协同行为的能力,这种整合平衡是动态调节的。额叶是"大脑中有机体内在讯息与外在世界送进来讯息汇集的地方"④,故而是"总指挥"。这是对脑机能的整合、平衡、决策机制的揭示,是复杂理论在人的生理机制上得到脑科学支持的证明。"寻找不同系统的普遍原则正是崛起于科学和哲学交界的'复杂'新兴领域的核心精神。要了解历史,我们可能必须借重神经生物学。"⑤

基于上述的一切,高德伯认定,"人类是主动的动物,而不是仅做出反应而已。从反应行为到前向行为可能是神经系统演化的最主要课题"⑥。

高德伯的上述脑神经额叶结构研究,为我们提供了人的实践,首先是生产实践,对于人的心智和精神力量形成具有决定性意义的科学依据。只有人类生命才具有这样的实践活动:即具有以满足自身需要为目的,能作出计划、创造并运用专门的工具与方法,通过把世界和自我对象化,并加以改造等一系列行为来实现自己的目的。正是这样的实践促进了大脑额叶及其功能的诞生,使人具有了超出动物的精神世界和精神能力,具有了从历史和现实中解放出来、创造自己期望之未来的能力。人对自我与非我的认识,也是由人类的交往、合作等社会实践促成的。

---

① [美]Elkhonon Goldberg. 大脑总指挥:一位神经科学家的大脑之旅[M]. 洪兰,译. 台北:远流出版事业股份有限公司,2004:56.
② [美]Elkhonon Goldberg. 大脑总指挥:一位神经科学家的大脑之旅[M]. 洪兰,译. 台北:远流出版事业股份有限公司,2004:57.
③ [美]Elkhonon Goldberg. 大脑总指挥:一位神经科学家的大脑之旅[M]. 洪兰,译. 台北:远流出版事业股份有限公司,2004:57.
④ [美]Elkhonon Goldberg. 大脑总指挥:一位神经科学家的大脑之旅[M]. 洪兰,译. 台北:远流出版事业股份有限公司,2004:120.
⑤ [美]Elkhonon Goldberg. 大脑总指挥:一位神经科学家的大脑之旅[M]. 洪兰,译. 台北:远流出版事业股份有限公司,2004:296.
⑥ [美]Elkhonon Goldberg. 大脑总指挥:一位神经科学家的大脑之旅[M]. 洪兰,译. 台北:远流出版事业股份有限公司,2004:173.

正是生命的精神力量,使人不仅能创造历史,而且能形成人类的精神产品和历史记忆,并在代际实现传递、发展与更新,使人的"类生命"绵延不断地积累和变化,成为滋养每一代个体生命成长取之不尽、用之不竭的源泉。自然,个体人之生命形成的内在精神世界,还包括伴随在人一切行为中的情感与意志,有意识和无意识的各种自我体验与需要,这是属于个人的丰富且独特的内在世界。

总之,人具有超越自然和现存的给定世界之限制的能力,具有创造新的为人和人为的世界,形成新的自我的能力,这是人的精神生命力量和特征的充分展现,它同样与人的实践直接相关。这是我们对"生命·实践"关系认识的第五义。

(五)教育实践沟通人之个体与类的精神生命

综合上述从自然、社会、精神三个层面对人的生命和实践内在关系的解读,不难看出:人的生命,包括人的诞生在内,其生命发展和创造的历史,都与人类独特的生存活动——实践,存在着内在相互生成关系。无论解读生命哪一个层面的特征和活动,都无法与人类的实践剥离。人要从根本上认清自己的类特征,就不能排除人类自己开创的实践活动,这是人类生命最为内在的规定,我们将它称之为总体意义上的"生命·实践"。论述清晰地表明,我们所谓的"实践",意指人类一切有意识、有对象、有目的指向和行为策划并实施的活动。不是仅指古典哲学道德意义上的"实践",也不是只指生产劳动,它与动词意义上的"生活"相近。因此,"实践"内含很多不同的内容、品质、特点和水平,且在主体上有群体和个体的区分。我们在表达个人生存中的生命与实践关系时,常用"个人生命实践"这一词组,以示与群体、类的"生命·实践"之区别。

人的多重"生命·实践"关系的类特征,在每一个正常人的个体生命中是内在整合、无法剥离的。具体的个人在任何时间、状态和活动中,都以生命整体的方式投入和进行实践,而且存在着复杂的内在交互作用和生成关系。因此,无论是认识、研究人类还是个人,都是对复杂事物的认识和研究,即使是对生命中任何一个层面特性的把握,也是面对复杂事物的认识和研究。正因为如此,人类尽管早在几千年前就发出了"认识你自己"的呼声,开始了研究自己的活动,但真正在现实和整体意义上实现人对自身及其创造的认识,是由马克思主义的实践哲学突破的,由此开辟了人类自我认识发展的新纪元。正是在这个意义上,我们把马克思主义哲学作为"生命·实践"教育学派的重要命脉。

教育实践之所以被人类创造,还因为人与动物的区别在漫长的史前史演化过程中,表现出代际关系的重要特征。即人从出生到能独立生存的生长期较动物要长;人在形成某些区别于动物的器官新功能的同时,另一些自然器官的功能却呈现衰退状。人有更长的幼年期,需要年长一代的照料,需要在人的生活世界和实践中学习、形成人的生存能力。这一变化表明,人的生存能力与动物相比,在遗传获得和后天生活习得的比例上发生了主导的变化:动物主要靠遗传获得,而人则需要在人的生存环境中,习得唯有人才具有的能力。关于"狼孩"的多次、在不同地点的发现,从事实上证明了这一点。康德在《论教育学》的导论中,对人的自然生命这一现象作过论述。他认为,"人是唯一必须受教育的被造物"。因为"动物是不需要保育的","动物通过其本能已经是其全部","人却要运用自己的理性。他没有本能,而必须自己给自己的行为制定计划,但因为他不是一生下来就能这样做,而是生蛮地来到这个世界,所以就必须由别人来为他做这件事"①,就是由前一代对下一代人进行的,包括养育、维系生命、规训、连同塑造在内的,被康德统称为"教育"的事。康德一再强调,"人只有通过人,通过同样是受过教育的人,才能被教育"②。"因为在教育背后,存在着关于人类天性之完满性的伟大秘密。"③康德的论述实质上是揭示了个体人何以需要"教育"的内在根据,即来自人的生命之自然性中的某种缺失,同时又是人之社会生存所必须的依据,揭示了人的自然生命与教育实践的关系。至此,我们对"生命·实践"的关联进入到第二层面的理解。表明教育学对于人的"类生命"的理解与哲学有不同视角。教育学不只是从人类的角度来理解"类生命",而且从个体成长过程需要通过教育实践的角度,来说明生命与实践的关系。

个体不仅学会享用人类整体创造的所有产物,而且能将人类不同代的创造内化为自己的精神生命和各种生存、发展能力,进而在自己参与的社会实践中,在实现自己生存与发展的同时,为人类共同体增加新的物质财富和精神财富。这是"类生命"与个体生命通过教育实践和社会实践相互生成的过程,也是人类能通过一代代人的自然生命延续,不断走向新的发展之精神生命力不竭的奥秘。当代复杂研究的著名学者莫兰用下列语言表达了人类文化与个体生存的互相依赖和生成关系:"个人只能在一种文化的内部形成中发展自己的认识,文化也只能通过个人认识的相互作用和反作用而存在:个人认识的相互作用使文化再生,文化又使个人认识的相互作用再生。"④除此以

① [德]康德. 论教育学[M]. 赵鹏,何兆武,译. 上海:上海人民出版集团,2005:1.
② [德]康德. 论教育学[M]. 赵鹏,何兆武,译. 上海:上海人民出版集团,2005:5.
③ [德]康德. 论教育学[M]. 赵鹏,何兆武,译. 上海:上海人民出版集团,2005:5—6.
④ [法]埃德加·莫兰. 方法:思想观念[M]. 秦海鹰,译. 北京:北京大学出版社,2002:12.

外,人与动物的个体自然生命在代际关系中的区别还包括:因人类实践的创造特性,带来远远超过自然遗传变异所造成的代际变化速度,以及不同性质的获得性遗传比例之大增,如脑容量的扩展、内结构的变化等。

莫兰在对人类学进行系统的重建中,同样把实践置于遗传系统、脑、环境系统和文化系统相互作用的中心环节,其图式表达为①:

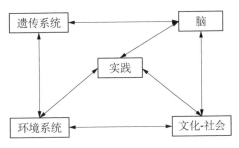

图 4.3.1　实践与他系统的多极关系

莫兰对该图式作了如下表述:"我们勾画出的多极模式不仅对于理解人类进化的过程,而且对于理解有关人类的一切现象都是有效的。这个普遍性的模式还意味着任何人类行为(实践)的组成部分都同时是受遗传—大脑—社会—文化—环境的系统决定的。……人类没有一种仅仅是遗传的或仅仅是文化的特殊本质;他也没有文化层次覆盖在生物层次上的那种地质学似的重叠结构;他的本质性存在于多中心的相互关系、相互作用和相互干预之中。"②这一多中心的关系模式也同样适用于认识人的"族类"、"社会"和"个人"之间的关系。

图示中箭头的双向性,又使我们看到,人的实践对人的生命、生存环境和生存方式无不起着直接关联的作用。教育实践则是人类实践中对个体和人类、社会都具有自觉的更新性再生产价值的伟大实践。

四、"生命·实践"作为建构教育学理论的特殊内涵

当我们进入到对"生命·实践"在建构教育学理论特殊内涵的讨论时,并不意味着要丢抛前面对同一主题"一般"研究所得出的结论,它成为导引我们认识特殊的工具和基础,表明研讨进入到将一般意义上的结论在教育学研究中的特殊表达,进入到教育

---

① [法]埃德加·莫兰.迷失的范式:人性研究[M].陈一壮,译.北京:北京大学出版社,1999:174.
② [法]埃德加·莫兰.迷失的范式:人性研究[M].陈一壮,译.北京:北京大学出版社,1999:176.

学研究在思考"生命·实践"时的独特视角。它与"一般"的区别,不是原则、共性意义上的区别,而是研究对象具体丰富的表现形态和独特性的区别。

（一）教育是直接点化人之生命的社会实践活动

教育学研究对象直接指向的是"教育",不是"人";教育学是关于教育的理论,不是关于人的全部理论。因此我们不能直接将哲学或其他学科关于人之研究的结论拿来作为教育学的理论。但并不是说,这些理论对于认识教育、对于形成教育学理论无甚价值。

我们已在"定义"部分阐述过,教育的直接对象是人,其直接目的是影响人的身心发展,使其发生受教育前未有的变化。这种目的须通过承担教育任务的、一般称之为教育者的人,作出设计并组织、开展活动来实现。这样的活动被统称为"教育"。

以上描述至少表明,教育是人类社会所特有的实践,是人为的活动,而不是自然的现象。因此,我们首先必须将教育置于"实践"这一上位概念中去考察。教育学研究对象的性质,在"实践性"的意义上,不同于哲学研究对象的性质,也不同于科学研究对象的性质。它是人类天天都存在并进行着的实践活动,并不是外在于人的自然界。正是在这个意义上,我们把教育学称之为研究"事理"的学科。丢掉了对教育整体上属于实践的判断,就会溢出或窄化教育去谈论教育,就会丧失整体把握教育研究对象的可能,自然也就不可能对教育学研究对象的性质作出总体意义上的性质判断。由此,我们首先建立了教育学研究对象——教育与实践在整体意义上的所属关系。

接下来的探究要进入到对作为人类实践之一的教育,它与其他人类实践区别的把握,即进入对教育实践特性的把握。正是在这一层面的探讨上,人的生命与教育呈现出直接、内在和整体的独特关系性质。毫无疑问,所有的人类实践,从主体、目的和活动开展过程,都不可能与人和人的力量无关。教育实践的独特体现在这一活动与人的生命之关系性质上。

首先是"直接性",即教育是直接以人的身心发展为对象的活动,教育是以影响人的身心发展为直接目的的活动,教育还是通过人与人的直接交往沟通来实现的。唯有在教育活动中,才能建立活动主体与活动对象的直接沟通,才能建立师生这一特殊的人人关系。①

---

① 当代信息技术的发展与运用,使有些人认为可以不通过师生关系的直接形成,可以不通过教育过程中师生的直接沟通来实现教育目的。如果上述情况实现,这个过程可称为"学习",而不是完全意义上的"教育"。"教育"包含学生独立学习的过程,但是"学习"不能代替"教育"。

"直接性"中包含着"内在性"。它不仅指上述所有直接关系都是教育活动不可或缺的内在组成,而且指教育活动是对人的生命的内在变化、成长的影响。任何教育如果不能达成这一点,那就属于无教育意义或无教育价值的活动。这也就是说,教育活动与人的生命发展具有内在关系。教育与生命关系的内在性还表现为师生之间的沟通,本质上是人与人之间的内在沟通。教育内含在生命间的沟通之中。

其次是"整体性"。所谓"整体性",是指人的生命活动整体地参与和渗透在教育实践中。教育实践是教育者作为具体的整体个人,以自己的身心去理解、把握人类生命所创造、积淀、提供的文化资源,即我们所言的"类"生命和教育的内容,并作用于学生具体的、整体个人及由学生组成的群整体。这种整体性由生命的整体性所规定,是教育实践内在的规定。无论在事实上还是在理论上,都不存在人的生命活动的可分裂性。

因此,我们认为,是生命与实践的特殊关系性质,决定了教育不同于其他人类实践的特殊性。人之生命与实践的内在关系规定了人本身的生成发展,是价值与事实不断转换的过程。这一事实本身又决定了教育中价值与事实的不可分割性。在这里,我们学习马克思主义哲学在区分人与动物时,采用以事物间关系性质来判断的思维方法,即不仅是从实体的意义上,更是从人与自然、社会、自身的关系性质,由于实践的介入而区别于动物来证明。这是前面"生命·实践"一般性质探讨为我们提供方法论启示的表现之一。

以上述教育中"生命·实践"独特关系性质的判断为依据,"生命·实践"教育学派对教育实践性质的总体判断可表述为:"教育是基于生命、直面生命、为了生命、通过生命所进行的人类生命事业"。生命是教育的"魂",实践是教育的"行",学校(以及其他教育组织、机构)是教育的"体"。教育是一项充盈着人的生命的人类实践活动。

提出教育是点化人之生命的实践活动,有必要就"点化"作一简要解释。"点化"之"点"是指教育对个体生命的开启作用。这种开启不局限于人的青少年期,而可伴随终身。每个生命在一生中总是处在过去、现在和未来的时间序列中,在不同时期充满着不同的可能性,生命即使在生理活动的意义上都具有主动性和更新性,这决定了生命的发展向着它的可能世界开放。教育的开启,一方面指向通过教育开启生命体对自己所处的外在世界认知、体验、感受的空间,同时又指向个体生命内在需求与主动性,以及自我认识、自我选择和决策等发展能力的开启。合而言之,是对个体生命发展主动性与可能性的内外双向开启。"点化"之"化",则是要求将教育的期望,将人类社会、精神文化、自然万物之有益于生命成长发展的资源,通过教育实践和每个个体积极主动的生命实践,转化为个体生命的真实发展与成长。简而言之,"化"是指个体外在世界的丰富资料、内在发展的诸多可能,转化为现实个体的生命发展过程。

(二)教育存在的根本依据是人类存在与发展的内在需求

教育是人为的事业。人类何以需要教育,进行被称之为"教育"这样的实践? 教育因偶然的需要而存在,还是与人类的内在规定性相关? 这是关于教育存在依据的讨论,实际上也是关于教育功能的讨论。因为人为事物或事业的创生,都是与人类需要的满足联系在一起的。为满足这一需要而创生的人为事物,因其具备满足需要的功能才得以存在与发展。

我们先作一个简单的历史描述。据人类史和教育史的研究考察,作为独立的社会形态的教育——学校教育,是在人类社会文字出现以后。初期的非独立的教育活动在原始部落里就存在,只是它融合在生活之中,是生活中关涉到劳动与生存经验在人际之间的传习,以及老一代对新生一代——即代际养育的活动。教育之所以从生活中逐渐独立出来,主要有几方面的因素:一是人的"类生命"的丰富、积累已达到用多种符号记载,而符号的学习需要有专门的人员、时间和机构来承担;二是人类的生存能力增强、生存条件改善,以及婚姻血缘关系的相对合理等,使人的平均寿命延长,代际年龄和经验的级差扩大,老一代对新生代独立教育的需求和可能也同时增加;三是人类社会体脑分工与阶级出现,社会的组织程度复杂化,人际社会地位出现非生理意义决定的显著分化。占据优势地位的统治阶级和从事脑力劳动的成员,需要通过专门的机构教育,使其后代保持或争取获得更高的社会地位。总之,独立的人类教育活动是人类社会古代文明发展的结果。但是,独立的教育活动最初并非是每个个体生命成长中必经的过程。在初始阶段,绝大多数人依然是以原始的方式,一生都限于在生活中接受教育。独立的教育活动也并非是每个人一出生就需要的过程。直至今日,在学校基础教育十分普及的情况下,人的一生中最初几年的教育,都由父母或其他抚养人在家庭中进行。当学校教育完成,个体进入社会后,教育在劳动、生活中依然以多种方式进行。故而,学校教育功能的增强和扩大,都不可能也不必要完全代替在生活中的教育与学习。从人类社会发展至今的趋势看,人类文明的进步、个体平均寿命的增长和人口年龄结构的变化,以及社会生产发展、产业结构、组织与制度形态的变化,人类的阶层、阶级关系的分化和多元复杂化,依然是推进教育形态变化的根本原因。由此,我们可以说,教育存在的根本依据来自人类自身和社会存在与发展的需要。人类社会的存在与发展,需要通过代际文化与经验的传递,建立社会和人类的持续发展的"历史生命链",并通过新一代的成长,为社会和人类的进一步发展,提供富有活力和创造可能的、新的"社会生命资源"。

教育正是形成人类社会"历史生命链"和社会发展新生命活力资源的活动。这一历史的简略回顾和结论的得出,使我们进一步认识教育对于人类社会的独特、不可或缺的价值。教育全息式地反映社会发展的当代水平与需要,又在影响生命变化的活动中为社会的未来孕育着新的生命力和发展可能。教育是人类社会更新式再生产的工具,是人类为自身和社会的发展而创造的实践型工具。

尚须进一步阐述的是教育对于整个社会再生产功能的理论探讨。早在 1846 年,马克思与恩格斯在《德意志意识形态》中就提出了人类社会基本的三种生产——物质生产、精神生产和人类自身生产及其三者关系的理论。恩格斯则在 1884 年出版的《家庭、私有制和国家的起源》一书中进一步强调:"根据唯物主义观点,历史中的决定性因素,归根结蒂是直接生活的生产和再生产。但是,生产本身又有两种。一方面是生活资料即食物、衣服、住房以及为此所必需的工具的生产;另一方面是人类自身的生产,即种的蕃衍。"①恩格斯指出人们生活于其中的社会制度都受两种生产的制约。由于该著作旨在讨论家庭、私有制和国家在起源上的关系,恩格斯把人类自身的生产限于通过婚姻产生的"种的蕃衍"上是不奇怪的,但并不能因此认为,恩格斯只把"种的蕃衍"看作是人类自身生产的唯一构成。当代法国社会学家 P·布尔迪约和 J.-C·帕斯隆在 1972 年出版了以《再生产——一种教育系统理论的要点》为名的著作,提出了著名的、教育制度具有"社会再生产"功能的理论,揭示了教育服务于权力集团或阶级的功能。他强调"教育系统通过制度自身的手段,生产并再生产它完成内部灌输功能所必须的条件,这些条件同时亦可满足完成它外部功能的需要,即再生产合法文化并因此而促进权力关系的再生产";"教育系统作为相对独立的垄断着符号暴力合法实施的制度而具备的制度性手段,事先就决定了要额外地,因而也是在中立性的外衣下,服务于它为之再生产文化专断的那些集团或阶级(独立造成依附)"。② 显然,这是从社会学的角度得出教育对于社会保守、复制现状,维护集团、阶级利益及主流文化等功能

① [德]马克思,恩格斯. 马克思恩格斯选集(第 4 卷)[C]. 中共中央马克思恩格斯列宁斯大林著作编译局,译. 北京:人民出版社,1972:2.

② [法]P. 布尔迪约,J.-C. 帕斯隆. 再生产——一种教育系统理论的要点[M]. 邢克超,译. 北京:商务印书馆,2002:79.

的判断。其中有真实和合理的一面,但在视角上偏于教育的消极功能,忽视了教育过程中个体人对社会文化的不同态度可能带来新质;忽视了社会稳定时期和变革、转型时期教育功能的区别;忽视了学校教育功能中的生命内涵和创新意向。① 我国学者桑新民率先从教育哲学的视角,探讨了教育与人类自身再生产的奥秘。他的基本观点是:"教育是人类特有的遗传方式和交往方式,是人类自身的再生产和再创造。教育通过对社会主体的再生产和再创造而推动着社会物质生产和精神生产的发展,推动着人和人类社会的不断发展和完善。"②他指出:"对人类自身的认识与调控,对人类自身的再生产与再创造,这是在人与自身的关系方面将人从动物界提升出来。……这是未来教育哲学及一系列以人类自身为研究对象的科学和哲学发展的广阔领域和诱人前景。"③

我们的观点更接近于桑新民的结论,但并不完全相同。我们把教育视为"人类社会更新性再生产"实践形态的工具(以区别于物质性、技术性的工具),突出了在历史发展中教育对于人类社会实践之整体而言的更新功能,而不只是人类自身的再生产和再创造。我们突出教育与其他社会实践活动的重要功能差异:一方面,教育与所处时代、社会各领域及整体的人类社会实践活动之间,存在着全方位的和整体性的、活动主体本身及其素质更新意义上的供与需的关系,存在着观念与活动内容等多方面的不同形式的关联与区别,这可称之为教育与人类社会实践发展的共时性关系。另一方面,教育又通过对个体自然生命与社会生命、精神生命相统一的更新性再生产,将相继却又或缓慢或激烈变化着的社会连接起来,呈现出教育与人类社会实践发展的历时性关系。这是有关教育实践与人类整体及各领域社会实践间、共时性与历时性并存统一意义上,所产生的教育功能、教育独特价值之探讨,由此得出了教育存在及其发展变化的社会性依据。

与前面"教育是什么"的分析视角着重于教育与个体生命的内在、直接关系不同,关于教育存在的依据分析,着重在教育与人类社会的多重、复杂关联性上,但依然包含着与个体生命发展的直接关联性。

总之,是人类之"类生命"的发展,个体生命的生存与发展之内在需要的统一,构成

---

① 有关这一论述,可参阅:叶澜.“新基础教育”论——关于当代中国学校变革的探究与认识[M].北京:教育科学出版社,2006:372-376.
② 桑新民.呼唤新世纪的教育哲学——人类自身生产探秘[M].北京:教育科学出版社,1993:120.
③ 桑新民.呼唤新世纪的教育哲学——人类自身生产探秘[M].北京:教育科学出版社,1993:125.

了教育存在的依据,也规定了教育所必须承担的功能。无疑,在具体社会和人类历史发展的过程中,教育并非只发挥或充分发挥其积极的社会更新性再生产和促进个体身心发展的内外两方面功能。教育受社会发展本身的限制、传统(包括社会文化传统和教育自身传统)的束缚,教育内部一系列问题的矛盾与冲突,也构成教育存在积极功能发挥不足,或者是发挥了负的、保守的,甚至是破坏性功能的事实。但就总体而言,负功能不是基本的和持续的,而且负功能的改变和克服,正是社会变革和教育变革自身发展的指向。

第五章　教天地人事　育生命自觉

当我们作出"教育是点化生命的人间大事"之判断时,已经走上了基于中国文化传统对"教育是什么"的探索之路,并以教育学研究者的身份,加入到当代中国思想文化界建设中华民族"文化自觉"的队伍中。

"文化自觉"是我国已故当代人类学家、社会学家费孝通于1997年明确提出,至今日益引起各界关注和人文社科界积极探讨的一个重要命题。[①] 实际上,这是中国文化人、知识界自近代至今一个半世纪以来,历尽曲折,反复苦苦求索之后,在今日全球化大潮下,对中国民族文化发展之路的一个顿悟式表达。

20世纪80年代起,在实现现代化目标的鼓舞下,中国自经济领域始,继而文化、思想界经历了一次主动面向西方世界,寻求发展良方或捷径的大开放。随21世纪的临近,人文社科界普遍进行着百年学术发展的批判性反思,以求从历史中汲取经验、教训,更自觉地迈出中国学术、文化的新世纪发展步伐。正是这一百年反思的过程,使肇始于19世纪末20世纪初中国社会发展所遭遇的传统与现代、中国与西方这两大关系的论争与处理,再次作为一个现实问题重新摆在我们面前。令我们有点悲伤的发现是:各个领域、学科百年反思的内容虽各不相同,但经历的过程和结果却有着惊人的相似:尽管一路上对文化有过疾风暴雨式的"革命"洗礼,但就总体走向来说,中国人文社科实际上沿着西化的路走越顺,与本国的文化传统却越离越远。随着经济上追赶发达国家,文化上则是移植、复制西方的所谓前沿,从现代一直追到后现代,唯恐落后一步。现在与一个半世纪前的不同,在于我们已经如此地习惯西方,常常是用中国的话

[①] 费孝通最早有关"文化自觉"的文章,发表于《北京大学学报》1997年3期,题为《反思·对话·文化自觉》。同年,在《读书》9、10期中也发表了相关论述。详见:费孝通. 反思·对话·文化自觉[J]. 北京大学学报,1997(3).

语,沿着他人提出的问题与思路,转述着别人的思想与结论,忘掉的恰恰是最重要的:"以中国人的身份作研究"。这样无穷无尽的追赶,是中国文化发展的出路吗?中国的文化传统只意味着落后与保守,对于今日的中国乃至世界都没有意义了吗?在我看来,这些问题的提出,也许是百年反思的最大收获:我们需要重新认识中西文化的关系,重新认识中国文化传统,在与西方文化的比较中认清自己的独特与价值。中国学者对此责无旁贷。世界万物的复杂多元,人类社会当代发展中的困境与问题,唤醒了中国学人的文化自我意识。这正是费孝通先生在其生命最后十多年中提出"文化自觉"命题之弥足珍贵与富有前瞻之处。他呼吁:中国学人应该对自己的文化,有自我觉醒与反省,在此基础上形成文化自觉与自信,对中国文化的发展前途充满信心,对发展中国文化的历史责任有自己的担当。可以说,费孝通先生此言,也是在担当中国文化发展上,中国知识分子作为社会良心的杰出表现。他唤起了更多中国知识人的文化良心,集合到"文化自觉"大旗下,共同走上中国文化传统在各领域与学科中发出时代强音之路。

对于当代美国或西方发达国家来说,文化知识界大多不会提出这样的任务。因为他们早已把自己的文化当作具有普世价值的文化了。其中,清醒的知识分子反思的,恰恰是要区别普遍性知识与地方性知识,还需要反思的是西方这些特殊是怎样变成一般的,这种变化的合理性与问题等等。与之不同,当代中国知识分子首先必须清晰本土文化的独特与价值,再进一步认识其在当代世界文化舞台上的地位与可能具有的普世价值。文化研究的东西方可交汇之处,恰在普遍与特殊的相互转换上。为此,双方都需学会倾听、言说、对话、尊重与共处。

"教天地人事 育生命自觉",是学派对"教育是什么"的中国式表达。本章将从中国文化传统之特质的再认识始,进而通过分析文化传统的教育内蕴,展开式地阐明"教天地人事 育生命自觉"的中国根基与丰富内涵。旨在针对当代中国教育的现存问题,从教育学角度作出对中国文化传统的回归、解读与实现当代超越的回答。

第一节 中国文化传统的特质

近40年来,中国文化传统的研究,从微波细浪始,现已呈大浪涌动之势①,不仅在

---

① 在人文社科领域里,最早推动此潮且带来影响的数哲学界和史学界。20世纪80年代始就有专著出版,海外的中国文化研究者也积极参与并产生广泛影响。此后,文字学、地理学、人类学、民俗学、中医（转下页）

学界,而且上至行政、下至百姓,各怀不同意向,对自己的祖先与历史渐生敬意与珍爱。各路神仙各显神通,有的还发挥到让人无法理喻的极端地步。面对如此郁郁葱葱、繁花杂草丛生的局面,回望浩如烟海的经史子集,我们该如何重新认识中国文化传统,就成了一个难以入手的问题。

在作了时间与精力可能的阅读、思考后,我将依下列思路展开:以认识中国文化传统的整体为前提,进而体验、辨识其中内蕴的教育精神与智慧,作出有关"教育是什么"的中国式理解。

一、中国文化传统的整体式理解

关于文化与文化传统。

文化的定义可能比教育的定义更为繁多和不一致。在最广的范围内,往往指人类活动所创造的一切,与此相对的概念是"自然";若将精神与物质相对,文化往往是指人类精神领域的创造,而非物质领域的创造;用人类学家泰勒的定义来说,文化包括知识、信仰、艺术、法律、道德、风俗以及作为一个社会成员所获得的能力和习惯的复合整体。就总体而言,精神领域的创造是人类走出野蛮时代,产生文明后开始的,故文化史在文明史之中。在很长时期里,中国农村把识文断字者称为文化人,这实际上反映了文字诞生与文化积累、发展的密切关系,它足以把人群分为有文化与没文化两大类,成为区分人的一种标准。到现代,精神领域的创造又有科学、技术、人文、艺术、管理、社会之分,人们又以所从事领域的性质,把他们分别称为各种"家"。从事艺术创作者,则常被称为"文人",这也许是更狭的分类标准。文化还有产品、活动和现象之分。产品是成形之文化创造;活动有专门的文化创作活动,也有欣赏、娱乐式的文化活动,还有表现为民俗的文化活动;现象是各种活动的表现状态。文化的载体除了产品与活动之外,可以说渗透在社会的一切领域:时间与空间、组织与制度、工具与人的一切行为之

(接上页)学等纷纷投入。教育学科领域起领先作用的也是中国教育史和教育哲学的研究者。1980 年代始,由张瑞璠、孙培青等老专家领衔的一批中国教育哲学史和思想史出版,随后又有断代史。华东师范大学的丁钢最早从文化角度作了教育专论(《中国佛教教育:儒佛道教育比较研究》,四川教育出版社,1988);杜成宪等开了中国古代教育概念研究的先例。浙江大学由陈学恂开创,以田正平、周谷平等为代表的中国近代社会教育转型研究也成就斐然,不断深入。90 年代末至今,曲阜师范大学韩钟文教授等的儒学教育思想研究系列已成大气象。北京师范大学以黄济教授领衔的中国教育传统与现代化基本问题研究及国学十讲等,又将相关研究推向新的深度。教育领域中,对中国文化传统研究之丰富,无法一一列举。上述诸多著作都成为我们学习的重要资源,也使我们的思考面临选择和难度的挑战。

中。它犹如色彩,给一切都涂上文化的光。文化的丰富复杂性,在上述非定义式的描述中已可见一斑。

通过对众多文化形态与论述专著的阅读,本人关于文化传统的认识,聚焦于寻找最为一般共同的、重要的性质,现列出如下:

第一,文化是人的精神活动及其创造,是人为满足自身需要而对自然作出的改造活动与产物。从历史的角度看,文化最早凝聚在人的各种生存境遇与体验,或称生活方式和人创造的工具制造之中。在人类社会的发展中,无论什么时期和阶段,文化都不曾离开人自身的生存方式及其不可或缺的不同形态、不同功能的工具。不同时代、不同地区、不同国家的文化之异同,最基本的比较维度就是生活方式与工具,并通过这些,我们可以看出人类需要的水平与表达方式的差异。各种类型的典籍与著作,是文化的历史态、凝固态存在物。它通过一代代人的识读、诠释和应用得以激活,再生出新的活力。就此而言,典籍、著作的价值呈现不停留于保存,更在于人对它的需求、激活和在现实生活中的真实存在。文化传统的研究需要阅读经典,但不能停留于此。

第二,就文化活动本身而言,最重要的工具是以文字为代表的一系列、随人类精神创造不断丰富变化的符号工具。所谓学文化、学知识,首先需要掌握的是相关符号工具。其中,文字是基本中的基本,它由语言转换而生,在漫长的历史中逐渐形成具有相对固定指代意义和一定人群共同使用的符号工具。对个体而言,它是表达自我精神世界活动的工具;对群体而言,它是不同人群相互交流思想、共同学习和合作创造的工具;对于文化自身而言,它又是使个体经验成为类经验,并因此而成为可积淀、可传播、可实现代际传递和国际交流的基本工具。文字的形态,以及其构成词、句、文的组织方式,内蕴着也塑造着使用同一文字的人之基本思维方式。文字等符号系统是文化最悠远且得以世代传递的载体。德国哲学家卡西尔称“人是符号动物”,这是一个富有深意的命题。在我看来,文字是文化的基因,研究文化传统不能不研究文字。

第三,文化的另一个聚焦点是“人”本身。文化在历史中不仅积淀了共同,也积淀了差异,创造和形成着不同形态与层次的亚文化。它集中表现为人群之间的文化特性。从空间来看,存在着不同社会、民族、地域、族群直至家庭的文化;从时间来看,存在着不同的代际文化;从人的活动内容来看,又存在着不同的职业、业界文化。与此同时,生活在现实世界中的每一个个体,又在自己的生命实践中逐渐构建着自己的精神世界,呈现出个体独特的文化品质,即每个人看世界的眼光、价值取向、思维方式和行动策略,和相对稳定的处事、处人及自处方式。可以这样说,离开了各式人群和个体,我们读不懂真实存在的社会文化与文化传统。

第四,教育与文化传统有着最直接和密切的关系,但不能简单地把教育归结为代际的文化传递和个体的文化、知识学习。在《说文解字》中,"文"的初意为"错画也,象交文"①,指一种交错的笔画,这与考古学所发现的文字最早从刻画线条始相吻合。"化"字则解释为"教行也"②,直接与人的教化行为相联系。当"文""化"构成词时,表达着一种存在,也表达了其功能在教化人,这一初始意指与我们在教育史中读到的大量文献和研究结论是一致的。我们需要深入研究教育与文化传统之间的关系,一个时代当这种需要产生乃至到了强烈程度时,往往是社会、教育缺失文化传统与民族精神力量之时,是需要对文化传统再认识和再激活之时。

以上四点构成了本人解读中国文化传统的基本框架。

二、中国文化传统的独特性

中国文化传统是世界上历史最为悠久的文化传统之一,中国是上下五千年的文明古国。也有学者据考古中发现的米粒等物,认为中国在 7 000 年前就已进入耜耕阶段。很难说这一结论已被公认,但至少表明中国进入农耕社会的历史十分悠久③。尽管历史上出现过"礼崩乐坏"、"焚书坑儒"等自毁文化时期,但中华民族文化的主根始终未断,并以其顽强的生命力一次又一次重新复兴。"它是现存的过去,但它又与任何新事物一样,是现在的一部分。"④

详细阐述中国文化传统并非本人力所能及和本书的主旨任务。在此,从两个维度来表达自己学习和思考中国文化传统的所得:一是在与西方文化传统比较的意义上认识独特;二是从价值观和思维方式的角度,结合对文字、文化经典的阅读,生存方式的体验来认识其独特。在阐述过程中,结合对中国文化传统成因的简要分析。阐述的目的是把自己头脑中对中国文化传统的理解勾勒出来,以资进一步说明由此出发形成的

① 许慎. 说文解字(上)[M]. 天津:天津古籍出版社,1991:185.
② 许慎. 说文解字(下)[M]. 天津:天津古籍出版社,1991:168.
③ 《光明日报》2014 年 8 月 16 日第七版,以《山西下川遗址发掘出万年前人类栖居地:舜帝躬耕地又有考古新发现》为题,报道了该地考古最新发现了下川遗址中有火塘、禾种等物。下川是"舜耕历山"典故中所指的"历山",这一发现标示,随考古发展,中华文明的起源还会有提早的可能。
④ [美]希尔斯. 论传统[M]. 傅铿,吕乐,译. 上海:上海世纪出版集团,2009:13.

基于中国文化传统的"教育是什么"之中国式理解。在严格的意义上,相关论述可能不属于文化研究,只是个人式解读,见解肯定很不完善,只求不离文化传统的精神。不管结果如何,本人真诚地希望从文化回归中,努力获得以中国文化人的身份研究教育学的资格。

具体地讲,我所理解的中国文化传统中至今仍富有生命力[1]的特质,涉及以下几个方面:

1. 价值取向

中国文化传统在价值取向上,指向人的自强与自立,关怀人间生存与世道的完善,且把"天人合一"看作最高层次上的统一。

本人不太赞同有些学者把中国文化传统的价值观用"人本主义"或"人文主义"来指称。主要是因为这些观念早在西方历史发展过程中被广泛使用,如"人本主义"是相对西方中世纪的"神本主义"而言的,且与西方文化的源头相关。而"人文主义"则是西方在走向现代化过程中,因强调"科学主义"与"理性主义"的趋势造成偏差后,提出的文化自我矫治的产物。我们拿过来用,易引起错觉。当提出中国文化传统是"人本主义"或"以人为本"的观点时,就引起争论,不同的意见是:中国文化传统恰恰是以群、社为本的,而非西方式的个人为本。然而,我们确实可以看到,中国文化传统存在着对人自身力量之赞美与信任,强大的信心和崇拜,以及对人世间与生存相关之事、物、行、制、情、理的关系构建与完善的关注。因此,中国文化可称为以"人生世间为本"的文化。

关注人的自强、自立和对人自身力量的赞美,可以从中国神话传说中悟出,也可以从一些经典文献中读出。

《说文解字》中的"力"写作"𠃌",解释"筋也。象人之筋形。治工曰力,能圉大灾。"[2]这意味着"力"字是人的内在筋骨所具有的,是从属人的意象中产生的字符。

在中国神话中,以宇宙起源为主题的,盘古"开天辟地"最为著名。"开天辟地"后作为一句成语,用来形容人间天翻地覆的变化。这一神话有古籍记载:"天地浑

---

[1] 以下论述,不涉及全面阐述中国文化传统的特质,只是取其基本的且对今日中国社会和教育发展具有价值的,以及与西方文化传统有互补意义的方面,我将其称为"富有生命力"。

[2] 许慎. 说文解字(下)[M]. 天津:天津古籍出版社,1991:291.

沌如鸡子。盘古生在其中,万八千岁,天地开辟。阳清为天,阴浊为地。盘古在其中,一日九变。神于天,圣于地。天日高一丈,地日厚一丈,盘古日长一丈,如此万八千岁。天数极高,地数极深,盘古极长。……故天去地九万里"①。盘古在中国人的心目中是第一个大英雄,他以不懈的持续努力,把浑沌的"一"辟为"二",中间就因为有他这个顶天立地的"人"。在一定的意义上,对盘古的推崇,是对人用自己的力量开辟出天地的歌颂。这种歌颂人力的神话,还有众所周知的"女娲补天"②、抟土造人等。这种对人力的崇拜还表现在不少中国神话中,如夸父追日、后羿射日、精卫填海、愚公移山等。这些神话在歌颂人与自然斗争伟力的同时,呈现了不屈不挠、竭尽全力、持续不断、刻苦耐劳、以积小力成大功的精神。这种精神在中国世代代普通百姓的生命中始终存在,成为用血肉之躯构筑起中华民族生生不息的顽强精神之生命力量。它与西方宗教文化中上帝创造并主宰世界的创世纪神话,在气质上有极大的不同。

除此之外,中国神话传说中还有一系列被世代传颂的文化英雄,他们都是中华民族文明史中的重要发现者和创造者,如:燧人氏的"钻燧取火",神农氏的遍尝百草和教种五谷等。其中尤以"仓颉造字"最为令人动容。传说中描写:仓颉造出汉字时,竟出现了"天雨粟,鬼夜哭"③的惊天地、泣鬼神之奇迹。这一描述表达了中华民族对汉字创生的敬重之情。中国民间也一直保存着敬惜文字的传统。在史书记载中,各行各业的始祖受到推崇,也表明中华文化中有推崇工具和技能之发明创造的传统,如鲁班造锯、蔡伦造纸、毕昇发明印刷术,以及被称为神医华佗的故事等都流传至今。这些都是中国文化在早期,就对在器、技、艺上有发明④、造福人类的代表人物看重与称颂传统的表现,是对人之力量在智慧和技能上的崇拜。在农村长期保留着对手艺人的尊敬,拜师学艺要向业祖像跪叩,是崇拜技术创造传统的世俗表达。显然,这和西方宗教传统中神对人的绝对主宰有很大不同。

---

① 太平御览·三五历纪[C].转引自:冯天瑜.上古神话纵横谈[M].上海:上海文艺出版社,1983:64.作者在转述中,说明《艺文类聚》所引这段文字最后的"故天去地九万里",变为"后乃有三皇"。陶阳、钟秀.中国神话(上)[M].北京:商务印书馆,2008:5.也引此文,结尾为"后乃有三皇"。本人此处取冯天瑜引文。
② 详见:刘安,等.淮南子·览冥训.
③ 刘安,等.淮南子·本经训.
④ 在有关这些创造的故事中,还常常有创造者如何观察周围世界,从中获得灵感,在多次实践中创造成功的情节,反映了人民对创造来源的认识。可参阅:陶阳,钟秀.中国神话(下)[M].北京:商务印书馆,2008:1225—1238.关于仓颉造字的传说。

中华民族文化崇尚人力、自强、不屈不挠的精神，还形象地体现在对各类民族英雄的塑造与歌颂上。其中，大禹是早期英雄的典型。大禹治水，三过家门而不入，几乎是人人皆知的故事。《史记》①中有详细记载，《左传》《诗经》《论语》等典籍中也有称颂。这种精神又转化为中国人的理想人格定位，我们可以从一些经典文献中读到：

中国最早的经书《易经》第一卦"乾"，卦象首句即为"天行健，君子以自强不息"②，这是中华民族传统中的最强音。尤其是在民族群体或个人遭遇困难或不测风云时，"自强不息"的信念与追求，至今仍然是中国人战胜困难的精神支柱。

《孟子》关于"大丈夫"的经典论述，刻在每个有志之士的心中："居天下之广居，立天下之正位，行天下之大道；得志，与民由之；不得志，独行其道。富贵不能淫，贫贱不能移，威武不能屈，此之谓大丈夫。"③其浩气、正气、卓然独立之精神，成为中华民族文化传统中提倡"独立人格"的集中表达。

鲁迅先生的一段名言，对中华民族文化传统中崇尚自立自强、坚守独立人格的民族精神，作了十分精彩和有力度的概括："我们从古以来，就有埋头苦干的人，有拼命硬干的人，有为民请命的人，有舍身求法的人，……虽是等于为帝王将相作家谱的所谓'正史'，也往往掩不住他们的光耀，这就是中国的脊梁。"④人之卓越在使命和战胜艰难困苦的磨砺之中造就，这是中华民族文化传统的一种信念。

与对人的看重相关，中国文化传统对世界的关注也是在人间。此理首先在哲学中得到集中论证。可以说儒、法、道、释四家中，以孔子为代表的儒家学说体现得最充分。但法家、道家、释家也都没有离开对人世间的关注。法家与儒家同样入世，区别主要是在崇德与崇法上。道家中的老子在《道德经》中提出了宇宙万物生成的自然之"道"为至高，但《道德经》五千字的论述，依然是以对人世间的关注为主，阐明人之各种处世之道。自然之道只是用来说明为何要"无为"的道理，但"无为"最终指向的还是"治"，是"无为之治"、"不言之教"。"无为而无不为"，都出于同一逻辑。"道"是根据，不是目的。在目的意义上，儒道一致。《庄子》呈现的则是因厌世而遁入自然的另一种生存方式。在《庄子》中，除丰富的想象和哲理外，同样充满了对人世各象与诸子众说的批判，并以此呈现自己遁世之道的高明。虽同称道家，但庄子与老子的不同，主要在于庄子

---

① 参阅：司马迁. 史记·卷二·夏本纪第二.

② 易经·乾卦·象.

③ 孟子·滕文公下第二章.

④ 鲁迅. 中国人失掉自信力了吗. 鲁迅全集·第六集[C]. 北京：人民文学出版社，1980：92.

不是要人道循天道而行,而是用批判人道之差错来衬托天道的高明,充分发泄对世间的不满,在"为"方面更倾向于"不为"。"天道之与人道也,相去远矣,不可不察也"①,是庄子对天、人的看法,他更看重的是对人生的思考。佛家的宗旨是在求来世的幸福,用苦修与行善来避现世之"烦"与"苦",其实质同样与人世相关,提出的也是一整套处世之道。因此,可以说中国文化在哲学层面上的实质都是对人世和人生的探讨,这与西方更多倾注于宇宙本身的哲学研究有大不同。

人应如何在世界上生存是中国哲学传统的母题,关涉到人生实践与生命意义,它使中国哲学带着强烈的世间色彩与人生气息。然而,何以人世与天道结合,使"天人合一"成为更高一层的基本命题呢?究其根本,是因为中华民族的文明以农耕经济为基础,故而敬畏天地,把天地看作生养众人的父母,是最为原始的信仰与认识世事的参照系;社会关系的维系则以血缘为原点,血缘关系也就成为人构建其他社会关系的原型。中国传统哲学通常把自然称为"天地",把社会之事称为"人事",如此,人应如何生存的母题,就演化为人与天地人事的关系问题。当代许多哲学家都认为"天人合一"是中国哲学传统中最具普遍性的命题,其实内涵着多层意义。

老子《道德经》中的"人法地,地法天,天法道,道法自然"②是这一命题的典型表达。此处的自然,并不是指自然之物,而是指其本身,即"道"由其本性。全文揭示了天地人相通,且统一于道,都应"法"其自然之理。老子还提出了天地人的又一层关系:"道生一,一生二,二生三,三生万物。万物负阴而抱阳,中气以为和"③。文中之"一"指天,"二"指地,天地关系是"阴阳"关系,"三"即阴阳两气抱合所生之和气,故能生万物。在此,天地人的关系是相生关系,之所以能相生是因为天地有阴阳关系,中国哲学传统中抽象的能生万物的阴阳,一对能结合互生的基本关系被明确提出。天地人相通、相生,是天人关系的第一层意义。正是在这个意义上,论"天"道"地",实际上都是在说人事。两者之间是可通和可转化的。因为它们都出于自然,都应循自然。

天人关系的第二层意思是人应依天道之法而行,包括立序与立德。自此进入到人类社会与伦理,个人道德与修养,即人事与人生的领域。这里的"天",是指人所生存的自然界。所谓"立序"是指天有四时、年月、昼夜之序、阴晴圆缺之变,地有高山平地、东南西北之别。农耕社会的先民依靠自然界而生产、生存,先民们首先关注到的秩序,是

---

① 庄子·外篇·在宥第十一.
② 老子.第二十五章.
③ 老子.第四十二章.

自然界的变化之序和天然之别。中国历史上最早形成的"夏历"就是根据观察天象、气象、物象之变化而形成的,其中二十四节气还都与农事相关。因以月亮的变化为据,故也称"阴历"。阳历形成稍晚,在秦汉之时①。在一定意义上可以说,中国的"历书"是"天地人事"自古相关之文化传统的一个长期实践的记录,它展示了中华民族对自然界秩序的最早认识,以及如何顺应自然、安排人间劳作与生活的智慧,故而延续至今。人法天道,首先要在人间社会也建立起合情合理之序。此序的依据即以父母阴阳所合而生之序为本,进而确立三纲五常之序,是以血缘之序为范本,类比、推衍出社会等级层阶之序。这一序既有天理,又有人伦作依据支撑,还能在日常生活中践行,故具有相当的稳定性。所谓"立德",是指人应以天地之德为榜样立自身之德。如上述提到的"乾"卦卦象"天行健,君子以自强不息",即是如何向天学习,"坤"卦指的是人如何向地学习:"地势坤,君子以厚德载物"。现在我国清华大学的校训:"自强不息 厚德载物"即出于《易经》"乾"、"坤"二卦,由此可略见中国哲学传统在立德立人上的深远影响。

天人合一之第三义,在于确立人在天地万物之间的特殊地位与关系。《礼记·礼运》中有记:"人者,其天地之德,阴阳之交,鬼神之会,五行之秀气也",董仲舒进一步说明:"天地人,万物之本也。天生之,地养之,人成之。天生之以孝悌,地养之以衣食,人成之以礼乐,三者相为手足,合以成体,不可一无也。"②有了这一层天人关系,君主就可称为天子,人就有替天行道的权利,其前提是人必须把自己在道德上修养成君子。

在天地人事的关系上,儒家与道家的区别在于:儒家更强调"人事",如《论语》全书,论"为人"、"为政"、"为师"、"为学"、"人伦"及对涉及人物的评价等方面的内容,占了绝大部分。论及"天命"和"鬼神"等相比之下极少。孔子的学生子贡言:"夫子之文章,可得而闻也;夫子之言性与天道,不可得而闻也。"③但孔子并不否认"天道"与"天命"的存在,如孔子自言"五十而知天命"④;感慨"知我者其天乎"⑤;当钟爱的学生重病

---

① 竺可桢. 中国古代在天文学上的伟大贡献[J]. 科学通报,1951(3). 转引自:瞿葆奎主编,杜成宪副主编. 孟宪承文集·卷十·中国古代教育史资料[C]. 上海:华东师范大学出版社,2010:9.

② 董仲舒. 春秋繁露·立元神第十九.

③ 论语·公冶长第五.

④ 论语·为政第二.

⑤ 论语·宪问第十四.

将亡,他大叹:"命矣夫!"①强调"君子有三畏:畏天命,畏大人,畏圣人之言"②。把"天命"列在"三畏"之首,可见孔子并非否认天道、天命。其所以少言天道,是因为在他看来"天何言哉?四时行焉,百物生焉。天何言哉?"③故"予欲无言",实际上"少言"也是学天道的表现方式。孔子这句"天道"之论,可说是《论语》中与道家思想在表达上最近之处。而老庄之学,则几乎处处先讲天理,用天理来喻"人道",在侧重上有明显不同,但其基本精神和最终落脚点则相同。此后,中国儒学发展到宋明理学成为显学,依然是强调"天人合一"。陆象山提出了"天理"即"人心"的观点。理学集大成者朱熹则更明确地强调"理在事先","天理只是仁义礼智之总名",人性中的道德意识禀受于天理,禀受于天地万物之本,这也是朱子的天人相通、天人合一思想之要旨。④ 除此之外,这种"天人合一"思想,在事实上用各种方式长期渗透在普通百姓与寻常人家的日常生活中,故至今还是一种活的存在,而非只是在出土文物或典籍中才能看到的"陈列式"存在,其主要表现为人们对自然和社会、人际关系中秩序依据合理性的尊重与遵守。对先人和自然保持敬畏与顺应,使中国社会基本的纲常文化得以维系和自新。

2. 思维方式

与西方文化世界很早就形成的逻辑思维方式,近代自黑格尔而显的辩证思维,到对我国知识分子近大半个世纪以来影响深广的马克思主义辩证思维相比,中国文化传统在思维方式上,也呈现出民族的独特性。这种独特长期以来被看作是影响中国科学发展的重要原因之一,今天看来,这一"影响"之"过"确实是一种真实存在,但不能因此"过"就忽视它有独特与智慧、合理性与魅力的一面。近代以来,由对西方"科学"、"民主"的羡慕与追赶所引起的对本国文化传统的贬低和疏远,也包括对中国文化传统中思维方式独特价值的摒弃。然而,当文化传统已刻到文字中时,无论怎样人也是摒弃不了的。可以说,中国文化传统的思维方式不但延续至今,并可能已深入到自幼学习、长期使用汉字的中国人之脑结构中。

概括地说,中华文化的思维方式之独特性集中表现为:整体综合、弥漫渗透;对成同根、相互转化;审时度势、灵活应变等三大方面。

---

① 论语·雍也第六.

② 论语·季氏第十六.

③ 论语·阳货第十七.

④ 详见:张世英. 天人之际[M]. 北京:人民出版社,1994:34. 关于"天人合一"观,我国哲学界有大量论述,在此不一一列举。

1. 整体综合、弥漫渗透

整体综合与弥漫渗透，都是综合思维的特征，但又有区别，故需先分而论之，最后再合议。

（1）整体综合

整体式地综合认识事物的思想方法，在上述关于"天人合一"、天地人事相关性的论述中已有说明。在此，着重从汉字的特点，既说明中国文化思维方式的这一特点，又阐述思维方式形成特点与思维工具特点间的内在关系。

汉字是世界上独一无二的一种文字，虽在历史上几经变化，但其构字的基本方法和独立成字的方块形态却延续几千万年未变，它形成了与其他民族不同的中国人的思维方式，并代代相传。汉字内聚着中华文化思维方式的基本特征，那就是整体综合。在一定意义上可以说，解读汉字就是解读整体综合的思维方式。我们可以从以下几个方面分层次说明。

首先，汉字的形成过程：汉字经历了从形象描图到用线条笔划构成的符号代图，再到符号组合成字的过程。最早的文字以名词为主，如人、田、水等，这些字都可用图象表示。图象表示是语言从口语向书面可留存文字发展的第一步，几乎所有民族的文字发展都有相同的开端，但随后的发展各自却有不同的方向。西方发展出以表音为特征的字母体系，而后形成以拼音规则（再发展为音标）为准，将字母组合成拼音文字，使声与符号相合，将口语转换成可记载的书面文字。在这个发展过程中，文字符号所表达的事物之形与意，与文字形态本身的形之关系被去除。文字符号最初指代的多重综合意义，在分解、去除后，只剩下字符与发音的关系。尽管不敢贸然作出这是西方文化分析思维原型的结论，但与中国文字发展路线相比，确实可看出明显的不同。中国文字发展，是将相对繁复的图画简化为可用一组笔划和笔顺规则组合而成的一个个方块字，称之为"块体文字"。与西方大多数横列的"线型文字"相区别，它在发展过程中始终保持了最初图形中象形、表意、指事的特征。同时由形可联想起发音，完成了汉字同时表达形、声、意三方面结合的符号意义。汉字在形成中去掉的是图形逼真的繁，但没有去掉书面文字最重要的，需要表达的形、声、意之关联性。这是中国文字发展中走出的重要的、与西方文字发展不同的第二步。中国文字发展的第三步是，当代表具体事物的独体字，不能满足抽象意义和复杂事物表达时的两个重要创造：一是把部分独体字变化为偏旁部首，使其代表一"类"事物，如"艹"（草字头）、"木"（木字旁）、"亻"（单立人）、"辶"（走之底）等。进而再与其他字组合表达个别事物。因为"凡是具有独立造字功能和依附造字功能的字素都具有图画性……他们的形跟它所代表的语素的意义直接发生联系"①。二是另外创造了一批表达比较抽象概念的"指事"字和一些声符。其中,也有借具体事物来表达抽象意义的,如"易"字,原形是"日"、"月"两字上下结合构成,以日月、昼夜交替来表达变易之意。以实现用偏旁部首与不同字的不同排列组合,形成表达任何意义的字的重要发展。自然,汉字的发展并没有就此终结,但以上十分简要的汉字发展描述,已足以使我们看到汉字具有音、形、意复合的综合特征。

其次,汉字的整体综合特征可从字符本身所含的字形、指代、字音、字素等方面来认识。

从字形来看,汉字具有由笔画笔顺、偏旁部首和间架结构这三大系统灵活组成的综合特征。每一个系统都有丰富、性质不同的要素。如笔画笔顺,先需两分为元素"笔画"和书写规则"笔顺"。笔画中除了点、横、竖、撇、捺,还有连笔的斜钩、竖弯钩、横折弯钩等转折型的,富有动感且便于形成块状构架的笔划,使汉字由图而生的原型得以在形态上保持,体现字画同源。笔顺则是写一个字的先后次序之规定。它的作用一是可保证多笔画的字少漏写笔画,二是使字形保持结构上的美感。

从字符的指代意义看,汉字具有形声意结合,具有指物、指事、绘形、表意、示音等多方面功能综合的显著特点。当你与汉字相遇,接受的信息、引起的联想、意义的理解都是综合的,且给个人留有诠释与想象的空间。

从字音上看,四声的基本结构,使同一个字因发音不同而具有不同的意义,不同的字又有可能发同样的音。在表现出综合性的同时,还表现了减少造字数量与学习记忆的优越性。

从字素的结构上看,汉字由固定字素(如"灾"表示卦中的爻)和活性字素(如"孝")构成,"少数复素字中的活性字素内部可以包含两个以上的深层结构层次"②,这使中文原始的"甲骨文字的结构关系是多层次的立体的"③。

除此以外,汉字间架结构的丰富性,也与西方的线型文字大不同。汉字有上下、左右、上中下、左中右、全包围、半包围、上中下与左中右复合为一字(如"赢")等,各种十分富有创意的不同型之综合结构。正是这一切,使中国文字的书写可以成为世界上独

---

① 李圃.甲骨文文字学[M].上海:学林出版社,1995:193.
② 李圃.甲骨文文字学[M].上海:学林出版社,1991:199.
③ 李圃.甲骨文文字学[M].上海:学林出版社,1991:197.

特的书法艺术。字画同源还引申出了书画艺术的相通,使文字的价值超出了符号层面,进入到艺术的创作与欣赏领域,成为中国文化的又一特色。

从字与字组合、分解的关系意义上,汉字具有独字表意,字字组合为词(一字可与多字形成不同的组合)表意,和由字词连成句,由句构成篇的层层复合特征。词、句间的连接由语法规则作基本保证。中国的语法规则较之西方的一些文字,相对简要、明白。所以中国式的表达,一般较为简洁,少需用长句、附加句等复合句式。

最后,从中国文字的形成史来看,可清晰看出其演进路线中的智慧,原始文字中内含的先民生存状态。在一定意义上,每个字都包含着历史,每个字都可以讲出一段有趣的故事。① 这是字符与实存世界、生存历史之间的内在综合式统一。汉字是感性与理性综合所生的独特文字。

以上在阅读了不少有关汉字研究专著②,结合自我理解和感受后梳理出来的、有关汉字特征的概括,旨在说明中国文字内含的、与大部分西方文字极大不同的整体综合思维,内蕴的丰富多彩;说明中国文字不是一种落后、要被淘汰的文字,恰恰相反,它是尚待开发其内在价值尤其是教育价值的独特文字。它深深地影响着一代又一代中国人的思维方式,直至脑结构中的习得性变异遗传。恰如罗振玉所言:"龟虽寿三千岁,永不朽在文字。"

(2) 弥漫渗透

与整体综合密切相关,中国文化传统的思维方式还有弥漫渗透的特征。如果说"整体综合"尚是有形可寻的一种结构态的话,那么,"弥漫渗透"则是无处不在,却无明显行迹可寻的隐性存在。

中医学也是中国文化传统中的瑰宝和整体式存在。中医与西医的一个重要区别在于,认为人体中除了血液、经络等遍布全身的有形构造之外,还存在着充满全身的"气",且"气"有正邪之分。若正气上升占主导地位,人体就呈健康态;邪气上升则相反。常用的一句话是人的"精气神"足与不足。在《黄帝内经》这一中医第一经典著作中,正气与邪气的相对,在《素问·上古天真论篇第一》里就有对举,其中又以"肾气"为

---

① 本人读过:古敬恒. 汉字趣谈[M]. 长沙:湖南文艺出版社,1991. 等类似著作,对"汉字"研究之"趣"深有感。这是一本学术与通俗结合得不错的读本,推荐阅读。

② 除前面引文已提到的相关著作外,本人还从:刘志基,张德绍,臧克和. 汉字的世界[M]. 上海:上海教育出版社,2001;刘又辛,方有国. 汉字发展史纲要[M]. 北京:中国大百科全书出版社,2000;胡奇光. 中国小学史[M]. 上海:上海人民出版社,1987;刘志基. 文字中国(丛书)[C]. 北京:大象出版社,2007;等著作的学习中获得知识、启发与乐趣。

最根本之气。谈"气脉常通"之理,"呼吸精气,独立守神"以"寿敝天地"之道。在第二篇则集中谈"四气调神",阐述人如何适应自然界四季气候之气的变化,来调节自己的活动,"养"、"长"、"收"、"存"体内之气,以保养身体之健康,避免邪气入侵。这里再次见到"天人合一"思想,是天地与人事互配的又一例证。第三篇"生气通天论",更具体地论述了一天中随日出与日落,人体的阴阳气之调节方式。《黄帝内经》前三篇就以"气"为主,论述了自然之气与人体之气的动态呼应,奠定了该经典"以气为本"的养生医疗之道。在此后的论述中,专论"气"或涉及"气"的相关论述,几乎遍布全书。有意思的是,在《素问·气穴论篇第五十八》中,确认人体有365个气穴"以应一岁",而且详细地描述了这些穴位的分布与功能。据中医学研究,《黄帝内经》成书于汉,反映的是春秋以来中华民族的民间医学知识与经验。在两千年前,我们先人已对人体与外界的相互关系,和如何识得此关系而实现养生调理,有如此深的整体把握,确实令后人肃然起敬。

"气"就其实体而言,不同于固体、液体,它是弥漫性的。从《黄帝内经》中可以看到,"气"作为一种哲学观念来自《易经》。《易经》就是以阴阳二气的运行和不同组合来阐明世界万物的变化。阴阳二气不同组合的六爻为一卦,共计六十四卦。六十四卦及其相关的"经"、"传"阐述,构成了"易经"的全部。由此可见,"气"在中国文化传统中,不仅是万物构成之始形,同时也弥漫于人体、事物和各种场景之中。我们可以列出一系列表达不同"气"之态的、只有"气"才具有的特征之语言描述,它远远超出了自然界和人体的限制:

关于做人,要有正气。孟子所说"大丈夫",则要养"浩然之气"。在强敌威胁和利诱前,要有"骨气"。为人做事要"大气"。待人要"和气",不可乱发"脾气"。一个人有影响力,则称其在人群中有"气场"。群体在一起工作或娱乐要营造良好的"气氛"。形容青年人有生命活力,则称其"有朝气"、"生气勃勃"。年老体衰或无精打采,则称其"老气横秋"。做事有决心,称为"意气风发",相反则是"死气沉沉"。形容人的心态,则有"闷气"、"生气"、"喜气"、"沉得住气"、"心浮气躁"、"神清气爽"等等。形容社会的"风气"好坏,则有"气象万千"、"乌烟瘴气"等各种描述。总之,"气"构成了中国文化传统中不可或缺的,认识和描述事物的许多词,表达出中国文化传统中思维方式弥漫性的重要特征。

与"气"相近,但稍有不同的另一种思维方式是液态的,以"水"为代表的"渗润"方式。在老子的哲学中,可以读到这种思维方式的典型表达。老子在《道德经》中称:"上善若水。水善利万物而不争,处众人之所恶,故几于道。居善地,心善渊,与善仁,言善信,正善治,事善能,动善时。夫唯不争,故无尤。"①在此短文中,老子用水比喻他最推崇的"道",除了"水"之柔弱、实强的物性,符合老子重柔抑强的基本观点外,老子还看重水作用于其他物的方式,那就是水利万物而悄然无声,水善于净化污秽,且善因形而变,非强求他物依水而变。正因为如此无争、无强,又无处不能入,无时不能作用于物,使水具有上善之德、万能如道的可比性。孔子同样有以"水"喻君子之德的言说,在刘向《说苑・杂言》中有一段孔子答子贡所问的君子何以"见大水必观"。孔子认为:水"遍予无私","所及者生","其流卑下句倨,皆循其理","浅者流行,深者不测","赴百仞之谷不疑"、"绵弱而微达"、"受恶不让"、"不清以入,鲜洁以出"、"至量必平"、"盈不求概"、"万折必东",这些特性与君子德性中的:德、仁、义、智、勇、察、包、善化、正、度、意一一对应,充分表达了孔子对水之多种性状的鉴赏,以水启人,需从水的生存方式中学习自然的思想方式,指导人生,学成君子。可见,儒、道在重视"水"之特性上具有一致性。"大水"之性,真可谓"深不可测",通润天地。

与"气"一样,在中国语言中,有许多关于"水"这一物性的丰富、哲理表达。如:"水到渠成"表示顺其自然而物成之理;"滴水穿石"表示成功需用持久力,不因功小而不为;"春风化雨,润物无声"、"逆水行舟"与"顺水推舟"、"水能载舟,亦能覆舟"表达了自然规律与人的关系;"滴水之恩,涌泉相报"、"饮水思源"等则喻示人人关系;"青出于蓝,冰寒于水"比喻后来居上的存在;孔子以"知者乐水,仁者乐山"来比喻人的性情等等。总之,人的生命和生活都离不了水,对自然中水的各种性能之观察、思考,形成了对"渗透"方式的深悟,使"水"的观念、道理,化到"日常"生活中,成为一种真实改变人之生存的思维方式与信念。

(3) 两种方式的相互关系

中国传统文化对"气"与"水"的重视远远超出了物质之本意,成为一种哲理思考和认识世界的思维方式。若把有形且结构稳固的"整体综合"看作一种相对刚性的整体思维方式,以"气"与"水"为代表的弥漫渗透思维方式,则是相对柔性、灵活、具有"充满"特征的整体思维方式。如此两种思维方式的整合,使中华民族对天地人事的认识和把握,不仅具有整体性,而且具有刚柔相济的独特形态,成为中华民族把握世界整体的独特思维结构。正是这种思维结构,使中华民族文化传统的宇宙观、世界观和社会人生观汇为一体,上至天文,下至地理,中立人事;使三观成为经验、技术、艺术与哲思

---

① 老子・第八章.

的汇聚之纲,同时又弥漫、渗透、生存于万事万物及万众之中。这种分解后又浑然一体的天地人事之识,是中华文化独特思维方式所创造的气象万千之境。

2. 对成同根、相互转化

这是中华文化传统思维方式中构成事物相互关系认识的基本方式。无论是道家表述天地之道,还是儒家议论人事之变,都可以列出多种不同等级的相互成对、相互依存和相互转化的说明事物关系的概念。

(1)成对同根

在宇宙论中,关于物质的有无、阴阳等对立概念,其合则为"一",能生"万物"。上下、左右、前后等方位概念,其聚点为"中",由"中"可发散出四面八方。这些空间概念也可用来表示时间概念,如一日的上午、下午,区分线为中午;一年的前(上)半年、后(下)半年。标示运动方向的"往来",也可表示时间的方向,如继往开来。这些词的组合与运用,表示了时空概念形成的相互参照性。

在自然界中,元素性的物质在流行久远的中国"五行"说中,被分为金、木、水、火、土,它们之间的关系,在不同对组中,表现为"互生",又表现为"相克",在整体上则形成了生克相易、因循环往复而生生不息的万物互变运行之局面。

在形容事物形态和人的道德品性、价值评价等其他各方面,都不难找到这些对举之词,在此不一一列举。需作进一步分析的是,这些对举内含着怎样的认识世界之思想方法。

① 对立的事物、现象或行为,实质上出于同根。比如传统中医的阴阳之说,阴阳实质上都是由"气"所生:上升之气为阳,下滞之气为阴。"气"是阴阳之同根,健康的身体是阴阳之调和,即所谓"致中和",而非一盛一衰。故合则趋生,裂则致灭。

中华文化传统中赞赏的智慧是异中求同,同中存异;刚柔相济,合二为一;以退为进,以逸待劳。而非尖锐对立,你死我活,认为"过犹不及"。这在某种意义上,比强调对立、只取其分、不取其合的思维方式,要更为复杂综合。为此,人的认识不仅要知其对立,还要有合与中的尺度。且只有处于"合""中"状态,才是生存之常态,这可能是中庸之道的依据,也是孔子所言"叩其两端而竭焉"①之思想方法的源头。

② 对立的事物、现象或行为,在相互参照比较中方能认识,缺其一,就无法显见其二。这是对立事物相依的一种重要表现。比如在儒家学说中,不仅有各种做人的标

----

① 论语·子罕第九.

258

准、规范之德的说明,而且还有君子、小人、善恶、智愚之对举,观人省己等要求,以促人思想言行向好的方向发展。"比照"也是中华文化传统中重要的思想方法。

③ "对举"还促使人意识到,认识事物需全面,不能只知其一、不知其二,更要明知相对之物的相成之要,做到在认识上如孔子之"绝四":"毋意,毋必,毋固,毋我"[①],如此思考后得出的认识,才不会任意、偏执,不会因此而导致行为上的偏颇。这样的认识方式无论对社会、自然还是人都是可用的。

(2) 相互转化

关于相互转化,在《易经》和道家典籍、兵书中都有大量表达,其中最大的转化就是在运动中实现从"无"到"有","有"最终又回归到死寂之"无"。相互转化还包括互生互成的意思,最为典型的典故可数"塞翁失马",其深意是在说明事物的发展有多种可能性和偶然性,以此告诫人在遇到失利或遭到灾难时,需从容面对,且心存希望。儒家则更强调主观努力,胜不骄、败不馁。这种心态事实上建立在承认事势有转化可能的前提上,并不是一种盲目的乐观。对不知事物转化可能带来的问题,在民间也有很多告诫语,如:乐极生悲、贪小失大、大意失荆州、积少成多、少壮不努力老大徒伤悲。这些几乎人人皆知的说法,内含着许多造成转化的条件与道理:一是因心态过度而生,一是因过高估计自己、过低估计对手而变,既表明了中华文化中对事物万变的深度认识,也从一个侧面反映了中国人因文化而形成的,对人处世行事要"深思熟虑"、"防微杜渐"、"谨小慎微"的依据与肯定。

3. 审时度势、灵活应变

"常"、"易"是中国文化传统思维方式中与"阴"、"阳"同样具有统摄全整的一对范畴。守常道、善应变,都是为了让人更好地生存于世的原则。人要坚守常道,不容易;要应对变化,同样不容易。研究"常道"与"变易",可以说是中国哲学和百姓日常智慧的重要构成。《易经》则是中国文化传统中最典型地表达关于天地人事相关联,且有常道、有变易,反映如何思考应对复杂事物易变之常道的经典文献。在一定程度上可以说,《易经》是人类最早试图用符号化的方式,表达复杂事物不同关系组合,不同组合类型推演之变化模式的著作。阴、阳二"爻"成了基本符号,代表世间万物的基本要素,可构成多种复杂关系运转变化的符号。由要素不同组合形成的六十四"卦",代表了"万变"的六十四种模式,如此的智慧和符号化能力,是不能不让人叹服的。然而,长久以

---

① 论语・子罕第九.

来,我们却未深究其包括的人世复杂事物关系与变易的思维方式、综合模式的意义,今天是到了不能不深究的时候了。在此,我们着重阐述《易经》中表达最为明显和充分的"识变"、"应变"的思维方式。

(1) 识变

识变有几个方面。首先要确立"变"是天地人事所共有之理。整部《易经》就是言变之理。《易经》中每卦之辞、象、彖的诠释,无论是义理,还是象数之术,都与变有关。人若无"变"的意识,就会视变若无,不去研究变之事与理,故而,承认变是识变的前提。

其二,有渐变与突变之别。突变是渐变积累到一定程度的结果。《易经》中关于吉凶互易的判断,都是在第三爻或第六爻中有提醒和警示。

其三,识变最重要的是能看清事物变化发展之趋势和时机。关注"势"与"机",这是中国思维的一个重要特点。时势的把握就是对有利于向好的方向变化的关节点之把握。万物之变本来都有其内在之理,也是内在状态与外在环境相互作用的结果,事物本身和相互作用的复杂性决定了变化的多种可能性,显出无常之态。但若能把握住时势,则能在多种可能中择出有助于人之主观意愿和利益的变势,创造出合意的变局。这些思想几乎可以在许多卦中找到,如"乾"、"坤"两卦后的第三卦"屯"①,象征万物初生,脆弱但有生气,故一开始就要遵守正道,不然会造成混乱。这是对事物初建时的时势之把握。再如"泰"、"否"两卦,说明了泰极否来的转化之理。第十八卦"蛊",表达的是应对蛊惑迷乱的思想方法。当事物日久生蛊之后,其走向是复归正常,但须有君子出,承担策划,形成治理方法,即如其"象"所曰:"山下有风,蛊。君子以振民育德"②。在此过程中,要适时纠错,虽有小痛,但会有好结果,不然会带来大害。以上诸例都说明,无论在什么情况下,都会有利弊,但只要认清时势与可能,就会实现期望之值。

(2) 应变

应变更是一个既要整体把握事物,又要识得时机,在此基础上形成相应策略,最后加以实施,使事物朝着有利于自己的局面发展的复杂过程。这是既综合,又动态,重可能、求发展的极聪明的思维方式,是一种大智慧。能做到这一点的人,必是对自己的目标有信心,对转化有认识,大胆且善谋,能创大业或被人们视为奇才的人。如,在中医的治疗、配方中,就有以毒攻毒、能诊治疑难杂症之"神医";在军事上,诸葛亮"草船借

---

① 《易经》"屯"卦原文为"䷂屯。元亨,利贞。勿用有攸往,利建侯。"
② 《易经》"蛊"卦原文为"䷑蛊。元亨,利涉大川。先甲三日,后甲三日。"

箭"的故事,通过戏曲、口头传播等方式已家喻户晓,诸葛亮在人们心目中则成了"智慧"的代名词。毛泽东的军事思想则充满中国古代智慧,五次反围剿中以弱胜强、四渡赤水的迂回曲折,用持久战对付武装到牙齿的日本侵略者等等,都是中国智慧的骄傲。

在日常语言中,我们也能体会到对随机应变智慧的推崇,如"化险为夷"、"转败为胜"、"神机妙算"、"机不可失,时不再来"、"以逸待劳"、"以退为进"等等。这些策略在中国武术中也有表现。

4. 余论

把上述三大思维方式综合起来,可以看出中国文化传统价值取向之独特,是与其思维方式之独特密不可分的。在总体上,中国传统文化中特别关注天、地、人、事所循之"通"则。这种"通"则的认识,其顺序循着对天地自然万物之道的认识为始;在对天地关系之变化、人无法作为的规律有所认识之后,以"天"之道为则,类推出"人"之道;或将"人"之行事体验中的成功之道,与天之道对应,以增强所言之道、所定之则的合理证据。以"天地"定"人事",以"天地"之道为依据,以"人事"之治为目的,这是依"通"之思维方式方能实现的价值取向。

"类推"的思想方法,是中国文化传统中认证事物必然、合理的普遍方法,且持续持久。显然,这并不是一种严密的科学认识方法,但也是一条从已知通向未知的认识路线,是提出需要论证的假设的方法,其明显不同于西方从古希腊产生的逻辑演绎的思维方法,但却是因类推而发展想象力的方法。同时,这样的类比也呈现出先人想把握一般原理,所谓"大道"的愿望,并想借此指导、解决具体问题,给人在遭遇陌生或混乱世界时,有直面的勇气与解决问题的智慧。

除"通"之外,对上述中国文化传统的思维方式之独特,还可用"整"、"对"、"化"、"变"和"活"来概括。这样的思维方式足以称作"智慧",是一种充满生命灵性的智慧,也是实现天地人事能"互化""合一"的重要思维方式之保证。

还须指出的是,中国文化传统中的这种思维方式所表达的理,是一种综合、动态的事物变化发展之常理,是不脱离具体的抽象之理,这与中国文字的特性相呼应。故在表达的语言形式上,有大量成语存在。一句成语包含一个故事,故事是具体的,但并不是落在一个具体的人、事上,而是代表一类人、事,这是"具体抽象"的第一层意思。通过一个故事来表达一个抽象的道理,如"削足适履"、"亡羊补牢",这是第二层抽象。中国文化传统的思维方式为我们提供了整体、动态、具体抽象的思维方式,是不同于西方文化传统之分析抽象的独特思维方式。

中国文化传统之根是在以自然经济为基础的农耕社会，且因种种原因、多方作用，在治乱分合、改朝换代的过程中缓慢发展，经历了数千年漫长过程，无论在农业生产还是政治制度上，都达到了农耕社会的成熟、精致程度。此间，文化传统起了重要作用，也形成了相对统一的稳态。在价值取向上指向人世间，在认识研究上，以周遭世界自然的变化为对象，以及基于日常经验的概括与运用，都使中国文化在认识层次上，长期处于对中观日常世界的认识，未能达到如西方式的，假助于人为的认识工具、手段和方法的创造，实现对微观和宏观世界等自然科学的认识水平，包括用数学手段进行表达。也未能达到用工业技术手段开发出自然内聚的能量，创造出大规模机械批量生产的，超越自然和人力的生产力水平。中国文化传统中，强调"自然而然"、"应然"、"当然"、"必然"等，以顺应自然为主的生存方式，是社会、文化发展缓慢的一个原因。中国文化对人世间的关注，尤其是对秩序、等级、稳定、中庸等方面的强调，又使文化传统在很大程度上呈现出"治理"性的特征。其中德成君子、以德化民、循礼法古、述而不作、忠孝为本、纲常分明等儒家思想的基本立场与现实渗透，又使社会上广大民众更多处于循规蹈矩、安分守己的良民生存状态。大多数知书达礼的君子，则处于出则仕、入则学，关注自我修养和报国效忠的相对安稳状态。这是中国文化传统中的缺失、不足之处，也是中国社会包括文化传统必然要发生变化的重要原因。但并不能因此而得出中国文化传统落后、须抛弃的结论。恰恰相反，我们可以从其原型和成熟态的辉煌与智慧中，看到内蕴的无限潜力与在当今实现新发展的可能。

然而，自近代始，在为不受侵略欺凌而被迫自强的背景下，中国学习西方，走上了向工业社会发展的新历史时期。当时的政府统治管理阶层和知识分子阶层最早迈出了向西方学习的步子，其中激进者率先为强国而全面学习西方，把传统文化看作是阻碍科学、工业、社会治理、包括革命的主要精神枷锁，一次次地加以批判，并通过多种制度，包括文化教育制度，保证西学的传播，使之成为各领域占主导地位的思想。但传统文化之顽强的生命力，蕴藏在文字、典籍中，蕴藏在民俗、民风和民间文化艺术中，且内化于人，并通过家庭这个养育新生儿和度过童年期的人间世界中，成人的日常言行、生活方式的影响，在代际延续、发展、支撑着平民百姓的为人处世之道。中国文化传统的保留，文字与百姓功不可没，当然还要归功于一批矢志不渝地对自己民族文化传统保持敬畏与热爱，用毕生精力从事研究、以身捍卫这一文化的知识分子中的精英人士。

经历了一百多年近代化的努力和现当代近四十年的现代化奋斗，我们有可能从历史的经验与教训中，冷静地反思、重新分析和认识自己民族的文化传统，有可能在今日全球化、多元文化的格局中，再认识自己民族文化传统的独特价值。当今提出对中国文化传统的继承和发扬，不只是为了重拾中华民族的自尊、自强之心，而是为了认识到中华民族文化传统中，有西方文化所缺少或者不处于核心、却实际产生着推进人类社会发展的合理一面。人类社会未来的健康发展，需要中国文化传统伟力的支撑与投入。中西方文化之间并非只是非此即彼、何为用何为体的关系，还存在着不可缺一的对成互补与互化关系。中国文化传统的继承、发扬，还使我们中华民族的当代新人，在虽称全球化、但实际上却是西方主动强势、全球西化的过程中，不丢失我们最宝贵的精神家园和文化之根，让我们的文化在世界文化全景中放出智慧的异彩。同时，也只有认识和再一次深解中国文化传统的独特，才能使各领域的学人，真正以中国人的资格讲述自己的研究，而不是以西方的价值观、思维方式为尺，丈量中国的事实；在西方话语系统中，说着连中国人都陌生的所谓中国话。对于教育学研究来说，这一点尤为必须，且有最大的可能，因为中国文化传统本身就内蕴着丰富的教育精神与智慧。

第二节　中国文化传统内蕴的教育精神与智慧

任何一个民族的教育，都是从本民族的文化土壤中生长出来的，研究教育却不研究自己的文化与教育之关系，在某种程度上可以说是荒唐！然而我们很长时间内，因时代骤变而慌乱，长期处于向外张望、借用、吸收，忽视了追本之不可或缺，忽视了从本源中汲取营养的不可取代性。把研究中国文化与教育的关系，主要留给了研究中国教育史的学者，还要求以批判的眼光去看。现在看来，当初的理所当然真是有点不堪回首和自惭。好在今日已渐清醒，并迈出了步伐。作为一个长期相对封闭、自足的文明大国，中国文化传统与教育的关系更为深入而不可分。可以说，中国文化传统本身就内蕴着基本的教育精神与智慧。中国教育传统的精神与智慧在一定意义上，又是中国文化传统的集中表现，是其在教育中的特殊表达。中国文化传统滋养了中国教育传统的形成与发展，同时，又通过教育使文化传统得以延续和发扬，这也是为什么在本章第一节中首先分析中国文化传统特质的原因。

在本节中，我们把论述重点放在中国文化传统在教育中的集中体现，以及由此而形成的中国教育传统之独特智慧与精神，揭示"教天地人事　育生命自觉"的中国文化意蕴与丰富内涵。

一、内核:以自强修己为本,行治国达人之用

(一)教育与治国、学习与做官的制度性关联

中国文化传统中很早就有以教育立人成君子的观念、制度和行为。中国教育史研究表明,中国最早的学校教育是帝王贵族及其子女的教育。"学在官府"不仅指教育的典籍都归官府收藏、使用,而且教师由学官承担,教育全过程的安排都由官府定制执行,施教之地也在学宫。其目的在于培养统治阶级的人才,这与西方社会早期的教育基本一致。最主要的区别在于,中国早期社会已形成了"德治"传统。中国文化传统要求人自身精神力量的不断增强和提升,以修己而成君子,成君子方能成为英明的统治者,承担起治国和影响、教育他人的责任。用章太炎的说法就是,所有经籍的内容和意义,归纳起来,一是修己,一是治人。故而,无论是为自己立足于高位,还是承担教化民众、治理国家的统治人才,都需要受教。而承担教职的官员教师也需有德。《周礼》春官大司乐云:"凡有道者、有德者使教焉。死则以为乐祖,祭于瞽宗"[1],《周礼》地官师氏云:"以三德教国子",据郑玄注,"国子"是指公卿大夫之子弟。[2] 史书上也有不少天子幼学成长过程的记录[3]。而《周礼·考工记》则有对宫内工艺技术传承的简单记录:"知者创物,巧者述之、守之,世谓之工。父子世以相教。"[4]这里所指还是官府之内工匠手艺子承父业的世代传递过程,显然不同于为天子、官吏而设的"小学"和"大学"之教。对一般的农耕家庭子女而言,一方面是在随父兄等长者参与田间耕作中、在日常生活中学习,另一方面也有专司农职的官员施教。《周礼》地官司徒有记:"以土宜之法,辨十有二土之名物,以相民宅而知其利害,以阜人民,以蕃鸟兽,以毓草木,以任土事,辨十有二壤之物,而知其种,以教稼穑树艺。"[5]民间也并非全无文化类教育之事,承担这类教育的学校称为塾、庠、序等,任师者也是年长退职且有德行之官吏,不然不

① 周礼·春官宗伯第三.瞿葆奎主编,杜成宪副主编.孟宪承文集·卷十·中国古代教育史资料[C].上海:华东师范大学出版社,2010:17.
② 转引自:瞿葆奎主编,杜成宪副主编.孟宪承文集·卷十·中国古代教育史资料[C].上海:华东师范大学出版社,2010:17.
③ 瞿葆奎主编,杜成宪副主编.孟宪承文集·卷十·中国古代教育史资料[C].上海:华东师范大学出版社,2010:15—16.
④ 周礼·冬官考工记第六.瞿葆奎主编,杜成宪副主编.孟宪承文集·卷十·中国古代教育史资料[C].上海:华东师范大学出版社,2010:13
⑤ 周礼·地官司徒第二.瞿葆奎主编,杜成宪副主编.孟宪承文集·卷十·中国古代教育史资料[C].上海:华东师范大学出版社,2010:12.

能任教。①

　　上述简单引论,大致勾勒了周朝已形成的教育制度之结构,并可见教育与官府的多方面密切关系。章学诚对这一现象的解释是:当时国中"理大物博,不可殚也,圣人为之立官分守,而文学亦从而纪焉。有官斯有法,故法具于官。有法斯有书,故官守其书。有书斯有学,故师传其学。有学斯有业,故弟子习其业。官守学业,皆出于一,而天下以同文为治,古私门无著述文字。"②也有人称,古代记载的"礼、乐、射、御、书、数"六艺,前四种都为宫廷官府大学之所学,但有人学完小学未能入大学,又因"书"、"数"二学在生活中用途极广,故"小学书数之教,则自古以来固绵延不绝"。

　　在为官与为学之间,还有一种制度的联系,那就是各校之间有将优秀者逐级推荐之举。校室之教"其有秀异者移乡,学于庠序。庠序之异者移国,学于少学。诸侯岁贡少学之异者于天子,学于大学,命曰造士。行同能耦,别之以射,然后爵命焉"③。由此可以理解《论语》中子夏所言"学而优则仕"的实存所在。汉朝又存"举贤"以选拔官员的制度,贤者与教育所要求的"君子"相符,且被众所认同。正是这一制度,加固了教育与政治在个人成君子与求仕之途上的直接关联性。

　　综上所述,中国古代教育与政治的密切关联,尤其是制度上的保证,使教育成为传递文化传统的重要基本保证。对统治阶级来说,无论是天子,还是众臣,以及未来可能的为官者,都必须接受"六艺"教育。学习者中"优"者方能入仕;对教师来说,具(或曾任)官职且有德行者方有资格承担;天子、臣与大小官吏,都有以教化民的责任。除地方学校外,每个家庭则承担在日常生活中教育儿童的责任,化民的核心内容可简称之为"安份守己":在家,明人伦、行孝道;在外,守等级、遵秩序。总之,以道德成君子,是教育立人之本。有此本才能去治国,去管理、引领别人。教育若不能"以德立人",则实际上失去了"本",这是中国文化传统中对教育使命的内在规定。治国、达人,只是成人之后的作为,是"用"。表面看来,终极效果似乎是能否"有用",但若无"本",则连"用"

①　参阅:黄绍箕,柳诒徵.中国教育史[M]//瞿葆奎,郑金洲,主编.二十世纪中国教育名著丛编.福州:福建教育出版社,2011:15.《礼记·学记》中称"古之教者,家有塾、党有庠、术有序、国有学",对塾、庠、序的解释至少有两种,一指设校所含户数大小之别,最小为塾;另一是《孟子·滕文公上》的解释:"庠者养也,校者教也,序者射也;夏曰校,殷曰序,周曰庠,学则三代共之:皆所以明人伦也。"本人不作辩论考证,举出只是表示,除大学之教外,还有塾、庠、序之存在。
②　瞿葆奎主编,杜成宪副主编.孟宪承文集·卷十·中国古代教育史资料[C].上海:华东师范大学出版社,2010:13.
③　[汉]班固.汉书·食货志第四上.瞿葆奎主编,杜成宪副主编.孟宪承文集·卷十·中国古代教育史资料[C].上海:华东师范大学出版社,2010:45.

的可能也没有了。何况"德治"的重心在于"以德化民",此"化"之目的,并非是为了让每个民都"仕",而是为了能以德规范、引导日常社会生活。故此,化民之教的直接落实点,仍在道德之深入人心,化成行为准绳。如《礼记·王制》所记:"司徒修六礼以节民性,明七教以兴民德,齐八政以防淫,一道德以同俗,养耆老以致孝,恤孤独以逮不足,上贤以崇德,简不肖以绌恶。"①认识这一"本"与"用"的关系,我们就可把握住中国教育传统中为何历来重个人道德之养成的根源所在。在中国古代学校教育形成时期,虽"学在官府",但涉及平民百姓仍广,其对人成德之影响与倚重,并不难寻。

孔子是中国古代历史上著名的开创私学者,孔子的父亲和他本人都出任过鲁国官职。春秋时期的鲁国虽小,却是周朝典籍保存和礼仪制度传承最好之诸侯国,所以,在官学衰退背景下,孔子有可能通过办私学,来实现他维系周朝文脉、制度和培养君子以事君的心愿。尽管"有教无类"孔门私学的开创,打破了官学一统天下的局面,但孔子并未改变教育培养自强修己之君子的根本,他鼓励自己的优秀学生出仕,通过事君去卫道、弘道,改变当时礼崩乐坏的局面。在此后几千年的封建社会中,教育的方式、内容等都有变,但强调培养贤德君子和学而优则仕的传统却未变。直到隋唐时期科举制的创建与完善,明清时期科举制的兴盛与衰败,成君子、入仕途,始终是教育与政治之间不可割断的人力链条,也是历代"读书人"向往的人生目标。教育与政治的这种制度关联,使中国教育一开始就存在着内在规定性和外在功能性的双重任务。双重任务的本末是清楚的,但因外在功能上的获利禄、作人上人的特权,具有强大的诱惑性,这使教育、教师和读书人本身,都可能出现内、外功能的倒错和教育活动内部的异化,把读书求学当"敲门砖"之人,历来不缺。尽管从孔孟和大量儒家经典中,都可看到对修己、成君子的强调和对贪图利禄享受的批判,直到最极端的庄子式远离人世、遁入山林,以保持自己的身心自由与人格实现。

由此可见,中国文化传统中的成人、入世,在教育中以内外双重价值取向的方式表达,且通过考试、选士等方式有制度保证。两大价值之间的本、用关系有内在的统一性,也存在相互倒置、移位,从而带来教育异化的可能,忘了人,只关注追逐功名之事。当今教育中出现的所谓"应试教育"、"功利主义"并非无本之木、无源之水,只是这是一条异化、忘本之源,烂根、蚀心之木。

---

① 转引自:瞿葆奎主编,杜成宪副主编.孟宪承文集·卷十·中国古代教育史资料[C].上海:华东师范大学出版社,2010:18.

如果我们把上述制度比作传统教育"本"、"用"关系的刚性呈现,那么词义与典籍则是柔性表达。

几千年的中国文化传统,在由春秋所起的诸子百家中,儒家是对教育产生最大和真实影响的一家,创始人孔子在后世名隆为"万世师表",孔庙遍布全国各地,其影响之久且广,世人皆知。这也可从凡欲否定传统文化,总从"反孔批儒"入手的历史事实得到反证。因此,我们可以把关于古代文化传统中教育思想的讨论集中于儒家①。在具体论述前,先对"教育"一词作词源上的解读。

(二) 文字、典籍对教育本真价值的阐述与"坚守"

1. "教育"的中文词源与类定义解读

"教育"的词源解读,在教育学著作中一般都能找到,也有学者发表专论并存不同理解。如《教育研究》1995 年第 3 期发表的王静《试论〈说文解字〉中的"教育"二字》②(以下简称"王文"),同年第 12 期发表何启贤《也说"教""育"二字》③(以下简称"何文"),两文把相关认识推向深入,并把训诂学研究引入对"教育"的认识,很有启发。本人在此着重从教育与文化关联的意义上作再解,并把儒家著作中一些有关教育类似定义的判断和论述结合起来思考。这里称之为"类定义"之判断,是指并非西方逻辑学严格意义上的定义,而是古之论者在上下文关联中对"教育"或"教"与"育"是什么的判断与解释。

另外,还将一些与"教育"相关的邻近字词,如:"学"、"习"、"教学"、"学习";"施"、"化"、"施教"、"化育"、"文化"等关联起来,互相比照,以求更接近"教""育"字形成的原初语境,认识随时代发展其含义之变更,力求对中文"教育"一词之本意有更为丰富和进一步的理解。④

据文字学研究,学者认同在殷商甲骨文中已有"教"(𥝩)、"学"(𢴬)二字,金文"教"、"学"两字的字形分别为:"教"的字形为 𢼊,𢽾 也是其古文写法(现今所用"教"的字形是楷体);"学的字形为" 𦥑,𦥯、𥤧 也为古文写法(现今所用"学"的字形是楷

---

① 以后论述相关问题均如此,不再说明。
② 王静. 试论《说文解字》中的"教育"二字[J]. 教育研究,1995(3).
③ 何启贤. 也说"教""育"二字[J]. 教育研究,1995(12).
④ 本人未受过训诂学训练,故下述理解非训诂之结论,只是参阅比较他人相关研究和自己思考的结果,将之写出,既是论述的需要,也是求教于文字学研究专家。

体"學"之简写)①。若将"教"、"学"二字的甲骨文与金文相比较,可以看到变化不大。只是"教"字有更多形体,但左右结构未变;"学"字下半部有变形,但上下结构未变。如若把"教"与"学"两字的甲骨文、金文分别和相互比照,可以发现两个很重要的现象:一是无论哪一朝代和哪一个字,都包含着"♙"这个形;二是"教"字的字形基本没变。只是《说文解字》中两个古字很有意思,第一个字,从形式上看,变得繁复了,仔细一看,是取"学"字的上下结构,再在下部加上"教"字右部的"弓",明显地是原"教"、"学"两字组合而成的字,是否意在表达"教"是对"学"的教,内含学,以学为基础? 这是一种可以说通的猜测,因未见在注,可能是本人作为教育学人所生的敏感猜测。第二个古字(♙)的字形变简,但是以"教"字为原型,保持左右结构,省略了金文"教"字的左下部分。这至少表明"♙"是不能省略的,教、学两字相关,且可以分合或互用。杨树达在论及郭沫若读"学"为"教"时表示认同,并指出"古人言语,施受不分;如买与卖,受与授,夅与粂,本皆一词,后乃分化耳。教与学亦然。……《礼记》《学记》曰'学学半',上学谓教,下学为学……与铭文正同也。"②把这一段论述与上面谈到的两个古字形的分析结合起来,可以得出另一个重要观点:"教学"两字关联和作为一个词的出现,先于"教育"两字组合成词。③ 教与学的互依,在创字阶段已被意识到,这是一个古老而又内在的规定性。

我们可从这一观点引出据字形到字意的理解。甲骨文、金文,当时都无人释义,当今对字意的理解,只能一方面依靠文字专家的解释,一方面自己在比较、望形中生义。在"教""学"两字的演变、衍生中,"♙"形一直保留,尽管对"♙"形的解读,有作为"爻"的基本符号和"算棒"等不同观点,但我认为,以"♙"表示文化符号应是一种可统摄的概括。很可能在甲骨文中是对占卜之事的一种记载,这与殷人重占卜、祭事等古代史研究结论相符,且文字产生本身与占卜关系密切,巫师则是最早的教师。而学校教育的产生又与文字的产生密切相关,从记录占卜之事,转意为"教",颇为合理,且内含了

---

① 参阅:许慎. 说文解字(下)[M]. 69;唐汉. 汉字密码[M]. 上海:学林出版社,2003:845—846."教"、"学"两字的甲骨文字形引自此书。

② 转引自:瞿葆奎主编,杜成宪副主编.孟宪承文集·卷十·中国古代教育史资料[C].上海:华东师范大学出版社,2010:17.

③《孟子·尽心上》"三乐"中有"得天下英才而教育之"为一乐之说。朱熹在《四书集注》所作的注中,将"教育之"释为"教而养之"([宋]朱熹.四书集注.445)。可见,养、育可通用,也可联用。

教的内容与学习符号的特性,较接近于造字的原始语境。在这点上,我赞成"何文"对"教"字的字意解读。至于"教"的下半部分,是代表新出土、占卜用的蓍草,还是孩童,尚未全定。① 金文中的"字"之形为"🔲",与"学"字的下半部同。《说文解字》释"字"为"乳也。从子在宀下",乳下之子,似应理解为人之字、婴儿,引申为儿童,而不会意指"蓍草"。《说文解字》中还有一字与教的左半部相关,为"𡥈",金文字形为"𣃔",释为"放也。从子爻声"。段玉裁对"放"的解释是"仿",因古"放"、"仿"通用。若用段玉裁之释,则"𡥈"与"教"之意就相通了,其中的"子"似指"儿童"更妥,何况"教"之初始是以儿童为对象的,"教"字中包含代表儿童的"子"字,是合情合理的。本人推测:至少,"教"从最早记录占卜之事的符号,转化到含有"教"之意时,"子"就多了一层代表儿童之意。该字发展到隶、楷时期,则可能"子"在"教"中就成为只是代表"儿童"的符号了。这个推论是采用横向多字比较、纵向历史演变的思维方法得出的。"教"字的右旁字源之推敲,也可用此法解释,"攴"有一个从表"占卜"向"小敲"的转化过程。《说文解字》将"教"释为"上所施,下所效也。从攴从孝"。后一句中的"从孝",就部首而论,明显有误。我同意"何文"的判断。但就前后两句联系起来读,则可视许慎之解为反映了儒家至秦汉以后,对"教"字意义的一般理解。因为此时儒家典籍将"孝"作为教育起始、首位要求的观念和表述,已十分普遍,且在民众中也已成为基本的道德要求,融在风俗之中。从这样的角度看,许慎并没有全然说错。"教"字的"上施下效"之意,"上"与"下"泛指君与臣(民)、师与徒、父与子,这在儒家的相关论述中不难找到。施为教、作榜样,效为仿、学榜样,教与学的内在联系,在此又一次得到文字释意的证实。

关于"育"的解释,"王文"、"何文"本无大歧义,确如"何文"所赞,"王文"对"育"的本意到引申意之阐述,将养与培育、生成、成长联接起来,从物质意义的养育到精神意义的上升,分析得尤为细致深入。"王文"得出《说文解字》解"育"字为"养子使作善也。"其中的"养"字,用朱熹注《孟子》之"养":"养,谓涵育薰陶,俟其自化也"②来阐明,特别精到。"存心养性"是孟子学说的核心观点。《孟子》一书中"性"与"养"的出现次数也很多,且"养"不只是指"以善养人"③,而且强调自我养育,"我善养吾浩然之气"④说,是其典型

---

① 本人尚未找到相关的甲骨文"字"形。
② 孟子·离娄章句下·第七章"注";[宋]朱熹. 四书集注. 369.
③ 孟子·离娄章句下·第十六章.
④ 孟子·公孙丑上·第二章.

代表。

进一步分析可得出一个重要结论："教"与"育"虽可合用为一词"教育"，然而在此之前则各作独立之用为多。两字的区别在于："教"字重在表明施受关系，即由师、君、圣人等"教"徒、臣民与众人；"育"字则强调人之性的内在涵养、化成。"育"之事可由他人承担，更需自育自养。"教"之行为与内容更见著于外，"育"则指向其内，须蕴涵，故缓慢，需持久方可达成。为了说明这一点，我们尚须进一步分析典籍，作出更清晰、确凿的说明。

2. 儒家经典对"教育"的内在规定之确认

儒家经典浩如烟海，我们不可能阅尽万言，只能以《论语》《孟子》《荀子》和《礼记》中的《学记》、《大学》、《中庸》等相关论述为主，意在从源头上认识影响中国文化与教育数千年的儒家关于教育的基本立场与观念。

首先，儒家各派在整体上都以入世、重教尚学、尊师为共同特征，这也是儒家对中国文化传统在传承与发展上起重要作用的原因。其代表人物和典籍虽出于春秋、战国、秦汉、唐宋等不同时期与朝代，但都有一种担当与弘道精神。因此可以说，儒家的代表人物远不是用言，而更是用他们一生的奋斗、努力，用自己的践行，在传承、坚守和弘扬文化传统。

《学记》是一篇将"教与学"作专题合议、阐述的文章。开始三段就突显了重教重学以及教与学的关系："君子如欲化民成俗，其必由学乎"；"古之王者，建国君民，教学为先"；"学然后知不足，教然后知困。知不足，然后能自反也；知困，然后能自强也。故曰：教学相长也"[①]。

这是《学记》中对"教与学"和"化民建国"的关系，以及作为教者应认识到的教学在自我中的统一。这三句是《学记》内含精神的纲领或提要，也让我们看到了自古以来中国文化中重"教"重"学"的传统。为了做到这一点，教师须自觉地学，在教中学，自觉做到"教学相长"。但古代教育之本在修身，君子要化民，须"上有行"，方会"下有效"。"教"是上所施、下所效的过程，故《大学》在开篇列出"大学之道，在明明德，在亲民，在止于至善"的纲领，列出如何实现格物、致知、诚意、正心、修身、齐家、治国、平天下的八条目之后，即提出"自天子以至于庶人，壹是皆以修身为本"[②]。用今天的话来说，就是每个

---

① 礼记·学记.
② 礼记·大学·第一章.

人都要从自己做起,其中,天子、君,以及教育和培养天子等治人者的教师,更需带头从最基本的做起:"其家不可教而能教人者,无之。故君子不出家而成教于国";"是故君子有诸己而求诸人,无诸己而后非诸人"①。

孔子作为儒家创始人,处在礼崩乐坏、人心不古的春秋末代,他办私学、收弟子、授六艺,奔走讲学,其十分强烈的动机和持续的动力,就在于"兴亡继绝",弘扬仁礼,意在通过自己的教育实践和努力,培养出君子之才,使君主更为明智尚德,改变当时的乱局,回到他所崇尚的西周盛世。读《论语》,我们能感受到孔子这种不屈不挠、心正意诚的生命气场。他确实用自己的生命,践行了一位真诚的师者之道:"学而不厌,诲人不倦"②。

《论语》有不少关于"教"与"学"的讨论,然而,大量涉及的是如何为君治国之道。如:孔子提出应先"庶之"、"富之",然后再"教之"的治国之方③。这个思想在《孟子》中得到更具体且反复的论述;主张"敬事而信,节用而爱人,使民以时"④,又曰"有君子之道四焉:其行己也恭,其事上也敬,其养民也惠,其使民也义"⑤,这反映了儒家思想之近民生、重教化的特性。孔子认为"善人教民七年,亦可以即戎矣"⑥;"以不教民战,是谓弃之"⑦;"不教而杀谓之虐"⑧。但《论语》中尚有"民可使由之,不可使知之"⑨,长期以来被用来证明孔子提倡"愚民政策",成为须批判的观点,这并非全然不是。朱熹在注中也作此解:"民可使之由于是理之当然,而不能使之知其所以然也"⑩,同时他又引"程子曰"作为另一解:"圣人设教,非不欲人家喻而户晓也,然不能使之知,但能使之由之尔。若曰圣人不使民知,则是后世朝四暮三之术也,岂圣人之心乎?"⑪程子用区分孔子原意与后人曲解来为孔子辩解。同一页中,当代金良年的译文则是:"民众能在使用中遵行,不能在使用中理解"⑫。三种注、释都从"一句出",却很不同。若从《论语》整部书看,朱熹的解释似与孔子一贯相信和重视"教"、主张以教化民、有教无类的思想不协调;相比之

---

① 礼记・大学・第九章.
② 论语・述而第七.
③ 论语・子路第十三.
④ 论语・学而第一.
⑤ 论语・公冶长第五.
⑥ 论语・子路第十三.
⑦ 论语・子路第十三.
⑧ 论语・尧曰第二十.《孟子》中也有相关论述,不再一一列出。
⑨ 论语・泰伯第八.
⑩ [宋]朱熹.四书集注・论语・泰伯第八・注.[宋]朱熹.四书集注.135.
⑪ [宋]朱熹.四书集注・论语・泰伯第八・注.[宋]朱熹.四书集注.135.
⑫ [宋]朱熹.四书集注.135.

下,程子的解释似更合理;金良年的译文又似太过当代。除程子解释外,如若能加标点、句读如下:"民可,使由之;不可,使知之"①,似更可解。在儒家思想中,一贯有无论大人还是小民,都须受教的信念,如孟子言:"人之有道也,饱食、暖衣、逸居而无教,则近于禽兽。"②

在如何才能化民的论述方面,孔子的观点一贯是以身作则。"其身正,不令而行;其身不正,虽令不从"③;"不能正其身,如正人何?"④政,在一定意义上就是正己正人,所谓"政者,正也"⑤。政,也包括正名,名正则言顺,言行都应以"礼"之规定为准,天下才会有道⑥,如此才能得民心,"近者说,远者来"⑦。为了做到这一点,孔子要求为君者要"好学"、"慎独"、"修己"、"尊礼"、"仁义"、"忠信",要像大禹一样致孝、致美、致力于治水,做到无可指责的地步⑧,做到"先之、劳之"、"无倦"⑨,才能立于不败之地,问心无愧。

其次,孔子作为师,也以修身立德责己,以身体力行为准则要求自己。《论语》以"三说"开篇:"学而时习之,不亦说乎? 有朋自远方来,不亦乐乎? 人不知而不愠,不亦君子乎?"⑩鲜活地勾勒出孔子乐学勤习、好友善交,且以自得而不以人知为乐的君子之态。他强调"古之学者为己,今之学者为人"⑪,以古之学者为上,并认为只有"温故而知新",才"可以为师矣"⑫。儒家重视师之重要,力主择师、尊师与严师:"能博喻然后能为师,能为师然后能为长,能为长然后能为君。故师也者,所以学为君也。是故择师不可不慎也。"⑬正因为师与道紧密关联,为尊道必要严师,"师严然后道尊,道尊,然后民知敬学"⑭,这是所谓"师道尊严"的本意。儒家这一传统在民间的显性表现,就是宗庙中

---

① 此乃本人一解,另详阅:杨伯峻. 论语译注[M]. 北京:中华书局,2009:80. 对此句读法略有论及。
② 孟子・滕文公上第四章.
③ 论语・子路第十三.
④ 论语・子路第十三.
⑤ 论语・颜渊第十二.
⑥ 参阅:[宋]朱熹. 四书集注. 223.
⑦ 论语・子路第十三. 引语中的"说"通"悦"。
⑧ 参阅:论语・泰伯第八.
⑨ 参阅:论语・子路第十三.
⑩ 论语・学而第一.
⑪ 论语・宪问第十四.
⑫ 论语・为政第二.
⑬ 礼记・学记.
⑭ 礼记・学记.

有"天地君亲师"的牌位,儿童入学、青少年学手艺,都有郑重的拜师仪式等。孔子则因有"知新"的观念,所以十分谦虚好学,愿意向任何人学习,并言"三人行,必有我师焉"①,"后生可畏"②,且鼓励学生"当仁,不让于师"③,突显了师道之所以尊严,是因其为弘"仁"之必须。在孔子那里,为师者,不仅要会教,还要"好学"。教与学、学与行,十分紧密地联系在一起。

在《孟子》中,"教"与"学"的认识虽有与《论语》呼应处,但已不构成主要内容。《孟子》除了论君主治国之要外,在修身方面的重点放在"正心"、"养气"上。这一变化与人性观之不同相关。孔子的人性观强调"性相近也,习相远也"④,孟子则强调:人之性本善,仁义礼智四端皆存于心,故教育的过程不在外表,而在保存赤子之心,且养气使之充足生长,能做到这样,人皆可以为尧舜。孟子认为"大人者,不失其赤子之心者也"⑤。通过强调"以善服人者,未有能服人者也。以善养人,然后能服天下"⑥,来突出"养善"之重要。在孟子看来,"学问之道无他,求其放心而已矣"⑦,不懂此道,是令人悲哀的。"尽信《书》,则不如无《书》"⑧,只有"仁人无敌于天下"⑨,故孟子有与孔子不一样的"三乐":"父母俱存,兄弟无故,一乐也",这与儒家的孝悌之道一脉相承,作为三乐之首;"仰不愧于天,俯不怍于人,二乐也",这是孟子对"养浩然之气"以成"大丈夫"人格的推崇:"得天下英才而教育之,三乐也"⑩,可以说,正是有了"养气"之意,才出现了"教育"一词的联用,才不同于孔子所强调的教学、学习,从而使"教育"一词具有了明确的外、内不同之向的区别与聚合。在《大学》、《学记》等儒家经典中,我们可以悟到育人之意,但无"育人"或"教育人才"的提法。"育"往往是用在"天地大德育万物"之上。所以本人认为,孟子在第三乐中提出"教育"一词具有重要的突破性价值,只是以往少被人察觉和明晰其意,使我们长期以来,只注意"教育"作为一词的合意,而未深究"教"与"育"两字在指向上的重要区别,往往以"教"作为全部,代替了"育"的深度阐发,忽视

---

① 论语·述而第七.
② 论语·子罕第九.
③ 论语·卫灵公第十五.
④ 论语·阳货第十七.
⑤ 孟子·离娄下第十二章.
⑥ 孟子·离娄下第十六章.
⑦ 孟子·告子上第十一章.
⑧ 孟子·尽心下第三章.
⑨ 孟子·尽心下第三章.
⑩ 孟子·尽心下第三章.

了"教"与"育"的内外关系研究。

二、智慧:以启蒙善导之慧,成仁人志士之德

由孔子开启的儒家学术与教育,承接和体现了中国文化传统的精神与核心价值,以教育为己任,将弘道、育人联结在一起,形成了"天命之谓性,率性之谓道,修道之谓教"的教育命题,使"教"与人之德性的培育,不仅在教之目的、内容上,而且也充满在教之过程中,体现在教与学的方法上,使中国古代文化传统中的教育呈现出独特的智慧;使智与德在儒家教育以"立人"为中心的教育过程中实现统一。智慧与道德的统一之"教",也是儒家教育传统留给今人的宝贵财富。

据传,孔子在其教育生涯中有三千弟子,直接培养出七十二贤人。这在几千年前的古代,实在是一项惊人的业绩!更值得深思的是,孔子开创的儒学还通过其后人、学生薪火相传,战国就有孟、荀之学,尽管多次遭毁,多学派反对,但历经世代,儒学、大儒不绝,儒家经典不断得到辑录、整理、注释,渐成汪洋,而且其基本精神:守道崇德、尊礼弘仁,得以持续发扬。还通过"三字经"、"千字文"等通俗读本,成为历代儿童的启蒙之学。如此顽强的生命力,其根基究竟在何处?在我看来,除了自汉始,得到来自政权的认同,成为官学,有了制度保证之外,还与自孔子始,儒学就强调教师以自己的身体力行和人格力量影响学生有直接关系。

(一) 志于学,善于学

《论语》中记载了孔子言"志"的各种方式。"志"是个人的意向,所谓"立志"即是个体意向之确立。孔子自言"吾十有五而志于学"①,这是他在七十岁后回顾一生所言。《论语》中有大量的记录表明,孔子终身坚守此志:"学而不厌",唯恐失之;"学而时习之,不亦说乎",这是在做到"知之者不如好之者,好之者不如乐之者"②境界后的体验。对孔子来说,"学"逐渐成了内在需求:"吾尝终日不食,终夜不寝,以思,无益,不如学也"③。孔子之所以以"学"为"志",是因为君子须鉴往知来,若能"博学于文,约之以礼,亦可以弗畔矣夫!"④而要"闻道",更须由学而至,"子曰:'朝闻道,夕死可矣'"⑤,一

---

① 论语·为政第二.
② 论语·雍也第六.
③ 论语·卫灵公第十五.
④ 论语·雍也第六.
⑤ 论语·里仁第四.

句话充分表达了孔子求"道"之心切。"志于学"还在于成人、成君子,必经学。孔子自称:"我非生而知之者,好古,敏以求之者也"①,非深知"志于学"之难,自信如他这般好学者并不多。在孔子看来,君子之学,"兴于诗,立于礼,成于乐"②,他以"文、行、忠、信"③四教于学生,希望学生成为"君子儒"而非"小人儒"④。"君子儒"的核心是做到内仁外礼,"德"成于内,"文"见乎外;德才兼备,文质彬彬。⑤

荀子被史家认为是辨析、取舍春秋各家之学,成为儒家与法家关联的枢纽。若不从治政而专于议论、著书,从接续的意义上,是承儒家为主⑥,同是力主学习的大家,荀子与孟子在人性论上持不同观点,以"性恶论"自称。所谓性恶,主要是承认人有天然的各种欲望,社会提出的仁义道德之知晓与坚守,非出于天性,也不会自然而成,乃人之为,故称其"伪","无性则伪之无所加,无伪则性不能自美"⑦,所以他尤其主张"学不可以已"⑧。人需要规范方能成君子,这是"教使之然",人"不闻先王之遗言,不知学问之大也","君子博学而日参省乎己,则知明而行无过矣"⑨,若不认识到这一点,则"怠慢忘身,祸灾乃作"⑩。

荀子力主"学不可以已",故他强调学要坚持,"功在不舍",学是一个积累的过程,"不积跬步,无以致千里;不积小流,无以成江海"⑪,"学至乎没而后止也"⑫。

孔子不仅志于学,而且善于学,对自己和学生都提出了善学的要求:一是学与思结合,指出"学而不思则罔,思而不学则殆"⑬;"君子有九思:视思明,听思聪,色思温,貌思恭,言思忠,事思敬,疑思问,忿思难,见得思义"⑭。由此,实际上又提出了第二个方

① 论语·述而第七.
② 论语·泰伯第八.
③ 论语·述而第七.
④ 论语·雍也第六."子谓子夏曰:'女为君子儒! 无为小人儒!'"其中"女"通"汝"。
⑤ 详见:论语·宪问第十四.孔子答子路问成人;等处。
⑥ 这可从《荀子》一书所传扬的基本观念读出,其中"儒效篇第八"更是具体表明了荀子对儒家的肯定性评价。
⑦ 荀子·礼论篇第十九;章诗同.荀子简注.上海:上海人民出版社,1974:213.
⑧ 荀子·劝学篇第一.
⑨ 荀子·劝学篇第一.
⑩ 荀子·劝学篇第一.
⑪ 荀子·劝学篇第一.
⑫ 荀子·劝学篇第一.
⑬ 论语·为政第二.
⑭ 论语·季氏第十六.

面的要求:思、学与习、行结合,声称"君子欲讷于言而敏于行"①。《论语·乡党》详细记录了孔子在各种场合的言行方式,可见这种身体力行给学生留下的深刻印象。孔子善学的第三个方面表现在"敏而好学,不耻下问"②。《论语》多次记载了孔子入太庙"每事问"③,他认为善学者能从任何事、任何人那里学到东西,"见贤思齐焉,见不贤而内自省也"④,贤者择其善,有过者以其不善而警醒自己。最善学者还需要从自己的言行中反思而学,不恒有过;闻过则喜,"过则勿惮改"⑤。曾子的"吾日三省吾身:为人谋而不忠乎? 与朋友交而不信乎? 传不习乎?"⑥正是孔子要求学生自省、自强的表现。孔子对何为好学、善学的表现,还集中表现在《论语》里多处记载的他对颜回的夸奖中。在孔子心目中,颜回学而忘贫、忘忧,"不改其乐"⑦;他虽不多言,但"闻一知十";"不迁怒,不贰过"⑧,能做到"三月不违仁"⑨,其他人几乎都做不到这样的程度。

荀子对学的方法也有深究,主张"君子之学也,入乎耳,箸乎心,布乎四体,行乎动静"⑩,这是就学习者自身的专注与贯通而言。此外,他更强调"学莫便乎近其人"、"学之经莫速乎好其人"⑪,因为君子不仅博学而贯通,且周知世事,这样的学,才是有助于成人之学。好的师,就是这样的师者。学者要学礼以正身,"师者,所以正礼也","故学也者,礼法也;夫师以身为正仪,而贵自安者也"⑫。"学"要由闻之到见之,再到知之,最终到行之,"学至于行之而止矣"⑬荀子还把"行"分为:入孝出悌之小行;上顺下笃之中行;从道义不从君父之大行。区分践行的等级,告之不要仅满足于小行。至止大行,"则儒道毕矣"⑭区分更清晰了学习至行,要经历的过程。荀子自己对各类学说所持的批判态度,更是为如何学有所获、所进、所见做了榜样。⑮

① 论语·里仁第四.
② 论语·公冶长第五.
③ 如:论语·八佾第三;论语·乡党第十;等处。
④ 论语·里仁第四.
⑤ 论语·子罕第九.
⑥ 论语·学而第一.
⑦ 论语·雍也第六.
⑧ 论语·雍也第六.
⑨ 论语·雍也第六;[宋]朱熹.四书集注.109.朱熹注:"三月言其久"。
⑩ 荀子·劝学篇第一.
⑪ 荀子·劝学篇第一.
⑫ 荀子·修身篇第二.
⑬ 荀子·儒效篇第八.
⑭ 荀子·子道篇第二十九.
⑮ 参阅:荀子·天论篇第十七;荀子·正论篇第十九;等篇章。

孔子把无论在什么情况下都矢志不渝的人看作是君子,是内心强大的十分重要的表现,他用自己的生命实践兑现了"三军可夺帅也,匹夫不可夺志也。"①孟子的大丈夫之论:"富贵不能淫,贫贱不能移,威武不能屈"②,正是孔子"不可夺志"的"匹夫"之"志"的坚定不移与发扬光大。

(二) 善于导

孔子"学而不厌、诲人不倦"的教育家智慧与魅力,不止于以身作则,还在于他能因材施教、循循善诱。《论语》中有大量叙事式的记载,在此不一一转述,只对孔子为何能做到善诱,作一概括式分析,以求更多甚解。

其一,善察人,识诸生。

《论语》中,我们可以读到孔子关于如何觉察人的许多言论,如:不仅要听其言,而且要观其行;不仅要看其如何处理大事,还要观其在日常生活中是否知礼、尊礼、行礼;不仅要看其本人,还要观其相处之友的长与过;不仅要看其处顺境中的状态,还要观其处逆境中的表现;不仅要看其短处,还要看其长处;不仅要看其一时,而且要观其一贯。除此以外,还要听其他人对他的评价:众好之,众恶之,都不可全信,前者可能"谄",后者可能"直",故要据实分辨。孔子以这些道理教学生,也以此道察学生。教学生是为了使他们学会识人,以别君主之昏明,识他人之善过,既为择主、交友,也为自身提高。察学生是为了在教育中能因材施教、长善救失。孔子自言:"爱之,能勿劳乎? 忠焉,能勿诲乎?"③表明了他对爱学生的理解。在《论语》中,我们可以多次读到孔子对学生才能与不足的评价。其中,颜回、子路最突出。除此之外,子贡、子游、子张、冉求、仲弓等,也常被提及。被批评得最严厉的是宰予和樊迟,前者被批为"朽木不可雕也",因其"昼寝"而不学;后者请"学稼"、"学圃",被斥为细民式的"小人",因其只关注被孔子视为农人所要学的小事,而非君子该学的"大道"。这是孔子区别学生的标准和作出的基本判断,这些判断不只涉及其学问、行为,而且关注其性格特征与缺陷,这是识察学生的更为根本之处。

更为不易的是,孔子还十分关注哪个学生何时可教什么,如当子贡说出自己如何看人在贫富时的不同表现,并从孔子的回答引申出"《诗》云'如切如磋,如琢如磨'",请

---

① 论语·雍也第六.
② 孟子·滕文公下第二章.
③ 论语·宪问第十四.

教孔子是否此意时,孔子欣然回答:"赐也,始可与言《诗》已矣,告诸往而知来者。"①对子夏问《诗》的回答也相似,但评价更高,因其已能知其一而言其二②,这与他夸颜回"闻一知十"异曲同工。孔子知道教应有序、不躐等。他对"乐"之演奏过程的描述,实质上是对事物发展过程由始至成,也可以说是对人之由始至成过程的理解③。本人认为,这一点更见孔子作为教育家的识人功夫,不仅知学生之材质,而且能判断、选择其教之"时",这是对学生发展过程中潜在可能的判断能力,尤为难能可贵。

其二,善启发说理,重相互对话。

孔子明确提出,自己对学生的教育是"不愤不启,不悱不发",后人将其归为"启发式"方法,与苏格拉底并举。然而依我之见,孔子的善启,还不只局限于学生有问题,而且在乎把握学生对求解之情的迫切程度,"愤"、"悱"都是到了不求解不得其要的地步。唯有处于渴求状态,问答才会产生更大的效应。孔子还能对同一问题,因不同学生不同时候问而作不同回答,如许多关于"仁"的不同回答。④ 这些都是对教育"火候"把握的高超艺术。

然而,孔子并非任何时候都用这种方式,有时他是自己直接讲述某一方面的问题,或以君子、小人对比之,或以古人、今人对比之;有时是归纳出某一"词"之所指的各方面,如前面已经提到的"君子九思";有时是描述一个发展过程,如"子语鲁大师乐"⑤;有时是成对式地指出是与否,或明确指出不能为之,如"吾忧"⑥;有时是说出对某一事物标准的若干等次,如答子路问"成人"⑦;有时是举纲、列目,如答颜渊"问仁";有时则是对同一行为,在不同情况下的对错之辨;有时是对某一具体的人或事件作出评价;有时则是谈论抽象的学习和做人原则。

尚须特别提出的是,孔子有时会主动提出一个问题,让学生各自发表自己的想法,

---

① 论语·学而第一.
② 参阅:论语·八佾第三."子夏问曰:'巧笑倩兮,美目盼兮,素以为绚兮。何谓也?'子曰:'绘事后素。'曰:'礼后乎?'子曰:'起予者商也! 始可与言《诗》已矣。'"
③ 参阅:论语·八佾第三."乐其可知也:始作,翕如也;从之,纯如也,皦如也,绎如也,以成。"
④ 如:"樊迟问仁"(论语·雍也第六;论语·子路第十三;等)、"颜渊问仁"(论语·颜渊第十二)和"司马牛问仁"(论语·颜渊第十二)等,回答均不同。
⑤ 论语·八佾第三.
⑥ 论语·述而第七."德之不修,学之不讲,闻义不能徙,不善不能改,是吾忧也。"
⑦ 论语·宪问第十四."子路问成人。子曰:'若臧武仲之知,公绰之不欲,卞庄子之勇,冉求之艺,文之以礼乐,亦可以为成人矣。'曰:'今之成人者何必然? 见利思义,见危授命,久要不忘平生之言,亦可以为成人矣。'"

用现在的说法就是"讨论式"。《论语》中最典型的记录是孔子曾两次与几个学生一起谈论"各自之志":在"颜渊、季路侍"中,记录了两人所言的处世之道,孔子亦表达了自己之志:"老者安之,朋友信之,少者怀之。"①在"子路、曾皙、冉有、公西华侍坐"中,子路、冉有、公西华、曾皙与孔子闲坐论治国之志,孔子听完各自的志向,不作是非评论,只是表示让大家各言其志而已。他自己则表示与曾皙之志同,道出了与学生沐浴于大自然春风、春水中的闲适情志②。如此议论,实际上起到了促进学生、师生间相互了解与启发的积极作用。

总之,孔子的善导,我们今天远远不能用"启发式",尤其是把"启发式"、"对话"作为一种教学方法去概括、理解甚至简单搬用。他的善导是中国文化智慧的表达,深谙"过犹不及"、"叩其两端"的思维之法、取中之道,深知具体情境、整体综合、随机应变的变化之道,又万变不离其核心价值与育人目标,可以说,已达到炉火纯青、出神入化的教育艺术之境。在我看来,《学记》中的概括,确实能反映以孔子为代表的儒家教育智慧,然仍不如《论语》那般生动、丰富。今日仅用"因材施教"、"教学相长"(还有误读)、"启发式"(还有窄化)那样界定,则更透出教条式的无味,离孔子太远了。

(三) 以人格力量成人之德

以孔子为代表的儒家教育"以德立人"之终极指向是人格力量的形成。孔子之所以能成为儒家和中国教育传统精神与智慧的集中代表者,且能影响当时、后世一批又一批仁人志士,说到底是在其人格力量。我们可以从《论语》中感到这种人格力量的光辉与强大,也可从后世真儒、大儒对孔子的崇敬和赞颂中读出。

孔子的人格力量,除了上述已提到的博学与智慧,志、言、行都以道贯之以外,还表现在与弟子交往中:

1. 以诚相待,心怀坦荡

在儒家道德教育中,"诚"是立身之本,由诚方可有信,"人而无信,不知其可也"③。儒家重教师以身载道,孔子用自身对弟子的诚信之意,使弟子敢于并乐于和他交流,提出自己的疑惑和见解,开展讨论。他在学生面前从不把自己当作生而知之者、圣人,而是反复强调自己只是好学、多闻择其善,是学而知之者。当学生告之有人批评他时,他会表示:我不是圣人,孰能无过? 闻过则喜,知过即改。他真诚地赞赏颜回之好学与诚

---

① 论语·公冶长第五.
② 论语·先进第十一.
③ 论语·为政第二.

信,甚至坦言自己有不如他之处。当弟子对他有误解时,他会坦诚相告,说明实情为自己辩护,但不是以教师的地位加以压制。当弟子以为孔子还有什么大道未告之时,孔子直言:"二三子以我为隐乎?吾无隐乎尔。吾无行而不与二三子者,是丘也。"①他确实做到了"君子坦荡荡",即使在学生那里也是如此。孔子因诚而清澈,因诚而光明。有光明人格之师,才能与弟子有心灵的沟通,以光明照亮其心。教育的力量靠诚挚之情意,开启心灵之门。

2. 坚守正道,进退自持

孔子以仁礼为正道。他以忠恕为处世之道,主张和而不同,做好自己,但不强求于人,也不使骄且吝。但不管出于什么地位、与谁相处,都不将个人利害置于首位,而是"从吾所好"。孔子最大的"好",就是"正道"。在他看来:"富而可求也,虽执鞭之士,吾亦为之"②;"不义而富且贵,于我如浮云。"③"笃信好学,守死善道。……天下有道则见,无道则隐。邦有道,贫且贱焉,耻也;邦无道,富且贵焉,耻也"④,这是孔子守死善道的"进退观",他一再表达此见:有道则进,无道则退。孔子主张事君尊礼,但"事君尽礼,人以为谄也"⑤。他喜欢交友,"忠告而善道之,不可则止,无自辱焉"⑥,是其处友的原则。如此的为人之道,是一种重人格尊严的人生态度,坚守自己确认的信仰和理想的人生追求。可以想象,若无这样的坚守正道和对人格尊严的自珍自爱,若无羞耻心和荣辱观,只对权势名利孜孜以求,则以孔子之才智,完全不会到晚年还如此奔波、颠沛于途,过着清贫的生活。如此守道、洁身自好的品质,才产生出震撼人心的力量。《荀子·儒效》篇用这样的语言,充沛淋漓地称颂了孔子的独立人格之伟大:"彼大儒者,虽隐于穷阎漏屋,无置锥之地,而王公不能与之争名;在一大夫之位,则一君不能独畜,一国不能独容,成名况乎,诸侯莫不愿得以为臣;用百里之地,而千里之国莫能与之争胜,笞棰暴国,齐一天下,而莫能倾也。是大儒之徵也。其言有类,其行有礼,其举事无悔,其持险应变曲当,与时迁徙,与世偃仰,千举万变,其道一也。是大儒之稽也。其穷也,俗儒笑之;其通也,英杰化之,嵬琐逃之,邪说畏之,众人愧之。通则一天下,穷则

---

① 论语·述而第七.
② 论语·述而第七.
③ 论语·述而第七.
④ 论语·泰伯第八.
⑤ 论语·八佾第三.
⑥ 论语·颜渊第十二.

独立贵名,天不能死,地不能埋,桀、跖之世不能污,非大儒莫之能立,仲尼、子弓是也。"①

3. 自明自强,不畏艰难

孔子常以对自己的评价告弟子,以悟人生真理,并使弟子体会人需要有清醒的自我意识,才可能更自觉地做好自己、有益他人。其中,有关于自己一生成长历程的回顾,有"不怨天,不尤人。下学而上达"②,即使只有天知也无悔的自白;也有对一生奋斗不已的自我描述:"其为人也,发愤忘食,乐以忘忧,不知老之将至云尔"③,期望老天能"加我数年,五十以学《易》,可以无大过矣"④。如此学而忘老、因学而祈年的"好学"之情,令人动容! 孔子言及君子有"三畏":"畏天命,畏大人,畏圣人之言。"⑤但他为了卫道而不畏人迫害,不畏死,有孟子所言"舍我其谁也"的大无畏精神。被人称为"知其不可而为之",其顽强精神,恰如其自言:"知者不惑,仁者不忧,勇者不惧"⑥,"岁寒,然后知松柏之后凋也。"⑦这些话道出了身处乱世或艰难困苦背景中,人需要用怎样的人格力量去迎战,如何将艰难作为磨炼自己的力量。孟子亦有"天将降大任于是人也,必先苦其心志,劳其筋骨,饿其体肤,空乏其身,行拂乱其所为,所以动心忍性,曾益其所不能"⑧之言论。孔孟这种松柏之顽强,对"死于安乐、生于忧患"之自觉,经历代仁人志士传颂与力行,已成为中国知识分子人格力量的重要特征。

正因为孔子以人格力量强己育人,孔门出众的弟子都以其师为榜样,并敬仰、称颂不已:

子贡对毁谤孔子的人说:"仲尼不可毁也。他人之贤者,丘陵也,犹可逾也。仲尼,日月也,无得而逾焉。人虽欲自绝,其何伤于日月乎? 多见其不知量也。"⑨

"子温而厉,威而不猛,恭而安。"⑩

颜渊赞叹曰:"仰之弥高,钻之弥坚。瞻之在前,忽焉在后。夫子循循然善诱人,博

---

① 荀子·儒效篇第八.
② 论语·宪问第十四.
③ 论语·述而第七.
④ 论语·述而第七.
⑤ 论语·季氏第十六.
⑥ 论语·子罕第九.
⑦ 论语·子罕第九.
⑧ 孟子·告子下第十五章.
⑨ 论语·子张第十九.
⑩ 论语·述而第七.

我以文,约我以礼,欲罢不能。既竭吾才,如有所立卓尔。虽欲从之。末由也矣。"①

《中庸》记言:"大哉圣人之道! 洋洋乎发育万物,峻极于天。……故君子尊德性而道问学,致广大而尽精微,极高明而道中庸。温故而知新,敦厚以崇礼。是故居上不骄,为下不倍;国有道,其言足以兴;国无道,其默足以容。"②

孔子以其从教一生的实践,向世人告之:教育是立人之事,最强大的育人力量是教育者的人格力量。

三、境界:以"天地人事"之教,涵"生命自觉"之育

蕴含在中国文化传统之中的中国古代教育传统,就其所达到的境界而言,可用"教天地人事 育生命自觉"来表达,并依此对"教育"的中国式理解,来贯通中国教育之古今,阐明我们对"教育"内在规定性的认识。在此,"天地人事"既可每一字作为特指的一个方面分开解,又可将"天地"作"自然界"解,"人事"作"社会界"解,其内含十分丰富。简而言之,在教育中,"天地人事"是"教"所要传递的文化内容,是外在已有的"类知识"。人类已积累的文化,包括价值、观念、理论、知识及其行事规则等,相对于个体而言,是一种外在的"类认识"。"教"的任务,就是使个体接受这些外在的类认识,并能为其个人的生存发展所用。而"生命自觉"则指教育对于个体生命的最高价值,在于培育生命之自觉,这是人的精神力量的内在成长,是"育"的任务和指向。上节提到的"教"与"育"、内与外、手段与目的之区分,至此,进入到概括式的内容与价值规定的表达。然而,教与育之间在实践中只有合为一体,才能达到立人的目的。

在此,重点说明中国古代教育中"天地人事"之"教"与"生命自觉"之"育"的内涵及其关系,分两大部分作展开论述。

(一)"天地人事"之教

本章第一节已论述过中国文化传统中"天地"与"人事"的关系,并言明:中国文化传统的核心内容就是以天地之道为大道,言明人间世事所必须遵守之理。在古代教育中,天地与人事的关系也是如此,只是关系的具体载体有自己的独特,逐渐形成了古代教育的传统。

"天地人事"的关系在古代教育传统中的存在与表达,主要表现为以下几个方面:

---

① 论语·子罕第九.
② 中庸·第二十七章.

1. 天尊地卑,师道尊严

天尊地卑,天施地受,天行地效,天自明、地承明,天为上、地为下,这些观点在教育中,直接体现在师生关系上。教师是"天佑下民,作之君,作之师"①而生,是受天命而来的,作为施教者、长者,必为上,弟子只有对老师敬,真心受教,以老师为榜样,才能学成人。这是古代教育中强调教师地位的重要依据之一。另一方面则是因教师所授之业,都是天之大道、人伦世事之道,教重道,必重教,重教必尊师。

荀子是先秦儒家中最强调尊师的人,他同样以天地之理作比喻而言之,"礼有三本:天地者,生之本也;先祖者,类之本也;君师者,治之本也。无天地恶生? 无先祖恶出? 无君师恶治? ……故礼,上事天,下事地,尊先祖而隆君师,是礼之三本也"②。

这一传统及思想方法之坚固,我们还可以从后世流传的启蒙读物,如《三字经》、《弟子规》中读出。《三字经》有"三才者,天地人。三光者,日月星。三纲者,君臣义,父子亲,夫妇顺"这样的天地人事之比,强调"养不教,父之过。教不严,师之惰"的教育责任之担当。《弟子规》则一开始就表明,师言皆是圣人训,以树立其权威。

2. 人性天赋,修道为教

儒家在人性论上,有孔子"性相近,习相远"、孟子"仁义礼智"皆发端于心的性善养性论,以及荀子的性本恶、唯有受教方能成善的三大类不同观点,但仍有其共同之处:一是都将性当作天生之物,是天赋予的。二是识其性为何物,方可定如何教。三是教与成性至善直接关联,为使人至善而教。上述三点中,一和三是根据和目标,基本相同。主要分歧在二,由对人性的不同认识而提出不同的教育之道。如孔子强调性近习远,故而在教育中强调学与习,诱导与践行;孟子因以性善为主,强调"存心养性"的"内发"教育之道;荀子以人性恶为据,不制约、无规矩,欲望就会无度,故强调用道德之规矩匡正而成的"外铄"教育之则。

《中庸》以"天命之谓性,率性之谓道,修道之谓教"概括了三者的关系。朱熹在注中将天命与性、道、教的关系,作了展开说明:"命,犹令也。性,即理也。天以阴阳五行化生万物,气以成形,而理亦赋焉,犹命令也。""人物各循其性之自然……莫不各有当行之路,是则所谓道也。""率",循性也。"圣人因人物之所当行者而品节之,

---

① 尚书·周书·泰誓.
② 荀子·礼论篇第十九.

以为法于天下,则谓之教,若礼、乐、刑、政之属也。"其结论是:"盖人之所以为人,道之所以为道,圣人之所以为教,原其所自,无一不本于天而备于我。"①不难看出,朱熹师承思孟学派,从他对天命与性、道、教的关系之解皆出于"天"的结论,再一次表明了中国古代教育传统中天道与人道的关系,化到教育内部,则通过天性与教育的关系实现。

将修道对人性所能达到的"至诚"作为最高程度,由此能尽人之性,尽物之性,"可以赞天地之化育,则可以与天地参矣"②。这是圣人可达到的境界。进一步的说明,是将圣德之博厚与高明相配于天地:"博厚配地,高明配天。……天地之道,博也,厚也,高也,明也,悠也,久也。"③圣人之道同样大哉:"发育万物,峻极于天",其同,皆在于"至诚"④。"唯天下至诚,为能经纶天下之大经,立天下之大本,知天地之化育。"⑤以圣人之德可达到与天地并列、化育万物的境界,这是对圣人伟大的称颂,也是对人可提升至圣人之教的价值的充分肯定。

荀子对天地人相参的解释不同于《中庸》,他认为"天有其时,地有其材,人有其治,夫是之谓能参"⑥,如果只是怀愿于能和天地之理同高,却不为人之可行之治而努力,那只是一种妄想而已。

需要指出的是,荀子是以"学"、"事"(指改变)来区分"性"与"伪"的,即"不可学、不可事而在人者,谓之性",这是天生而成的;"可学而能、可事而成之在人者,谓之伪"。这实际上是对教育作用于人的可能性范围之确定,在我看来,较之性善说对教育的乐观主义,荀子的观点,更接近于教育之可成人,以及与人的天性之间的真实关系。与此同时,他还强调每个人自己要努力为之,君子与小人的区别不在天生,而在处怎样的环境、受怎样的教育,在于本人是否努力而为。"能不能之与可不可,其不同远矣"! 不能将自己的不为推为不能。从这个意义上,荀子不只是强调"外铄",他同时也强调个人自我的内在认识与努力,这是另一种不同于孟子所言的"内发"。

3. 施不失时,进须有序

天人合一论中,对天之时令、物之次序与人事之间的关系,同样用对应的方式相

---

① 中庸·第一章."注";[宋]朱熹.四书集注.24.
② 中庸·第二十二章.
③ 中庸·第二十六章.
④ 中庸·第二十七章.
⑤ 中庸·第三十二章.
⑥ 荀子·天论篇第十七.荀子关于"天人之分"的进一步分析,将在第四点中再述。

配。在教育中的主要表现：一是教育内容的安排与时令的关系；二是教育内容安排与学生年龄之间的关系；三是所授各条目或道德要求与各人修身所达到的程度之区别。如《礼记·乐记》写道："天地之道，寒暑不时则疾，风雨不节则饥。教者，民之寒暑也；教不时则伤世。事者，民之风雨也；事不节则无功。"①关于学习内容与时间的安排，《礼记·文王世子》有记："凡学世子，及学士，必时。春夏学干戈，秋冬学羽籥。"②《礼记·学记》则对何时入学、考校、学习渐进之序作了记载。其中，尤其强调了教育的引导时机和次序不乱等要求，提出了"豫"、"时"、"孙（逊）"、"摩"四个方面的要求，指出"发然后禁，则扞格而不胜；时过然后学，则勤苦而难成；杂施而不孙，则坏乱而不修；……"③就此而言，在强调顺天时的同时，突出了教育要有豫和逊之特殊的时间观与次序观，是值得重视的。

这样的观念，在《三字经》中也有表达，如："子不学，非所宜。幼不学，老何为"；"首孝弟，次见闻。知某数，识某文"；"曰仁义，礼智信。此五常，不容紊"；等等。在章太炎的重订《三字经》中，则把"四书通，孝经熟。如六经，始可读"、"经既明，方读子"、"经子通，读诸史。考世系，知终始"等研读典籍的次序都排列出来，表明了教学中按次序而行的意识，在中国教育传统中的牢固与践行。

4. 偏重"人事"，虚空"天地"

从上述一系列论述不难得出，在中国古代教育传统中，由于文化传统的制约，实际的教育内容主要是讲人事。在此不再就人、事或人事的内容作展开，只就关于"天地"之学作一些补充。

中国古代教育传统，就内容而言，不是完全不涉及"天地"，但所占比例较少。且只是虚空地讲，作为制约人事的大道来讲，或以此喻人之品德优劣，命运之喜吉凶恶，以及为人处世的原则等。在"天人合一"的世界总观笼罩下，天地之道是作为人类理解实际生存世界的一个范本，是一个至高无上的大道。也就是说，主要讲自然现象的象征意义，而非自然现象本身及其产生机理的研究与解释。一句"观乎天文，以察时变。观乎人文，以化成天下"④就清晰概括了两者的关系。与此相关，古代哲人有关教育内容的具体阐述，也都集中在议论社会、为君、入仕所必须学的内容，在一定意义上，可以比

---

① 礼记·乐记；王文锦. 礼记译解. 北京：中华书局，2001：538.

② 礼记·文王世子.

③ 礼记·学记.

④ 易经·贲·彖.

作是以"成人"为对象、准备入仕的精英教育。

对于古代儿童来说，能上学的本来就是极少数，直到中华人民共和国成立前，文盲率还几近 90%，这一数据足以说明一般。在古代，读书人总是少数，他们被统称为"秀才"。真正能进入到上层社会、达统治阶层的更少。大多数儿童的学习主要是在生活中，在劳动中。有的祖祖辈辈未离开过土地，居于交通不便、大山深处、穷乡僻壤的孩子更是如此。也有一些拜有手艺者为师，学到手艺后多了一种谋生的手段与出路。所以大多数儿童，甚至长大成人后，其精神世界主要是从听闻、亲见和践行、运用中得到充实，多带有经验、体验和实用的特征。那些少数能入塾启蒙的富家、官府或文人子弟，启蒙时的文化学习主要是书和数。书即识字、写字、读书、背书，其内容在基本精神上与以后要学的一致，字词的学习为学生此后进入经史子集开启登堂入室之门。数，如按《礼记·内则》所记："六年，教之数与方名……九年，教之数日……"①，而后，"由数学而通形学，则测天、绘地、制器、尚象之事，无不可通"②。

《大戴礼记·天圆篇》记有曾子与单居离问答"天圆地方"之语，曾子曰"参尝闻之夫子曰：'天道曰圆，地道曰方，方曰幽而圆曰明。明者，吐气者也，是故外景；幽者，含气者也，是故内景……'"③，仅此一段，即可略见古时是如何解释自然现象的，这显然与"天人合一"的宇宙观相关。这也可能是中国长达几千年自然科学一直未能独立发展的重要原因。

对"天人合一"观点提出质疑的是荀子。他明确表示："天行有常，不为尧存，不为桀亡。……受时与治世同，而殃祸与治世异，不可以怨天，其道然也。故明于天人之分，则可谓至人矣。"④这一"天人之分"是石破天惊之说，是中国古代宇宙观的一个具有历史意义的突破，但在当时却被视为荀子叛逆儒家的言论而被否定。在很长的历史时期中，也因统治者尊儒家，儒家后续发展中荀子的"天人之分"说始终未入主流，从而使这一光辉思想被淹没。如果历史发展不是如此，也许中国科学的发展会更早地从本

---

① 转引自：黄绍箕、柳诒徵. 中国教育史[M].//瞿葆奎，郑金洲，主编. 二十世纪中国教育名著丛编. 福州：福建教育出版社，2011：115. 书中介绍："数"指数字和计算（后随"数"之研究发展，直至《九章算术》）；"方名"指东西南北中之方位概念；"数日"指天干地支等数日的方法（参阅：黄绍箕、柳诒徵. 中国教育史[M].//瞿葆奎，郑金洲，主编. 二十世纪中国教育名著丛编. 福州：福建教育出版社，2011：115—121）.
② 黄绍箕、柳诒徵. 中国教育史[M].//瞿葆奎，郑金洲，主编. 二十世纪中国教育名著丛编. 福州：福建教育出版社，2011：119.
③ 转引自：黄绍箕、柳诒徵. 中国教育史[M].//瞿葆奎，郑金洲，主编. 二十世纪中国教育名著丛编. 福州：福建教育出版社，2011：120.
④ 荀子·天论篇第十七.

土生出。当然,历史不能"如果"。但我们可以从中看到文化、哲学观、思维方式,对人认识世界的深度影响,对学科发展方向的深刻影响。也许,从认识上找原因,可以说,因淹没了一位伟大思想家的突破性认识和呐喊,中国文化传统在另一方面的活力未能释放出来,其结果是使几千年的中国文化传统和教育传统,形成了偏至人文的大倾斜。

(二)"生命自觉"之育

1. **"生命自觉"简释**

由教"天地人事"而达"生命自觉"之育,是一个涵蕴、转化的过程。所谓"涵蕴"是指"生命自觉"之育内于"天地人事"之教的过程中,教与育不是两件分开的事项,尤其是"天地人事"中,人与事的内容本身就直接阐述着人的生命、生存、生活之道,直接在人的生命实践过程中,而"人事"又是中国教育内容的主要构成。故双方的关系是外与内的关系,育在教与学的过程中累积、化成。所谓"转化",一是指外在的类文化转化为个体内在的人格;二是指外在的师之教,转化为弟子内在的精神世界之充盈,直至生命自觉之形成。

所谓"生命自觉",是指个体对自己生命的存在状态觉知,成长目标清晰,理想人格确立和矢志不移追求。我们可以用"自明"、"自得"表示对自我的认识;用"自立"、"自强"表示志向的自我确立与强化;用"自持"、"自勉"表示践行中的自我把握与努力;用"自由"、"自在"表示生命自觉达成后个体的存在状态。以上八"自",基本上涵盖了"生命自觉"的构成及形成过程。用表格简示如下:

表 5.2.1　"生命自觉"的八"自"构成

	阶　段	内　容
生命自觉	状态觉知	自明、自得
	人格确立	自立、自强
	自我把握	自持、自勉
	境界达成	自由、自在

表中八"自"的上下关系,有先后之别,但没有以后者代前者的关系,应是后蕴含在前,前入于后之中。故而最后一格"自由、自在",既是上述各阶段发展的结果,同时,前六"自"也已全部化蕴在"自由、自在"之中。认清这一关系性质,对理解"生命自觉"之形成十分关键。

"生命自觉"是自人出生、有生命于人世间后,从有意识到有自我意识,再到有自我生命发展意识与目标,并能发挥个人主动性把握自己的命运,实现自我的生命与社会价值的关于自我的自觉过程。这是一个漫长的、与人生俱在的过程,是人与动物在意识层面内在规定性上的根本区别,也是人的主体意识可达至的最高层面。人的生命自觉不是天生具有的,亦非在生活过程中自然而然能生成,它需要好的教育促成。在我看来,以促成学生的生命自觉为教育的最高目标,是教育中"以人为本"的根本和独特表现,它应渗透、贯穿于终身教育的全过程①。生命自觉又必须由每个个体的自觉意识和坚持努力方能形成。恰如荀子所言:"生,人之始也;死,人之终也;终始俱善,人道毕矣,故君子敬始而慎终。终始如一,是君子之道,礼义之文也。"②

中国儒家文化和教育,因其重视以教化人,重视内省修己的自我完善,重视人格、气节的自我坚守,故为我们和人类教育思想史提供了一笔独特、丰富的与培育生命自觉相关的思想资源,耸立着一位位如孔子般高大的先师榜样。这是我们所拥有的尤为珍贵和独特的文化、教育传统,需要深入研究和发扬光大。

以下我们以人的生命自觉之涵育化成过程为线索,阐述在中国古代教育传统中所存有的相关思想。

2. 始于自明、自得

人成为人是一个觉醒的过程。开始的认识始于耳目口鼻及肢体与外在世界、他人的接触,由成人抚养孩子,在生活中为满足其生存需要,通过有节律的重复,使婴儿在生活中逐渐形成属于其个人的饮食起居、与成人沟通的习惯方式。这是个体人出生来到人世后,出于生命存在自然机能的需要,由他人抚养而首先学到和养成的最底层次的生存习惯与方式。古代教育在这方面主要是强调慈母之爱、父教之严和环境之择,要求孩子从小耳濡目染于好的环境中。"孟母三迁"的故事几乎家喻户晓且长久流传。但怎样教育的相关论述不多。《孝经》中有大量要求子女践行"孝"的规定与解释,这是儿童在家要从德的第一教,但并没有父母应怎样教育子女的要求。《三字经》、《弟子规》中也基本如此,只是在《增广贤文》中有了一些父母应怎样对待子女的言论。

对教育的论述之起点始于文化学习的启蒙。

---

① 中国古代先哲对刚出生的婴儿之天性的认识,基本上是认同孔子"性相近"的看法,只是孟子把其称为有善端而未发的"赤子之心",人的觉醒是善端生长的过程,而荀子只承认性是天生的,无所谓善恶。只是孔子说过:"唯上知与下愚不移"(《论语·阳货第十七》),现可理解为:天赋特殊和有智力缺陷的人,他们之间要发生"上"、"下"之变化是不可能的。这句话就今天看来,也还是事实,且有科学根据,因此不能得出孔子有遗传决定论的观点。

② 荀子·礼论篇第十九.

288

"学"字在《说文解字》中释为"觉悟也",用荀子的话说:"生而同声,长而异俗,教使之然也。"①如前所述,"学"字最初与"教"通用,它有上施下效之意。学自模仿始,故学"莫便乎近其人"。"觉悟"可解为启蒙,使其觉醒与领悟。其意本身就是一个由外在催醒向内在领悟的转化、统一过程。"蒙"卦在《易经》中列为第四,仅次于乾、坤、屯之后,即天、地、人和万物初生之难后的第四卦。其中心是讲对人的启蒙教育之道。释意可概括为:一是对教育而言,学是他人来求而非你求他人,故要端正学者的态度,使其认真问学。若学者态度怠慢,则不予回答,先养其态度之端正,"蒙以养正"。二是君子要以"果行育德"。三是要使儿童正其心、育其德,需严加管束,不然难成其事。四是对于好高骛远、不守规矩的,或自我封闭、安于蒙昧的学生,都要注意教诲、校正。五是指出能顺从教诲并践行的儿童是能教育成功的人②。

"蒙"卦的字辞不多,且语焉不详,可作多种解释,这是整本《易经》的共同特点,但从上述概括可以看出对儿童启蒙教育的几点规矩和要求:一是要求儿童要主动求教,不要被动等待;要认真听师之言,自己去想、去理解,不要讲多遍还不明白;要按顺序学习,不要好高骛远,目无师长。凡是能这样做的儿童,将来是能成人成业的。二是要求教师能区分学生的学习态度,据此分别顽劣与聪慧,取不同态度。其思想与儒家的基本教育观一致。我们在此看重的是,在启蒙阶段,学生的学习态度,包括主动与专心致志,是第一重要之事,它决定个人内部世界与外部文化世界能否畅通和有效转化,也是学生能否学到外在的文化的第一保证。故强调师须严,在学生心目中应受尊重,师的要求方能得以实现。即所谓"礼恭,而后可与言道之方;辞顺,而后可与言道之理;色从,而后可与言道之致"③。学习态度的自明,可作为个人通向文化之路上自明的第一个台阶。此时需要师之督促与帮助,才能实现由要求到习惯到自觉的程度。

端正学习态度之后,进入主动求学状态,它不仅表现为求学、多问,还十分强调"自得"。所谓自得,是对已脱稚气而向成君子方向发展的个体学习自觉之要求,即如孔子赞颜回的退而习之、闻一知十,用自己的思、悟去领会所学的内容及意义,并在生活实践中自觉践行。荀子用"君子之学也,入乎耳,箸乎心,布乎四体,行乎动静;端而言,蝡

---

① 荀子·劝学篇第一.
② 参阅:《易经》"蒙"卦及其释义。
③ 荀子·劝学篇第一.

而动,一可以为法则"①、"君子博学而日参省乎己,则知明而行无过矣"②来表达。孟子则直白:"君子深造之以道,欲其自得之也;自得之,则居之安;居之安,则资之深;资之深,则取之左右逢其原;故君子欲其自得之也。"③孟子把"自得"对于学由外而入内的意义说得很明白,自得方能有更多的自取,方能都通到源头,从而牢牢地扎在心里,居之安。自得不仅指对学习的内容要有自己的学习心得,而且对"学之道"有得、有明,故可由自得而把自明推向第二个台阶:自明学之内容与学习之道对于学习和成人的价值,进入孜孜不倦的终身求学之自觉境界。如水"不舍昼夜;盈科而后进,放乎四海"④。

自明自得的第三个台阶,进入到对自己"成人"的认识和自觉努力。中国古代和其他很多民族的古代一样,都有成人礼,且把它作为大礼,《礼记》有言:"成人之者,将责成人礼焉也。责成人礼焉者,将责为人子、为人弟、为人臣、为人少者之礼行焉。将责四者之行于人,其礼可不重欤"⑤! 在此所言的"成人",主要是指其在家庭和社会中角色多元,且要承担多种责任。荀子则从个体自觉求其全美与尚德的角度来解成人:"君子知夫不全不粹之不足以为美也,故诵数以贯之,思索以通之,为其人以处之,除其害者以持养之。……生乎由是,死乎由是……能定能应,夫是之谓成人。……君子贵其全也。"⑥此言清楚地表明,人只有知其自我之不全不粹,并通过学思贯通,知区分是非标准,而后能扬善去害,成全德操,方可成人,才能承担责任。如何才能成人,孟子的观点是:"古之人所以大过人者无他焉,善推其所为而已矣"⑦,现今的王之不王,只因其"不为也,非不能也"⑧。权轻重、度长短,这并不是难事,难的是不为,非不能。孟子所言,又可作为判断是否达到"成人"自明、自得水平的重要标准:是不知不为、不能不为,还是能而不为。

3. 定于人格确立

生命发展过程中,人格确立是十分重要的一个关节点。《论语》中有一段孔子自述

---

① 荀子·劝学篇第一.
② 荀子·劝学篇第一.
③ 孟子·离娄下第十八章.
④ 孟子·离娄下第十四章.
⑤ 礼记·冠义.
⑥ 荀子·劝学篇第一.
⑦ 孟子·梁惠王上第七章.
⑧ 孟子·梁惠王上第七章.

生命成长历程的记录,现已成为大家熟知的名言。对研究"生命自觉"之育而言,依然值得一提:

子曰:"吾十有五而志于学,三十而立,四十而不惑,五十而知天命,六十而耳顺,七十而从心所欲,不逾矩。"①

在前面我们已就"志于学"作过论述,若与生命成长之自觉联系起来,"志于学"可视为是"以学成人"之志的自明、自得之达成。而后,孔子用了整整十五年时间,达到"立"的目的。由此"立",再进入随年龄阅历之增长,每十年上一个层次的发展状态:从"不惑"到"知天命",而后"耳顺",直至"从心所欲不逾矩"。由此可见,"立"是个关键的转折。对"立"的理解与解释有多种,如成家立业之立,经济独立之立,个人道德品性养成之立,也有如朱熹不详之解:"有以自立,则守之固而无所事志矣。"就本人所见,联系上下文来看,此"立"应在独立人格之形成。一个人从精神成长的角度看,独立道德人格(以下简称"独立人格")的形成是人之"立"的内在精神力量之坚定。它需要在自明、自得基础上,经自立、自强才能实现,在儒家教育思想中,这是一个主旋律。人要有独立的道德人格,贵在自立、自强。

所谓独立人格,是指清晰地认识自己的人格理想,如何为人的观念已稳定且成结构状;对世界上的人、事、物有喜恶与从弃之选择;有坚定的信念,能自觉地为达成个人的理想人格而作出努力。因有了自明和自得的自觉与能力,故此追求不是不切实际的一种妄想,而是可以靠自己的努力自我成全的。独立人格的形成与完善,在己能一以贯之,不在他人。儒家的先哲都用自己的行为说明了这一点,他们也这样教育和要求自己的弟子,通过修己达成理想人格。孔子区别君子儒与小人儒的标准就在于:为己而学,还是为人知而学。"修己之方"可概括为:比照、反省与自养和日行。

所谓"比照",是从他人提供的为人标准和行为中,清晰是非和形成好恶的取舍,这在人格独立上,是需先行的一步。孟子主张学者诲人如大匠,必以规矩②,即做人的规矩。教育虽要因材施教,但不能因材之不足而降低标准。"君子引而不发,跃如也。中道而立,能者从之"③,这个主张实质上是要求学者、君子教人,要为弟子自立提供准绳,以使其能自度之。孟子的高明之处还在于,提出了取师友之道不在于同世,而可以上溯古人,他和孔子并非同时代人,但他自认是孔子的私淑弟子,这一观点打开了学者

---

① 论语·为政第二.
② 详见:孟子·离娄上第一章;等处。
③ 孟子·尽心上第四十一章.

取人格榜样的时间通道。荀子提出的由外至内之策略是："见善，修然必以自存也；见不善，愀然必以自省也。善在身，介然必以自好也；不善在身，灾然必以自恶也。故非我而当者，吾师也；是我而当者，吾友也；谄谀我者，吾贼也。故君子隆师而亲友，以致恶其贼。好善无厌，受谏而能诫，虽欲无进，得乎哉？"以师友之善行作为榜样，虚心听取他人正确的批评，警惕别人的阿谀奉承，而后从善、省不善，人格自然会在这样的过程中逐渐养成。这是比照对于立人之价值。

反省与自养，是儒家修己的两个方面。如前已述，自省是强调自己事后要反复以标准自问，达到知行为之过，进而改之，以至完善自身的目的。儒家始终认为人不可能无过，重要的是"改过"、"不二过"，故反省自律是人格自我完善的重要保障。自养则是孟子以性善为据提出的一种自我修养方式，在他看来："大人者，不失其赤子之心者也"①；"学问之道无他，求其放心而已矣"②，这需要由心之官思："思则得之，不思则不得也。此天之所与我者。先立乎其大者，则其小者不能夺也。此为大人而已矣。"③唯有自养"浩然之气"，才能做到"不动心"④，不动心才可称自立人格养成。孟子以"反身而诚，乐莫大焉"⑤来表达因坚持自养而精神境界上一个层次所带来的喜悦之情。由此可见，情感、态度的投入与体验，在人格养成上不可缺失。

荀子尽管与孟子的人性论不同，但也强调治气养心之术。只是他强调的治、养，是对个体自身状态的调节，如刚强者以柔和调之，重利者以高志抗之，以"伪"求"治"⑥。这里的关键是心要"虚壹而静"，方能解蔽、知道。心，是形之君，神明之主，是出令者，非受令者，故要"自禁也，自使也，自夺也，自取也，自行也，自止也。……心不可劫而使易意，是之则受，非之则辞。"⑦从中我们可以看出，荀子对以修己而养成"自立"、"自信"独立人格的充分关注。这个阶段自明、自得的重点是认识言行之后的人格大气象，在于清晰自己的理想人格和自身现实状态与理想人格之间的差距，并坚持修为以达成理想人格。

日行，是修己从知到成的转化关键。个人独立人格之养成，由日积月累之行而成，

---

① 孟子·离娄下第十二章.
② 孟子·告子上第十一章.
③ 孟子·告子上第十一章.
④ 孟子·公孙丑上第二章.
⑤ 孟子·尽心上第四章.
⑥ 荀子·修身篇第二.
⑦ 荀子·解蔽篇第二十一.

非只是听、闻,或经历一两次艰苦、利禄诱惑之考验即可做到。将大道理化到日常生活之中,将人格之养成基于行常道、常理中,这是中国古代教育传统的极高明处。日常践行,并不只是养成行为习惯之需,也是形成人格的基本路径。孔子强调,不以小善而不为,不以小过而不避。荀子则言:"天有常道矣,地有常数矣,君子有常体矣。君子道其常,而小人计其功。"①可见,为计功而行是害。有常就是有诚,"诚心守仁则形,形则神,神则能化矣。"②这里又一次强调情感态度的投入。只有日常的积成,才能至千里。"道虽迩,不行不至;事虽小,不为不成。"③指出"凡人好敖慢小事,大事至然后兴之务之,如是,则常不胜夫敦比于小事者矣。是何也? 则小事之至也数,其县日也博,其为积也大;大事之至也希,其县日也浅,其为积也小。"④"故君子务修其内,而让之于外;务积德于身,而处之以尊道"⑤。从以上典籍记述的儒家先哲言行中,我们可以清晰地看到:在人格形成过程中,觉他与自省、养正与改过、学与行、细小日常与伟岸成圣之间丰富而复杂的多重关联与多类转化过程。体会到人格养成之不易与复杂艰难。

4. 坚于自我把握

人格的基本确立,是个体进入社会生活,角色多元化,社会交往扩展,承担多方面责任的年龄阶段。个体所面临的事与环境,所听到的各路消息,与之前以受教、学习、思索和践行于日常生活的状态有大不同。用当今的话语来说,是指处于人生职业生涯由始而走向成熟的时期。孔子的"不惑"、"知天命"和"耳顺",大致是指这一阶段的人生感受。朱熹在相关注释中,把孔子所述的状态都作为对事物之知所达到的不同状态,直至知极至精、不思而得的高度⑥,这是从他理学所提倡的格物致知哲学理念作出的解释。本人则从个体精神人格发展的角度解:所谓"不惑",是指不同的观念与行为,都不足以扰乱自己的信念或改变自己的人格。所谓"知天命",是指知自身可为与不可为的阈限之认识,它可以用"天命"来指代。孔子不多言天命,但他认同人天生是受不可控制的因素局限的,子夏所言"死生有命、富贵在天"可作一解。所谓"耳顺",是不管什么言论,褒贬倡禁,都能明白其所以言之"因",所言之"的"。心如明镜,不会再引起因不顺而带来的波动,可自行取舍或置之度外,达从容应对和自如状态。

---

① 荀子·天论篇第十七.
② 荀子·不苟篇第三.
③ 荀子·修身篇第二.
④ 荀子·强国篇第十六.
⑤ 荀子·儒效篇第八.
⑥ 参阅:[宋]朱熹.四书集注.67.朱熹对该条目的注②③④⑤.

这是一个因社会历练而人格至坚的过程,对于人的一生之成长发展,本人认为大致要经过三个不同阶段、不同意义的开始与成熟:第一阶段的主要意义在于要生理发育和精神启蒙,约自出生至15岁;第二阶段与前不同的是,精神人格力量的开始与形成;第三阶段是基于精神人格力量的社会人格力量之开始与成熟。至此,才能得到大自由与大自在。孔子用自己完成了的生命实践,为我们提供了最好的例证。

在战国时代的孟子和荀子那里,我们也可看到他们如何以自持与自勉历练社会人格,做到自我把持的坚定。

自持,在这里首先指个体无论在各种关系中承担什么角色,都保持其人格的一致与独立。在前面章节中已提及,君子若遇君主明则出、则仕,不明则隐、则退。后世不为"五斗米"折腰的陶渊明也是儒家教育所成之人。其次,自持,还指在名利等诱惑面前不动摇,孔子视富贵如浮云,不因利弃义,坚守仁义之道,就是自持。《荀子》记有孔子自言:"吾有耻也,吾有鄙也,吾有殆也:幼不能强学,老无以教之,吾耻之;去其故乡,事君而达,卒遇故人曾无旧言,吾鄙之;与小人处者,吾殆之也。"①有耻、有鄙、有殆,是自持的第三个含义,即有不为、有底线,方能自持。自持是由个人自己的为与不为所体现的。自持还指个人的谦和之心与行:"聪明圣知,守之以愚;功被天下,守之以让;勇力抚世,守之以怯;富有四海,守之以谦。"②

孟子因主张存心养气,故在自持方面有诸多言论。如他明确指出:"夫人必自侮,然后人侮之;家必自毁,而后人毁之;国必自伐,而后人伐之。太甲曰:'天作孽,犹可违;自作孽,不可活。'此之谓也。"③他赞赏孔子"可以速而速,可以久而久,可以处而处,可以仕而仕"④之自持,视其为圣之"清"、"任"、"和"、"时"集大成的自持之功力。

"慎独"则是最难做到,但为儒家极力提倡的。表现为不以人不见而不为善,也表现为不因人不见而作恶,这实际上是达到了善恶之为与不为,悉出自内心之自然,而非受外界环境影响而行,确实是自持之内在自觉的高度表现。如此高的对"生命自觉"的要求,在别的文化传统中确实不多见。

"自勉"与"自持"的区别,主要是指当个体在遇到困难、挫折、失败、苦难,甚至污蔑时,怎样用自己的人格力量,从精神上战胜之。每个人的人生路上,这些状况,或大或

---

① 荀子·宥坐篇第二十八.
② 荀子·宥坐篇第二十八.
③ 孟子·离娄上第八章.
④ 孟子·万章下第一章.

小、或多或少都会遭遇到,这是对个人的人格力量的极大考验。能胜之,则个体的精神力量得到增强。在遭遇这种状况时,无论有无他人相助,都需要自勉,光靠别人,是无法使你脱离不利境遇的。故自勉是人生最大的抗挫力。

孔子的自勉,可用他在匡邑遇险之后的一段话来说明,他认为自己在周文王之后得到周礼之道,是天未欲丧此道之所托,如此匡人能把我怎样呢?他以天任其职来自勉、无惧①,对欲害他的人无所畏惧,真遇害也以"杀身成仁"自承无悔。孟子轻视自暴自弃者:"自暴者,不可与有言也;自弃者,不可与有为也。"②他有"如欲平治天下,当今之世,舍我其谁"③的英雄自信之气概,他确信人"生于忧患而死于安乐",故忧患而不必惧,安乐而不能贪。他认为动心忍性,以求自身强大,方能承天降之大任,无论在威武还是富贵面前做到不屈、不淫。"人不可以无耻。无耻之耻,无耻矣"④的言说,则从另一个角度表明他对气节的看重。孟子有此信念,且以古人"得志,泽加于民;不得志,修身见于世。穷则独善其身,达则兼善天下"⑤为榜样,自信只要有这样的心态,则天下无难。当世上的一切都不能动其心志时,就能"终身欣然,乐而忘天下"⑥。

自勉是一个发奋与抗争的过程,其动力来自对理想的追求和信念的坚定,同时还需要有智慧的支持与强大意志的养成。自勉同时也是一个不断超越自我的过程。如孔子所言"学而不厌"、"不知老之将至",这是人格精神力量的充分体现。

5. 成于自由、自在

孔子所言"七十而从心所欲,不逾矩",是一种经终身修炼而达到的生命自觉之最高境界:尽管世界上的"矩"依然存在,但对他而言,已不成为"矩",都已化为自己的内在需求。故"从心所欲"本身就是一个不可能"逾矩"的过程,我们把这种状态称为"自由自在",是经过终身努力而形成的生命自觉所能得的大自由、大自在。

显然,这不是一种放纵的、以个人利害为中心的自由主义,而是以自己的全部生命,经生命不同阶段历练后获得的自由,是凤凰浴火而再生之自由,是自明、自得、自立、自强、自持、自勉后达到的,具有内外价值互包的自由,是清醒而敞亮的自由,是每

---

① 论语·子罕第九. 原文:子畏于匡,曰:"文王既没,文不在兹乎? 天之将丧斯文也,后死者不得与于斯文也;天之未丧斯文也,匡人其如予何?"
② 孟子·离娄上第十章.
③ 孟子·公孙丑下第十三章.
④ 孟子·尽心上第六章.
⑤ 孟子·尽心上第九章.
⑥ 孟子·尽心上第三十五章.

个人只要努力皆可得的自由,是"有诸内,必形诸外"的自由。

与启蒙阶段首先要有外界的给予,才可促进觉醒的状态相反,到此阶段,人已经可由自己的内心出发,赋予外界力量与价值,这是人生精神世界完善的境界,是人之异于世界万物的最突出成就。在我看来,人能达成此境界,才算过了一次完整的人生。教育尽管难以做到使每个人都具有过如此人生的力量,但确实可以将这样的"生命自觉"之育作为目标,并为之奋斗。几千年之后的今日,令人唏嘘的是,人世间的状况,还如当时孟子的喟叹:

"行之而不著焉,习矣而不察焉,终身由之而不知其道者,众也"①!

这是值得今日教育学者深思的一声悠远的长叹!

第三节　思往辨来:文化教育传统之变迁、接续与新生

岁月不能重来,时代不会倒转,但是人类又常常忍不住要回头望。人们何时会产生强烈的回望历史的愿望,我们想从历史中获得怎样的清醒?

一类是抚今追昔的回望,深感一路走来不容易,对今天的一切要珍惜,要发扬,不要轻易地丢失。

一类是躬身自问的反思,发现自己在来路上出现了什么问题,应该如何改变以更好地前行。

一类是希冀从历史中获取经验;一类是期望从历史中汲取教训;……

今日中国社会,政界、文化界和教育界所掀起的提倡传统文化之大潮,就其所取而言,似乎都及、似乎又都不是上述各类。潮中有各色人物,所需当然不一。就我们自身而言,为何化大力气去重新认识传统,再浸入到儒家经典中重解昨日?无疑,一方面身处潮流之中,不可避免被潮流所触动。然而,真正触动我们的是当代社会的激变,由激变带来的诸多非常态:激愤于社会上已不罕见的对人类长期奉行之道德底线的触犯;惊讶于几千年的文明古国似已荡然无存;不解于权力和金钱何以几成左右社会决策与行动的巨大力量;无奈于社会各领域呈现出的追赶西方的强烈意向与努力之不息。国人对自己的文化传统之认识越来越模糊,越来越缺乏信心。如今被大声疾呼的振兴中华文明,似乎也都停留于号召、口号,甚至极快地向商业化蜕变。在学术领域,包括教

---

① 孟子·尽心上第五章.

育学在内,至今大量引用的文献,依然是西方的,话语方式、概念、理论体系都已习惯于引用西方;在教育国际化或与国际接轨的口号下,许多家长和孩子的心目中,到国外就读比国内好,英文比中文重要,中国历史和地理等课均处于课程边缘;冠以外国语学校之名的中小学,总被认定为本地最好的学校,并长期享有优先挑选生源和师资的特权。如今,各地又积极引进国外课程、教材和考试,高中办国际部和国际班。从大学开始,现已在一些大城市出现由外资或合资举办的国际学校,包括中小学。报纸上赫然出现用国际学校撬动国内教育改革的标题……如此这般景象,使我们产生了强烈的再读传统的愿望:弄清楚中国的文化、教育传统究竟是什么? 弄清楚它对于中国、中国教育、中国教育学,乃至"生命·实践"教育学发展的意义究竟何在? 弄清楚传统为何和如何逐渐被丢失? 今天,在教育学领域中应怎样与传统接续? 怎样使其再次焕发出内在的活力?

在本章前两节,已经概要式地回答了上述第一个问题,阐述了我们对中国文化与教育传统之底蕴为何的认识。这一节的"思往",将集中在近代以来中国文化、教育传统之地位变迁;"接续与再生",则重在我们对"教天地人事　育生命自觉",这一中国式"教育是什么"回答的当代诠释。这是我们有关传统、现实和未来的内在联系与变化的再一次综合。

一、思往:近代以来中国文化、教育传统的变迁

(一)中国近代社会的特征

1. 分期

中国走出古代社会、进入近代社会,是一个痛苦而漫长的时期。长期以来,史学界大多以 1840 年第一次鸦片战争作为我国近代化的起点,到 1912 年中华民国政府成立为第一阶段。这是走出古代社会、确定近代社会制度的时期,用了半个多世纪。此后的分期与命名,有不同的观点。本人从社会与文化、教育性质一致性的维度,对 1912年以后至今的时段,作出如下分期:自 1912 到 1949 年是民国时期,这是近代社会初建时期,属第二阶段。1949—1976 年是中华人民共和国成立以后,改造民国、建设革命政权的时期,用了近三十年的时间,初步形成现代工业的基础,可算是第三阶段。自1976 年至今,是社会主义现代化建设时期,朝着走向当代的方向发展。然而可以说,至今我们还未完全走出近代,还处在近代向现代、当代的转型时期,我们将其称为第四阶段。

可以看出,在中国,近代的一系列变迁,除政权更迭之外,都与社会经济、文化的转型联系在一起:第一阶段,是从古代农耕经济文化转向近代工业经济文化的激烈转型期;第二、三阶段,总体上是工业经济与文化的逐渐增长期;第四阶段,是从近现代工业经济与文化向当代信息社会经济与文化的转型期。目前,我们即将进入新一轮、更深入的改革期,对已走过的一个半世纪作回顾与反思,具有重要的清醒作用。将有利于我们创造新的未来,明晰期望出现的新局面。

2. 特征

(1)中国社会的近代转型,与西方相比,属被动后发型,而非自然内生型。这一特征,在第一、四两个阶段表现得最突出和充分。

1840年开始的第一阶段,是鸦片战争的隆隆炮声,轰开了当时满清王朝的封闭头脑,知道在中国之外,还有一个完全不熟悉的世界,它们中的一些国家能用坚船利炮打开国门,逼迫签订出卖国权与财富的不平等条约。除了带来恼怒、受侮和不甘之外,战争的失败唤起了走向西方学习、用追赶来强国的发展道路的强烈愿望。从洋务到维新、孙中山革命、直到中华民国成立,向西方、外国学的路一直没有停下来。中华民国成立的20世纪初,西方至少已经有了三百年的资本主义发展史,并实现了资本及相关力量的扩张,世界性的资源掠夺和瓜分。我国与它们在发展工业社会的时差上至少晚了三百年。第二阶段各类战争不断,社会经济、科学、文化、教育积弱,第三阶段政权更替,但受到各资本主义大国仇视、封锁,只能开始一边倒向苏联,后又关系破裂。自1958年始,一方面国内政治运动不绝,直至文化大革命爆发,导致社会各方面全面破坏的极端非常态;另一方面与国际上原第一世界国家越来越走向对立,在"自力更生、艰苦奋斗"的口号下,又逐渐走向封闭,致使1976年结束"文革"后开始的第四阶段,中国重新打开大门和窗户,发现世界又已大变,前三百年的差距尚未追上,近一百年的西方,特别是第二次世界大战后,逐渐进入信息化时代,出现了惊人的超速度和新技术、新产业结构的变化。这次国门的打开,虽然不是由外国大炮所致,但给我们领导层带来的震惊不亚于首次,中国再次梦醒,再次产生了学习西方、追赶发达国家的强烈愿望,并随改革开放的推进,范围越来越广、力度越来越强、速度越来越快、层次越来越深,从一定意义上,可以说是走上了坚定不移的学西方之路。中国近三十多年,以惊人的速度在实现追赶和强国梦。

(2)每次转型都伴随着政权变化或强烈的体制变革,随后以巩固政权或发展经济为主线,文化教育则处于辅助和服务于国家富强、政治、经济发展的工具地位。这一社会内部各领域的关系性质,在不同阶段只有程度、先后的差别,没有根本的变化。所谓程度"差别",主要是指全部、必须服务,还是关注到对文化教育事业发展的投入,同时要求产出式的服务;是完全破坏文化、教育本身的强制性服务,还是以目标、价值政令式规定的服务。所谓"先后",是指文化、教育作为转型的先行式工具,还是转型过程内在需要的后继式服务工具。但不管程度、先后如何不同,对文化教育属工具性质的认识与定位,没有根本变化。

(3)转型过程中反复变化大,使每一阶段都会有一个艰难的起步,常常需要从头建起。由此造成的后果,一是底子薄、积累慢,二是追求速效性强,缺乏长效性的策划和坚持到底的持久力。逐渐形成了发展重眼前、重可见指标与效果的习惯心态和行为方式。

(4)转型基本上是自上而下的过程。上层领导和进入决策层的人士、知识分子,作出政府层面的决策,而后逐层落实。但因上下利益格局与实际状态的差异,以及沟通协调程度等问题,再加上法制系统尚未完全建立,使社会现实状态的变化较之决策层的初衷有相当大的距离。

与1840年的满清王朝相比,今日之变化用"翻天覆地"来形容并不夸张。但我们若要与发达国家比,就一些和文化教育相关的问题作深层次思考,那么再向前走的难度并不比前面走过的路容易。因为需要完成的不仅是尚未完成或称"赶上"的那些任务,而且还要改变转型过程中形成的一些定势与积习,唯有如此,我们才能在新的高度上创造出新时期的辉煌。

(二)转型过程中文化、教育传统的变迁

1. 变迁的趋势与过程

从上述简单概括的社会近现代转型过程之总体特征,不难看出,就全过程而言,文化教育的发展虽有增强,但总体上处于依附与弱势的地位。进一步的阐明集中于以儒学为代表,按传统文化与教育从显学绝对优势,逐渐走向没落,直至遭批判、唾弃的过程,简要指出影响其变化的关键事件、因素及每一阶段变化的显著表现。

(1)第一阶段:从洋务运动始,传统文化与教育的一统天下开始被打破,其直接原因是:战争的失败使朝廷产生了只有学会制造洋枪、洋炮,才能抵制西方人的愿望,提出了"以夷制夷"、开办洋务学堂等策略。虽然此时,只是从技术引进和学习的层面,为西学的进入打开了缺口,甚至可称为"小洞"。然而血火的惨败和眼界的打开,西方势力经开放门户,通过办教会学校和通商等手段,加速进入中国;译介西方科学思想和著作,介绍西方学校,派学生留学日本、欧洲等新的文教措施越来越多,使这个缺口越开越大,终于导致满清朝廷不得不提出"中学为体,西学为用"的保本口号,其宗旨是在不排斥用"西学"的前提下,保住传统统治、制度和文化之本。

随后,大的冲击首先来自百日维新。维新尽管失败,但洋务运动创办的新学堂不但未终止,而且还继续发展,并开始促使朝廷在学制层面上开始改革。1904年颁布了以日本学制为基本模板的、近代中国第一个正式推行的新学制——癸卯学制。这是传统文化一统天下,在教育传递的制度层面打开缺口和系统变动的开始。1905年9月2日,光绪帝谕"立停科举以广学校"的圣旨,宣告了自隋以来1300年科举制度的终结,对传统文化与教育给出了来自朝廷和制度层面上的"致命一击",掀开了近代文化教育上天翻地覆的一页。传统文化与教育的残留,从政令规定的意义上,在"忠君、尊孔、尚公、尚武、尚实"的五项教育宗旨,以及"读经"、"修身"、"文字"、"历史"等课程中得到体现。

(2)第二阶段:中华民国成立之后,从行政制度上,1912年初就颁布了《普通教育暂行办法》,其中规定:将各种学堂,一律改称学校;禁用清学部颁行的教科书;废止小学读经等一系列清除旧传统的措施。同年,教育总长蔡元培发表了批判"忠君、尊孔"旧教育宗旨,提出自己关于民国教育宗旨的文章。1912年9月2日,正式公布了"注重道德教育,以实利教育、军国民教育辅之,更以美感教育完成其道德"的民国教育方针。尽管在袁世凯主政的北洋政府时期,出现过恢复祭孔、尊孔、读经等当时认为的封建复辟之风,但也只是昙花一现,在新文化浪潮下,很快被遏制下去①。

这一阶段对文化与教育传统的批判,更多集中在其精神内涵,以及对社会发展、新人才培养的障碍和阻力上。1919年"五四"运动,第一次在文化和教育上喊出了"打倒孔家店"的响亮口号,表达了革命党人、知识分子和青年学生们与传统决裂的强烈决心;对"科学"和"民主"的呼唤,则反映了他们对西方文明的赞赏与向往。这可以说是继废科举读经后,对传统文化与教育的又一更深层次的打击。新文化运动的锋芒,一方面指向儒家学说、纲常伦理,批判其扼杀青年个性,维护封建秩序的反动性。另一方面又对自洋务运动以来的中国文化教育变革之不彻底性作了尖锐否定,激进人士提出了"全盘西化"的口号。在文学革命中,大力提倡白话文的新风气,导致教育界作出了

---

① 以上有关教育变迁的具体内容,参阅:孙培青. 中国教育史[M]. 上海:华东师范大学出版社,2000:36—373.

在取消读经后的又一个重要改革："1920年教育部通令规定，凡国民学校都废止所用文言文教材，代之以现代语体文。至1922年止，停止使用一切文言文教科书。"①这是十分厉害的一刀，它从语言文体的层次上，切断了当时及此后的新生代阅读、理解古代经典的可能，使其渐渐变成了故纸堆，变成了唯有老学究才有兴趣、啃得动、无关世事的遗留文物。自此以后的不少年轻人，从小不学古文，更不读《三字经》。随着时间推移，约从20世纪40年代左右始，除少数有家庭文化背景，对古代文字、历史等有兴趣的学子之外，大部分在正规学校就读的学生，接触不到古文，读不懂古文。倒是乡村的私塾先生，还会让学生读一些他手中有的古书。从这个意义上，学校用白话文废文言文，在扩大文化普及可能的同时，又切断了中国传统文化的书面表达在代际接续、传递的可能。然而，因文言文的长期浸润，在政府的文件、报纸杂志的文章和文人间的书信交往中，出现夹杂着，或纯用文言的表达；古代诗词、小说、成语的流行，及戏曲的唱词、念白中，多有文言文的踪迹；所以，尽管在正规的教育制度中，文言文已被规定逐出，但在生活其他方面的阅读中，它犹未绝迹。

这一阶段的另一关键事件，是学校教育的内容，从古代文化传统的经史子集四科，向西方专业性的学科分类转换，不论是中小学课程设置，还是大学按专业设系科都有体现。这一变化致使在传统文化继承人才培养体制和学科体系意义上的断裂。当时只有少数，如清华大学的国学院、国家的史语所等，还有古代文化经典的系统传习与研究，但已远不能与昔日风光相比。仅有少数对传统文化抱着敬意与温情的文人学士，顶着封建余孽、保守派的骂名，还用全力坚守着这块阵地，使文化传统微弱的火苗得以保存，但无论如何已成不了主流。民国时期有过多次科玄之争，就是此种火苗尚存的集中表现。

可以说，在第二阶段，除了30年代初，按蒋介石的要求，在民国教育中规定以四维（礼义廉耻）和八德（忠孝仁义信爱和平）等为纲，推行并无太多实效的新生活运动之外②，正规教育的其他内容都已与传统文化几无相关。父母辈的人生观念与育子方式、待人接物及其处事方式、大家庭几辈人共处和多子女的生存方式，以及几千年传统而成的民风民俗，成了文化、教育传统尚存活的主要领地。

---

① 孙培青. 中国教育史［M］. 上海：华东师范大学出版社，2000：381.
② 参阅：李华兴. 民国教育史［M］. 上海：上海教育出版社，1997：316—324. 顺提及：该著作提到蒋介石有区分"教"与"育"并主张并重兼顾。本人未及阅读蒋介石相关教育议论的原文，仅从李华兴著作的转述来看，与本人提出的"教""育"意义之相对独立与关联，两字的具体内涵阐述及我们今日的提法并无直接联系。

总之,至 20 世纪 30 年代中,中国传统文化在主流、正规教育以及城市生活中,至少在显性层面上,已不据主导地位。西学已在中国文化土壤中扎下根,并取得了在文化、教育、知识分子培养上的主导地位。

(3) 第三阶段:由中华人民共和国成立以后的前三十年构成的第三阶段,在对待文化及教育传统的立场上,总趋势是愈发排斥与否定,虽然也曾提出"古为今用、洋为中用"的文化发展方针,却并未真正实施,即使关注了,也只不过是为了"用"。

与民国时期相比,该阶段在提倡原西学中的科学与技术方面没有变,只是在 20 世纪 60 年代以前,主要转向从苏联引进,无论是自然科学还是社会科学,对传统文化的态度之特征,是以政治和革命的理论来批判。对西方的人文学科,也同样当作要否定的资产阶级文化、思想对待。1960—1963 年间,有一个短时期的缓和,但依然强调要以无产阶级立场、观点、思想方法为武器,批判吸收古与洋,不要食古不化、崇洋媚外。1964 年后,国内外各方面政治斗争更加激烈、复杂,"文革"的十年,以各个方面的大破坏终结。

还要提到的是,国务院 1950 年代推出的简化字和汉语拼音方案、扫盲教育等,从方便儿童、成年文盲识字和外国人学汉语的角度看是有利的,然而一刀切地规定从教材到报章杂志等正式出版物,包括路名、商店招牌等,均须使用简化字,长久持续推行的结果,却对新生代识读传统文化典籍带来了文字意义上的障碍。现在 40 岁以下的成人,对繁体字不识者、对竖排版不惯者不在少数,正是这一结果的一种表现。对现在的中小学生来说,更是如此。

(4) 第四阶段:这是近百年来近代化发展最快的时期,也再一次掀起了引进西方除政治制度外的其他各方面,且是最大胆、积极、主动的一次。尽管一直在强调"现代化"不是"西方化",但问题是在促使国人奋发的同时,也滋生了焦躁、求快、求见眼前实效的心理偏差。在引进的先后次序上,与第一阶段有惊人的相似:先是技术,后是科学,自然科学追赶国外的研究前沿,社会科学方面则重在管理、工商、金融等应用学科的引进。出国留学也由公派始,至今却已出现洪流,并趋于低龄化。

在竞争、盈利、消费、市场等中国式理解的资本主义市场观念支配下,在"穷怕了"、急于致富的欲望推动下,在社会缺乏健全且可执行的法规的条件下,传统文化虽不再被简单批判、否定,但它却在日常生活,乃至人的心灵层面上衰退,金钱与权力从未像今天这样在众人的心目中具有举足轻重的地位。在我看来,这是传统文化更深层面的失落。社会公信度降低、行业诚信危机和基本伦理受到威胁等精神危机,可以说,这是三十多年改革开放所付出的最大代价。

当国家在经济上已呈强大势态,让世界不能再无视的时候,却猛然发现且越来越深刻地感受到,我们民族的文化自信心丧失得太久太久了;当我们开始看到发达资本主义国家的文化问题、掠夺性的工业开发(包括国内)对自然造成的破坏时,才意识到中国文化传统中最宝贵的东西,被我们遗忘的太久太久了。有人惊呼"全盘西化"真的要实现了!难道这就是一百多年"振兴中华"之努力所要追求的目标?偌大的中国,文化传统该在全球化浪潮中离土断根吗?如此的深思、追问,使有识之士、对中国文化抱有深沉情怀的仁人开始"寻根",开始思索原点,开始在走向当代社会发展的任务单上,浓浓地加上了振兴中国文化传统的一笔。

一个超越百年循环的新曙光,与新世纪同时显露,至今中国文化传统已初显接续的景象。

二、辨来:当代中国文化教育传统的接续与新生

(一) 接续始于反思

历史的解读和再认识,总是与现实的需要联系在一起。当我们发现"断裂"的实存,期望通过接续获得新发展力量时,反思就成为必不可少之事。反思的质量不仅决定能否有真实意义上的接续,而且决定着是否能跳出一个半世纪的循环往复,开创新局面。

在我看来,反思至少应指向下列三个方面:

1. 对我国文化教育传统实质与价值判断上的偏差

每个人都只能生存在自己所处的时代,群体对传统再认识上的偏差,是与对现状的需求、发展之向联系在一起的。中国近代化的冲击来得太血腥、太震撼,这促使当时主张变革的人士,怀着一腔悲愤看世界:恨洋人的凶恶蛮横;恨满清王朝的腐败无能;悲故国家园的陷落受辱;悲国民众生的贫穷落后。当想要破解现状、寻找造成这一切的原因与出路时,却不约而同地把目光聚焦到古代传统文化与教育上。正因为如此,他们是用挖出病根的眼光去看传统的,是以西方世界之文明、强盛为参照系去看传统的。由此看出的全是错,这并不奇怪。要想改变中国命运的愿望越强烈,看到的传统毛病就越多,就越是想把传统连根拔起,彻底丢弃。

我们能责怪当时的他们吗?这是一个数千年未遇之大变时代,当自己处于弱势,甚至将被吞没时,能不惊慌、不焦虑、不抗争吗?设身处地想一想,当时若不选择教育

还能选择什么来突破？我们后人对那些当时敢于反传统，并奋力引进西方文化教育的勇士有致敬的义务。没有他们，就不会有中国的今天。应该说，当时的选择没有错，当时对传统所存问题之揭示，总体上也没有错。以儒家文化、教育为代表的传统视域，确实存在着观念、理想和世界观上的局限，如对等级秩序的维持、对自然科学发展意义上的关注之长期缺失。我们今天的反思，不应指向当时对传统的"所见"，而应指向其"所未见"，这些"所未见"的，恰恰是传统更为根本的价值，是西方文化中非主流的意识，是常态、建设性的社会所需要的。但在革命热情高涨时期，又恰恰是不会花力气去发掘的方面。中国若没有这一个半世纪纷乱式的前进历史，也许我们今天还不会这样去思考：本土深厚的文化教育土壤中究竟有什么滋养世世代代的财富？如果我们今天还像"翻烙饼"那样，去评价一个半世纪的林林总总，那么可以说，我们还没有学会读历史。

为此，我们花大力气去重读历史，以今天的眼光去读懂历史，其意只是为了从曾经有的判断偏差中走出，更清醒地向前走去。

2. 对改变文化传统、吸收异文化策略上的偏差

这方面的偏差可概括为：

一是把传统的力量当作主要是存在于典籍、制度中，似乎不再去读这些、教这些，传统文化的"顽劣"影响就可以消除了。然而，正如爱德华·希尔斯所言："无论一代人多么有才干，多么富有想象力和创造力，无论他们在相当大的规模上表现得多么轻率冒失和反社会道德，他们也只是创造了他们所使用的和构成这一代的很小一部分东西。""这代人所继承的许多遗产，无论是好是坏，仍然完好可辨。"①反用胡适"历史是任人装扮的小姑娘"这一名言，我要说的是：任何人在历史面前永远是个"小姑娘"。

文化传统的真正力量蕴藏在日常中，在常识中，在人类当前的生境中，唯有如此，才能生生不息。儒家的大智慧之一，就在于把高深的道理化到日常生活中，而不是让它成为在天空上飘的云彩，哪怕是彩霞，再美也不能化到人的真实生命之中。儒家学说做到了这一点，历史上有几个哲学家能做到这一点？我们若从这个角度来看传统的力量，就有可能从传统中获得智慧，并知道怎样才能使有意义、有价值的思想，变成真实的生活。科学通过技术、产品造福于人类，儒家学说则通过生活，将心灵直接浸润其中，并代代相传。

---

① ［美］希尔斯.论传统［M］.傅铿，吕乐，译.上海：上海人民出版社，2009：41.

二是对西学的引进,重眼前,忽视了眼前与长远的关联;重运用,忽视了"体"与"用"的不可分之根本关联,误以为"用"可以不影响"体",忘记了儒家的力量就在将"体"化为"用",因而也忽视了西学"用"中含"体",同一文化中不同"用"所内含的共有之"体"。因此,当"西学之用"以"实利"的方式不断扩张,乃至覆盖一切领域时,原有的中学之"体"也变成了西学的"用"之"体"了。这就是实用主义的真髓之一:真理就在用之中,有用即真理,目的即手段,手段即目的。其提倡的,就是通过新的"用",来改变旧的或现有的"体"。这个道理的悟明白,对今天依然有意义。我们今天应该牢牢记住的是:不要沉迷于运动式推进,而要真正地化为日常。

正是对待一中一西双方策略上的如此偏差所形成的合力,助推了政治上、制度上否定古代文化教育传统之合力,助推了其在社会主流地位上的节节败退。

3. 对教育在社会变革发展中独立性与工具性关系认识的偏差

教育的独立性与工具性关系的认识与处理,可以说是教育自身的内在规定性能否实现,以及能否形成教育与其他领域具有相对区别的、具有持续意义的传统之重要前提。

自文明社会以来,教育在社会中就存在,且以大大小小程度和性质都不尽相同的独有体系方式存在。教育容易被忽视的第一个与众不同的原因,恰恰在于它从来都是以未来新生代的养成为直接任务的。所以,它不是现实社会直接可用的主体力量之构成。直至今日社会,还是只属于"无权、无势、无财"的、要靠"别人"供给的所谓"公共事业"。再加上受教育者儿童、青少年的幼小,不可能在家庭和社会中成为有影响力的成员,故而,连从事这一职业的人也处于相对低的社会地位。但是,人类的代际更替,因个体生命期限的生命性规定而不可改变,教育则是人们期望的类经验和积淀的传承之不可或缺或替代的事业。从这个角度看,教育的内在规定是人类代际的接续,因新生代个体的不同活力、资质而产生的,其价值在于将随着他们投入社会各领域而生成的创造活力。

这是教育自身内含的张力:对现实社会的"无足轻重"和对未来社会的"不可或缺"与"无可替代"。只有用长时段,人类社会文明延续、发展的长时段眼光,才可能看明白教育的内在规定与力量。无论是好的教育,还是坏的教育,无不如此。教育的实际影响力,也不是只在当代呈现,其前移后续,尤其当人类自然生命的延长成为普遍趋势时,一代人的教育,至少直接影响三到四代人。间接的延续,则可以简言之无限。在人类每个文明成果的存在中,都内含着教育的积淀。然而,难以改变的是:生存于当世的人,有着决定和支配权的人群,往往只看重眼前最重要的直接利害,忽视甚至无视未来的价值。这是教育在常态社会中内在价值不足以引起重视,往往被当作依附性事业的内外原因。也许改变这一认识的社会条件,是生产力和文明水平都达到高度发展,对培育人的事业不同于生产和政治、不同于文化艺术直接创造达成普遍认识,首先是在社会领导阶层和各类知识分子中形成普遍认识,如孔子所言的庶而后富,富而后教。今天,此"教"还应指对成人社会有关教育的普遍认识之"教",可以说,不改变上代人,下代人的变化是缓慢且高成本的。

如果说常态社会中教育的地位问题,主要表现为依附性掩盖了由内在价值规定的独立性。那么在变革等非常态社会中,则表现为工具性代替了独立性。非常态社会呈现出大幅度、急剧变化的特征,且常与纷乱结合在一起。教育不是直接带来社会非常态的原因(有可能成为导火线),但却常常成为被用于非常态社会达成目的之工具。这一方面是因为人们的视界发生了从当前向未来的变化,急需靠教育培养出新人才,首先是技术型的,来掌握新的生产领域。于是能最快收效的教育政策立即出台生效,如派短期留学出国进修、请国外教师、技术人才来国内直接教学,或者担任重要的工程、技术岗位,直接在实践中培养人才。这也是为什么由产业变换引起的社会变革,多以新办技术和管理等方面的学校、专业变革在先,更重视大学发展,而非基础教育的重要原因。除此之外,变革时期,政府与社会总是把国家利益放在第一位,会要求教育全然成为服务于这一利益的工具,而教育中的每一个人则被视为抽象的国家机器上的构件。即使是政治斗争的需要,学校和教育也常会成为舆论的先锋工具。另一方面,还是与前面同样的原因,教育在社会中地位低,无实权、实力,是一个无须用枪炮血肉、最易占领和使用的领地。

说到底,无论是"平常日"之无视,还是"特殊日"之重视,都并不在乎教育内在独特性决定的独立性,教育成为一个容易被折腾的地方。折腾者当时都确认需要正当、无害且有利,然而,一切忽视教育自身规定性的教育,所造成的消极、甚至破坏性后果,却即使用几代人的努力亦未必能全部补偿。何况,每一代消逝的个体之生命的损伤与屈辱,都不可能弥补,更不可能重来。

从这个维度分析,我们可以理解中国一个半世纪之近现代化的教育选择及其原因,但不应该不认识产生这一偏差的原因。今日之中国社会与教育的发展,必须正视历史,包括变革历史的教训,使教育回归本真。只有回归了本真的教育,才能真正发挥教育在人类发展中不可替代的价值。

（二）新生：融通式的当代中国教育发展

1. 融通需要认清当今时代与中国社会发展的特殊性

传统的新生不是复古，不是简单地办私塾、念《三字经》、写半文不白的近代汉学家之文，或穿汉袍、拜孔庙。这些好做，说实在，更有借此而大发文化财富的人在。这些都是表演式地，甚至是嬉戏式地表达对传统的态度。历史不必要，也永远不可能回转重来。

传统的新生是通过对传统内在精华与独特的再认识，将其内在的生命力和价值再开启，且化到当今中国人的生存方式之中，化到当代中国文化教育的精神与实践中方能实现。传统之意义在于有助当代人的发展，尤其是青少年的发展，使教育承担起现时代"育人"这一最为本真的责任，使教育成为真实意义上的、基于中国文化教育传统的当代中国教育。这是一个持久的过程。它需要在反思传统何以、如何丢失的基础上，进一步看清当代中国社会文化教育发展的生境与挑战。

当代中国社会发展、文化教育发展的生境与挑战，包括国际与国内逐次深入的两个层面。

（1）从国际来看，首先，世界已进入文化"霸权"与"多元"并存的时代，融合与冲突始终存在，并形成张力。我国已进入国际舞台大国的圈子，但与其他大国有很多不同，也未成强国。一则中国原本就是后发国家。目前，在生产技术、管理等方面还处于追赶、由向别人学习到自主创制的转换之中。这在经济和军事的国际竞争中表现得尤为明显。早发的西方世界从骨子里需要的是国际市场与资源，并不希望有一个新竞争者中国出现。然而，近代史已明确地、一再地表明：中国只有强盛，才能摆脱挨打、吃亏、受剥削的不平等处境；只有强盛，只有具备足够多的优势领域，才能赢得平等对话的资格。在利益的层面上，古道热肠对西方国家无效，西方世界不是为友谊，而是为了自己的利益来和你打交道的。尤其是霸权国家，还有极强的结盟、包围妨碍其利益的对手，颠覆他国政权的运作手段，十分老到。故我们不能顺着西方资本主义国家的资本全球化之意志。战胜他们的资本逻辑，拥有国家在国际上的自主、主动权，不只是经济之事，也是中国文化和教育之事，不只是被人当作市场，当作猎奇之物，当作落后、可嘲笑的对象，而是能被尊重，就像我们曾有的对西方文化的虔诚、热切之心去对待，这才是中国文化教育真正具有国际平等地位的保证。

其二，十分重要的是要看到，当今世界已进入网络时代。构建网络系统和一整套运营策略，不是只靠技术就能完成。网络既要满足个体的不同需求，又要有极强的延伸力、影响力,还要有防护力。新网络时代的竞争力与引领力之国际竞争同样激烈,且是文化渗透、传递与创新的重要竞争平台。如何使中国传统文化的精神与活力进入网络世界,并具有传播与影响力,是当前这个时代的独特挑战。

(2)从国内生境来看,社会处于前所未有的复杂时期。复杂同样存在于文化教育中。它与一个半世纪前的状况完全不可同日而语,更不用说与几千年前相比。

国内的经济发展,已经有可能为教育发展提供基本的经费保障。普及九年义务教育已基本达成,高中和高校的招生人数扩大达到前所未有的程度。然而,地域、城乡间的差异,依然严重存在,在一些不宜人居却有人居之处,教育问题更大。然而,现在国内的生境与挑战,首先来自消费时代、娱乐至上等人生观和价值观的盛行,以及所谓市场经济原则在文化,尤其是教育领域里的植入。这使最不应该忘记"人格"养成之重要,最应珍视"人格"的教育,却削弱、忽视了"人格"的养成问题。为竞争胜出所需要的各种"指标",其中有评价学校的,评价教师工资与晋级的,评价学生的各种考评成绩,校外机构的考证指标等,这些非从教育内在规定、核心素养和教师发展逻辑与儿童成长需要出发的大量数字标准,包围着教育,成了学校领导、教师、家长和社会风气合力驱赶学生的指挥棒,然而,行政宣传还常常美其名曰科学化考评,以行政的手段逐级推行。如此管理,使教育在科学化的名义下不断异化,在上级的高压下,竞争在结构不合理的加剧,使形式主义、弄虚作假层出不穷,各类考试作弊、虚假文凭和证书,以及社会上各种教育欺诈行为,出现频率之高,以及涉及面之广,已到了令人不安的地步。在相当程度上,教育被"绑架"在社会竞争的大车上,不由自主地滚动。

另一方面,上面已谈及的西方文化、教育在国内的影响,并不比民国时期减弱,甚至为更多国人欣然与趋之。信息网络世界的国际化及其在国内的发展,对人们、文化教育的发展产生着越来越大的影响。2014年是中国接入国际互联网的第二十年,中国已成为世界上网民数最大的国家,普及率已接近50%,成了名副其实的网络大国。从文化教育的角度看,互联网世界既是一个已存在的虚拟生存空间,又是一种工具。它对文化教育带来的空前挑战,主要表现为:

无论是成人还是青少年,都有进入到虚拟空间生存的可能。计算机、手机等通讯工具的迅速普及,为人们进入这一生存空间提供了条件。于是,出现了一个前所未有的状态:虚拟世界与真实世界之间,因主体都是人类而产生的互动。这种互动最初从娱乐、交往领域开始,现已几乎涉及人类活动的一切领域。最初,网络世界是以提供资讯、提高效率、排除交往空间障碍等工具和符号消费为人所青睐,现已发展到进入者随愿多元选择信息、组织群聊、自主叙事、议论和交互讨论,生成新的共识或多元见解的,自由、主动、灵活、多变的"人人时代"。网络世界发展变化之快,出现了越来越多的代替传统媒介和强化了反涉现实世界的功能。如何处理现实世界与网络世界的关系,包括文化教育领域都以挑战的问题姿态出现。

网络世界中的自主与自由,图文并茂与动静结合,参与互动程度、方式多样,及各类游戏、奇谈怪论之多,远远胜于相对有序、有规的现实世界。于是,最受吸引的大群体是青少年,他们被称为"点击进入的一代",在网络世界中营造和享受着私人空间,甚至沉迷其中。然而,这又是一个文化风险空间,对于尚未成熟的青少年来说更是如此。当代青少年对网络世界的喜好与投入,带来了另一方面的影响是代际隔阂的加深,包括家庭的代际和校内师生的代际。以阅读为例,即可看出网络世界的生存方式与现实学校教育的明显区别:前者以主动、自选为主,后者以规定、必学为主;前者知识碎片化,后者知识系统化;前者呈现方式图文动静结合,后者以文字及其他书面符号为主;前者个体性强,后者共同性强。还可以列举很多,但从这些已足以看出在文化传递和教育方面,"传统"遭遇"时尚"所造成的两代人之间的明显差异乃至冲突。这是互联网社会诞生所提出的尖锐挑战。

就国内而言,当代的生境变化,还与社会转型、城乡差异与劳动力流动化,以及独生子女和家庭结构的变化等一系列变动、不安定因素相关。在此不作展开讨论。

显然,如此前所未遇的复杂、国内外竞争激烈的特殊时代,我们不可能用简单的回到过去、诵读经典、再办私塾等方式来应对。传统的新生也不可能由此而实现。

2. 融通需要以时代对人的生存与发展之新要求为根本契合点

我们所言的"融通",是指以文化和教育的当代发展为中心问题,将古代传统之精髓,近代化过程中传统被削弱的反思,当代社会生境之变化与提出的挑战,以及当代人的生存与文化、教育的实践体验等诸方面的相互融通,并因融通而创生出富有当代中国特质的文化教育发展新局面。

如此不同的几个方面何以能实现融通?希尔斯的论述给我们以启发,他认为:"信仰传统和行为传统产生于人类生存的基本需要"[①],"人类与生俱来的除了他们自身过去的遗传和生物特征之外,其他一无所有"[②],"生活在任何特定时期的人们很少与同时

① [美]希尔斯.论传统[M].傅铿,吕乐,译.上海:上海人民出版社,2009:43.
② [美]希尔斯.论传统[M].傅铿,吕乐,译.上海:上海人民出版社,2009:38.

生活的任何亲族成员相差三代以上"①，年长的一代与传统有着更多的联系，即使是同时代的人，对传统与现实也不都抱着同样的观点，任何时代都不可能存在"无历史的文化"②。只有当认识的眼光回到人的生命之原始起点和由人类生存中无法取消的，最为基本的人际关系之组成的时代关系时，我们才能发现上述融通之可能存在和不可推翻的事实性依据。何况，任何人的社会，都是人的各种需求能力、活动交互作用的结果，是人之所成。人及其世界的状态，永远保存着历史、现实与未来。人总是身处在现世中，因发展而反思过去、策划未来。把人间三种时态连接起来的关键因素，又恰恰是文化与教育。因此可以认为，"融通"是文化教育实现真实而有益于人类发展所必须有的自我清醒。

"融通"并不是对传统照单全收或封存不变。今人只有通过传统的具体留存，体验其气质、抽象出精神、领悟出智慧、感受其境界等一系列再造与内化的过程，才会使传统中最宝贵和富有持久生命力的精神与价值，成为充实当代人的内在力量，才会辨别传统中不该继续存有的妨碍社会发展的束缚，才会跳出传统在当时生境中的各类具体生存规定与方式，将传统化到当代生境和载体之中，在当代人的生存方式中展现活力。在我看来，这是传统能否以健康的状态，重生于今日的关键所在。

当上述认识基本清晰后，"融通"在文化教育领域的契合点，就必然聚焦到"人"的问题上，即对于当代社会所需要的新人之质性期望的形成。尚须清醒意识到的是：今日之文化活动与创造，教育之策划与实践，都须服务且有益于时代新人的培育，以及对成人世界之观念与行为的改变。后者之重要性并不逊于前者。又因成人个性已基本成型，且活动领域的离散状态，改变较之青少年更难以实现。然而，没有成人世界的改变，新生一代更多个体的发展，就会受阻受损甚至被彻底埋没。当代人类社会已提出终身教育的要求，不只是为了成人适应职业生涯变动、不稳定的需要，也是为了人在成人之后生命质量的不断提升；为了成人能为年轻一代的生存、发展与生命潜力的开发，活出更高的生命质量，创造良好的代际生态与交互影响；为文化传统在人之生命中的"增殖"提供更强大的能量。

第四节 当代新释：教天地人事 育生命自觉

这是本章，也是全书的最后一部分内容：通过对"教天地人事 育生命自觉"这一

① ［美］希尔斯. 论传统［M］. 傅铿，吕乐，译. 上海：上海人民出版社，2009：37.
② ［美］希尔斯. 论传统［M］. 傅铿，吕乐，译. 上海：上海人民出版社，2009：42.

关于"教育是什么"的中国式当代新释,阐明我们今日的教育观,表明"融通"在认识当代中国教育之使命与性质时的不可或缺。

本章第二节的阐述表明,"教天地人事 育生命自觉"是我们在系统研究中国文化与教育传统的特质之后,对古代教育传统之精神境界的浓缩式概括。通过这一内含着中国教育传统之内核、智慧和精神境界的概括,使我们有可能用它来表达基于近现代反思基础上的,对古代教育传统精神之生命力的再认识;当代教育精神与古代教育传统精神的融通;当代中国教育的文化根基与特质。

这一新释主要由如下三点构成:

一、聚焦:"育生命自觉"的时代内涵

当代中国教育对人的生命关怀,最终须聚焦到个体"生命自觉"之形成。

个体生命自觉的形成,是个体生命质量与意义在人生全程中得到提升和实现的内在保证。我们坚信无论在哪个时代,这个结论都可以成立。中国古代的先贤、今世的真人,以一个个鲜活丰满的人生经历证明了这一点,我们的教育传统本身内含着这一点:即人生向内的精神力量生长之必须与可能,且只有依靠这样的内生力量,人才能在复杂的现世中,实现自我超越与存在价值。

当今世界与中国社会的开放互动,在带来发展与繁荣的同时,也出现了复杂变幻、信息碎片、价值多元,以及由社会诚信度降低等因素造成的个体生存风险与浮躁不安。这种现象同样存在于世代关系——控制、保护与挣脱、自主的张力中。教育面临着这样的冲突与选择。可以说,这个社会是中国自古至今,个体生存、发展需要成本投入最高的社会;是个体需要一生中不断面对陌生和重新学习的社会;是需要学会如何在碎片式的知识中寻找线索、建立秩序的社会;是需要在多元价值观的冲浪中划出坚定人生轨迹的社会;是需要与各色人群组成的世界交往又不叛自我独立本色的社会;是需要战胜众多诱惑和磨难而成就事业与自我的社会。在这样的社会中,个体要做到"安身立命",自然比起古代社会的人要艰难得多,也就越发需要人有出自生命自觉的"内在定力"。教育只有培养个体的"内在定力",才算找准了自己的目标,才可能充分发挥教育对于社会和个体不可替代的价值。正是对培养怎样的时代新人的辨析,使我们再一次意识到中国古代教育传统的精神力量之不朽,并为之震撼和兴奋。

我们可以期望:从这样复杂时代走出来的、具有生命自觉的一代,将胜于以往任何时代的国人。与西方相比,在中国的文化和教育传统中,最缺少的是对独立个体的尊

重与培养。古代儒家传统中强调的士与民的共同品质是"安分守己",以维护三纲五常为前提,这是社会角色被规定下的自我完善。士与民的区别基本上取决于社会制度中的角色配置。这是社会稳定的重要保证,也是造成封建社会发展缓慢的原因。接受了西方文化和马克思主义影响的"五四"前后的新文化运动,在制度上要求民主,在人的发展中要求的则是个性自由,这是合理和具有发展性的。但因历史和现实多方面因素的限制,直至今日,尽管有了很大进步,离完全处理好发展独立个性与健全社会秩序之间的内在关系尚很远。在一个物质财富相对富裕起来,个人自由活动空间相对扩大的今日中国,个性自由被一些人理解为纵欲无度,被一些人理解为无视他人,无视社会责任,只顾自我需求的为所欲为。而看重社会秩序者,则多以各类服从为原则来要求个人行为,希望再有一统代替多元的局面出现,这无疑难以实现,且并非合理。总之,两极都以绝对、片面的形式,得出不可兼得的结论。其实,都忽视了社会发展为个体提供了较之以往更多的实现个人价值的空间与可能,社会的发展也需要富有创造力和个性的个体之充分发展来实现。合格的公民,富有个性与创造力,能够自觉地不断超越自我,与当代社会具有内在的一致性。培养这样的新人,是时代对当代中国教育改革提出的最为尖锐,也是最富历史意义的任务。

与中国古代教育传统中体现的对"生命自觉"培养之要求相比,今日提出的育"生命自觉",不是只停留在,或者只看重个人的修己立德,而是期望在生命全整意义上的自觉。它无疑包含着人生价值取向和道德意义上的自我清晰、自我选择、自我负责和自我完善,还包括着人对自己的特长与不足、目前的发展状态、可能的发展目标与前景、人生未来理想的构建与策略选择,以及有方向地、坚持不懈地践行与实现等方面。即人能在复杂变化的社会中,因生命自觉的强大而把握自己的命运,过好自己的一生。

如此"生命自觉"的内涵,作为关注于每个人一生幸福与社会贡献相一致的、教育一般目标的提出,是对教育作为直接作用于个体生命发展的内在规定之回归,使教育成为生成个体把握自身命运的人之力量——"生命自觉"成长的导引与促进力量。"生命自觉"也是只有中国社会发展到当代才有可能提出的目标。21世纪以来,中国社会明确提出了"以人为本"的施政原则,对于教育领域来说,不能只满足于演绎式地推理出:教育应以学生为本。如此的推理方法是几十年来的惯用逻辑,但这是不经过对教育特殊性研究而得出的结论,是不经过对当代中国社会实际进行深入分析而得出的结论,它有逻辑意义上的正确性,但缺乏思想上深入认识的价值。虽然没有什么错,但说得尖锐一点,这种推论属于"正确的废话"。

对当代中国教育应以培育人的"生命自觉"为一般目标,持怀疑或否定态度的人,大致可分为两类:

一类人坚持认为当前教育的目标应定为服务于四个现代化,实现强国梦。前一阶段较时兴的提法是:当代中国教育的根本任务是为中国从人力资源大国变为人力资源强国服务。诸如此类的表达,在报刊杂志上不难找到,而且在不同历史时期、不同时段内,都能找到按照同一原则、因政治中心任务变化而提出的、对教育任务方向性的规定。

在我看来,教育生存于现实社会之中,不可能脱离社会政治、经济等多方面的发展,不可能不与社会全系统和各子系统发生交互作用而存在与发展,这是无疑的。谁以为或认为教育可以有完全脱离式的独立性,同样无疑是乌托邦式的。任何一个国家、政党、政府、领导人,都有权提出自己对教育的认识,表达相关的需求,目前这还是一种普遍存在的事实。

然而重要的是,这样的要求、观点乃至作为教育方针的存在,并不能代替教育学者对当代教育问题和教育自身特殊性的当代表达进行研究,形成教育学者的观点与认识。这些观点本身不会也不必统一,它们都将在教育实践的持续检验中增强或丧失其生命力。允许并鼓励教育学者进行研究,应是政府繁荣各种人文、社会学科(包括教育学在内)的重要政策。何况,教育学者研究所获的结论,并不必然与政府、政党的要求对立。就以当代来说,难道教育学者会不希望国家富强,成为人力资源强国?我想至少大部分人不会。不必为教育学者不说与政府一模一样的话而焦虑,更不用恐惧。他们只是想把教育自身是什么,教育本身应该和可能承担的任务想得更清楚,希望从教育自身发展理想的意义上阐明教育是什么,阐明当今的教育可以达到怎样的理想高度。

一个半世纪的中国近代化进程,已经足以使我们得出这样的结论:简单地把教育等同于政治、经济、文化等其他社会系统,简单地移用这些系统的任何一个发展策略、方式到教育之中,看起来十分重视教育的作用,但结果却恰恰相反。这不能很好地发挥教育独特的培育人的价值,因而也不能真正为实现期望服务。在战时,在特殊情况下,也许可采用如上的应急方式。但从一个文明社会的长治久安和长远发展来看,这样做的结果至少是"弊大于利"。今日之世界,一个国家和社会的长治久安、正常发展,需要具有独立人格的、能自觉承担其社会角色与责任的公民,自觉其生命发展方向与价值的命运之主人,作为当代文明社会的坚强支撑。国家富强与个体生命价值的实现,在当今社会,不应再以对立、两者择一的思维方式去决断,否则会两败俱伤。下面的例子也许不作为重证,但至少是一个警醒:据《南方周末》报道:中国的自费出国留学潮,已从高等教育向下延伸到高中,甚至初中、小学。"这个从新千年开始出现的群体(指少年留学群),在最近两年正呈井喷之势。2014年8月,美联社报道,中国已经取代韩国成为美国海外高中生源的第一大国。2013年,中国学生获得赴美高中F1学生签证,这几乎是八年前的50倍、两年前的5倍。"①除美国外,到澳大利亚、加拿大就学的人数也在20%左右,再次就是欧洲国家。这些学生的总数至少以十万计。据报道所言,尽管出国求学要付出高额费用,但许多家长还是趋之若鹜,原因自然多样,但至少表达了相当部分的家长对当前中国教育现状缺乏信心。若国内再不作认真反思,作出相应击中要害的、全面性的教育改革(非头痛医头、脚痛医脚式的加加减减),"建设人才强国"的愿望,有可能变成"人才输出大国"的现实。对于那些输入国来说,无论在经济、文化渗透,还是政治宣传上,都有利。何况还有中国一大批教育商人内外呼应,省心又省力,大家都发财,何乐而不为?

第二类持怀疑态度者,主要是认为:培育生命自觉,似太空泛,要求太高,尤其对中小学生,有可能吗? 认为提法是有道理的,但学校教育很难实践,最多是一支值得赞赏的"好箭"罢了,但因其不实用,也就不赏了。何况这十多年来,教育改革中动人的口号时时更换,层出不穷,看多了,也就不那么在意了。究竟有什么价值,能不能做到,不必也不想多管,看过、说过就罢了。这是由中国"全民教育家"造成的又一不是太积极的心态,怪不得人。

在此,我首先要说明的是:"育生命自觉"的提出,并不是一时冲动的产物,也不是只想提出、不思践行的说说而已。二十年的"新基础教育"研究从实践层面孕育了这一观念;中国古代文化、教育传统之再认识唤醒了这一观念;近代教育现实起落的反思坚定了这一观念;当代中国社会与教育的现实催生了这一观念,它的产生本身就是"融通"的结果。目前,我们已经创建了一批"'生命·实践'教育学合作校"和"'新基础教育'研究基地校",正在理论与实践结合的意义上,创生如何在学校教育的各种实践中培育人生命自觉之经验。一切虽尚未系统与完善,但重要的是已经开始,且至少表明:这是有意义的、可行的,并非空想。

---

① 引自并参阅:《南方周末》记者刘俊、《南方周末》特约撰稿谭畅、刘宽. 中国下一代教育被谁接管? 少年留学,从未如此井喷[N].南方周末,2014 - 09 - 11.

其二，"育生命自觉"是一个与生命同在的过程，由许多不同、但却又不忘"生命自觉"之育连续在一起。每个阶段，有与生命期的可能与局限、个性差异等相关而导致的不同内容与要求，并非用一个规定的、具体的德智体等评价标准来衡量。相反，它更要求根据个体发展的具体情况形成。孔子从"志于学"开始写自己的生命自觉发展过程，对于当代已普及并提倡关注终身发展的中国教育而言，关于"生命自觉"之育的思考，与人的终身各阶段相关。如在后婴儿期和前学前期，此责任由家长承担。家长在养育、保护的同时，鼓励孩子大胆、努力做自己能做之事，形成良好的生活习惯与节律，以及与成人之间合规则的、非要挟式、乞求式的交往方式，体验爱、友好与帮助，学会感谢他人与分享等积极态度，控制无度要求，养成诚实、知过即改（尽管不会有什么大过）、遵守承诺（也不会有重大的承诺）等品德行为，都是家长在这个阶段能为，且为孩子今后形成积极、良好的自我打下最早期基础的重要之事。它们需要家长用心、智慧去引导，且渗透在孩子与成人共同生活的方方面面。如果认同这一时期就会有那么多的教育可以进行，那么，进入学前及学龄期的幼儿、儿童和青少年，自然会有更多的教育机遇、更进一步的教育要求和更多教育机构的参与与影响力，包括家庭、学校和社会，及其相互间合力最大限度的形成。这是一个庞大的系列话题，不可能在此作展开，我只想强调的是：为了实现对青少年"育生命自觉"的目标，需要成人，特别是与青少年直接打交道、承担着教育责任的成人，不只为了自己，也为了下一代；不只为了今天，也为了未来；提升自己的"生命自觉"。当今的中国，不只是需要教育为社会发展服务，同样需要的是：为教育与儿童的成长而改造社会、改变成人世界。

二、透析："教天地人事"的当代新解

当今教育对青少年"生命自觉"的培育，在教"天地人事"的过程中实现。这里的"天地人事"之所指与古代相比，显然具有时代新意。

当代儿童自进入学龄期，跨入学校大门后，他的生命时间就由两大类型生活组成：学校内生活与学校外生活。我们把青少年在成长过程中，在学校中的学习生活和校外生活中各方面遭遇的内容，依然用中国传统的"天地人事"来概称。两类生活聚合到每个孩子的生命成长与心灵体验之中，逐渐转化形成他们个人的知识与能力、内心世界和人格、外在的行为处世方式和生存方式。两类生活有诸多区别，对青少年会产生不同的效应，其教育影响可能互补，可能很不相同；可能协调，也可能冲突。但最不希望出现的后果是：孩子因角色开始多元而出现人格之分裂，或自我之丢失、被淹没，最终

导致不知道我是谁？我想成为谁？我能成为谁？我怎样成为谁？从而可能茫茫然、浑浑然地渡过自己的一生，自古至今，这样的人大有。

学校是因文字产生、社会文明发展而出现的，在几千年的历史中承载着传递文化、培养人的任务，尽管常受批判，被要求改变，在社会转型期更是集中出现。学校总是和着时代和社会的节拍，发生着阶段性转变或发展，带着它的全部成就与问题，依然生存在人间。在中国随着近代以来教育的普及和制度的西方式系统化，随着学校类型的多元化，越到高一级层次，越追求与社会职业分工的专业相一致，企业、社会机构期望毕业生到单位就能直接用的愿望也越来越强烈。当今中国社会，包括政府、企业、家长、部分儿童教育专家、哲学家、经济学家、社会学家、信息技术专家等，从两个方向对学校的否定、批判越来越多，并趋于猛烈：一是从学校毕业生出口与社会职业无缝对接上，即所谓有用、无用的问题，批判学校脱离社会需要；一是从儿童成长与个性差异的角度，批判学校脱离儿童生活，扼杀个性，要求学校走向生活，或学校生活化，或用信息技术代替学校教育。此外，也有人以当代学科发展的综合趋势，来否定学校当前按学科、分专业进行教育的基本组织形态。这些观点各成为颇有号召力的新潮，在不同方面、不同程度地流行。在西方，有些未来学家明确提出学校消亡论，学界很有盛名的后现代哲学家，把学校比喻成监狱的论述，则不仅令教师汗颜，似乎还应有犯罪感。然而当代人类社会的高度发展，是否学校已经完成了历史使命，应该画句号了？这样一个严峻的问题被提出来了。从根本上说，这是学校与生活的关系。这个杜威在上世纪提出的老问题，在当今社会中被人们用诸多理由再次提出。

我并不认为当前的学校无须改革，恰恰相反，我是学校改革整体转型的提倡者，坚信当代中国的教育改革只有最终落到学校整体转型之完成，才算是有建树。我也不认为上述各种对学校的批判无合理性，在有些方面不仅合理而且切中要害，但我并不认为学校已到了寿终正寝的时候，也不认为学校要与生活完全融通才是成功。相反，在我看来，正是学校生活与日常生活、社会生活的差异，才是学校存在的价值。自然，这并不意味着，我认为今日学校生活的现存状态合理、正常、无须改革。但改革不是让学校化到生活中去，而是实现学校符合时代需要的全面转型。学校与社会根本上的相通点，首先在于人，今天没有经历过学校生活的人生是遗憾的人生。其次，无论是校外生活还是社会生活，所学都指向人的生存世界——天地人事。有了这两个相通点，学校与生活不可能在根本上断裂，这也是几千年来学校历经磨难，即使在战争、灾荒等艰难岁月中却始终不灭的根本原因之所在。回顾"文革"十年对学校的破坏，从停课、停止招生、缩短学制,到中学课程去掉数学、物理、化学,改成"工业基础"、"农业基础",削减课时,增加生产劳动等,几乎是对相对稳定的学校系统的全面推翻,其理据之一,就是要改变学校脱离实际,尽学无用知识的祸害。然而,带来的结果是什么呢? 是与这个时代相关的、前后四五代人的精神世界之发展遭阻,人生价值观和知识能力之发展受阻。有多少下乡、下厂的初中毕业生因此十年,丧失了改变自己生存境遇的最好年华;有多少青年知识分子因此而丧失了发展自己才智、成就一番事业的最好年华。这些用青春年少、中年壮年的生命之耗费、荒芜换来的教训,是我们今天思考教育改革之底线时不能忘记的"宝贵警戒"。

从西方近代社会孕育而成的,由 19 世纪末 20 世纪初逐渐引进中国,而后作为制度建立的课程体系,指当时称之为新学校的一整套课程设置,对于中国古代传统教育,形成了从制度体系到学校的全面转型。在此要点出的主要是课程系统的变更:一是从基础教育到高等教育,以分学科为基础的螺旋上升式专业教育;二是基于西方文化的自然科学之全面引进;三是课程分类除自然、人文两大类的基础课之外,增加了体育、生理、心理、逻辑等关于人自身的学科,随着年级的升高,学生基础读写算能力的获得、兴趣差异的逐渐显明和自主选择能力的提高,课程对于个体而言有了选修与必修的区分。

怎样理解如此课程体系设置背后的理念? 有多种理解,我从与中国文化传统比较和教育的视角切入,所形成的理解是:

首先,承认人对自然和人文的深入认识需要共同的基础,那就是对已经创造出来的、藉以表达人类文化的基本符号体系之认识与运用,在小学就是从语言文字与数学符号的认识与运用始。这与中国古代传统的认识有一致处,只是在具体内容、表达和程度深浅上有大的区别。儿童对这些符号的认识与熟练运用过程,不仅为他们打开了一个朝向人类文明世代创造的丰厚积淀之门,而且开辟了一条快捷通道,提供了一套藉以在符号世界畅游所需的思维工具。这是人类教育创造的最伟大业绩之一,是儿童开始与符号世界接触,利用符号进行思维的启蒙过程。启蒙不只是启知,而且启智、启思。这是小学必须教语文与数学的基本道理。不但要教,还应在教的过程中,逐步提高学生抽象思维、直接运用符号进行思维的能力。我们可以从民国时期一些大概只上过小学,后经自学达到大师级水平的出色人物身上,看到小学基础学科教育的不可取代性。如果一味地想让儿童通过具体认识抽象,而不逐步过渡到掌握符号间的逻辑关系,直接思考、认识世界之表面不可见的内在联系,那么人的思维水平和对世界的认识水平,就可能长期停留于日常经验的中观层面。这是我们在日常生活中,与一些并不一定上过许多学,但却很有智慧地解决生活中的问题的人相处时常会有的体验。此外,就大多数正常儿童而言,六岁前后,都具有学习文字和数学符号系统的潜力。他们之间的差异,不在于能与不能,主要在于速度的快慢、兴趣的倾向性,以及具体的切入方式,由具体向抽象,由案例向一般规律转换乃至熟练形成所需的练习量之差异等等。

其二,增加了与人类自身相关的学科。唱歌、体育、美术、劳作和卫生等,都以学科方式列入课程,体现了西方近代学校教育对人之多方面发展的关注。这在我国古代学校传统中,尤其是在承担基础教育的私塾中,往往是缺失的。选修课的开设,体现了对人之个别差异的关注、为学生提供选择的可能,并在选择中培养选择的意识与能力。这是西方文化与教育中已形成且达到相对成熟的关注个体、尊重儿童等理念在课程中的表现,对于中国古代文化教育传统而言,是一种冲击,也是一种补充。然而,这些学科因在生活和职业中的所谓"无用",而被当作副科,似乎可有、可无、可减。学生也常常把这些课当作"玩耍课",虽喜欢,但大多不会如学语文、数学那么认真。再加上师资的缺乏或专业性差,常常只是由教其他课的教师兼任。这些学科在中国"水土不服"的现象,直到今天还存在。这是导致中国与西方相比,学生的综合素养相对较弱的历史原因。

其三,人类文明的丰富性和按门类区别后再组成知识系统,在当时已是一个存在的"世界",现被称为"世界3",并且还在不断地分化、组合,其生长必无穷无尽。然而,每一代人,每一代人中的每一位个体,其生命期无论长短却都是有限的,这是文化传承与发展中一对无限与有限的矛盾。教育能解决的方法,只能是将已有的文化知识按分科、专业的方式,由基础开始,逐渐尽最大可能地全面提供,包括那些有争议的不同猜想和新问题,以便让不同个体能按自己的特长、需要、基础与可能进行选择。人的各种差异,是各领域都会有新人投入可能的基础。可见,代际文化的全面传递要通过新一代受教育群体中的个体差异选择实现,不可能用使每个人都成为全能来实现。这是学科、专业分类存在必要性的教育依据之一。今后,无论人类文明怎样进一步发展,总不能没有以分科为基础的基础教育。交叉和综合都是以分科为基础的新发展,但并不能取代分科的存在。所以,需要改变的是关系,而非学科本身要不要存在;需要改变的是培养人才的要求与方式,而非不需要分科、分专业。这是由文明积淀的无限性与人之生命的有限性之间的矛盾所决定的。

中国文化教育传统缺乏西学式的学科分类,可以说,这是引进西学和西方学校知识系统的最重要价值。具体来说：一是使国内的学科发展有了新格局；二是有了与国际学术界直接相通的学科领域人才之培养，也为此后的独立发展创造了条件；三是将强国的需求，从技术水平上升到学术。由此，传统上用"天地"与"人事"相匹配的，基于可观察的"天地"变化、上升为阴阳分合运转的哲学思维，开始被打破，把自然界作为客观独立对象的科学思想与结论，由此始，逐渐通过教育，被一代代新成长的青少年和知识分子所了解。人及其生活世界有关的林林总总的道德规范与世事秩序的古代社会伦理，处于教育中心地位并影响到几乎一切方面的格局被打破。自此，中国学校教育中，尤其是在自然科学方面的教学中，知识与方法的学习、记忆、理解和运用，成为独立且主要的任务，伦理道德和其他人文学科，也以学科知识的方式进行教学。知识越来越成为学习的显性目标和可测量的标准，教学与成就人的关系，或者说学科的育人价值被淡化，甚至被遗忘，这在自然科学的学科教学中尤为突出。由此开始，中国教育中学习的内容与人伦道德的直接联系被分裂，学校往往记住了学科之"教"的任务，却淡化甚至丢失了"育"的使命。

以上简单分析，使我们看到了西方学校的引入对中国古代文化教育带来的巨大冲击与变化，看到其重要的补充与发展价值，也看到了由此造成的传统的一些宝贵特质的失落。经过近一个半世纪岁月的磨合、生长与凝聚，西方近代教育带着它的全部优势与问题，已经逐渐转化为中国近代教育自身的传统了。今天我们再次面临犹如近代当初审视古代的类似立场，需要审视已成传统的中国近代教育。与当初不同的是，我们不但有未来的视角，而且有追寻、接续中华文明之根的清醒；我们不再只是简单追求"替代"，而是期望"融通"。正是在这样的思索、探索中，我们看到了文化教育传统中"育生命自觉"的境界追求，对于当前中国教育的重要人文价值；也看到了近代分科教学就其内容所及，总体范围还在"天地人事"之中，即使是宇宙学研究也还在"天"的范畴之内。故而，"教天地人事"依然可作为当今中国式教育理解的表达方式之组成。更重要的是，我们认识到：需要把"教天地人事"的过程，作为"育生命自觉"的学校基本实践过程，以此改变中国近代教育将学科教学与人的精神世界、人格培养割裂的基本格局，将分化了的学科化的"天地"与"人事"之教学，在分化的基础上，以"生命自觉"之培育为红线，在更高的水平上，再次贯通到青少年个体成人这个教育主题上，贯通到学校各类教育活动的方方面面之中（除教学外，还有学生班级建设、学校学生组织和课外活动，以及各项管理工作等），形成强大的、不可替代的学校育人之整体价值。这就是我们认为并在努力实践着的当代学校整体转型变革之追求[①]。并确信：只有实现了学校整体性的转型性变革，我们才能因实践而超越中国近代教育传统的局限，回归"教天地人事　育生命自觉"的中国教育之传统与本真。

三、创造：师生在校新生活

"教天地人事　育生命自觉"，是在改变当前师生在校生活的实践中实现的。我们要创造学校新生活，使其呈现出生命成长与教育创造的活力，为此，当今我国承担基础教育职责、为每个人的生命打上文化底色的普通中小学教育，在实践中需要作出有方向的持续努力。我认为，其中最为艰难又具有全局性意义的，是以下两个方面：

1. 改变师生在学校的日常生存方式

老师和学生，是学校一切活动的人之主体构成。学校活动本身就是一种生活，不是人之生活总体之外的一部分，而是其中特殊的一部分。对于学生而言，学校生活是其生命成长最快、最重要和最具基础性的文化道德素养形成，且用多年珍贵岁月构成的特殊部分；对于终身以此为业的教师而言，学校生活就是其职业生命的主要构成部分。我们可以这样说：学校生活的质量是师生生命质量的重要构成。如果我们把学生生命质量的提升，主要放在增加或提升校外生活质量上，那是忘了学校存在的意义；如果我们把学生生命质量的提升，主要寄望于在校期间非经常性的某些特殊活动日或课外活动上，那是忘了日常才是修炼人生真性情的根本这一平凡的真理。这些似乎都不该忘，但现实中却常常因儿童的不起眼和日常的太平凡、似重复而被忽视，总期待着能用什么异常或不凡来改变学校现状。然而，恰恰最需用力、最真实的改变，就在日常。只有基于日常、通过日常，才能将高远的、具有根本意义的目标，化到每人每天的生命实践之中。这是儒家教育传统中的智慧之一，我们更可能也需要从实践智慧的意义上接续和发展这一传统。

中国近代教育传统延续至今，造成师生在校生存方式之主要问题是被动生存、缺乏主动性和创造性。这是因主要把教育当作传递文明与知识的工具所导致。此外，在分学科教学的同时，国家统一规定教学大纲，使用一套教科书，外加大量附有教材详细分析和教案设计的教学参考资料，教研组集体备课，不同阶段的统一测验和考试等，在

[①] 关于当代中国学校整体转型的详细论述，请参阅：叶澜."新基础教育"论——关于当代中国学校变革的探究与认识[M].北京：教育科学出版社，2006.

这些具体的、看起来是帮助教师教学和保证教学质量的一系列措施笼罩下,教师的主要角色变成了双重意义上的执行者:人类文明、知识传递的执行者;上述一系列不同层次规定的学科教学的被动执行者。显然,这里有理论问题,还有实践中的管理问题。

从理论上辨清教师角色问题十分重要。教育确实承担着传递人类文明、知识的责任,但教育的直接过程是人的培养。在人的培养中,无论是什么形态组建的知识教学,都既是具体目标,又是育人手段。学科教学是学校培养人的途径与基本活动。学校的一切工作活动,都是围绕着培养人这一根本目标组织、开展的。从这个意义上,我们把知识及其教学都看作手段,而非目的。学生的成长才是学校教育的根本目的。

只关注知识传递的任务,却忽视人的培养这一根本目的,必然使教师职业的性质定位于传递者,而非创造者。因为教师不承担创造所教学科知识的任务,从科学界、技术界、艺术界乃至手工艺者的角度看,教师没有他们领域里的创造发明,只是把他们的创造发明教给学生。知识技术发明的专利权属于他们,不属于教师。社会上,乃至学生家长,也因教师的工作并没有给他们带来直接、可见的利益或创造成果,虽因看到这份职业的辛苦与付出,看到孩子的成长,会给予教师同情或感谢式的尊重,但这份尊重并不是因看到教师劳动的创造性而给予的尊重。其直接的社会后果,就是教师职业的社会地位与这一职业应有的社会地位之间有巨大反差,且常常因对其辛苦付出的宣传,反而使年轻人不愿选择教育作为自己喜爱的职业。因为他们看不到这项职业的魅力、对智慧人格的挑战和促进自我终身完善的价值。

正是这样的认识,往往使教师自己也定位于"传递者",乃至辛苦的"搬运工",而非学校生活、教育世界的创造者角色。教师关注的是教学内容中知识的显性传递。教案可以从教参上抄,或教研组分工,各人备一部分,然后大家分享,一个学期的教案就齐了。随着自己逐渐成为"老教师",教这些内容已不会形成挑战,管理课堂也有一套,职业倦怠随之而生。仅以教师职业为谋生手段者,就开始了"混"式学校生存。真正的快乐与满足、幸福感,都在学校生活之外获得。而爱学生、辛勤耕耘的园丁,则常被宣传为其幸福都来自学生取得好成绩、毕业后的感恩与牵挂,是一种滞后的、他人的回报,而非职业生存过程中因创造、成长而自主内生的满足与幸福。

当教师的学校生存处于被动状态,则学生的学校生存状态往往更被动。当今中国,学生在校生活受压抑和负担过重的情况已无需多言,几乎已成公认且很少部分人认为有可能改变的事实。大部分人视之为"无奈的痛苦"。认为只要有考试,有升学率竞争,就无法走出这种恶性循环。然而,到目前为止,即使发达国家也没有取消考试,国内的各种考试改革,可以说三十多年来几乎没有停止过,何以并未使学校教育状态有大改观? 我并非因此而认为不必研究考试改革。与任何领域的研究和改革一样,考试改革是一个没有终点、逐渐趋向完善的过程。然而,对学校教育问题作如此简单的归因,完全寄望于考试的松绑。且不说即使这一松绑真的实现,若教师、学生的手脚还是按惯性转,还是将学校教育看作只是传递知识,那么即使课程多到可选择性类似超市的货品,师生在校的生存状态,就能走出被动吗?

依我之见,造成上述状态的最根本原因,还是出在对教师职业性质的定位上。改变须从理论的批判与重建始,这是一个重要的教育理论研究课题①。从实践的角度看,如果我们承认师生是学校生活的主体,那么学校生活,尤其是日常生活的改变,只能由师生共同努力承担。其中,首先是承担教育责任方的教师之改变。如果我们期望社会改变对教师职业的认识,教师所能做的,不只是呼吁、批评,更重要的是要活出学校教育的新生活来,且不只是为了给别人看,更是为了活出自己生命与教师职业的精彩。在一定意义上,学校教学生活,是教师主动性与创造性得以绽放的最大空间与舞台。

教师的主动性与创造性,在学校集中表现在教学研究与实践中,以培育学生的生命自觉作为核心目标去进行,这是教师在校日常生活的基础性构成。唯有在此活动领域中有了转型性变化,唯有教师自身的职业生命状态因创造而焕发出活力,学生在教师改变了的教育实践中得到解放,提升自主、自觉的水平,师生日常生活状态才会有根本的改变。基于学校系统内部的改变,突破目前学校教育不利于学生(包括教师)发展的怪圈之路才能走出。

与此相关,进一步的论述将涉及第二个难题。

2. 融通"教""育",深度开发学科的育人价值

如前所述,中国自近代引进西方学校制度与课程之后,学校教育出现了学科内容之"教"与学生内心的道德、精神、人格之"育"两者间的分离。后者还常被演化为时事、政治等与意识形态相关的教育,学校中的青少年组织也是如此。从学校的组织架构中,同样呈现出分离式的分工,如学校领导层机构,在校长职务之下,设教务主任与训育主任(民国时期的一般称呼),或设两位副校长(或教导主任),一位分管教学,一位分

---

① 本人与之相关的详细论述,请参阅:叶澜、白益民、王枬、陶志琼. 教师角色与教师发展新探[M]. 北京:教育科学出版社,2001;叶澜. "新基础教育"论——关于当代中国学校变革的探究与认识[M]. 北京:教育科学出版社,2006:354—370;叶澜. 教师的魅力在于创造[J]. 上海教育,2013(6);等。在此不作展开再论。

管德育，职务上的分管，内蕴着这是可分得开、又不能或缺的两大部分工作。长此以往，又强化了教师这样的观念：学科老师、教研室主任负责本学科的教学；班主任、学生方面的指导与管理人员，如班主任、年级主任等负责学生的思想品德教育，各管一方，各尽其责。就这样，从观念到组织架构再到实践过程，相互配合，强化着"教"与"育"的分离，瓦解着古代教育中"教育"一体的传统。当今学校教育实践要改变这一近代教育传统的弊病，不可能通过取消近代的分科教学，回到经史子集四科的古代体系；也不是只通过加强专施德育的思想品德课、加强班队课与学生实际的联系、加强社会实践、多设校外基地等能完成。一条最为基本的改变渠道是，通过深度开发不同学科教学的育人价值，使"教"与"育"在学科教学中真正得到融通，使教育的融通渗透到学校每节课的日常教学之中。我们深信：对于心灵最有力量的是日常教学中春风化雨式的跬步之功。然而，其难度也正在于"每一天"与"所有学科"都要关注"融通"和"深度开发"。不过，难并不等于不现实或做不到，重要的是开始迈出步子，并坚持不懈地探索前进，难会变成易，局部会变成全体，时而会变成日常，尝试会变成新的习惯，变成新的学校生存方式。不敢、不愿跨出改革实践第一步的人，永远不会有可能变希望为现实的明天。

为了改变现状，创造新的教学品质，教师尚须进一步分辨并努力在教学中践行的，还有如下两个方面的认识：

第一，学科教学的育人价值不等于学科的德育价值。德育的要求无疑是育人价值的重要构成，但不是全部。育人价值指向学生个体精神发展的全部：包括头脑中的知识结构层积，思维方式与思维品质，各种符号理解、互换、互解与整合、综合运用的能力；对未知领域的好奇，寻找深入突破点、发现问题和解决问题的创造能力；对事物认识的穿透力和时空贯通感；对他人的善解、合作与处理矛盾和冲突的能力；对自然世界的感受、理解、理性相处与和谐共生的自觉意识和能力；对人生中相遇的各种美之感受与欣赏，乃至创造愉悦与美的能力；最终归结到对自我个性与人格、发展理想与信心、策划与在现实中践行的生命自觉之意识与能力。

列出这么多项，不是为了表示本人已穷尽了关于学科育人价值的思考，而是表明其意蕴远远超越于我们习惯称之为"德育"的范畴，人的内心精神世界之丰富、复杂，可以说是无穷尽的，但非空泛或混沌不可辨的。教育者的创造恰恰在于对这一世界的深入辨析，并通过包括学科教学在内的教育实践，促使学生精神世界逐渐丰满与美善，自觉地不断提升自我充实、生养内心世界的需求与能力。列出这么多项，还在于表明，如此丰富的内涵几乎在每一个学科内，都有不同程度的存在，或具有形成某方面精神世界发展的特殊资源与特强可能。对于学生的发展来说，没有一个学科可以被视作无足轻重，所以需要每一位学科教师深度开发，形成对本学科独特育人价值的认识与实践能力，而不是只有某些学科需要或可能承担这一职责；也不是只靠一两天就能达成其全部，而是要各学科深度开发育人价值，如涓涓细流，日日汇入学生心田，使其精神力量、内心世界渐显成熟，最终能以独立的人格、健全的精神和多方面的智慧与能力，跨入必须面对的陌生、复杂的社会，用其一生做成一个大写的人，在实现自己追求的人生理想和承担社会责任与公民义务中，活出一个充实而有意义的人生。这样的教育，才是人的教育，而不只是知识的传递。

第二，学科教学育人价值的开发，不只局限于学科内容的深度研发，还包括围绕着学科教学进行的实践过程，从这个意义上我们可以说：课堂教学本身就是生活，这种生活内涵着丰富的育人价值。

自然，学科内容育人价值的深度开发，是教师进行学科教学育人价值开发不可不迈出的第一步。其中，最为核心的任务与两个方面密切相关：一是使已经固化的书本知识重新活化起来，它不只是指用形象化的手段表达出来，更重要的是需要与知识发现者、知识发现过程联系起来；使知识与学生的生活世界、已有的认识与经验关联起来，并让他们产生知识之树的生长、发展感；把知识的内在结构呈现出来，把它们在人类生活中的存在形式揭示出来，并诱导学生发现还有不少尚未开辟的领域和问题在向他们招手。另一方面是研究自己教学所面对的具体、而非抽象的学生，了解他们共有的基础、差异类型与阈限，研究他们与学科知识相关的兴趣与困难，发展的可能与限度，可能触发的兴奋点和攀上新高必须跨过的台阶，以及他们的学习态度、习惯与能力基础，需要弥补的局限、克服的毛病、动力的激发和潜力的开发等等。只有完成了这两方面的研究，积累这两方面研究，并始终用两方面关联的思考，方有可能创造出具有育人价值的、关注学生整体与差异的、对学生的多方面发展具有适切挑战的教学设计方案，将学科教学的育人价值总目标，落到每一节课的教学设计中。

在此基础上展开的师生教学生活本身，还有学科内容开发所不能涵盖或代替的育人价值。教师应该不忘的是：学生在课堂上是一个全身心的存在，而不是只有某些器官的存在。课堂教学是一个围绕学科、师生多元相互作用的过程。[①] 特别需要提醒的

---

① 本人有关教学过程改革的展开论述，请参阅：叶澜. 课堂教学过程再认识：功夫重在论外[J]. 课程·教材·教法，2013(5)：3—13. 在此不作展开论述。

是,这种多元互动,不仅是有形、有声、可构成整体的互动,还有大量无形、无声、未构成整体的、小组式的甚至个体间的互动。每个学生都以自己的全部身心在课堂上体验学习与交往,有着他们各自相通又不全然相同的感受。老师目光扫过的范围,有无在自己身上停留,一个表情、一个手势,在教室里的行走路线、对话的姿态等等,都会影响到具体每一个学生的学习状态。课堂是提升教师组织多元、多种互动能力,学会把握动态复杂状态的最好场所。学生之间的交流也是如此:自己的发言是否得到老师的赞许、同学的掌声,或者引起争论,或者不被关注,这些也同样会产生积极或消极的影响。不只是对个体,也包括对整体的氛围、课堂的流畅性有影响。老师对学生的研究,不限于课前,课堂上的学生表现,通常是老师在真实情境中读懂他们个性表达的好机会。一个对教学内容通透掌握后的好老师,更有可能在课堂上读懂不同类型的学生,读懂一个班级。这是当代教师更需具备的基本功。除此以外,课堂上或课外不同类型的延伸作业、练习等,不单是课堂教学的延续,也是教师与学生互动、读懂学生的延续,是延时反馈式的教学。学生作业向老师传递的,远远不止于知识的学习、记忆和运用能力,而是他的全部,包括学习的和非学习的、已有的和可能的。每一次作业都是学生心灵向老师的敞开;教师的每一次反馈,都会给学生带来影响:或欢欣、亲近,或沮丧、惧怕,……同时也在学生心目中留下教师的不同印象。

上述这一切,都是学校教学生活中可能产生或实际存在的育人价值,不同的教师与不同的学生,只要有相处、交往,都会产生不同质量、不同程度、不同效应的影响。这种交互作用越精彩,越使师生双方都受到启发,都有所历练和成长,就越是富有创造性的学校教学生活,是创造师生生命成长的学校教学生活。

学校的一切活动,若都能用创造学校新生活的理念去开展,师生真正成为学校生活的主动创造者,那么,无论是教师还是学生,都会在学校生活中实现生命的成长。教育的意义,不只是在未来,它就在当下创造生命成长的丰富学校活动中,在操场、在课堂,在黑板、在墙上,处处、时时,都可看到生命的灵光闪动,都能听到生命拔节成长的声响。

教师,也许不能改变整个社会,但只要我们愿意,只要我们懂得,只要我们清醒,只要我们践行,实实在在地从改变自己开始,我们就能改变自己的职业生涯,改变与我们长久相伴、相处的学生的生命成长。

中国当代教育的真实发展,希望在教师;只有教师和学生,才是富有智慧与意义、挑战与成长的学校新生活的创造者。

"生命·实践"教育学派起思于对教育生命价值的珍爱,最终又将其实践的落脚点,落在天天在学校中有可能创造学校新生活的、教师与学生之生命活力的焕发上。"生命·实践"教育学会有许多可能的未来发展,但我相信:"生命·实践"这一基因不会变,"生命·实践"作为影响教育与教育学的独特主旋律不会变。

主要参考文献

外文译著

[奥]路德维希·冯·贝塔朗菲.生命问题——现代生物学思想评价[M].吴晓江,译.北京:商务印书馆,1999.

[比利时]伍尔夫.中古哲学与文明[M].庆泽彭,译.上海:华东师范大学出版社,2006.

[德]E·策勒尔.古希腊哲学史纲[M].翁绍军,译.济南:山东人民出版社,1996.

[德]狄尔泰.精神科学引论(第一卷)[M].童奇志,王海鸥,译.北京:中国城市出版社,2002.

[德]底特利希·本纳.普通教育学[M].彭正梅,徐小青,等,译.上海:华东师范大学出版社,2006.

[德]恩格斯.劳动在从猿到人转变过程中的作用[M].中共中央马克思恩格斯列宁斯大林著作编译局,译.北京:人民出版社,1971.

[德]伽达默尔.真理与方法[M].王才勇,译.辽宁人民出版社,1987.

[德]赫尔巴特.普通教育学·教育学讲授纲要[M].李其龙,译.杭州:浙江教育出版社,2002.

[德]康德.论教育学[M].赵鹏,何兆武,译.上海:上海世纪出版集团,2005.

[德]马克思,恩格斯.马克思恩格斯全集(第42卷)[C].中共中央马克思恩格斯列宁斯大林著作编译局,译.北京:人民出版社,1979.

[德]马克思,恩格斯.马克思恩格斯选集(第4卷)[C].中共中央马克思恩格斯列宁斯大林著作编译局,译.北京:人民出版社,1972.

[德]文德尔班.哲学史教程[M].罗达仁,译.北京:商务印书馆,1997.

[俄]弗·弗·克拉耶夫斯基.教育学原理[M].张男星,曲程,等,译.北京:教育科学出版社,2007.

[法]G·米阿拉雷.教育科学导论[M].郑军,张志远,译.北京:光明日报出版社,1989.

[法]P.布尔迪约,J.-C.帕斯隆.再生产——一种教育系统理论的要点[M].邢克超,译.北京:商务印书馆,2002.

[法]埃德加·莫兰.方法:思想观念[M].秦海鹰,译.北京:北京大学出版社,2002.

[法]埃德加·莫兰.复杂思想:自觉的科学[M].陈一壮,译.北京:北京大学出版社,2001.

[法]埃德加·莫兰.迷失的范式:人性研究[M].陈一壮,译.北京:北京大学出版社,1999.

[法]柏格森.创造进化论[M].肖聿,译.北京:华夏出版社,1999.

［法］保尔·朗格朗.终身教育引论［M］.周南照,陈树清,译.北京:中国对外翻译出版社,1985.

［法］孔多塞.人类精神进步史表纲要［M］.何兆武,何冰,译.南京:江苏教育出版社,2006.

［法］卢梭.爱弥儿［M］.李平沤,译.北京:商务印书馆,1978.

［古希腊］亚里士多德.尼各马科伦理学［M］.苗力田,译.北京:中国社会科学出版社,1999.

［古希腊］亚里士多德.形而上学［M］.苗力田,译.北京:商务印书馆,1991.

［加］马克斯·范梅南.教学机智——教育智慧的意蕴［M］.李树英,译.北京:教育科学出版社,2001.

［捷］夸美纽斯.大教学论［M］.傅任敢,译.北京:教育科学出版社,1999.

［美］E.O.威尔逊.论人的天性［M］.林和生,等,译.贵阳:贵州人民出版社,1987.

［美］Elkhonon Goldberg.大脑总指挥:一位神经科学家的大脑之旅［M］.洪兰,译.台北:远流出版事业股份有限公司,2004.

［美］杜威.民主主义与教育［M］.王承绪,译.北京:人民教育出版社,1990.

［美］杜威.确定性的寻求［M］.傅统先,译.上海:上海人民出版社,2004.

［美］杜威.人的问题［C］.傅统先,邱椿,译.上海:上海人民出版社,1965.

［美］简·杜威.杜威传［M］.单中惠,编译.合肥:安徽教育出版社,1987.

［美］罗伯特 B.塔利斯.杜威［M］.彭国华,译.北京:中华书局,2002.

［美］米歇尔·沃尔德罗普.复杂:诞生于秩序与混沌边缘的科学［M］.陈玲,译.上海:上海三联书店,1997.

［美］希尔斯.论传统［M］.傅铿,吕乐,译.上海:上海人民出版社,2009.

［美］詹姆斯.实用主义［M］.陈羽纶,孙瑞禾,译.北京:商务印书馆,1997.

［日］大河内一男,海后宗臣,等.教育学的理论问题［M］.曲程,迟凤年,译.北京:教育科学出版社,1984.

［瑞士］皮亚杰.人文科学认识论［M］.郑文彬,译.北京:中央编译出版社,2002.

［英］A.N.怀特海.观念的冒险［M］.周邦宪,译.贵阳:贵州人民出版社,2000.

［英］A.N.怀特海.科学与近代世界［M］.何钦,译.北京:商务印书馆,1959.

［英］H.P.里克曼.狄尔泰［M］.殷晓蓉,关晓明,译.北京:中国社会科学出版社,1989.

［英］爱德华·泰勒.人类学——人及其文化研究［M］.连树生,译.上海:上海文艺出版社,1993.

［英］伯特兰·罗素.西方的智慧［M］.亚北,译.北京:中国妇女出版社,2004.

［英］弗朗西斯·培根.学术的进展［M］.刘运同,译.上海:上海人民出版社,2007.

［英］怀特海.过程与实在:宇宙论研究［M］.杨富斌,译.北京:中国城市出版社,2003.

［英］罗宾·柯林伍德.自然的观念［M］.吴国盛,柯映红,译.北京:华夏出版社,1990.

［英］罗素.西方哲学史(下卷)［M］.马元德,译.北京:商务印书馆,1976.

［英］苔丝蒙德·莫里斯.裸猿［M］.余宁,等,译.上海:学林出版社,1987.

中文著作

董仲舒.春秋繁露.

老子.

礼记·乐记.

礼记·文王世子.

礼记·学记.

礼记·中庸.

刘安,等.淮南子.

论语.

孟子.

司马迁.史记.

许慎.说文解字.

荀子.

易经.

周礼.

庄子.

朱熹.四书集注.

安文铸.教育科学与系统科学[M].长春:吉林教育出版社,1990.

安文铸.教育科学引论[M].南昌:江西教育出版社,1997.

陈桂生."教育学"辨:"元教育学"的探索[M].福州:福建教育出版社,1998.

陈桂生."教育学视界"辨析[M].上海:华东师范大学出版社,1997.

陈桂生.教育学的建构(增订版)[M].上海:华东师范大学出版社,2009.

陈桂生.教育学的建构[M].长沙:湖南教育出版社,1998.

陈桂生.教育原理[M].上海:华东师范大学出版社,1993.

陈桂生.历史的"教育学现象"透视——近代教育学史探索[M].北京:人民教育出版社,1997.

陈燮君.学科学导论——学科发展理论探索[M].上海:上海三联书店,1991.

成有信.现代教育引论——现代社会·现代教育·现代人[M].河南教育出版社,1992.

程亮.教育学的"理论—实践"观[M].福州:福建教育出版社,2009.

刁培萼.教育文化学[M].南京:江苏教育出版社,1992.

丁钢.中国佛教教育:儒佛道教育比较研究[M].成都:四川教育出版社,1988.

冯天瑜.上古神话纵横谈[M].上海:上海文艺出版社,1983.

冯文全.现代教育学新论[M].成都:电子科技大学出版社,2007.

高清海,胡海波,贺来.人的"类生命"与"类哲学"[M].长春:吉林人民出版社,1998.

高清海.找回失去的"哲学自我"[M].北京:北京师范大学出版社,2004.

古敬恒.汉字趣谈[M].长沙:湖南文艺出版社,1991.

韩庆祥,邹诗鹏.人学:人的问题的当代阐释[M].昆明:云南人民出版社,2001.

胡德海.教育学原理[M].兰州:甘肃教育出版社,1998.

胡奇光.中国小学史[M].上海:上海人民出版社,1987.

扈中平,李方,张俊洪.现代教育学[M].北京:高等教育出版社,2000.

华中师范大学等五校.教育学[M].北京:人民教育出版社,1982.

华中师范学院教育系,河南师范大学教育系,甘肃师范大学教育系,湖南师范大学教育系,武汉
    师范学院教育教研室.教育学[M].北京:人民教育出版社,1980.

黄济,王策三.现代教育论[M].北京:人民教育出版社,1996.

黄绍箕,柳诒徵.中国教育史[M].//瞿葆奎,郑金洲,主编.二十世纪中国教育名著丛编.福州:
    福建教育出版社,2011.

黄志成.西方教育思想的轨迹——国际教育思潮纵览[M].上海:华东师范大学出版社,2007.

金林祥.20世纪中国教育学科的发展与反思[M].上海:上海教育出版社,2000.

金一鸣.教育原理[M].合肥:安徽教育出版社,1995.

瞿葆奎.教育学的探究[C].北京:人民教育出版社,2004.

瞿葆奎,沈剑平选编.教育与教育学(教育学文集·第一卷)[C].北京:人民教育出版社,1993.

瞿葆奎主编,杜成宪副主编.孟宪承文集·卷十·中国古代教育史资料[C].上海:华东师范大
　　学出版社,2010.

瞿葆奎主编.孟宪承文集·卷十一·中国古代教育文选[C].上海:华东师范大学出版社,2010.

瞿葆奎.元教育学研究[C].杭州:浙江教育出版社,1999.

李华兴.民国教育史[M].上海:上海教育出版社,1997.

李圃.甲骨文文字学[M].上海:学林出版社,1995.

李泽厚.世纪新梦[C].合肥:安徽文艺出版社,1998.

李政涛.教育学科与相关学科的"对话"[M].上海:上海教育出版社,2001.

李政涛.为"生命·实践"而思[C].桂林:广西师范大学出版社,2011.

刘放桐.杜威全集(早期著作(1895—1898))·第五卷[C].上海:华东师范大学出版社,2010.

刘佛年.回顾与探索——论若干教育理论问题[C].上海:华东师范大学出版社,1991.

刘济良,等.生命的沉思[M].北京:教育科学出版社,2004.

刘又辛,方有国.汉字发展史纲要[M].北京:中国大百科全书出版社,2000.

刘志基,张德绍,臧克和.汉字的世界[M].上海:上海教育出版社,2001.

刘志基.文字中国(丛书)[C].北京:大象出版社,2007.

刘志军,等.生命的律动[M].北京:教育科学出版社,2004.

柳海民.教育原理[M].哈尔滨:东北师范大学出版社,1998.

马小兵,选编.面对生命[C].成都:四川人民出版社,1997.

孟宪承,编.中国古代教育文选[C].北京:人民教育出版社,1979.

南京师范大学教育系.教育学[M].北京:人民教育出版社,1984.

桑新民.呼唤新世纪的教育哲学——人类自身生产探秘[M].北京:教育科学出版社,1993.

上海师范大学《教育学》编写组.教育学[M].北京:人民教育出版社,1979.

石中英.教育学的文化性格[M].太原:山西教育出版社,1999.

石中英.知识转型与教育改革[M].北京:教育科学出版社,2000.

孙培青.中国教育史[M].上海:华东师范大学出版社,2000.

孙喜亭.教育学问题研究概述[M].天津:天津教育出版社,1989.

唐汉.汉字密码[M].上海:学林出版社,2003.

陶阳,钟秀.中国神话[M].北京:商务印书馆,2008.

涂艳国.走向自由——教育与人的发展问题研究[M].武汉:华中师范大学出版社,1999.

王北生,等.生命的畅想[M].北京:教育科学出版社,2004.

王北生.当代教育基本理论论纲[M].北京:人民教育出版社,2012.

王道俊,郭文安.主体教育论[C].北京:人民教育出版社,2005.

王道俊,王汉澜.教育学(新编本)[M].北京:人民教育出版社,1999(2009年由人民教育出版社
　　出版了王道俊、郭文安主编的第四版新编本).

王国维.教育学[M]//瞿葆奎,郑金洲,主编.二十世纪中国教育名著丛编.福州:福建教育出版
　　社,2008.

王坤庆. 20 世纪西方教育学科的发展与反思[M]. 上海：上海教育出版社，2000.

王坤庆. 精神与教育[M]. 上海：上海教育出版社，2002.

王文锦. 礼记译解[M]. 北京：中华书局，2001.

王啸. 教育人学[M]. 南京：江苏教育出版社，2003.

吴黛舒. 生成中的中国教育学研究[M]. 北京：中国社会科学出版社，2012.

夏正江. 教育理论哲学基础的反思——关于"人"的问题[M]. 上海：上海教育出版社，2001.

杨伯峻. 论语译注[M]. 北京：中华书局，2009.

叶澜，等. 基础教育改革与中国教育学理论重建[M]. 北京：经济科学出版社，2009.

叶澜. "新基础教育"发展性研究报告集[R]. 北京：中国轻工业出版社，2004.

叶澜，白益民，王枬，陶志琼. 教师角色与教师发展新探[M]. 北京：教育科学出版社，2001.

叶澜，郑金洲，卜玉华. 教育理论与学校实践[M]. 北京：高等教育出版社，2000.

叶澜. "新基础教育"论——关于当代中国学校变革的探究与认识[M]. 北京：教育科学出版社，2006.

叶澜. "新基础教育"探索性研究报告集[R]. 上海：上海三联书店，1999.

叶澜. "新基础教育"研究推广性研究教师指导用书(初中部分)[C]. 上海：上海三联书店，2000.

叶澜. 教育概论(修订版)[M]. 北京：人民教育出版社，2006.

叶澜. 教育概论[M]. 北京：人民教育出版社，1991.

叶澜. 教育研究方法论初探[M]. 上海：上海教育出版社，1999.

叶澜. 教育研究及其方法[M]. 北京：中国科学技术出版社，1991.

叶澜. 中国社会科学·教育学卷[C]. 上海：上海人民出版社，2005.

叶澜. 走出低谷[M]. 北京：教育科学出版社，1992.

叶澜，杨小微. 教育学原理[M]. 北京：人民教育出版社，2007.

于述胜. 中国现代教育学术史论[M]. 北京：中国社会科学出版社，2012.

张斌贤，楼世洲. 当代中国教育学术思想研究(1949—2009)[C]. 北京：中国社会科学出版社，2011.

张世英. 天人之际[M]. 北京：人民出版社，1994.

张子和. 大教育学[M]//瞿葆奎，郑金洲，主编. 二十世纪中国教育名著丛编. 福州：福建教育出版社，2009.

章诗同. 荀子简注[M]. 上海：上海人民出版社，1974.

赵红州. 大科学观[M]. 北京：人民出版社，1988.

赵祥麟，王承绪编译. 杜威教育论著选[C]. 上海：华东师范大学出版社，1981.

郑金洲，瞿葆奎，等. 中国教育学百年[M]. 北京：教育科学出版社，2002.

郑金洲. 教育通论[M]. 上海：华东师范大学出版社，2000.

中国大百科全书·教育卷[D]. 北京：中国大百科全书出版社，1985.

周谷平，赵卫平，盛玲，编. 孟宪承集(第一卷)[C]. 杭州：浙江大学出版社，2010.

左玉河. 从四部之学到七科之学[M]. 上海：上海书店出版社，2004.

期刊论文

[美]罗伯特·李普斯基. 调节学习与长时记忆的表观遗传学机制[J]. 国际发展神经科学杂志，2013(31).

[美]斯蒂芬妮·塔门,[意]西蒙尼塔·弗利所,[美]崔桑文.表观遗传学:天性与培养[J].分子医学,2013(34).

刘俊,谭畅,刘宽.中国下一代教育被谁接管?少年留学,从未如此井喷[N].南方周末,2014-09-11.

本刊记者.为"生命·实践教育学派"的创建而努力——叶澜教授访谈录[J].教育研究,2004(2).

卜玉华.我国当代社会发展的教育责任[J].探索与争鸣,2014(5).

程天君,吴康宁.当前教育学研究的三个悖论[J].教育研究,2006(8).

崔涛涛,李昌琪,张建一.表观遗传学在神经可塑性中的作用[J].神经解剖学杂志,2008(6).

董玉玮,侯进慧,朱必才,李培青,庞永红.表观遗传学的相关概念和研究进展[J].生物学杂志,2005(1).

费孝通.反思·对话·文化自觉[J].北京大学学报,1997(3).

弗朗茜斯·贝丝特."教育学"一词的演变[J].教育展望(中文版),1988(18).

何启贤.也说"教""育"二字[J].教育研究,1995(12).

何宗齐.教育学的内容体系:问题、构想与尝试[J].江西师范大学学报(哲学社会科学版),2006(4).

和学新,田尊道.教育理论中国化的文化困境与出路[J].高等教育研究,2012(8).

侯怀银,张小丽.论"教育学"概念在中国的早期形成[J].教育研究,2013(11).

侯怀银.20世纪上半叶教育学在中国引进的回顾与反思[J].教育研究,2001(12).

胡轩逸.环境影响基因表达[N].光明日报,2014-07-31.

扈中平.人是教育的出发点[J].教育研究,1989(3).

黄庆,郭颖,付伟灵.人类表观基因组计划[J].生命的化学,2004(2).

黄志成."教育学"与"教育科学"之争——访拉美学者 录不同观点[J].外国教育资料,1998(5).

黄志成.对于若干教育术语的再认识[J].教育学报,2008(2).

黄志成.教育研究中的两大范式比较:"日耳曼式教育学"与"盎格鲁式教育科学"[J].教育学报,2007(4).

姜振军.论文化自觉与中国教育学之建构[J].当代教育与文化,2011(11).

焦倩,田金华,陈中原.失衡的教育科研——基于"中国知网"教育学文献的检索分析[N].中国教育报,2014-03-01.

靖国平.从"学科立场"到"学派立场"[J].高等教育研究,2006(1).

瞿葆奎,喻立森.教育学逻辑起点的历史考察[J].教育研究,1986(11).

劳凯声.中国教育学研究的问题转向[J].教育研究,2004(4).

劳凯声.追寻"人"的制度教育学[J].河北师范大学学报(教育科学版),2012(5).

李光雷,喻树迅,范术丽,宋美珍,庞朝友.表观遗传学研究进展[J].生物技术通讯,2011(1).

李均.作为一级学科的高等教育学[J].高等教育研究,2011(11).

李婷,朱熊兆.早期经历影响个体成年后行为的表观遗传学机制[J].心理科学进展,2009(6).

李醒民.学术创新是学术的生命[N].光明日报,2005-11-01.

李政涛.中国社会发展的"教育尺度"与教育基础[J].教育研究,2012(3).

柳海民,王澍,等.新中国成立以来教育基本理论的发展与贡献[J].教育研究,2013(2).

卢红.教育学发展中的继承与创新[J].教育研究,2007(7).

鲁迅.中国人失掉自信力了吗.鲁迅全集·第六集[C].北京:人民文学出版社,1980:92.

米歇尔·德博韦.关于教育科学性质的国际范围大辩论:一种比较研究的方法[J].教育展望,1990(5).

彭虹斌.论教育理论的文化意蕴[J].湖南师范大学教育科学学报,2011(5).

全国教育科学规划领导小组办公室.全国教育科学"十一五"规划学科发展调查[J].教育研究,2010(9).

石中英.本质主义、反本质主义与中国教育学研究[J].教育研究,2004(1).

索尔蒂斯.教育的定义[C]//瞿葆奎,沈剑平.教育与教育学(教育学文集第一卷).31—37.

谭维智.教育学的玄学之维[J].教育研究,2012(5).

托斯顿·胡森.教育研究正处在十字路口吗?试以此文作自我批评[J].教育展望,1990(5).

汪仲启.叶澜:构建"生命·实践"教育学派[N].社会科学报,2013-04-25.

王国成.人文复杂性分析与经济政策模拟——基于行为内生化的视角[J].学术月刊,2014(6).

王洪才.教育学:学科还是领域[J].厦门大学学报(哲社版),2006(1).

王鉴,姜振军.教育学属于人学社会科学[J].教育研究,2013(4).

王静.试论《说文解字》中的"教育"二字[J].教育研究,1995(3).

王晓华.学派化与思想创新[J].深圳大学学报(人文社会科学版),2003(1).

王雪锋."教育学的尊严"与教育学的"失语"[N].中华读书报,2012-12-28.

王咏.让自然说自己的语言——莫奈一瞥[N].中华读书报,2010-07-21.

吴钢.论教育学的终结[J].教育研究,1995(7).

徐冬青.当代中国社会的教育基础之变革初探[J].基础教育,2008(3).

杨慧蓉,赵寿元.表观遗传学的形成和发展[J].解剖学杂志,2007(4).

叶澜."生命·实践"教育学引论(上)[C]//叶澜.基因("生命·实践"教育学论丛第三辑).桂林:广西师范大学出版社,2009.

叶澜."生命·实践"教育学引论(下)[C]//叶澜.命脉("生命·实践"教育学论丛第三辑).桂林:广西师范大学出版社,2009:15—45.

叶澜."新基础教育"发展性研究总报告[R]//叶澜."新基础教育"发展性研究报告集.北京:中国轻工业出版社,2004.

叶澜.从"冬虫"到"夏草"——"生命·实践"教育学派生成过程的个人式回望[C]//叶澜.回望("生命·实践"教育学论丛第一辑).桂林:广西师范大学出版社,2007.

叶澜.大学专业人员在协作开展学校研究中的作用[J].中国教育学刊,2009(9).

叶澜.当代中国教育学研究"学科立场"的寻问与探究[C]//叶澜.立场("生命·实践"教育学论丛第二辑).桂林:广西师范大学出版社,2008.

叶澜.关于加强教育科学"自我意识"的思考[J].华东师范大学学报(教育科学版),1987(3).

叶澜.教师的魅力在于创造[J].上海教育,2013(6).

叶澜.教育两大功能之探究[J].教育研究,1990(1).

叶澜.课堂教学过程再认识:功夫重在论外[J].课程·教材·教法,2013(5).

叶澜.略论"新基础教育"研究之路的若干特征[J].基础教育,2011(2);人大复印资料(中小学教育)转载,2011(9).

叶澜.世纪初中国教育理论发展的断想[J].华东师范大学学报(教育科学版),2001(3).

叶澜.试论当代中国教育价值取向之偏差[J].教育研究,1989(8).

叶澜.试析中国当代道德教育内容的基础性构成[J].教育研究,2001(9).

叶澜.思维在断裂处穿行[J].中国教育学刊,2001(4).

叶澜.中国教育学发展世纪问题的审视[J].教育研究,2004(7).

余小茅.论"人—文化—哲学"相统整的教育学[J].教育发展研究,2011(21).

曾天山,滕瀚.改革开放后我国教育学科在社会科学中的影响力分析——以《中国社会科学》刊
    发的教育学术论文为例[J].教育研究,2013(4).

张礼永.教育学能否立足于大学之林[J].现代大学教育,2013(5).

张应强,郭卉.论高等教育学的学科定位[J].教育研究,2010(1).

张永.对《教育科学的资料来源》一文的解释性细读[C]//叶澜.立场.桂林:广西师范大学出版
    社,2008.

郑金洲.教育学终结了吗?[J].教育研究,1996(3).

周彬.教育学的出路:目标人性化还是过程理性化[J].教育学报,2009(2).

周浩波.论教育学的命运[J].教育研究,1997(2).

内部资料

华东师范大学新基础教育研究中心简介.

张家祥,缪小春,施良方,吴玉如,傅禄建,顾志跃,等."基础教育与学生自我教育能力发展"课题
    成果评审意见,1996.

后记

从 2004 年 5 月 8 日正式策划，为撰写这本《论纲》，写下第一篇自己思想整理的笔记——《基本问题的梳理》，至此已经过了十年。前前后后，反复自问，多次推倒重来列提纲，直到 2013 年 9 月完成第一章"导论"后，还在对全书的架构反复推敲，甚至写好一章后，原先策划的后一章内容又会重组……如今，又过了足足一年，今天终于完成初稿。

我的写作生涯中，这是诞生得最为艰难的一本了。

何以如此？老了，精力衰退了，写作效率低了，自然可以算一个原因，但绝对不是主要原因。写完后才终于大彻大悟，原来是我对此书寄托的期望太多：期望此书能承载我职业生涯全部的教育学思考，能表达学派的艰辛成长，能说出我们的基本立场与观点，能为中国的教育学发展增添些什么……还有是因为《论纲》涉及的论题虽然只有两个：什么是教育学、什么是教育，但确实是两个大题目。"扛"着它们走了一年能到达终点，足以自我告慰：我努力了，我完成了自己想完成和该完成的事。

如此大的题目，要展开，再写一本也许还不能详细说尽。我几乎砍掉了计划中打算涉及的一半问题，故清楚知道其不完整、不完善。也许，只要是认真去做的事情，只要是想做好的事情，总是在清醒的遗憾中画上句号。也许正因为有遗憾，才会有更好的未来。

就自己而言，《论纲》算是一棵花了很大力气和很长时间长出的思想大树。在教育学的园地里，我知道，它不过是一棵葱绿的小草。无论是树，还是草，都愿其因倾注着自己的生命和对更多在教育中生存的生命之真情在乎，而保持葱翠的绿，愿其能随着岁月的春风，每年吹又生出更多的绿。

写作的过程，常常得到来自学生、友人和家人的鼓励与支持，在此一并表示感谢。

尤其要感谢庞庆举博士,帮助我完成了全书由手稿向电子稿的转换、资料查核与校对之重任。

带着歉意感谢华东师范大学出版社彭呈军编辑,他给了我时间上的宽容,却带来了自己工作上的紧张。

真诚期待教育学界和教育界同仁的批评指正。

叶　澜

2014.9.15

于山澜书屋